現代企業論

―― 経営と法律の視点 ――

［第5版］

境 新一 著

Management and Business Law

文眞堂

第 5 版によせて

　最近 5 年間における日本は，かつてないほど大きな変化に直面している。2011 年 3 月に起きた東日本大震災により，コミュニティは大きな打撃を受けた。今まで存在したコミュニティが突然消滅することは，それが最初から存在しない場合とは異なり，その衝撃は計り知れない。物質・精神の両面にわたり疲弊している地域と人々のために，国・地方公共団体も様々な政策を打ち出してきたが，いかに地域が主体的に継続的に活性化策を展開するかが課題である。被災地における地域再生・コミュニティ再生は思うようには進んでいない。

　少子高齢化の進展，人口の都市部への集中，ライフスタイルや就労環境の変化等に伴い，高齢者・障害者の介護・福祉，共働き実現，青少年・生涯教育，地方再生，まちづくり・まちおこし，環境保護，貧困問題の顕在化等，様々な社会的課題が顕在化している。

　加えて今日，日本は金融や流通のグローバリゼーション，TPP（Trans-Pacific Partnership, 環太平洋パートナーシップ協定，環太平洋戦略的経済連携協定）などに伴い，大きな変革期を迎えている。こうした中で，環境，芸術・文化，ビジネス，教育，地域・コミュニティなどの広範囲にわたる，しかも創造と変革を必要とする課題をもつ産業の 1 つは農業である。農産物の輸入自由化による大手穀物メジャーとの競争など，日本の農家を取り巻く課題は山積している。ただ，厳しい情勢のなか，日本農業には新たな産業化の可能性を追求する余地がある。農産物の流通開発事業，消費者に対する直販事業など農業に商機を見出している。独自の販路開拓や知識の蓄積，農家に代わる市場や企業・法人などの顧客の対象を探ることにより新たなビジネスモデル，価値創造が可能となる。そしてそれらを解決することにとも

なう価値創造，感動創造はひじょうに大きいものと思われる。

　2012年末，山中伸弥・京都大学教授がJ. B. ガードン・英国ケンブリッジ大学名誉教授とともにノーベル生理学・医学賞を受賞した。山中教授は身体の細胞がたどる分化のプログラムを巻き戻し，胚が受精卵になるように，いかなる細胞にもなり得る人工多能性幹細胞（Induced Pluripotent Stem Cell，iPS細胞）を作る画期的な成果が評価された。ガードン名誉教授はその源流となる研究を行った。

　また，2014年末，青色発光ダイオード（LED）の発明により，日本の米国カリフォルニア大学教授・中村修二氏，名城大学教授・赤崎勇氏，名古屋大学教授・天野浩氏の3氏がともにノーベル物理学賞を受賞したことは，まさに日本人として誇れる快挙であった。

　最近，筆者は『アート・プロデュースの未来』（論創社）を刊行させていただいた。それは，大学講義で展開された，"人を感動させる価値の創造と提供"の現場に携わる芸術家（アーティスト），研究者等のオムニバス講義のエッセンスを再現したものである。

　その中で，プロデュースとマネジメントの相違点は何か，という論点があった。プロデュースは異質の機能をもつ組織・個人や関係者，例えば，アーティスト，クリエーターと調整して，過去にない新たな価値創造を実現する。当然ながら，異質な関係者との調整には摩擦が生じることも避けられない。しかし，その際，これらの人々に敬意と理解をもってプロデュースするため，摩擦を回避することが可能となる。これに対して，マネジメントは同質の組織，個人や関係者を相手に，部門の目標にそって摩擦をできるだけ回避しながら既存の組織，物事を運営するのであり，価値の提供に力点があるといえる。プロデュースは，個々のマネジメントを総括し，それはブランディングにも結びつく。ブランディングのもつ均質性に，いかにアートのもつ不均質性を融合させるかが重要となる。資金面ではプロデュースは調達，マネジメントは運用と区別をする場合もある。ただ，両者にはともに顧客の創造などを目指す共通点も存在する。

今日，アートとビジネスは相互の関わりなしには存続しえない。アートはビジネスに，ビジネスはアートに影響を与える。アートとビジネスの出会いは，究極のところ異分野の人々相互の出会いに尽きる。人々の出会いは単純な彼らの総和ではなく，単体の性質を超えた化合であり，異次元のものを創造する原点である。縁を結び，縁を尊び，縁に随うことによって，人を感動させる価値の創造および提供がなされる，そしてプラス α としていかなる価値を加えるかが重要であろう。

なお，近年，私が心に留めている言葉が3つある。ここに紹介したい。

1つは，「一隅を照らす」という言葉である。伝教大師・最澄の著書『天台法華宗年分学生式』にあり，天台宗を開くにあたり，自分自身が置かれたその場所（一隅）で全力を尽くすことによって，明るく光り輝くことのできる人こそ，貴い国の宝であり，社会全体が明るく照らされることになる，と説いた。

次に1つは，「放てば手に満てり」の言葉である。曹洞宗の開祖・道元の著書『正法眼蔵』に登場する。座禅の修行をすることにより，思いを手放し執着を捨て，心を空にすれば，真理と一体となった豊かな境地が手に入ると説く。他人や世間の狭い評価に振り回されて生きるのをやめ，本当の価値，実像を見なさい，という教えである。

最後は，「所求第一義」（求むるところ第一義）という言葉である。文部次官であり，東北・京都帝国大学の各総長を歴任し，成城学園・創立者でもあった澤柳政太郎による。常に究極の真理，至高の境地を求めなさい，というものである。

＊　　　　　＊　　　　　＊

さて，今般，本書は第4版（2010年）から4年半を経て，改訂することとなった。今回の第5版では，社会の変革の大きさを反映して，いくつかの変更・追記を行っている。

まず，Ⅰ編・経営については，全般に新たな概念，社会現象の追加・更新を行っている。特に第9章「経営と財務」では，かねて懸案であった財務諸表，特に財務3表の相互関係をできるだけ平易に説明するように改訂を試みた。

次に，Ⅱ編・法律については，この間における改正を盛り込むと同時に，平成29（2017）年から施行が予定される民法の大改正に関して，その概要について別途頁を設けて記述を加えた。また，巻末の参考文献にも新たなものを追加した。

第5版を編むにあたり，Ⅱ編・法律について改訂を監修いただき，貴重なご示唆を頂戴した明治大学専門職大学院兼任講師・弁護士の石上麟太郎先生，校正の労を負って下さった文眞堂の前野眞司氏，山崎勝徳氏には心より厚く御礼を申し上げる。そして最後に文眞堂の前野弘，前野隆の各氏に深く感謝申し上げる次第である。

2015年2月　　研究室にて

境　　新一

第4版によせて

　21世紀に入り，日本社会では将来に対する明確なビジョンがもてず，低迷感・閉塞感が漂っている。
　また，技術革新や市場の変化，さらにデジタル・ネットワーク化は想定を大幅に上回るスピードと規模で進展している。不断かつ動的，劇的な世界の環境変化の中で，企業は対応に苦慮している。適切な戦略を欠くと，製品のライフサイクルは急速に短くなる。その結果，その製品を扱う事業部およびその事業部を抱える企業自体のライフサイクルも短くなる。右肩下り社会の中，競争環境に適合的な戦略としてダイナミック競争戦略論への転換を求められている。また，研究開発や事業化の効率化をめぐり，企業内の知識だけでなく積極的に社外に働きかけるオープン・イノベーション（open innovation）が注目される。
　この環境を背景に，従来の競争戦略の理論をさらにダイナミズムを有する戦略論へと発展させるには，M・ポーターの静態的なポジショニング戦略をダイナミックに組み替えること，そして，J・バーニーらの内部資源理論（resource based view）が指摘する組織能力をダイナミックなものへと転換させることの2点を再構成する必要があると考えられる。ここに新たな戦略論を組み込んだ戦略経営（strategic management）の理論構築が期待されよう。
　一方，今日，我が国が国際経済社会の中で競争力を維持し発展を続けていくためには，イノベーションやコンテンツ・ブランドを経済成長の原動力にしなければならない。そのためには，技術の創造・保護から市場展開に至るまで知的財産戦略の実行と知的財産制度の整備を図る必要がある。我が国の「知的財産推進計画」（内閣府）は，最先端の研究開発（創造），制度構築

（保護），市場開拓（活用）の実現に向けた「知的財産フロンティアの開拓」への取組を強調している。特に，企業における知的財産戦略は，事業戦略，研究開発戦略とあわせて三位一体の戦略による経営，戦略経営が求められる。

知財立国を目指す日本では，私たちは，クール・ジャパン（Cool Japan）として世界で評価される自国の文化，商品，サービスを再発見する必要があり，今後，アートとビジネスの両面を備えたプロデューサーの活躍と育成が一層期待されよう。イベントの企画制作を通して目指すものは，人を感動させる価値を創造し，提供することである。それはアート・プロデュース&マネジメントの目指すものでもある。アート・プロデュース&マネジメント，それは私が研究し実践してきた経営学，法学の世界と少なからず重なる部分がある。

プロデュース（produce）とは，proすなわち，語源として「前に導く」に由来し，製作することを意味する。プロデュースを行う人がプロデューサーである。

プロデューサーについて大切なことは，次の3つではないかと私は考える。

第1に，プロデューサーは，アートシーンやビジネスシーンを変える存在である。「アート」「ビジネス」を新しく「創造」する彼らには，「プロデューサー能力」が共通する要件として求められる。留意すべきことは，今日，アートとビジネスは相互の関わりなしには存続しえないことである。アートとビジネスの出会いは，究極のところ異分野の人々相互の出会いに尽きる。人々の出会いは単純な彼らの総和ではなく，単体の性質を超えた化合であり，異次元のものを創造する原点である。縁を結び，縁を尊び，縁に随うことによって，人を感動させる価値の創造および提供がなされる，そしてプラスαとしていかなる価値を加えるかが重要だ。最終的に求められることは，何が何でもプロデュースする，という志と情熱であろう。プロデューサーは1回の成功に満足することはなく，持続的な成功を求める。

第2に，プロデューサーがプロデュースする究極の対象は自分自身である

ことである。プロデューサーは基本的に，アーティストに向かって黒子，道化の役割を担うのであるが，実はアーティストをプロデュースする前に，自分自身をプロデュースできていなければならないのである。その意味で，アート・プロデュース&マネジメントがセルフ・プロデュースにつながることを忘れてはならない。

　最後に，組織のブランドとは，初めからありきではなく，組織に集う一人一人が主体的に創りあげていくものである点である。組織の内側からだけでなく，むしろ組織の外側からも多様な経営資源を集めて，あらゆる紐帯，ネットワークを生かしてブランドが創られるべきだ。イノベーションのためには，組織外からの俯瞰（out of box）も大切である。将来に希望を繋ぐ社会を創るには，明確なビジョンをたて，プロデュースしていかなければならない。プロデューサーはイノベーションを引き起こすトリックスターである。

　さて，今般，本書は第3版（2007年）から3年半を経て，再び改訂することとなった。今回の第4版では，社会の変化を留意して，いくつかの変更・追記を行っている。

　まず，I編・経営については，全般に新たな概念，社会現象の追加・更新を行っている。特に，第10章「経営と情報」では技術を加え，「経営と情報および技術」に改編した。

　次に，II編・法律については，民法，商法の改変を出来るだけ反映することに努めた。また巻末の参考文献にも新たなものを追加した。

　第4版を編むにあたり，貴重なご示唆を頂戴した名古屋大学名誉教授・平出慶道先生，校正の労を負って下さった前野弘太氏，小林由紀氏，松永知子氏に厚く御礼申し上げる。最後に文眞堂の前野弘，前野隆，前野眞司の各氏に深く感謝申し上げる次第である。

2010年11月　　研究室にて
境　　新一

第3版によせて

　私事，実業界（銀行）から，大学に職場を移して，まもなく8年が経とうとしているが，時間の経過の早さを痛感するばかりである。自己の研究分野および担当する講義科目の特徴を反映してか，企業，事業，経営，創造などについて，新たなアイデアを求めて頭を悩ませている。創造の原点とは何か，アイデアがいかに出現するか，非常に興味深いところである。この点に関して，最近2つの示唆に出会った。一つは著書，もう一つは新聞の記事である。

　"アイデアは既存の知識の新しい組み合わせに過ぎない。"これは，米国の広告代理店J・ウォルター・トムプソン社の常任最高顧問，ジェームス・W・ヤングの著書『アイデアのつくり方』（今井茂雄訳。1988年，TBSブリタニカ，原著：A Technique for Producing Ideas）にある言葉である。ヤング氏によれば，アイデアを思いつくプロセスには，資料の収集，データの咀嚼，発酵・孵化，アイデアのひらめき・発見，アイデアのチェックと具体化　の5段階があり，その第一歩である資料の収集のプロセスを経ずに，霊感が訪れることを期待しても無理なのである。もっとも，私の関心は，専らアイデアの霊感・ひらめきのわく瞬間，その原点にある。

　"素晴らしい発明，発見が生まれる研究環境とは，－組織化された混沌－"これは，著名な物理学者・江崎玲於奈氏の連載「私の履歴書」（日本経済新聞，2007年1月）での言葉である。物理学の研究所において，部分的に見れば研究者は自由奔放に仕事を進め混沌としているが，研究所全体としてはバランスがとれ秩序ある体制が保持されていればよい。二律背反の概念・語句を並べて新たな深い意味を導出するオクシモロン（oxymoron，接着語法）の重要性を説くわけである。同様のことが企業にも通用するであろう。

一方，私が近頃の社会に対する関心は2つある。一つは，営利法人には勿論のこと，それ以外に学校法人（特に大学），生活協同組合という組織の経営に関心を抱くことが多くなった。先日，ある大学関係者による講演会に参加したところ，学生の教育に不熱心な大学，地域連携を軽視する大学，経営不在の大学などは，必然的に淘汰される運命にあるとの由，他人事ではない。

　もう一つは，日本の未来像である。ある企業から，我が国の外部環境の見通しについて，今後10年間を特に経済，経営，社会について講演を依頼されたことが契機である。調べてわかったことは，国立社会保障・人口問題研究所の推計（2005年）によれば，2014年には日本の4人に1人が65歳以上になり，2050年には日本の人口が1億人に縮小し，更に2100年には，6400万人になり，現在の半分になるという。

　将来の日本経済の動態は，経済の規模の拡大ではなく，技術の進歩や消費者の質的変化などの，量的な成長から，質的な変化へと移行する。明確な目標を掲げることのできた「成長の時代」から，全体としての目標が設定しにくい「変化の時代」になる。年金，医療，介護などの社会保障の制度見直しも生じる。公共セクターの変革，特に，公と民の分業による事業創造の仕組みを開発し，公共事業の実行自体は営利企業やNPO，NGOに委託する形で新しい公民分業の形態を確立することが重要となる。加えて，従来は企業が中心であった生産活動が，NPOやNGOなども含めて多様化し，無償の生産活動，自分の楽しみや満足のために行う生産活動が，消費活動と融合していく可能性もある。更には，学習期と現役期と余生との境界がなくなる「生涯現役社会」も到来するであろう。激変する外部環境のなかで，私たちは究極の目的である公益（公共善）を実現できるだろうか。

　さて，今般，本書は第2版（2003年）から3年余りが経過し，再び改訂することとなった。今回の第3版には，従来にも増して社会の多様な変化を反映している。

　まず，I編・経営については，新たな概念の追加，会社や情報に関する履歴の更新が随所に生じた。紙幅に限りもあり，言及できる内容を絞り込ん

だ。また,「経営と生産」を加え第6章以下の章立てを変更した。

次に,II編・法律については,民法,商法の現代化および商法から会社法への大刷新である。会社法は企業や経営の実態により即した法律として,単なる条文の変更に留まらない根本的な改変が行われ,2006年5月に施行された。ほかにも次々に生じる新たな法律の変更を出来る限り反映することに努めた。

最後に,III編・経営と法律について,近年日本社会に影響を与えたライブドア事件,村上ファンド事件に見られる企業買収や粉飾決算,企業価値の問題に焦点をあてた分析事例をとりあげた。

第3版を編むにあたり,貴重なご示唆を頂戴した名古屋大学名誉教授・平出慶道先生,校正の労を負って下さった小林由紀,松永知子の両氏,ならびに文眞堂の前野弘,前野隆,前野眞司の各氏に厚く御礼申し上げる次第である。

2007年3月　　研究室にて

境　　新一

第 2 版によせて

　2000年9月に本書を出版してから2年の歳月が流れ，多くの方々より過分なお言葉や励ましのご示唆を頂戴した。また，その間に経営，法律を取り巻く諸事象に多くの新しい変化が見られた。

　そこで，本書を再検討し，必要な事象や新しい事象を加えて改訂を行うこととした。以下，特に留意した点のみを記すことにしたい。

　まず，I編・経営については，第9章「経営と流通」を新たに加え，第11章「会社史」を更新した。その他に，新たに必要となった諸概念に関する記述を随所に加えた。

　次に，II編・法律については，第5章「企業経営と法」で2001（平成13）年，2002（平成14）年の商法大改正を盛り込んだのをはじめ，電子ネットワーク化の時代に伴う最新の法律概念にも紙幅の限り言及するように努めた。

　最後に，III編・経営と法律　を新たに加え，本書のテーマである現代企業論を経営と法律の視点から分析事例を通して試みた。本編は，まさに経営と法律の交錯する問題の検証でもある。

　第2版を編むにあたり，再び貴重なご示唆を頂いた名古屋大学名誉教授・平出慶道先生，校正の労を負って下さった小林由紀，松永知子の各氏，ならびに文眞堂の前野弘，前野隆の両氏に厚く御礼申し上げる次第である。

　2002年には日本人2名のノーベル賞同時受賞という快挙があった。受賞者の講話によれば，serendipity（思わぬ発見をする能力）を育むには，複眼的な思考，意欲，感性が重要であるという。真理は全てに通じよう。

2003年1月　　研究室にて
境　　新一

はじめに

　本書は，現代社会において，種々の活動を担う企業について，経営と法律の複眼的な視点から，その基本的な概念と仕組，役割をできる限り平明に説明することを試みた入門書である。一般に，経済学，経営学，法学など社会科学の諸分野のテキストは，それぞれ独立した書物として刊行されている。これに対して，本書は，共通テーマである現代企業に関して，経営学と法学の視点から学際的な理解を目指すものである。

　本書を執筆する契機には3つの事情がある。第1は，1984年に銀行に入行して以来，自ら経験し参与観察してきた企業という組織の盛衰である。そこで痛感したことは，現実の問題解決には複眼的な分析視点が必要とされることである。1990年代にはいり，バブル経済破綻後の経済・社会問題を見れば，企業活動や企業経営における法律，ルールの不在や軽視が明らかな事件が多発した。企業全体としてリーガル・マインド（法的思考）の徹底やコンプライアンス（法令遵守）の確立が不可欠であることは当然としても，まずは企業経営が商人による商行為であり，権利主体，財産権，契約，訴訟などを媒介にした法律行為の積み重ねであるという，根本的な意識が希薄に思われてならない。第2は，私が研究指導を受けた筑波大学，横浜国立大学の大学院における多くの先生並びに書物との出会いである。筑波大学では，河合忠彦，奈良次郎の各先生に，また横浜国立大学では，山倉健嗣，吉川武男，竹田志郎の各先生にご指導をいただいた。ここに深く感謝の意を表したい。そして，そもそも本書を構想した原点には，経営学分野では横浜国立大学名誉教授・稲葉元吉先生の著書『経営行動論』『現代経営学の基礎』との出会いがあった。同著はいずれも，完璧な構成力をもつ，示唆に富む名著である。一方，法学分野では，院生，研究生時代に受けた名古屋大学名誉教授・

平出慶道先生のご指導によるところが大きい。先生が語られた商法界の権威である田中耕太郎，鈴木竹雄の両先生の言葉は今でも強く印象に残っている。また，本稿記述について重要な教唆を頂戴した。重ねて厚く御礼申し上げたい。第3は，私の勤務校における講義上の必要性である。経営学及び法学の専門科目をあわせて担当する事情から，時代と学生の要請に応える講義と教材の内容が何か，種々の点から検討を重ねた。その際，高等学校における指導内容，教科書についても検討対象に加えた。経営学，法学いずれに関しても用語解説については出来るだけ簡潔を旨とするよう留意した。

　本書は以上の通り，多くの人，書との縁により成り立ち得たものであるが，如何せん若さ，腕力にかまけたところも多々あり，浅学の誹りは免れない。記述，内容に関する不備はひとえに私が責めを負うものである。

　最後に，原稿確認に際しては，再三にわたり小林由紀，松永知子の各氏のお手を煩わせた。また，文眞堂の前野弘，前野隆の各氏には殊の外お世話になった。ここに，深く御礼申し上げる次第である。

2000年7月

境　　新一

目　次

はじめに

本書の概略と使い方 …………………………………………………… xxiii

I　経　　営 ……………………………………………………………… 1

第1章　経済と経営 …………………………………………………… 3

 1　経済循環 ………………………………………………………… 3
 2　経済主体 ………………………………………………………… 4
 3　経営と管理 ……………………………………………………… 7
 4　株式会社 ………………………………………………………… 7
 5　協同組合 ……………………………………………………… 12
 6　非営利活動組織 ……………………………………………… 13
 7　公企業・公益企業 …………………………………………… 13
 8　社会的企業 …………………………………………………… 15

第2章　産業と経営 …………………………………………………… 16

 1　産業 …………………………………………………………… 16
 2　産業構造の変化 ……………………………………………… 18
 3　外部環境の変化 ……………………………………………… 20
 4　サービス産業の特徴 ………………………………………… 23
 5　新しいサービス業 …………………………………………… 26
 6　デザインとアート …………………………………………… 32
 7　ブランドとデザイン ………………………………………… 34

8　創造の原点 ……………………………………………………35

第3章　経営理念 …………………………………………………………36

　　　1　経営理念 ………………………………………………………36
　　　2　内部統制 ………………………………………………………43
　　　3　企業と社会監査 ………………………………………………44

第4章　経営戦略 …………………………………………………………45

　　　1　経営戦略の必要性 ……………………………………………45
　　　2　経営戦略の概念 ………………………………………………45
　　　3　経営戦略論の系譜 ……………………………………………46
　　　4　経営戦略のレベル ……………………………………………52
　　　5　戦略的意思決定 ………………………………………………54
　　　6　経営戦略の決定過程 …………………………………………55
　　　7　経営戦略の種類 ………………………………………………61
　　　8　日本企業の戦略課題 …………………………………………66

第5章　経営組織と経営管理 ……………………………………………68

　　　1　経営組織 ………………………………………………………68
　　　2　経営管理 ………………………………………………………75
　　　3　経営計画 ………………………………………………………77
　　　4　意思決定 ………………………………………………………80
　　　5　指揮と統制 ……………………………………………………82
　　　6　企業価値評価 …………………………………………………84
　　　7　企業家精神と経営者の役割 …………………………………86
　　　8　超優良企業 ……………………………………………………87
　　　9　行政組織の経営管理：NPM 理論 …………………………88
　　　10　国際標準化機構による管理手法 ……………………………89
　　　11　ナレッジ・マネジメント ……………………………………90

　　　　12　デザインマネジメント ……………………………………91
　　　　13　ブランドマネジメント ……………………………………92
　　　　14　アートマネジメント ………………………………………93
　　　　15　ファシリティマネジメント ………………………………94

第6章　経営と人材 …………………………………………95

　　　　1　人的資源管理 ………………………………………………95
　　　　2　人的資源管理の背景 ………………………………………96
　　　　3　人材の区分・格付け ……………………………………103
　　　　4　人材の採用・確保 ………………………………………104
　　　　5　人材育成・キャリア開発 ………………………………105
　　　　6　人材の評価 ………………………………………………109
　　　　7　報酬管理 …………………………………………………113

第7章　経営と生産 …………………………………………117

　　　　1　生産管理 …………………………………………………117
　　　　2　生産管理の歴史 …………………………………………118
　　　　3　生産計画 …………………………………………………122
　　　　4　工程管理 …………………………………………………122
　　　　5　品質管理 …………………………………………………125
　　　　6　在庫管理 …………………………………………………127
　　　　7　原価管理 …………………………………………………128
　　　　8　生産形態 …………………………………………………132
　　　　9　工場の生産システム ……………………………………133
　　　　10　コンピュータ統合生産 …………………………………134
　　　　11　製品から商品への過程 …………………………………136

第8章　経営と流通 …………………………………………139

　　　　1　流通と機能 ………………………………………………139

2　商品と流通活動 ………………………………………141
　　　3　小売商と卸売商 ………………………………………143
　　　4　サプライチェーン・マネジメント …………………151
　　　5　マーケティング ………………………………………151

第9章　経営と財務 ……………………………………………159
　　　1　財務管理の意義 ………………………………………159
　　　2　資金の調達 ……………………………………………160
　　　3　資金調達の原則 ………………………………………162
　　　4　資金繰りと資金管理 …………………………………164
　　　5　財務諸表の構造 ………………………………………171
　　　6　ベンチャー企業の資金調達・資本政策 ……………174

第10章　経営と情報および技術 ……………………………175
　　　1　情報の重要性 …………………………………………175
　　　2　情報管理 ………………………………………………175
　　　3　経営活動とコンピュータ ……………………………176
　　　4　情報システム …………………………………………177
　　　5　システム開発とシステム設計 ………………………179
　　　6　経営情報システム ……………………………………180
　　　7　情報通信ネットワーク ………………………………183
　　　8　情報通信ネットワークによる事業変革 ……………187
　　　9　パーソナルコンピュータの仕組みと活用 …………188
　　　10　ネットワーク社会の深化と規制 ……………………189
　　　11　情報化投資とクラウド化 ……………………………190
　　　12　経営情報システムの事例 ……………………………191
　　　13　ブロードバンド通信の発展 …………………………192
　　　14　技術経営 ………………………………………………193

第11章　国際経営 …………………………………………195

 1　国際化の進展 ……………………………………………195
 2　国際経営の意味 …………………………………………197
 3　企業の海外進出 …………………………………………197
 4　国際経営戦略 ……………………………………………201
 5　国際経営管理 ……………………………………………202
 6　多国籍企業 ………………………………………………203
 7　現地化 ……………………………………………………205
 8　海外撤退 …………………………………………………206
 9　グローバル化の弊害 ……………………………………207
 10　グローカリゼーション …………………………………207
 11　グローバル人材の在り方 ………………………………208

第12章　会社史 …………………………………………………209

 キリンホールディングス (209)　東レ (210)　資生堂 (212) 新日鐵住金 (213)　ソニー (215)　NEC (217)　日産自動車 (219)　三井物産 (220)　高島屋 (221)　イトーヨーカ堂 (223) セブン‐イレブン・ジャパン (224)　三井住友銀行 (226)　ヤマトホールディングス (227)　マクドナルド McDonald's Corp. および日本マクドナルド (229)　電通 (231)　ソフトバンク (233)

II　法　　律 ……………………………………………………235

第1章　経済社会と法 …………………………………………237

 1　社会生活と法 ……………………………………………237
 2　法の特色 …………………………………………………237
 3　法の分類と適用 …………………………………………238

4　国際化と法 …………………………………………242
　　　5　情報通信ネットワーク化と法 ………………………243

第2章　権利主体と財産権 ……………………………………245

　　　1　権利主体：人 …………………………………………245
　　　2　権利客体：物 …………………………………………252
　　　3　財産権とその種類 ……………………………………253

第3章　契約 ………………………………………………………262

　　　1　契約の意義と要件 ……………………………………262
　　　2　契約の種類 ……………………………………………263
　　　3　契約と意思表示 ………………………………………264
　　　4　代理 ……………………………………………………269
　　　5　売買契約 ………………………………………………271
　　　6　消費貸借 ………………………………………………280
　　　7　賃貸借 …………………………………………………281
　　　8　契約によらない財産権の変動 ………………………285

第4章　財産権の保護 …………………………………………288

　　　1　物権の保護 ……………………………………………288
　　　2　債権の保全と担保制度 ………………………………291
　　　3　不法行為と被害者の保護 ……………………………299
　　　4　消費者の保護 …………………………………………304

第5章　企業経営と法 …………………………………………308

　　　1　商人および商業使用人 ………………………………308
　　　2　株式会社 ………………………………………………312
　　　3　小切手および手形 ……………………………………358
　　　4　企業活動規制 …………………………………………377

第 6 章　労働と法……………………………………380

 1　労働三法 …………………………………………380
 2　雇用と契約 ………………………………………382
 3　組織と労働 ………………………………………383
 4　賃金 ………………………………………………387
 5　労働時間 …………………………………………387
 6　休暇 ………………………………………………390
 7　男女雇用機会均等法 ……………………………391
 8　人事考課 …………………………………………393
 9　不当労働行為 ……………………………………394
 10　労働者派遣 ………………………………………395
 11　失業と労働災害 …………………………………397
 12　労働と福祉 ………………………………………398

第 7 章　訴訟と執行……………………………………401

 1　紛争の予防 ………………………………………401
 2　和解・調停・仲裁 ………………………………401
 3　民事訴訟 …………………………………………403
 4　判決の言渡しと判決の効力 ……………………405
 5　強制執行 …………………………………………407
 6　民事保全 …………………………………………409
 7　国際民事訴訟 ……………………………………409
 8　裁判員制度 ………………………………………410
  〈参考資料〉判例 ………………………………411

〈別添〉経営・法律　関連図表………………………………415
2017年度　民法改正の概要…………………………………417

III 経営と法律 …………………………………421

粉飾決算と企業価値に関する実証研究
―「法と経営学」の分析枠組みを通して― ………423

1 はじめに ………………………………423
2 「法と経営学」の分析枠組み ……………424
3 粉飾決算の定義と法律規定 ……………426
4 粉飾決算の手法 …………………………428
5 企業価値の意味と評価方法 ……………429
6 粉飾決算の実証研究 ……………………431
7 結び ……………………………………441

参考文献 ………………………………………443
索引 ……………………………………………453

本書の概略と使い方

本書の概略と使い方について説明する。

1　本書の概略

I　経　　営

第 1 章　経済と経営

　この経済社会を構成している活動主体は家計，企業，政府の 3 つであり，それぞれが市場を媒介とする相互作用によって，国の経済が成り立つ。特に，企業は生産活動を行う経済主体と考えられる。本章では，経営の意味，会社の起源，企業形態とその中核たる株式会社の特徴，所有と経営の分離，公企業，非営利組織などを説明する。

第 2 章　産業と経営

　現代の社会は，高度に細分化された分業社会である。産業の歴史は原始時代にまで遡ることができる。国民経済を構成する産業構造は第 1 次，第 2 次，第 3 次産業に分類した産業間の構成比によって示され，次第に第 3 次産業へと移行していく傾向がペティ＝クラークの法則と呼ばれる。本章では，サービスの特性，経済のサービス化・ソフト化，新しいサービス業の創造と事例，そしてデザイン，アート，ブランドおよび創造の原点について述べる。

第 3 章　経営理念

　現代の企業は社会の目的や価値に照らして望ましい政策をたて，それを実行に移す必要がある。これを企業の社会的責任といい，社会に向けての企業側の義務的な行為である。それに対して，企業が行う諸活動の根底にある基本的な考え方，信条や規範を経営理念という。経営理念の内容は成文化され

ている場合には，社是や社訓に表現される。本章では企業の社会的責任と経営理念，リスクマネジメントの必要性を述べる。

第4章　経営戦略

　経営戦略とは，将来の経営目標を達成するために，企業が経営活動を展開する基本方針である。経営戦略論の系譜には伝統的な戦略論とプロセス型の戦略論があり，経営戦略の決定に重要なのは「創造」と「革新」である。本章では，戦略的意思決定の3段階，経営戦略の決定実務，経営戦略の種類（事業戦略，競争戦略，提携戦略など），我が国の企業の戦略課題における留意点を整理する。

第5章　経営組織と経営管理

　経営組織は多数の人間による協働体系であり，計画，指揮，統制の3要素とマネジメント・サイクルが不可欠である。また経営組織は個人の意思決定の体系でもある。本章では，企業における主な組織形態，権限-責任の関係，基本政策の決定から短期・長期計画，利益計画に至る経営計画の実現過程，定型的・非定型的な意思決定，行政組織の経営管理などについて説明する。また，デザイン，ブランド，アート，ファシリティに関するマネジメントにも言及する。

第6章　経営と人材

　本章では，企業における人的資源の認識の深まりから，人事労務管理から人的資源管理への推移，人的資源管理の背景にある研究成果（人間関係や行動科学研究）を踏まえて，人材の区分・格付け，等級制度，人材確保（採用，配置など），人材育成・キャリア開発，エンプロイアビリティ，人材の評価（人事考課），成果主義，コンピテンシー，報酬制度（福利厚生を含む）基本給，賞与などの言葉を交えて，簡単に整理する。

第7章　経営と生産

　生産とは，販売に対応した経営機能のひとつであり，生産計画から生産工程まで，生産活動を円滑に進めるための指示を行い，品質や納期を守るために，企業は管理を行う。本章は経営資源のうち，人的資源および技術を中心として，生産管理の定義，生産管理の特性，生産管理の歴史，生産計画，品

質管理，在庫管理，原価管理，工程管理，工場の生産システム，CIM，製品から商品への過程，デザインの役割について説明する。

第8章　経営と流通

今日の分業化された社会では，商品の生産と消費を結ぶ流通が極めて重要となっている。本章では，商品流通の機能（売買，運送，保管，金融，危険負担，情報）を理解しながら，商品の流通経路，小売商および卸売商の機能・種類，そしてその組織化，マーケティングの意義・内容，およびマーケティングの将来について述べる。

第9章　経営と財務

企業の財務上の管理活動は財務管理と呼ばれ，資金調達は企業活動に不可欠である。資金計画は経営計画をもとに決定される利益計画，売上計画に基づく実際の資金収支の見込みであり，経営計画の中で利益計画，売上計画とともに構成される。本章では，資金管理について，資金計画，資金繰りの実務，資金不足の原因と対応ならびに財務3表の関係について述べる。

第10章　経営と情報および技術

経済循環では労働力，物，貨幣の3者の流れのほかに，情報の流れも重要な役割を果たし，企業内の諸活動を支援する情報管理は大切である。コンピュータ・ネットワークの進展は個人，企業，そして社会，ルール（法律）を大きく変革させた。また，今日，情報とともに技術の重要性も著しく増大し，技術経営が志向されている。本章では，まず企業組織のすべての階層に業務遂行及び意思決定に必要な情報を提供する仕組みである経営情報システム，その構造と具体的な事例，クラウド化など新たな現象を解説する。次に技術経営（MOT），それと関連する知的財産マネジメントに言及する。

第11章　国際経営

一国の産業構造や社会経済システムはもはや「国内」を前提とする仕組みだけでは維持できず，経済主体には地球的規模で経済活動を行うグローバル化が進んでいる。本章では，海外進出の目的，進出形態（輸出：間接輸出・直接輸出，契約：技術供与・フランチャイズ供与，直接投資：合弁事業・単独事業），多国籍企業の特徴，グローバル化の弊害，グローカリゼーション，

現地化やグローバル人材の在り方などを説明する。

第12章　会社史

本章は，第1章から第10章までに述べた経営の概念，理論を総括し，理解する手助けとして，具体的な会社事例を会社史の形で整理する。ここでは業種を考慮して17社をとりあげる。

II　法　律

第1章　経済社会と法

法は社会秩序を維持し，円滑な社会生活を守るために，その内容が国家権力によって強制的に実現されるという性質をもつ特殊な社会規範といえる。本書では商品の売買，金銭や土地・建物の貸借などの経済活動，労働・福祉などの社会生活や企業の経営活動を対象として必要な法規を扱う。その中心は民法と商法である。本章では，序論として法の種類，適用及び解釈などを述べる。

第2章　権利主体と財産権

経済生活，経営関係のほとんどは権利，義務の関係で成り立つ。権利主体は自然人，法人であり，権利能力が問題となる。一方，権利客体は権利の対象となる財産，目的物であり，財産は物がその中心的なものである。経済的利益を内容とする権利は財産権と呼ばれ，物権，債権，無体財産権が相当する。本章では，権利主体と財産権について以上の各項について説明する。

第3章　契　約

契約は，一方からの申込と他方の承諾という2つの意思表示の合致によって成立する。契約が成立することによって，当事者双方に債権と債務が各々発生する。本章では，契約の種類から，契約に関して必要となる諸概念，すなわち，意思の欠缺，代理，具体的な契約のケースとして売買，消費貸借，賃貸借，時効などを解説する。

第4章　財産権の保護

物権をもつ者は侵害者に対して侵害の排除を請求する物権的請求権を有する。債務者が約束通り債務を履行しない場合，債権者をいかに保護するかが

重要な課題である。本章では，債務不履行の制度（履行遅滞，履行不能，不完全履行），債権の保全と担保制度，債権の担保（担保物権，保証債務など），特殊な不法行為，不当利得と不法原因給付，損害賠償，消費者の保護などについて述べる。

第 5 章　企業経営と法

　営利を目的とする企業活動については商法が民法に優先する特別規定を定めている。商法は商行為，商人の 2 つの概念によって適用範囲を決定している。本章では，新たに施行された会社法を踏まえて，株式会社の設立，株式，株式会社の機関，株式会社の計算，募集株式，新株予約権，社債，定款の変更，組織変更・組織再編，会社の解散と清算，そして以上に関連した会社の再建と倒産処理，手形・小切手，企業活動の規制などを解説する。

第 6 章　労働と法

　憲法は労働者（従業員）の地位を確保し対等な立場で雇用契約を締結させるため，労働基本権として，労働権，団結権，団体交渉権及び争議権を保障した。労働三法（労働基準法，労働組合法，労働関係調整法）は当該権利を保護，調整するために重要である。本章は，労働三法，雇用と契約，組織と労働，労働時間，休暇，人事考課，不当労働行為，労働者派遣，労働災害などについて説明する。

第 7 章　訴訟と執行

　民事上の紛争は，まず和解，調停，仲裁による解決を図り，それでも対応できないとき裁判所による解決を行う。民事訴訟制度は担保権の実行・執行，民事訴訟，破産申立て，民事保全における確保を用意している。本章では，民事訴訟法，民事保全法，倒産処理法（民事再生法，会社更生法，破産法など）を踏まえて，訴訟手続，判決の効力，強制執行，仮差押，仮処分，裁判所外紛争処理制度（ADR）などについて解説する。

III　経営と法律

　本編は，I 編「経営」，II 編「法律」の 2 つの学問領域における分析の視点を踏まえて，粉飾決算と企業価値に関する実証研究で構成した。今日の企

業は，経営と法律の交錯する諸問題を解決しなければならない事態に数多く直面する。本編はその試論ともなるものである。

2 本書の使い方

本書における経営，法律各章の関連は次の通りである。

(a) 経営各章の関連

まず，第1章，第2章では企業の経済，産業における位置づけと役割を述べる。次に第3章から第10章までは企業経営における重要な概念である理念，戦略，組織，管理，人間，生産，流通，財務，情報等を説明する。そして第11章では企業の基本となる国内の経営に対して国際経営に焦点を当てて言及する。最後に第12章では経営の章に述べた基本概念を具体的な会社の歴史を通して理解することを目指した。

(b) 法律各章の関連

まず，第1章では法概念の基礎と企業経営に関する，本書で扱う法律が民法，商法を中心とすることを明確にしている。次に第2章から第4章までは全ての社会活動の基本となる民法に関して，権利主体，権利客体，財産権，契約，財産権の保護を説明する。そして，第5章では営利を目的とする企業の経営，諸活動における基本法たる商法に関して，商行為，商人，株式会社についての各規定，会社の倒産処理，小切手・手形，企業活動の規制などを解説する。一転，第6章では企業活動を担う労働者（従業員）に関する権利・義務を述べる。最後に第7章では，企業経営，活動における紛争と解決策としての民事訴訟制度とその手続を説明した。

(c) 経営，法律各章の相互関連

経営の第3章から第11章までは，いわば企業経営の実際の経営実務と重なり，法律の第2章から第7章までの法律の諸規定が適応される場面となる。例えば，経営・第6章と法律・第6章は企業における従業員（労働者）をテーマとしており，相互に関連している。Ⅲ編「経営と法律」における粉飾決算，企業価値の分析事例も参照されたい。

本書を活用するに際しては，経営，法律の各章を読まれると同時に，関連する相互の章を対比しながら読むことが有益であろう。読者は必要に応じて該当する章を読み，更に各自の問題意識に従って，関連する経営または法律の章を併読し，また別の専門書，企業の組織図，有価証券報告書，六法全書，判例集などを参照して学際的に知識を深められたい。

なお，法律の章で本文に示す次の法令は，略称を用いている。

法律名称の略称

法の種類	法律名	略称
公　法	憲法	憲
民事法	民法	民
	割賦販売法	割
	借地借家法	借
	商法	商
	会社法	会
	手形法	手
	小切手法	小
	民事訴訟法	民訴
	民事執行法	民執
	民事保全法	民保
	破産法	破
	民事再生法	民再
	会社更生法	会更
刑事法	刑法	刑
社会法	労働基準法	労基
	男女雇用機会均等法	均等
	労働者派遣事業法	派遣
	労働組合法	労組
	労働関係調整法	労調
産業法	金融商品取引法	金取

I
経　　営

第1章
経済と経営

1　経済循環

　「経済」とは中国の古典である『抱朴子』（4世紀初め，晋の葛洪による著作）における「経国済民」（国を治め民を救う）に起源があるとされる。また，economyは所帯を管理すること「家政」に起源があり16世紀より使用例がみられる。そして今日，「経済」とは一般的に人々が生活していく上で必要とする財・サービス（役務）の生産や流通，更には消費にかかわる社会的な活動であるといえる。ここで財とは人間の何らかの欲望を満たす有形物で，しかも人が自由に処分できるものをいう。また，市場での販売を目的につくられる財を商品という。一方，サービスは，無形で一定の働きをし，貯蔵や保管がきかず，生産と消費が同時的に行われる。サービスには，それ自体商品として販売されるものと，財の販売に伴って提供されるものがある。
　この経済社会を構成している活動主体は家計，企業，政府の3つであり，それぞれが市場を媒介とする相互作用によって，国の経済が成り立つ。
　まず，家計という経済活動の主体は消費生活を営むものとして考えられる。換言すれば，労働力を提供することによって獲得した賃金，土地や資本を提供し，得られた地代や利子をもとに家族の生活に必要な種々の財・サービスを購入し，消費することを意味する。
　次に，企業は生産活動を行う経済主体と考えられる。すなわち，報酬の支払いと引き換えに家計から労働力，土地，（貨幣）資本の提供を受け，財・サービスを生産し，これを市場を通じて販売する。活動を通して企業が獲得したいと考えているものは利益である。
　最後に政府は家計や企業から税金などを徴収するとともに教育，司法，警

察などの公共サービスを国民に提供する。他に社会福祉の管理や経済変動の調整など，政府の活動する分野は広範囲にある。

これら3つの経済主体が，労働力，物，貨幣などの動きを通じて相互に密接に結ばれることにより，財・サービスの生産と消費とが繰り返される現象を経済循環という。

2　経済主体

2.1　家計

経済活動の最も基本的な側面は，人間が生活をしていくために必要な消費活動である。この消費活動は主として家計によって行われる。家計に入る収入は，その一部を税金や社会保障費として差し引かれ，その残金を可処分所得とよぶ。この可処分所得がどのように使われているかは各家庭の事情により，また経済社会の景気の動向により家計ごとに異なる。しかし国民経済全体として見る場合，それらの各家計を総計した国民の消費支出する金額はきわめて大きく，国民総支出のうち6割を占めている。以上より家計の経済活動が国民経済を動かす基本となっているといえる。

ただし，家計を専ら消費の主体としてのみとらえることは正しくない。家計を通じての財・サービスの消費は企業に必要な将来の労働力の再生産を意味すると同時に，家計における貯蓄は銀行などを通じて企業活動に欠くことのできない貨幣資本として利用される関係にあり，更に一部の家庭では個人商店や農家に見られるような自営業を営み，自ら財・サービスの生産主体ともなっていることに注意しなければならない。

また家計は基本的には消費主体と呼ばれるものの，各家庭の内部では家族全員が相互に協力しあって計画的でかつ合理的な経済生活を営んでいる。その意味で，家庭や家族の生活のなかに経営の原理を見ることができる。

2.2　企業

企業は経済循環において主として生産活動の担い手である。すなわち，家

計が消費する種々の財・サービスを生産することが企業の社会的な役割である。この場合，企業がどのような生産活動を行うかは企業が存在している国の経済的な仕組みによって異なる。従って，企業活動を見る場合は経済の仕組みの相違を理解しておく必要がある。

　現在のわが国の経済体制は，自由主義経済，市場経済，資本主義経済などと呼ばれる。自由主義経済の特徴は家計も企業もその経済活動を自己の責任において自由に行うことを原則とするところにある。ただし，反社会的あるいは違法な経済活動は許されない。自由主義経済のもとでは，自由な経済活動が認められ，しかも原則的に国家もこれに干渉しないため，個人も企業もそれぞれ，自由にしかも自律的に行動する。つまり家計においては，予算の範囲内で購入する財・サービスの購入量，消費量を自由に決定し，また企業においても，社会に供給する財・サービス量を自由に決定し，企業活動を通じてできるだけ多くの利益を獲得しようとする。

　我が国では企業の中で，特に民間企業あるいは私企業と呼ばれるものが，経済社会の大部分を占めている。現代の経済社会を構成している最も一般的な意味での企業とは社会的に有用な財・サービスを生産しあるいは販売することによって，報酬としての利益を獲得する組織である。例えば財の生産・販売を行う製造会社やサービスの生産・販売を行う金融機関，商社などは，すべて企業の中に含めることができる。

　企業の活動過程は次のように整理できる。
①企業活動に必要な資本を調達する。
②資本の投下により従業員を雇用し，また原材料，機械などの生産手段を購入する。
③生産手段を用い，経営者・従業員が協働して生産活動を行う。
④製品を商品として顧客に販売する。
⑤商品の販売を通じて投下資本の回収を行い，企業の利益を分配する。

　上記の企業の活動過程に関連して，次の点に留意する必要がある。
　第1に企業は消費者や顧客に必要な財・サービスを提供する社会的な面と，それを通じて自己の利益を増大しようとする私的な面を同時にもつ。

第2に企業は組織である。この点に注意を払わなければ，企業が複数の人々の協働体系（cooperative system）であることにより発生する秩序維持の問題や従業員の勤労意欲の問題などを見落とす危険がある。

　第3に企業はその循環的な活動過程において，企業をとりまく利害関係者なしに存続することができないことを理解しておくことも重要である。

2.3 政　府

　現代の日本経済は企業における自由な生産活動と家計における自由な消費との両者の依存関係をもって経済活動を循環させている。しかし経済主体による自由な活動だけでは，経済社会は必ずしも円滑に動かない。社会には市場を通じての私的な経済行為だけでは満たすことのできない国民の要望が，数多く存在する。例えば，景気の変動や福祉的な施策は私的経済行為では満たせない。このような理由から，国民経済の第3の経済主体としての「政府」（中央政府，地方公共団体）の存在は欠くことができない。政府の行う経済活動，すなわち公共的な需要を満たすために，一方で財源の確保を管理し，他方で必要な費用を支出していく活動を財政という。国（中央政府）の財政に期待される経済的機能は主に次の3つにわけることができる。

　まず国防，外交，司法，警察，消防，教育などのサービス，道路，港湾，公園，水道など公共施設（社会資本）の供給および充実がある。これを財政の資源配分機能という。

　次に，国民の間にある所得の不均衡を是正するために，累進課税（課税対象の数量または金額の増加に伴い，税率が引き上げられる税制）により高所得者に高い税を課し，低所得者には生活保護，低家賃住宅の提供など負担する税以上の公共サービスを提供する，いわゆる所得再分配機能がある。

　最後に景気の変動幅を極小化するため，好況期には税収を増やし，不況期には政府支出を増大させる政策がとられる。これを安定化機能と呼ぶ。財政支出により産業基盤を整備し，企業に対して補助金を支給して合理化投資を促す機能もこれに相当する。

　なお，地方公共団体の財政を特に地方財政と呼ぶ。これは国家財政と密接

な関係を保ちながら，国民経済の均衡ある発展と国民生活の向上に重要な役割を果たす。地方財政には生活環境基盤などの社会資本のほか，住民の意識の多様化による複雑多岐にわたる要求への対応が求められる。

　経済を研究対象とする経済学には，景気変動による不況や失業に対処する政府の経済政策を検討するマクロ経済学，完全雇用・完全競争・市場均衡のモデルをもとに経済を検証するミクロ経済学がある。

3　経営と管理

　「経営」は家計，企業，政府などの経済主体，組織体の運営を計画・管理し，実行することをいう。「経営」の起源は，まず，中国，日本の古典に起源をみることができる。紀元前3世紀半ば頃，中国の『五経』の一つである『書経』によれば，縄を張り，土台を据えて建物をつくること，物事の基盤を定めて事業を行うことを指す。また，日本の『今昔物語集』（平安時代・11世紀）『太平記』（室町時代・南北朝期14世紀）によれば，物事を計画したり，執り行うことを指す。次に，英国，米国において「経営」にあたる言葉はadministration, managementである。administrateは14世紀後半，ラテン語のadministrare（助ける，実行する）に由来があり，管理する，世話をすることを意味する。一方，manageは16世紀半ばに登場している。起源はラテン語のmanus（手），イタリア語のmaneggiareにあり，馬を扱う，調教することを意味した。また，「経営」に関連するcontrolという言葉は，ラテン語のcontra（逆，反）とrotulare（巻き），rotulus（転がる，船が横揺れする），roll（回す）に起源があり，管理，統制，制御の意味をもつ。企業，事業，経営は一体である。（参照　経営・第5章）

4　株式会社

4.1　企業形態

　企業活動を展開するために，まず必要となるものは貨幣資本である。企業

に貨幣資本を提供する者を出資者という。一方，出資者の責任負担には，無限責任と有限責任とがある。企業が倒産した場合，無限責任は，出資額だけでなく事業に関係のない私財を投げ出してまで責任を負う。有限責任は，出資額を限度として責任を負う。企業形態とは，企業をこの出資者と責任負担から法律的に区分したものである。

　企業の諸形態をわが国の実状に即して分類すると，およそ次のようになる。まず，私企業，公企業，公私混合企業（公私合同企業）の区別が見られるが，それらは出資者が民間の私人，政府・公共団体またはこれらの組み合わせのいずれかによる分類である。次に，私企業には個人企業と共同企業との区分がある。これは出資者が個人か，多数の人かによる分類である。

　社会政策の分野では，組織を，ファーストセクター（first sector 営利を追求する民間企業），セカンドセクター（second sector 公共サービスを供給する政府・自治体），サードセクター（third sector 社会的課題を解決する目的をもって自律・互恵的活動を行う組織）に分類する考え方がある。

　近代の産業社会において，機械や設備を生産手段とする企業が発達し，巨大化するに伴って，企業に必要な資本量は著しく増大することになった。そのため従来のように，個人所有と強く結びついた資本の利用だけでは，その必要を満たすことが困難なため，必要な資本を大量に調達できる手法となったのが会社の制度である。特に株式会社は今日，企業形態の中心的な存在であり，多数共同企業の典型といえる。（参照　法律・第5章）

4.2　会社の歴史

　会社の起源は古く，特定の事業目的をもった，血族外の者が参加する契約形態の団体にはじまり，イタリアのローマ共和政末期から存在していたとされている。この団体は，構成員の出資した資本は共通財産とされ，その持分に従って利益・損失の配分が行われたものの，法人格と団体自体の財産を欠いた組合であった。この契約形態は中世に伝えられ，11世紀以降発展した地中海商業のなかで用いられた。しかし，この契約はメンバーの第三者に対する無限連帯責任を規定しているため，危険の伴う海上交易には不適当であっ

た。このため海港都市で創造された組織が，原則一航海ごとに完結し，出資者の有限責任を規定しているコンメンダ（commenda）である。コンメンダは，身分上，営利行為に関わることを良しとはされなかった貴族や聖職者が出資関係を秘匿して利益をあげることのできる匿名組合と出資関係の秘匿を必要としない合資会社へと発展した。一方，12，13世紀以降，イタリアとフランドルを結ぶ内陸交易においては，コンパニーア（compagnia）が発展した。これも家族的な事業団体を基盤に，家族以外の者や使用人を加えて成立した。一定の期間と資本金を定めて設立され，構成員は第三者に対して無限連帯責任を負った。コンパニーアは，資本金のほかに預金の受入と利払を約束した。14世紀にはフィレンツェではヨーロッパ各地に支店を設け，十分の一税など教皇庁の豊富な資金を動かし，商品取引のほかに為替や君主，諸侯への貸付けも行われた。16世紀には南ドイツでも，ほぼ同様の企業形態が存在した。イギリスではこの種の会社をパートナーシップ（partnership）と呼んだ。また，北ヨーロッパのハンザ自由都市（Hansestadt）やイギリスのカンパニー（company）のように特定の地域，特定の経済活動を独占する商人団体が存在した。17世紀初頭に設立されたオランダ及びイギリスの東インド会社は一企業自体が独占団体を形成した独占会社であった。それは会社の継続性，社員の有限責任などの原理を確立し，株式によって広い範囲から資本を調達した。コンメンダ以下の多様な私的企業組織と独占的な商人団体が，近代における株式会社成立の前提であると考えられている。

　一方，日本では欧米の「会社」概念の導入前，江戸時代に三井に代表される同族的な共同企業，同業者相互の一時的な共同企業，株仲間を基礎にした一時的な組合企業が存在した。それは無限責任の出資を特徴としていた。

　欧米のカンパニー（company）ないしコーポレーション（corporation）に関する知識は，幕末慶応年間（1865-68）に，福沢諭吉（1834～1901），渋沢栄一（1840～1931）ら海外渡航者によって導入・紹介された。その訳語は明治時代に入ると，「立会結社」ないし「会同結社」を縮めた「会社」という用語が確定した。政府は諸外国に対抗するために民間資本の結集を図り，会社制度の導入を推進した。すなわち，1869（明治2）年には通商会社・為

替会社の設立を指導し，渋沢栄一，福地源一郎（1841～1906）が会社知識の普及に努め，1872年には国立銀行条例を制定して国立銀行の設立を促した。また，福沢諭吉の指導で1869年1月に設立された丸屋商社（後の丸善株式会社）は実質的に合資会社であった。国立銀行条例，取引所条例（1887年），私設鉄道条例（同）などの特別法以外には統一的な会社法が未整備のまま，会社の設立数は増加した。しかし1889年秋からの恐慌で会社の破綻が続出したことから，会社の法的規制が急務となった。その結果，1893年7月，商法（1890年公布）のうち，手形・小切手法，破産法とともに会社法が一部修正のうえで施行された。会社法によって会社は権利・義務の主体と認められ，その形態は，無限責任制の合名会社，無限・有限の両社員からなる合資会社，有限責任制の株式会社の3種に区分された。同法施行に伴って会社の多くは株式会社と名称を改めまた三井財閥は傘下各企業を合名会社に改組し，三菱社（1885年以前は郵便汽船三菱会社，略称は三菱会社）は三菱合資会社に改組された。1899年には商法が改正され（3月公布，6月施行），これに伴って株式合資会社が認められたほか，株式会社設立については免許主義を廃して準則主義が採用され，また無記名株式・優先株式の発行が認められた。会社法施行の前後から，日本の企業は会社形態を中心として発展を遂げていったが，鉱山業や製糸業などでは会社形態をとらないものが多かった。その後1938年の有限会社法公布によって有限会社が認められ，また1950年の商法改正（翌年施行）によって株式会社法は全面的に改正された。

4.3　株式会社

　株式会社の特徴は，特に次の2点に見ることができる。その第1は，会社の資本金が，具体的に譲渡自由な株券の形で，均一の多数の株式に分割されている点である。これを資本の証券制という。その第2は，出資者である株主は，会社に対して，出資額を限度とする責任だけを負う，株主有限責任制を採用している点である。ただし，株式の発行価額は時代の要請にあわせて，1株50円以上（当初の商法の規定），500円以上（1950年改正），50,000円以上（1981年改正）と変更されてきたが，現在は制限が設けられていな

い。株式会社の特徴が近代の社会の要求に最も適していたために，株式会社形態をとる企業が普及した。（参照　法律・第5章）

4.4　所有と経営の分離

　株式会社制度の導入と証券市場の整備は，企業に必要な資本の調達を容易にした。これを基礎に，近代的な株式会社は飛躍的な発展をとげることとなった。そしてその結果，多くの主要な企業で，株主数が大幅に増加する現象が見られるようになった。

　多くの株主が出現すると，企業において，その管理・運営を株主全員で行うことは，事実上困難である。そこで，本来出資者が果たすべき企業における管理・運営の仕事は，株主全員によって行われるのではなく，ある一部の出資者が行うか，あるいは専門的な経営者に委ねる必要が生まれた。後者の場合のように，企業の経営が所有者である株主の手から離れ，他の専門的な経営者に任される状態，言い換えると，経営の支配権が専門経営者の手に帰する現象を，所有と経営の分離（出資と経営の分離）という。米国のバーリ Adolf Augustus Berle, Jr.（1895〜1971）とミーンズ Gardiner Coit Means（1896〜1988）の共著『近代株式会社と私有財産』（1932）はこの現象を初めて実証的に研究したものである。また米国の社会思想家バーナム James Burnham（1905〜1987）も主著『経営者革命』（1941）の中でこの現象を説いている。以上の背景とならんで，大規模化し，複雑かつ高度化した企業の管理・運営には，技術上あるいは管理上の多くの専門的な知識や能力が必要となったことも，専門的経営者を創出する大きな理由の一つである。

　ただし，所有と経営の分離は，すべての株式会社について見られる現象ではなく，中小の株式会社は，依然として所有経営者によって管理・運営されている。しかしアメリカや日本の最も中心的な現代企業に，このような分離の傾向が見られることは，現在の産業社会を理解するのに，きわめて重要な意味をもっている。（参照　法律・第5章）

4.5　合同会社と有限責任事業組合

　日本では，会社法が2006年から施行された結果，有限会社は株式会社に吸収され，新たに設立することはできなくなった。株式会社以外に，新たな会社形態として，合同会社が創設された。これは米国のLLC（limited liability company）に由来する。合同会社は，法人格をもち，原則として出資者（構成員）全員が業務を執行する権限をもち，出資額を限度とする有限責任事業会社といえる。合同会社は，構成員1人以上から作ることが可能であり，他の会社形態（株式会社・合資会社・合名会社）に組織変更をすることもできる。ただ，課税の仕組みは，米国のLLCの場合（損益が直接構成員に帰属する構成員課税：パススルー pass through）と異なり，法人課税である。一方，有限責任事業組合は民法上の組合の特例として創設された。これは英国のLLP（limited liability partnership）に起源がある。組合とは構成員ごとに契約で結ばれた組織（構成員2人以上）を指し法人格もないものの，構成員全員が業務の執行にかかわり，出資額を限度とする有限責任を負う（民法上の組合では構成員が無限責任を負う）。課税の仕組みは，構成員課税である。

　この2つの事業体とも，所有と経営は一致し，人的資産や知的財産に基盤を置く事業やベンチャーに適する。（参照　法律・第5章）

5　協 同 組 合

　協同組合とは，共通の経済的・社会的・文化的な要望を満足する目的で個人または中小企業の経営者が自発的に集まって組合員となり，事業体を設立して共同で所有し，民主的な管理を行う相互扶助組織である。国際協同組合同盟（ICA）の協同組合原則（1995年）に従えば，協同組合は，自助，自己責任，民主主義，平等，公正，連帯の価値を基礎とし，組合員は，正直，公開，社会的責任，他人への配慮という倫理的価値を信条とする。またこの原則は，①自発的で開かれた組合員制　②組合員による民主的管理　③組合員の経済的参加　④自治と自立　⑤教育，訓練および広報　⑥協同組合間協同

⑦コミュニティへの関与　以上，7の特徴をもつ。その意味で協同組合は，人的結合体であり，組織および運営の自主性，相互扶助，組合員への奉仕をもって，コミュニティ（地域社会）の持続的な発展に貢献するのである。協同組合には，農業協同組合，漁業協同組合，森林組合，事業協同組合，消費生活協同組合など多様な組合がある。

　19世紀，イギリス・ランカシャーのロッチデール（Rochdale）で生活環境の悪化に苦しんでいた労働者によって「組合員の社会的・知的向上」「民主的な運営」「取引高に応じた剰余金の分配」などを目標に開設された店舗（後のロッチデール先駆者協同組合）に起源がある。例えば，消費生活協同組合（生協，コープ cooperative society：CO-OP）は，一定の地域や職域の人々が結びついて構成される組合員の相互扶助組織であり，出資者（組合員）は有限責任を負う。その主な事業は，購買事業，利用事業，共済事業等である。現在，日本の生協は，連合および単体の重層的，複合的な組織体系からなり，経済や福祉の分野で役割を果たしている。（参照　経営・第8章）

6　非営利活動組織

　これまでに述べた企業のいずれにも属さない組織がある。それは主に市民の海外協力を目指す非政府組織（non government organization：NGO），環境，福祉などの特定の非営利活動を担う非営利活動組織（non profit organization：NPO）である。今日では NPO の重要性が広く認識され，1998年に成立した特定非営利活動促進法によって，団体としての経済行為（法人格の取得）が可能となった。（参照　法律・第2章）

7　公企業・公益企業

　公企業とは，公共目的の達成手段として，国または地方公共団体が出資・経営する企業である。
　かつては3公社（日本国有鉄道，日本電信電話公社，日本専売公社）5現

業（郵政，国有林野，印刷，造幣，アルコール専売の各事業）が存在した。しかし，現在，3公社はすべて民営化され，日本国有鉄道はJR各社に，日本電信電話公社はNTT各社に，日本専売公社は日本たばこ産業となった。

また，郵政は日本郵便（株）（2007年10月～）に，印刷は独立行政法人国立印刷局に，造幣は独立行政法人造幣局に，そしてアルコール専売は日本アルコール産業（株）（2008年からは日本アルコール販売（株））に移管された。現在，現業は，国有林野が移管された林野庁だけである。

公企業としては，林野庁ほか，公団（国や地方公共団体が出資・経営する特殊法人形態の公共法人で，廃止・民営化が進行している企業），地方公営企業（地方公共団体が経営する上下水道・電気・交通・ガスや公立病院などの企業），公私混合企業（国や地方公共団体と民間が合同で出資・運営する企業で，特殊法人形態＝日本銀行や日本赤十字社，株式会社形態＝日本たばこ産業(JT)，日本電信電話(NTT)，国際電信電話（KDDI）等）がある。

公企業の経営は，第1に，公共の福祉の増進を目指す事業の遂行，第2に，経済性や効率性の追求である。ただし，公企業の場合，利潤の追求は重要ではあるものの，それ自体が目的ではない。公企業の課題は公共目的の要請と独立採算性との均衡をいかに図るかにあり，可能なものは順次，民営化または独立行政法人等に移管されている。独立行政法人とは，「公共上の見地から確実に実施されることが必要な事務及び事業であって，国が自ら主体となって直接に実施する必要のないもののうち，民間の主体にゆだねた場合には必ずしも実施されないおそれがあるもの又は一の主体に独占して行わせることが必要であるものを効率的かつ効果的に行わせることを目的として，設立される法人」（独立行政法人通則法2条）であり，主務大臣による中期計画の承認や担当部署による評価を受けなければならない行政機関である。

また，公益事業の性格をもつため強い独占化傾向を帯び，料金規制などの一連の公共規制が課せられる特殊な私企業を公益企業という。公益事業とは，提供される財やサービスが日常生活に不可欠であり代替的な手段に乏しく，生産に「規模の経済性」[*1]や「範囲の経済性」[*2]が働くため，多数の会社が競争的に提供するよりも，1社～3社程度で独占的または寡占的に提

供することが，社会的厚生を高めるものである。公益事業と呼ばれる産業群としては，電気，ガス，上下水道，郵便，電気通信，鉄道，バス，トラック，航空輸送などである。

　公益企業の経営は，全国のどの地域でも所得に無関係に均質のサービスを提供し，均一料金制のもとで，大口利用者からの利益により小口（零細）利用者の赤字を補塡する形で行われる。（参照　経営・第5章）

＊1　単一の製品について，生産費用が拡大するほど，単位当たりの生産費用が減少すること。
＊2　複数以上の製品を同一組織で生産するほど，単位当たりの生産費用が減少すること。

8　社会的企業

　我が国は，環境問題，少子高齢化，障害者，女性，貧困など，様々な社会的課題に直面している。従来，政府がそれらの課題解決の役割を担ってきた。しかし，今日，政府がその全てに対応するには限界が生じている。

　1970年代より世界各地で，慈善や政府の支援のみに頼らず，収入を得て持続可能な仕組みである社会的企業を設立する動きが出始めた。特にEU（欧州連合）では，社会的経済の促進を政策の中核にし，その推進の担い手として，協同組合（cooperative society），互助組合（mutual aid union），連盟／連合／協会（association），財団（foundation）があげられている。

　1990年代中頃からヨーロッパにおいて，一定の包括概念として「社会的企業」（social enterprise）が注目された。社会的企業の意義は，地域コミュニティ，個人の生きがい，雇用，新規事業などの創出にある。その経営形態としては，NPOや営利企業，組合等様々な形態がとられる。

　社会的企業の要件としては，次の3つがあげられる。
①社会性：社会的課題に取り組むことを事業活動の社会的使命とすること。
②事業性：社会的使命をビジネスの形に表し，継続的に事業を進めること。
③革新性：新しい社会的商品・サービスを提供する仕組みを開発すること。

　なお，2009年政府が発表した経済緊急対策の中で「新しい公共」の概念が提唱された結果，地域の雇用創造を担う社会的企業の育成が急務となった。

第2章
産業と経営

1 産業

1.1 社会的分業

　現代の社会は，高度に細分化された分業社会である。各人がその能力や性格を活かした得意な仕事に専念した結果，自給自足の経済活動の時代よりも，はるかに効率よく各々の生産物を大量生産できるようになった。同時に，余剰の生産物を相互に交換しあうことにより，貨幣経済の発達とともに分業化がより一層発展してきた。歴史的には，自給自足の家計から始まった原始共同体の社会に，狩猟，牧畜，農耕などの諸部門に分担される社会的分業が自然発生的に生じ，更に，分業は農業と手工業へと発展していった。

　歴史的発展のなかで，諸生産が社会的分業の一環として自立し，漁業，農業，林業，牧畜業，鉱業，工業等を形成してきた。更にそれらの基礎となり支持，拡大する運輸・通信・倉庫業，建設業，商業，金融業，諸サービス業が形成されてきた。社会的な分業として行われる財貨及びサービスの生産または提供に関わるすべての経済活動を産業という。産業の歴史は原始時代にまで遡ることができる。

　国民経済を構成する各種産業部門の状態を産業構造という。産業構造は一般に産業部門を第1次，第2次，第3次産業に分類した産業間の構成比によって示される。

　第1次産業に属するものは農林漁業であるが，これらはいずれも自然からもたらされるものを収穫する産業である。第2次産業は製造業を中心とする物の加工にたずさわる産業である。第1次産業，第2次産業の共通しているところは，基本的に，有体物である物財を取り扱っている点である。

経表1　我が国の産業分類

第1次産業	農業　林業　漁業
第2次産業	鉱業　建設業　製造業
第3次産業	電気・ガス・熱供給・水道業　卸売・小売業　運輸・通信業　金融・保険業　飲食店　不動産業　サービス業　公務

　これに対して第3次産業はサービス産業と呼ばれる。元来，サービスとは人間的要素に依存する度合（属人性）が高い役務をさし労働集約的である。従ってサービス産業は物の生産以外の経済活動にかかわる産業を意味している。資本よりも労働に依拠する中小企業がサービス産業の分野では大きな割合を占める。基本的には物財そのものよりも，それと関連する「サービス」の側面に注目し，そこに有形の物財とは異なる無形の用益を対比させたものである。各産業の活動状況をはかる尺度としては，その産業の生産額，付加価値，就業人口などが用いられる。

　付加価値とは企業は機械を使い，原料や燃料を仕入れ，労働者を雇用して商品を生産し，それを市場に売って利益をあげる。機械の減耗を補う経費と，仕入れた原料や燃料の費用を差し引いた残りの部分は企業が労働者の協力をえて新しく作り出した価値にあたる。

1.2　相互依存関係の深化

　現代の社会では，情報処理，マーケティング（marketing 生産者から消費者へ商品やサービスが流れる一連の商業活動），材料分析，デザイン，製品企画，広告など各種のサービスを専門的な外部の企業に求め，また，オフィス，店舗の清掃や夜間の警備も，専門の業者に代行してもらう場合が多くなっている。

　分業がすすみ，経済主体がきわめて密接に相互に依存しあう関係になったのである。現代の社会は，就業構造が著しく複雑になり，以前にない新しい職業が作られている。その大部分は第3次産業，特にサービス業に属し，「経済のサービス化・ソフト化」の現象を生じている。このように，企業の活動は，社会に必要とするものを生産・販売し，その活動を通して，社会の環境変化に適応した企業行動が重要となる。（参照　経営・第8章）

2 産業構造の変化

2.1 既存の産業構造

　一般に，一国の産業構造は経済が発展し所得水準が上昇するに従って，労働力の割合が，第1次産業から第2次産業へ，さらに第2次産業から第3次産業へと移行していく傾向がみられる。

　英国の経済学者クラーク Colin Grant Clark（1905～1989）は，主著『経済進歩の諸条件』（1940）を通して，経済の発展につれて第1次産業の割合は労働力構成比でみても，所得構成比でみても長期的に低下する傾向を示しており，他方，第2次産業は所得構成比でみて上昇傾向，そして第3次産業は労働力構成比でみて上昇傾向を示すことを明らかにした。そしてクラークは17世紀，同国のペティ William Petty（1623～1687）の『政治算術』（1690）に注目し，彼の第1次産業の縮小，そして第2次・第3次産業の拡大を内容とする実証分析の理念はペティにまで遡ることができるとした。この傾向をペティ＝クラークの法則と呼ぶ。

　この法則は日本においても，よく適合している。1955年ごろから1970年代の初めにかけては急速な工業の発展，特に重化学工業の発展により第1次産業の比重が低下し，第2次産業の比重が増大した。しかし1973年，1979年の2度の石油危機などをきっかけに製造業では基礎素材型産業が停滞する一方，加工組立型産業が拡大するとともに，第1次産業の比重が低下し，2・3次産業の比重が増加する，産業構造の高度化が生じた。ここで，基礎素材型産業とは，加工組立型産業への素材を生産する産業。鉄鋼，非鉄金属，化学，繊維・パルプなどの業種をいい，加工組立型産業とは，家庭電器・自動車・半導体・工作機械などの業種で，民生用または産業用の最終製品を生産する産業をいう。

　近年は，情報関連サービスやリースなどの対事業所向けサービスの需要拡大や消費の多様化を背景に第3次産業の比重の増加が進行している。この結果，第2次産業，特に製造業の比重は相対的に低下しているが，技術開発や

設備投資は続いており，製造業全体としては高付加価値化が進行している。

　近年日本では第3次産業の比較生産性をいかに高めるかが，経済発展の大命題となっている。雇用を吸収しながら生産性を拡大するためには，第2次産業でみられた機械化の概念をサービスの分野に導入しなければならない。さらに第2次産業でみられた大量生産方式による製造費用削減（コストダウン cost down）を図らねばならない。第3次産業でもコンピュータをはじめとして，大量転送，大量通信，大量販売の手段が設備の技術革新により可能となった。一方，古くからの経営形態を変革するソフトの面での技術革新も進み，スーパーマーケットやレストラン，医療，教育の面におけるチェーン展開，コンピュータと通信の結合による管理面の合理化，高速化により，労働力をできるかぎり節減し，所得を高める方向に進んでいる。このように産業は第1次，第2次，第3次産業すべてにわたり，今後生産性向上に向けて種々の技術進歩が急展開すると考えられる。（参照　経営・第8章）

2．2　農商工連携と第6次産業，都市農業

　地方の課題・実情に応じた持続可能な地域経済を創り出すために，2007年に地方再生戦略がまとめられた。農林水産業者と商工業者は経営資源を互いに持ち寄り，新商品・新サービスの開発等に取り組むこと（農商工連携）により，双方の経営向上を図り，衰退が指摘される地域経済が活性化されることが期待された。

　2008（平成20）年，経済産業省と農林水産省の連携により，中小企業者と農林漁業者との連携による事業活動の促進に関する法律案（農商工等連携促進法）が成立し施行された。同法では，中小企業者と農林漁業者が，共同で行う新たな商品やサービスの開発等の計画の認定を受けた場合に，事業資金の貸付や債務保証，設備・機械の取得に対する税制等の支援，事業に係る経費への補助等を受けられる特徴をもつ。

　農商工連携により消費者の視点を共有し多様な商品・サービスを展開することで，①農林水産業および商工業の収益拡大　②消費者への多様で高品質な産品の提供　③地域経済の活性化　④食料自給力の向上　が期待される。

このように農林水産の生産が，製造加工，流通・販売・廃棄にも主体的かつ総合的に一貫して関わり，従来，第2次・第3次産業の事業者が得ていた付加価値を，第1次産業が得ることによって農林水産を活性化させ，地域経済へ貢献する産業の状況を，第6次産業という。第6次産業化は，農林水産のブランド化，消費者への直接販売，外食の経営などによって促進される。

2011年3月に起きた東日本大震災により，現在も被災地における地域・コミュニティの再生は進まず，食と農の距離の拡大が社会的，時間的に急激に進んだ。農産物の輸入自由化，TPP（Trans-Pacific Partnership，環太平洋戦略的経済連携協定），農業協同組合（JA），都市農業の問題など，日本の農家を取り巻く課題は山積している。

今日，日本における最大の問題は食料とエネルギーといわれている。私たちは，最新の情報・技術を伴った，生命に関わる総合産業としての新たな農業やアグリ・ベンチャー，植物工場などを創造する必要がある。そのためには，現場でマネジャーやプロデューサーとなる人材の育成が求められる。

都市農業とは，都市住民の生活空間に隣接し，都市およびその近郊における農業と位置付けられる。都市農業の機能としては，教育，農業生産，防災，レクリエーション，都市環境保全などがあげられ，その主な利点は，①大消費地に隣接しているため，住民に対して新鮮な農作物を供給することができること　②緑地空間として，ヒートアイランド現象のような都市気候の緩和，景観維持に貢献すること，である。一方，その課題としては，①相続税の納税猶予制度と課税方式の変更　②生産緑地の買い取り制度　③環境汚染の影響　があげられる。税制や諸制度の動向によって，農地が細分化や減少に繋がりかねない。

3　外部環境の変化

3.1　変化の予測

国立社会保障・人口問題研究所の推計（2005年）によれば，2014年には日本の4人に1人が65歳以上になり，2050年には日本の人口が1億人に縮小

し,更に2100年には,6400万人になり,現在の半分の人口となる見通しである。日本人の寿命が延び(男性78.32歳,女性85.23歳,2005年),高齢者が増える一方,少子化により若者および現役の労働力が減少する。外部環境の変化に関する予測を,今後10年間で総括すると次の3点になる。

　第1に,経済の量的な成長から質的な変化への推移である。明確な目標を掲げることのできた「成長の時代」から,全体としての目標が不明確あるいは消滅する「変化の時代」になることが予想される。例えば,金融業の場合,リスク自体が増加し,間接金融や伝統業務(預金・融資・為替)を基礎とする銀行の業務分野から,間接金融・直接金融の中間業務分野に,また投資信託や年金等のファンド業務分野へ中心が推移する。年金,医療,介護などの社会保障に関しては,制度の見直しが生じるものと予想される。

　第2に,公共セクターの変革,特に,公と民の分業による事業創造の仕組みの開発である。公共事業の実行自体は営利企業や非営利企業(NPO,NGO等)に委託する形で新しい公民分業の形態の確立が期待される。

　第3に,企業が中心であった生産活動が,今後,NPOやNGOなども含めて多様化し,無償の生産活動,自分の楽しみや満足のために行う生産活動と消費活動の融合の可能性である。更には,学習期と現役期と余生との境界がなくなる「生涯現役社会」の到来も予想される。

　いずれにせよ,私たちの究極の目的は,右肩下り社会の到来の中で未来における公益(公共善／共通善 common good)の実現である。

3.2 消費動向の変化

　企業活動はそれを取り巻く環境諸条件との関わりのなかで形成されたものである。言い換えれば,外部の環境が変化すれば,どこの国の企業も環境への適応のため変化せざるをえない。

　近年における環境変化で基本となるのは消費構造の変化であろう。すなわち,わが国の経済は,1954年ころから高度成長がはじまり,1975年頃に安定成長へ移行するまで,専ら物質的な豊かさが追求された。しかし,1973年の第1次石油危機を契機に,使い捨て,大量消費は見直され,1975年以降は,

すでに達成された物質的豊かさを背景にいわゆる「物離れ」がすすみ，消費生活もソフト化・サービス化の時代にはいることとなった。そして国民の生活様式の変化や，自由時間の増大，女性の社会進出，高齢者の増加，価値観の多様化，技術革新，情報化ソフト化・サービス化といった経済社会の変化のなかで，消費者の意識は多様化，個性化しつつあり，家計の消費行動の変化も同時に進行している。

今後の国民の意識は「物の豊かさ」から「心の豊かさ」を強く志向するように変化しているが，この場合まず自由な時間が不可欠であり，余暇関連の消費が一層増大すると考えられる。同時に女性の社会進出に伴い，例えば調理食品，家事代行サービスなど家事時間を節約するために時間節約型の消費も増えていくと予測される。また人口の高齢化にともない，高齢者を対象とするいわゆるシルバー関連サービス消費も今後増加することが見込まれる。

消費者側の購買行動の変化は，企業経営のありかたにも大きな変化を起こすことになる。例えば経営者は，消費者の動向を従来よりもはるかに詳細にかつ直接的に把握しない限り，企業を存続・発展させることは困難となってきた。近年，生産者志向の考え方から，企業側における消費者志向，サービス志向的な考え方への変化が著しい。

3.3 企業環境の変化

企業をとりまく社会の消費動向の変化は，企業にとってきわめて重要である。加えて右肩下り社会の到来により，現在の日本企業は，従来の安定的，量的な成長を前提にした経営行動の転換を余儀なくされている。その理由は国民の価値観の変化，量的拡大を海外にまでのばした結果の貿易摩擦，既存市場の成熟化にある。

このほかにも，エレクトロニクス（electronics 電子工学）の発展と情報化の進展，様々な形の規制緩和，経済面や文化面での国際交流の拡大，メカトロニクス（mechatronics 電子工学技術と機械を結びつけたもの）のような異分野の技術の融合化などは，いずれも現在進行しつつある企業環境の変化といえるであろう。

4　サービス産業の特徴

4.1　第3次産業（サービス産業）の成長要因

　第1次，第2次産業が，経済の成長・発展につれ，第3次産業に中心を移動していったことには理由がある。すなわち産業構造の変化は，供給面と需要面の双方の要因から現れるのである。

　まず供給面からみると，第1次産業よりも第2次産業の労働生産性（単位労働時間で生産される生産物の量）の上昇率が高いため産業間に所得格差が生じ第2次産業へ生産要素が移動するというように，労働生産性の上昇率の格差がおもな変動要因となっている。

　また需要面からみると，所得水準の上昇に伴い，食料などの所得弾力性（所得の変化に対する需要量の変化）の低い必需品への需要が相対的に低下し，資本財や耐久消費財など所得弾力性の高い工業製品に対する需要が増加するといった，需要の所得弾力性格差が変動要因となる。そのほか，経済社会が高度化するとサービス，情報などに対する需要が高まり，それに対する供給能力も増大するため，第3次産業がより増大していくことになる。

　我が国の産業別就業者数に占める第3次産業の割合を見ると，1980年には54.6％，1990年には58.7％，2000年には63.7％と一貫して上昇を続けている。また，業種別実質総生産に占める第3次産業の割合は1980年には58.1％，1990年には63.9％，2000年には73.5％に上昇した。こうした傾向は先進諸国において共通の現象となっている。

4.2　サービスの特質

　無形の役務であるサービスは，有形の物財と異なる以下の特徴をもつ。
　(1)　無形性
　サービスには，重さ，大きさ，色彩，固さなどの，有形物，物としての性格が見出せず，無形である。サービスは文字通り「役務」「機能」であって，物自体ではないからである。

同じサービスを提供する企業は，差別化がマーケティングでの重要な問題となる。例えば，航空会社がマーケティングの一環として広告を出すときも，航空機の安全性，快適性，所要時間の短さなどを宣伝する場合に，文字や写真などで示すことはできず，航空機の外形やその内部の様子，到着先の景観などを写真や図で具体化しようとする。(参照　経営・第8章)

(2)　同時性

物的な財においては，まず生産，次に保管，最後に消費される。しかしサービスの場合には，ホテルや運搬などのサービスの例からもわかるように，まず契約があり，それから生産と消費が同時に行われる。サービスの供給者と需要者は，基本的には同じ時間に同じ場所にいなければならない。このサービスの同時性は，マーケティングを行う上で，供給者の個人的な魅力と購入者の積極的な参加がきわめて重要であることを意味している。例えば美容院の場合，顧客は，美容院自体というよりは，ある特定の美容師の技術や人間的な魅力にひかれている場合が多い。(参照　経営・第8章)

(3)　消滅性

サービスはそれが生産と同時に消費され，消滅する。消滅性は同時性と密接に関連している。蓄積して在庫の発生することはないため，製造業のように需要の変動に対応することができず，絶えず需要の超過と不足の状態にある。このため，設備の稼働率が不安定になって生産性の向上が困難であり，超過需要時の費用の増大は価格に転嫁されやすい。しかし，例えば外食産業では，正規の従業員を少なくし，アルバイトやパートタイムの従業員を雇用することによって需給の調整をはかっている。また，サービスのもつ消滅性のために，消費者にとっては交換することができない。再度同じ種類のサービスを提供されたとしても，同一ではない。(参照　経営・第7章)

(4)　異質性

サービスは，その質が供給者によって異なる，という特徴をもつ。例えば，病院や航空会社は全く同じ質のサービスを消費者に提供しているわけではない。また，同じ人が供給するサービスでも，供給する時期，場所，相手によってサービスの質が異なる。

サービスの異質性または非再現性のために，企業がサービスを供給する場合，サービスの品質を一定に保つことは困難である。従って，サービス提供を本業とする企業では，従業員を慎重に採用するとともに，たえず教育・訓練し，サービスの質を一定に保つための努力を重ねている。従って，サービス産業では，従業員は自分の仕事に関する知識や技術ばかりではなく，消費者に対する態度がきわめて重要な問題となる。

　以上，サービスとは，物財の「機能」を商品化して取引することであり，サービス業とは物財のもつ「機能」を売買の対象とするものである。

　物財とサービスは表裏一体の関係にあることを理解すれば，産業の中心が経済の発展とともに量的に第3次産業に移行しても，第1次産業，第2次産業の社会的重要性は変わらない。（参照　経営・第8章）

4.3　サービス経済

　経済における「サービス・ソフト」の重要性が「物」の重要性にくらべて相対的に高くなってくることを，経済のサービス化あるいはソフト化と呼ぶ。サービス化の進んだ経済をサービス経済という。サービス化・ソフト化の進展は，サービス・ソフト産業の割合の高まり，各産業内部でのサービス部門の比重の増大，消費支出面でのサービス化にみることができる。

　米国の社会学者ベル Daniel Bell（1919～）は『脱工業社会の到来』（1973）の中でサービス産業の就業者が全体の50%を超えるとき，本格的なサービス経済に入ったとする。わが国の場合，1965年にサービス産業が国内総生産の50%をこえ，1974年には就業者数でも50%を超えてサービス経済に入った。

　経済のサービス化・ソフト化現象は，第3次産業等の増大，第1次，第2次産業における企画，開発，調査，研究，広告，宣伝などのサービス・ソフト部門の増大，に見ることができる。

5 新しいサービス業

今日まで新しいサービス業が次々に創造され社会の要求に応えてきたが，これからの国際化，情報化，高齢化社会の到来に適応して，更に成長・発展する可能性が高い主なサービス業を以下でとりあげる。

(a) 業務代行・業務支援サービス

人材不足に悩む中小企業を中心に需要が拡大している業界である。業務の範囲は，依頼をした企業に代わって商品の販売促進や営業活動を請け負う営業代行，財務記帳や給与計算の業務処理などの経理業務の代行，新規事業の発想から企画書作成までを請け負う新規事業開発代行など，多方面にわたっている。サービスを代行させることにより，代行を依頼した企業側は，経費の削減や自社の人材の効果的な活用が可能になる。

特に国際業務に関しては，依頼主の企業に代わって英語で電話の応対をする国際電話対応代行，企業の海外向けの技術解説書，製品取扱説明書，営業案内書などの企画・作成を行う外国向けパンフレット作成代行，海外出張の訪問先の予約や通訳や秘書，交通機関の手配を行う海外ビジネス商談予約代行，海外のビジネス情報の収集と連絡，市場調査や営業活動の業務を代行する海外駐在員代行，外国駐在の日本人が誘拐や不当拘留された場合に解決を支援する海外赴任者の安全のための危機管理サービス等がある。

(b) リース・レンタル業

企業が設備や備品を必要とする場合に，自社で購入するかわりに，リース会社が購入したものを賃借することをリース（lease）と呼ぶ。リース会社は，購入した投資元本を，毎月一定のリース料を徴収することによって，ユーザーから回収する。リースの対象となる物件は，情報関連機器や事務用機器を含めた「省力化機器」が約半分を占めている。

一方，リースとともに物品賃貸業に属するが，一回の賃貸契約で賃貸物件の投資元本全体を回収しない点でリースと異なるレンタル（rental）も注目される。レンタル業者はレンタル物件をもち，それを不特定のユーザーに比

較的短い期間で繰り返し賃貸する場合もある。自動車レンタルやビデオレンタルなど専門的なもの，個人を対象とした総合レンタル業も出現している。

(c) コンピュータ・ソフトウェア関連業

今日の情報化社会を根底から支える各種の情報を収集・蓄積・加工し，顧客の求めに応じ，コンピュータ端末機を仲介してのオンライン利用やパッケージ・ソフトウェア（package software 既製の汎用ソフトウェア）販売の形で，付加価値の高い情報を提供するデータベースサービスが成長している。データベース（data base）とはデータを検索向けに整理してコンピュータに記憶させ，蓄積したものである。マーケティングや証券・金融などの分野を中心にオンラインによるデータ提供，多種類のデータを同一端末で検索する総合データベースの提供が活発化している。またデータベースから必要情報を探す新しい職業，サーチャー（searcher）も登場している。

一方，企業はビジネス環境の急激な変化をデータ化して把握する必要が生まれ，また情報のデジタル化が急激に進行した結果，ビッグデータ（big data）を活用した新ビジネスを創造しようとしている。ビッグデータは，従来のデータベース管理ツールやアプリケーションで処理することが困難な巨大で複雑なデータ集積物であり，その処理には大規模並列化ソフトウェアが必要になる。企業はデータ・情報・知識の性質を理解し，人材を活用しながら，ビッグデータを用いてイノベーションを目指す。(参照　経営・第10章)

(d) 人材派遣業

需要者の求めに応じ自社に登録されている要員を雇用関係を維持したままで提供する業態をいう。以前はコンピュータプログラマーや速記者など比較的専門技能を有する者の派遣が主であったが，近年は文書の整理保管やOA（office automation）機器の操作など，専門性の少ない業務に従事する者をオフィスに派遣することが多くなっている。このような動きは，減量経営をすすめる企業者側の要求と，仕事と生活の両立を求める就業者側の意欲とを同時に満足させる側面をもつ。(参照　法律・第6章)

(e) 高齢化対応サービス産業

シルバー年齢すなわち65歳以上の高齢者向けの産業を総称して高齢化対応

サービスという。有料老人ホーム，老人会による旅行などが当該産業の主流業種となっている。一般に生活関連（介護用品，医療機器），住宅関連（高齢者むけ住宅，有料老人ホーム），金融関連（老人向け保険，融資），レジャー関連（旅行，趣味）などが含まれる。今後シルバー産業は急速に展開されるものと考えられる。特に今後増大が予想される高齢者問題を家庭に代わって担うサービスも注目される。2000年4月に始まる介護保険制度では「訪問介護」「訪問入浴」など12種類のサービスと「特別養護老人ホーム」など3種類の施設サービスが保険給付の対象になる。

また，従来自治体が指定した事業者のみに認められてきた訪問介護や訪問入浴サービスなどに民間企業も参入できるようになり，利用者の選択の幅も広がった。提供されるサービス内容は介護だけでなく「高齢者向け住宅改造サービス」，「床擦れ防止エアマットのレンタル」「介護ヘルパー養成」など多岐にわたる。更に高齢化が進む日本では生活空間での対応も急務になっており，障壁を取り除く，バリアフリー（barrier-free）の考え方が普及してきた。1994年施行の「高齢者，身体障害者等が円滑に利用できる特定建築物の建築の促進に関する法律」（ハートビル法）は公共性の高い建物をバリアフリー構造で建設した場合，税法上の優遇措置を与えるものである。大手スーパーマーケットや駅では，車いす用トイレの設置，音声案内や点字表示などもみられる。なお，ハートビル法は，2007年より「高齢者・障害者等の移動等の円滑化の促進に関する法律」（バリアフリー法）に改正された。今後は万人が利用可能な環境作り，ユニバーサルデザインが求められる。

(f) 健康産業

健康管理のための機器（医療機器，検診機器），健康関連施設（スポーツクラブ，健康増進のフィットネスクラブ），健康食品（自然食品）の3つの領域を中心に，これらと隣接するスポーツ用品，医薬品，健康・保健雑誌など周辺産業で構成されるものを健康産業と呼ぶ。余暇時間の拡大と余暇活動の多様化，高齢化社会を迎えて健康への配慮の高まりなどから，今後とも業界としての発展が期待されている。

(g) イベント企画・制作業

社会の成熟化により人間の関心が文化，教育，芸術に移り，様々な社会現象が起きている。資格養成講座，カルチャースクール，生涯教育，社会人教育（通信講座，大学・大学院）なども同様である。

イベント（event）とは特定の目的，期間，場所で対象者に，個別，直接に刺激を体感させる双方向のパーソナルコミュニケーションメディア（personal communication media）である（小坂善治郎『イベント戦略の実際』日本経済新聞社1991年）。ここでメディアとは人的・物的資源，情報の集積場，心の交流の場である。双方向のパーソナルコミュニケーションとは送り手（企業，個人，団体，行政）と受け手の双方で伝達しあうことである。送り手は意図をもってイベントを行い，イベントを通じて体感情報を伝達する。一方，受け手の中心は一般大衆であり，イベントの参加者である。

現在，全国各地に地方自治体主導で美術館，文化ホールが建設されている。こうした芸術施設を運営，管理する人材が求められ，アートマネジメント（arts management）が必要性を帯びている。アートマネジャーに求められる専門性，資質は①基礎知識　②総括力　③統率力（プロデュース力）④法的調整能力　⑤対外折衝力／語学力である。

次に音楽産業を例に企画，制作の現状を述べる。音楽産業は，典型的なソフトウェア産業であり，その形態は事業の中核の移動により刻々と変化している。欧米ではレコード産業が専業化して余分な業務を分離した結果，利益をあげた。優れた経営者は優れたプロデューサーであった。プロデューサー（producer）とは，作品やプロジェクト（イベントを含む）の企画から完成までの一切を統轄する最高責任者である。一方，ディレクター（director）は，プロデューサーに任命され，プロデューサーの信頼と権限委譲により，作品の完成に向けて強力に計画を進め，成功に導く推進者である。プロデューサーは，音楽やテレビの世界だけでなく，ビジネスの世界にも存在する。日本でも音楽企画・制作の主体性が通常のCD・レコード制作会社から音楽出版社，音楽プロデューサーに移行している。レコード会社は大別して制作，宣伝，営業から成る。制作部門で音を作り，宣伝し，レコード店へ卸す。しかし1990年代に入り，この体制が崩れ始めた。制作部門が外部の音楽

プロデューサーに移行した。楽曲制作におけるレコード会社の意思決定力が低下し，新興メーカーは，アーティストと音楽プロデューサーの仲介に徹し，楽曲制作を外部に一任している。今日，音楽産業は協業関係の増大と権利の細分化のもとに展開されている。（参照　経営・第5章）

(h)　電子商取引・インターネット通信販売業

　電子商取引（electronic commerce：EC）とは電子ネットワーク上で，商取引を行うことであり，企業や消費者が営むあらゆる経済活動を指す。

　電子商取引の中で，インターネットの画面上に表示される「仮想企業」を通じた商品・サービスの売買，購入予約など，企業－消費者間のインターネット通信販売が注目を集めている。

　米国のインターネット通販では，書籍やパソコンのほか，自動車，航空券などの旅行商品，玩具，調理済総菜に至るまで，既存の流通経路を持たない新興企業が相次いで登場し，従来型の小売業から市場を奪いつつある。既存の流通業者も，子会社などを通じてインターネット通販に参入する動きが相次ぎ，ノウハウの吸収を狙った企業間の提携・買収も活発化している。

　取引を電子化すれば，事務作業は効率化され，業務の標準化が進む。消費者への販売に利用すれば，店舗運営，人件費など販売コストを削減でき，価格引き下げにもつながる。また消費者の声を吸収し，商品開発に役立ち消費者としても利点が多い。（参照　経営・第10章，法律・第3章）

(i)　即時代金決済業

　小売店や飲食店などでの代金決済を即時に行う事業が進展している。銀行等の金融機関は代金決済機能の付いたキャッシュカードの一種，デビットカード（debit card）を発行し，代金は銀行や郵便局の預貯金の口座から，購入とほぼ同時に引き落とされる。

　金融機関と加盟店である小売店，飲食店などをデジタル（digital）回線で結んでシステムを作る。利用者は買い物をしてレジで支払いをする際，レジ端末（register）で暗証番号を打ち込むことなどで，支払い手続きが済む。利用者は現金を持たなくてもよく，加盟店側にとってはクレジットカードに比べて手数料も安く，回収が早い利点がある。加盟店と金融機関との決済を

代行する企業も発足している。

　ただし，キャッシュカードの偽造や盗難の対応策などの課題もある。第三者が悪用すれば本人負担になってしまう。こうした被害を防ぐため，同推進協議会は保険の導入などを検討している。（参照　経営・第10章）

(j)　中食事業（調理済食品事業）

　「外食」と家庭での調理「内食」との間に「持ち帰り総菜」や「温め直すだけで食べられる調理済総菜・食品」など「中食」という概念が生まれている。市場成長の背景には，女性の社会進出に伴う家事時間の短縮要求に加え，都心部などでの単身世帯の増加など，食事に関する問題解決（ソリューション solution 一般に経営課題の解決も含む）が挙げられる。

　高齢化の進展によって市場が一段と拡大することが見込まれている。総菜専門業者やコンビニエンスストアのほか，大手スーパーマーケットでも店内に厨房を設け，バイキング方式で総菜を量り売りするなど取り組みが相次いでいる。一方，中食市場に顧客を奪われかねない外食産業でも，大手のファミリーレストランや高級料亭などが，総菜の販売を強化し始めている。中食市場は米国や豪州でも成長を続けている。すぐに食べられる調理済み食品などを指し，ホーム・ミール・リプレースメント（home meal replacement：HMR）という概念が米国で生まれ，日本でも普及している。

(k)　社会的課題解決ビジネス

　私たちは，少子高齢化，障害者，女性，地球環境，貧困，青少年教育，コミュニティ再開発など，様々な社会的課題に直面している。社会的課題解決のビジネスには，一定の地理的範囲が存在するコミュニティビジネス（community business：CB）とこの制約が存在しないソーシャルビジネス（social business：SB）がある。特にCBとは地域住民が主体となって，地域の産業とそのノウハウ，労働力などの資源を生かしており，地域再活性化の手法となっている。従来，専ら行政に依存した施策を，住民が主体になって事業化するのが特徴である。環境，福祉などの特定の非営利活動を行う非営利活動組織（non profit organization：NPO）から一般企業まで，様々な組織形態ですすめられている。（参照　経営・第1章，法律・第2章）

(l) 環境事業（エコ・ビジネス）

　世界で現在，オゾン層破壊，地球温暖化，酸性雨，熱帯雨林減少，砂漠化，海洋汚染，途上国の公害，有害廃棄物の越境移動などの様々な地球環境問題が発生している。生態系の循環，人間の生存や経済活動を支える条件を維持し，持続可能な発展を続けていくことが重要である。経済効率を上げるだけでなく，環境負荷を考慮し，環境保全に貢献する商品・サービス，様々な社会経済活動を環境保全型に変革させる技術やシステムを提供する環境事業（エコ・ビジネス eco-business）が注目される。製品を生産し，使用し，廃棄し，再資源化する資源循環型の社会では，エネルギーや資源の効率的利用を可能にする新しい技術が求められる。環境事業としては，①技術関連事業：公害防止，浄化装置，ゴミ処理リサイクル，太陽光・風力など再生可能エネルギーや新素材の開発，生態系の維持保護など　②情報・ソフトウェア関連事業：環境コンサルティング（ISO認証取得）や環境監査，環境マーケティングなどがあげられる。また，エネルギーの自給自足を可能とするスマートハウス，電気自動車（electric vehicle: EV），商業施設を組み合わせたスマートタウンも構想されている。（参照　経営・第5章　法律・第5章）

(m) リフォーム・ビジネス，リノベーション・ビジネス

　建築家，インテリアデザイナーは従来，新築住宅，建替えを中心としてきた。しかし，資源を節約し，消費を抑制する傾向が強まっており，現在では，リフォーム，および，リノベーションのビジネスを積極的に手がけるようになった。両者には工事の規模，住まいの性能の2点で違いがある。リフォーム（reform）とは，悪い状態からの改良を意味し，マイナスの状態のものをゼロ状態に戻すための機能回復が中心となり，比較的小規模な工事となる。一方，リノベーション（renovation）とは，革新，刷新，修復を意味し，既存の建物を新築状態よりも向上させたり，価値を高めたりし，大規模な工事となる。

6　デザインとアート

　デザイン（design）という言葉は，ラテン語 designare（表面には見えな

いものを見えるようにする，サインを示す）に由来があり，英語として，名詞では設計，図案，意匠，計画，意図，動詞では設計する，計画する，表す，秩序立てる，整理するなど，人の意図，計画を意味する。古くから，もの作りは，全行程が一人の職人によって単独で行われていた。しかし，18世紀から19世紀にかけて，英国での産業革命の勃興，資本主義経済の発展とともに，大きな変化が生じた。もの作りに機械が導入され，工場での大量生産が始まると，もの作りの中に芸術性，個人の感性が入り込む余地がなくなり，生産は合理性，機能性が追求されるように変化した。また，生産効率を上昇させる分業（労働分割 division of labor）が進み，各担当者に細分化された生産工程が割り当てられ，最初に構想を担当するデザインの工程は他の工程から分離された。ここに専門職としてのデザイナーが誕生し，製造に適したものの外観，材料などを決めるのはデザイナーの仕事となった。デザイナーは，自由な表現行為をなすアーティストとは異なり，顧客の要求や要件など，一定の制約のもとで自己実現を図る点に特徴がある。

　一方，アート（art），アーツ（arts）という言葉は，ラテン語 ars（技術）に由来があり，ギリシャ語ではテクネー（techné 技術知）に相当する。英語としては，芸術，美術，作品，技術，術，人為，人文科学などを意味する。本来，芸術（美術は fine art）だけでなく技術の意味も含むのである。テクニック（technique）という言葉も芸術を含む職人の技全てを指すものであった。西洋では，中世まで芸術作品を含めて全てのものを作る人は職人であり，絵画や彫刻も技とみなされ，工房で作業をした。この状況がルネサンス期以降に大きく変化する。ルネサンスの個の発見は限られた個人に備わった芸術の才能を特別なものとし，芸術家が登場するなか，芸術と技術の分離が決定的となる。そして産業革命以降，産業社会の到来により，この芸術と技術は異なるものとなり，アートは自立し，有用性・技術性より精神性を優位とするようになった。

　しかし，多様な価値を受け入れず均質化したデザインは，批判を浴びるようになり，今日では新しい道が模索されている。デザインの世界では積極的にアートへの接近が見られ，同時にアートからデザインへのアプローチもあ

り，デザインとアートの関係が再構築されつつある．(参照　経営・第5章)

7　ブランドとデザイン

　ブランド (brand) とは，自社の製品やサービスを他社と異なるものとして識別するための名前，用語，デザイン，シンボル，として定義される．ブランドの語源は，焼印を押す (burnd) という意味であり，放牧牛の焼印，醸造酒の樽の焼印など，所有者や製造元を識別するために文字や紋章を入れたことが起源とされる．商工業の発達とともに，これらを保護するために商標制度がつくられた．1990年代の初めに，ブランドのもつ経営資源としての価値を示すブランド・エクイティ (brand equity) という概念が登場した．ブランド・エクイティは，ブランドを企業の無形資産とみなし，それを構成する認知，知覚品質，連想，ロイヤルティ (loyalty 忠誠心) の4つの要因を全体として維持，強化することが重要であるとされた．しかし，現在，ブランド・エクイティだけでなく，ブランド・アイデンティティ (brand identity：BI　理想とされる姿や認知のされ方．ブランド特性) の明確化が，強いブランドを構築するために重要である，との認識が生じている．また，ブランドの構造はアイデンティティの中心となる不変部分と時代や社会のなかで適応していく可変部分の総和であることも見逃せない．

　近年，企業が注目するのは，デザインを活用したブランドの構築である．ブランドを構築するためには，製品だけでなく，流通やサービス，経営理念等のデザインも必要となる．言い換えると，ブランド・アイデンティティ (BI) は，プロダクト・アイデンティティ (product identity：PI　機能，品質，デザイン，価格，販売方法等から認識される製品・サービスの特性)，コーポレート・アイデンティティ (corporate identity：CI　企業の理念，歴史，従業員の態度等から認識される企業の特性)，ビジュアル・アイデンティティ (visual identity：VI　企業ロゴ，社屋，名刺，制服，HP，パンフレット等から認識される企業の特性) から構成されると考えられる．製造業にとって，PIが最も重要であろう．(参照　経営・第5章，第7章)

8　創造の原点

　豊かさに対する価値観が物資から心の問題へ移行している現代，個人が自己の存在意義を認識し，自分らしい人生を送るための重要な要素がアイデンティティ（identity）としての創造性であり独創性といえる。その意味で，創造の原点が重要となるのである。また個人の生き方の問題だけでなく，教育や産業のフィールドにおいても価格や機能性だけでなく，斬新なデザインや独創的なアイデアなど，無形の知的財産が企業の業績を左右する傾向が高まっている。アーティストまたはクリエーターは，自らの創作物である作品によって評価される存在なのである。

　産業界では，次々に登場する新商品，新サービスのうち，その圧倒的多数は市場から消え，高い評価を得られるものは極めて少数である。ヒットの理由は，開発コンセプト，技術，プロセス等において，何らかのイノベーション（innovation 革新）が実現されていることと関係が深い。ヒット商品を生み出す背景に，①知識創造のプロセス　②「知の作法」（型，クリエイティブ・ルーティン）が存在しているとする野中郁次郎らの見解もある。

　米国の広告代理店の常任最高顧問であったヤング James Webb Young（1886～1973）は，著書『アイデアのつくり方』のなかで，「アイデアは既存の知識の新しい組み合わせに過ぎない。」とした上で，アイデアを思いつくプロセスには，資料の収集，データの咀嚼，発酵・孵化，アイデアのひらめき・発見，アイデアのチェックと具体化　の5段階があり，その第一歩である資料の収集のプロセスが重要であるとした。

　また，物理学者・江崎玲於奈（1925～）は，「素晴らしい発明，発見が生まれる研究環境とは，組織化された混沌である。」という。物理学の研究所において，部分的に見れば研究者は自由奔放に仕事を進め混沌としているが，研究所全体としてはバランスがとれ秩序ある体制が保持されていればよい。そして，二律背反の概念・語句を並べて新たな深い意味を導出するオクシモロン（oxymoron，接着語法）の意義を説く。

第3章
経 営 理 念

1 経 営 理 念

1.1 企業と外部環境

　今日の企業は社会に対し一定の義務を負う。企業が無責任な行動をとった場合，それと直接，間接に関わる全ての人に広く損害を与えるのである。そこで，企業と社会との関係について経営者は確固たる考え方をもつべきである。

　企業は分業社会の構成要素にすぎず，物的な原材料や部品を原材料供給業者から調達し，労働力の供給を家計に求め，企業活動の出発点となる貨幣資本を株主や金融機関に依存しなければならない。また，生産された財を顧客に購入してもらい，賃金や配当を各々従業員や株主に支払われなければならない。このように，企業社会の一員として活きる企業は，いずれも外部環境に依存して初めて生存が可能になり，また自らも他の企業の環境を形成しているのである。環境は企業を生存させているが，一方，企業に対し制約や拘束を加えるものである。企業にとって外部環境は重要である。

　企業は元来，商品を生産し，顧客に有用なものを提供する団体として発展してきたため，本来的に営利性とともに社会性を有するが，相互の依存関係がきわめて緊密化した今日の産業社会では一層強く企業の社会性が求められる。現代の企業は，以上の諸事情を背景にして「企業の社会的責任」が課せられる。なお，組織と環境の相互関係については第5章でも言及する。

1.2 企業の社会的責任

　企業の社会的責任とは，社会の目的や価値に照らして望ましい政策をたて，それを実行に移すことをいう。しかし社会にとっての望ましいことの中

身は，時代や状況により変化する。かつて資本主義の初期の段階においては，企業の社会的責任の内容は財・サービスの供給と出資者に対する利益の確保が全てであった。資本主義社会においては，企業も労働者も消費者も自由に自己の利益を求めて競争すれば，市場における価格の変動を通じ自然に社会に秩序が形成され，企業は利益の追求以外に社会的責任を意識する必要はないといわれていた。企業が利益追求以外の社会的問題に関心をもつことは，本来の社会的責任を損なうものと考えられていた。

しかし時代を経て，企業とそれを取り巻く環境との関係は密接になり，一部の企業は大規模化し，その社会的影響力は非常に大きいものとなった。「所有と経営の分離」により登場した専門的経営者も，この問題に注目せざるをえなくなってきた。専門的経営者はその立場上，出資者のみならず，地域社会や顧客や労働組合，原材料供給業者などの利害関係者（ステークホルダーstakeholder）のためにも一層多くの注意を払い，企業の存続・発展のために努力しなければならない。専門的経営者によって行なわれる一連の企業経営，企業統治の行為はコーポレート・ガバナンス（corporate governance）と呼ばれる。企業の社会的責任の例としては，次のものがあげられる。（参照　経営・第1章，法律・第5章，〈別添〉経営・法律 関連図表）

①法律・法令を守る。
②有害で危険な商品を生産・販売しない。
③損害に対する賠償責任を負う。
④地球環境の汚染・破壊を行わない。
⑤利害関係者に真実の情報を提供する。
⑥地域社会との協調を図る。
⑦競争制限行為を行わない。
⑧成果の配分を公正に行う。
⑨資源の消耗を防止する技術を開発する。
⑩国民の利益や国際秩序に反する行為を行わない。

経営者による企業統治が目指すものは，経営の透明性（transparency），説明責任（accountability），利害関係者間の均衡維持（balance），法令遵

守（compliance）である。企業を統治する者は企業価値を創造し，増大させる使命を帯びている。企業統治の基礎となるのは経営判断の原則である。経営判断の原則（business judgement rule）とは米国で導入されているルールである。取締役が当該原則に従ってなした意思決定であれば，取締役の責任は法的に追及されない。そして，このルールを適用すべきか否かの境界は取締役が通常の努力で入手可能な重要情報を十分に調査した上でなされた判断であったか否かに依存する（米国では informed judgement という）。我が国では日本監査役協会・法規委員会報告において経営判断の原則が定義されている。

　最近，企業の不祥事が内部告発によって明らかになる事例が多くなっている。内部告発とは，従業員が自己の職場で社会に重大な影響を与える不正，不適切な事実が発生しているにもかかわらず，それが隠匿されているとき，その「事実」を知り外部に公表することを指す。内部告発者の保護に関する法律が機能するためには，まず経営倫理の確立が必要である。しかし，大和銀行の巨額損失事件（1995年）の例にもあるように企業だけでなく行政も経営倫理の欠如（moral hazard）が存在することは見逃せない。

　企業は，執行役員（取締役会の委託を受け実際の企業経営と業務執行にあたる役員），社外取締役（利害関係のない他企業とトップや学識者など社外の取締役）の導入により経営の透明性の確保，意思決定の迅速化を目指し企業統治の改革を進めている。

1.3　企業の社会的責任と経営理念

　企業の社会的責任は社会に向けての企業側の義務的な行為である。米国における CSR（corporate social responsibility）とは，社会的存在としての企業の果たすべき役割のことであり，経済的責任，法的責任，倫理的責任，社会貢献的責任の4つの責任レベルを達成し，企業と社会が健全に成長し合うことを目的としている。このうち，法的責任には，更に民事責任，刑事責任，行政上の責任がある。倫理的責任は，社会規範に反した為に生じる種々の不利益から法的責任を除いたものである。CSR に関する法・制度・社

会的システムが作られ，資本市場の社会責任投資（socially responsible investment：SRI），CSR による企業評価も普及している。それに対して，経営理念は企業が行う諸活動の根底にある基本的な考え方，すなわち信条や規範を意味し，企業の存在理由や社会的使命（ミッション mission），未来の目標やあるべき姿（ビジョン vision），事業を通じて達成しようとする価値（バリュー value）などを表現する原点といえる。それは公益（公共善／共通善 common good）の実現でなければならない。経営理念は，企業目的の設定や経営活動の決定に深く関わり，株主や従業員をはじめとし，その他の利害関係者にも大きな影響を与える。経営理念の規範的な側面は，企業の社会的責任ときわめて密接に関連しているのである。そして，基本となる経営理念を守るだけでなく，常に新たな経営理念の実現に向けて果敢に挑戦する企業は，ビジョナリーカンパニー（visionary companies）ともよばれる。

　経営理念は，「経営哲学」，「経営思想」，「経営信条」とほぼ同じ意味をもつ。松下グループの創業者である松下幸之助（1894～1989）は，1932（昭和7）年の創業記念式典で「水道の水」をたとえて生活の必需品を，安く，豊富に生産して，貧をなくし，生活文化を高めることが産業人の使命である，とする考え方を発表し，後に「水道哲学」と呼ばれた。事業経営の基本は，経営理念の確立であるといえよう。

　経営理念の内容は成文化されている場合には，社是・社訓に表現される。成文化されていない場合には，経営者の行動や態度の中に表される。経営者トップに自己の基本的な考え方が必要なように，管理者や従業員の側にもかれらの行動の指針ともいうべきものが不可欠である。従って「社業を通し地域社会の充実発展に寄与し従業員の生活向上を実現する」などのように，経営理念には組織を構成する人々の存在意義を含んだ基本的な考え方・行動規範としての側面が重要となる。

　しかし他方，現在の企業は財・サービスの提供や出資者に対する利益確保まで，自己の行動に責任をもたなければならなくなっている。これを受け経営理念にも規範として含めるべき企業の社会的責任の範囲が大幅に拡張され，それと同時に社会的責任を企業に遵守させる仕組みも開発されている。

なお，企業は社会的責任の遂行だけでなく，企業イメージの向上にも注目している。企業イメージは，対外的な企業評価の反映であり，企業の存続・発展のために不可欠な企業価値である。従って，企業は広報部門を中心に目的を明確にした戦略的な情報発信を心がけ，企業から利害関係者に対して情報を提供し，説明責任（アカウンタビリティaccountability）を果たすことが重要となる。例えば，株式を公開する企業が，既存の株主や投資家に対して企業への理解を深めてもらう目的で行う自社株の投資価値に関する情報提供（investors relations：IR）も広報活動（public relations：PR）の一種である。

1.4　経営理念と企業文化

経営理念が全社に浸透することによって，独自の企業文化（corporate culture），言い換えると企業風土，社風が形成される。企業文化とは，組織内に共有された価値観・信念，規範，行動様式であり，制度やシンボルの複合化されたものである。これは，会社における社是・社訓にも深く関わるものである。

1.5　リスク管理と法令遵守

様々な危険（リスク）が増大していく経営環境においては，健全な企業経営を確保することが課題となる。銀行をはじめとする金融機関で例示すれば，主として次の4つのリスクが存在する。
(1) 信用リスク：貸出の元本または利息が回収不能となるリスク。
(2) 事務リスク：事務上のミスや不正により損害を受けるリスク。
(3) 市場リスク：金利変動や価格変動に伴い損害を受けるリスク。
(4) システムリスク：コンピュータシステムの障害，誤作動，不正使用等に伴うリスク。

リスク管理は企業経営に不可欠となっている。具体的なリスク管理対策として経営者は貸出審査能力の向上，内部規定の整備，資産負債の管理（assets liabilities management：ALM），システムの安全性管理などを実

施している。

　また，これと並んで金融機関の相次ぐ法律違反，不祥事によって，企業活動や経営における経営倫理と法令遵守（コンプライアンスcompliance）の確立が強く求められている。経営トップから一般職員に至る組織全体に，リーガルマインド（法的思考力）が浸透する契機でもある。

1.6　社是・社訓の事例

　会社にはそれぞれの社是・社訓や標語が定められている。全ての業種は顧客がいる以上，サービス業だと意識しなければならない。ここでは日本の広告代理店，電通の例について述べる。

　電通の第4代社長，吉田秀雄（1903〜1963）は1951（昭和26）年8月，当時の戦後の厳しい時代にあって全社をあげて奮起を促すべく「電通鬼十訓」を作成した。この十則は「仕事」「顧客」「サービス」の観点から作られ，長い間にわたり受け継がれている。

①仕事を創る

「仕事は自ら創るべきで，与えられるべきでない」

　与えられた仕事を遂行するのは当然の行動であり，その上に空き時間をどのように使っているか，仕事を創造していくかが重要である。

②仕事は能動態

「仕事とは先手先手と働き掛けて行くことで，受け身でやるものではない」

　仕事から追いかけられてはいい仕事はできない。常に仕事を追いかける姿勢，そのためには仕事の計画，指揮，統制が必要となる。仕事に真正面から立ち向かうことが重要である。

③大きな仕事

「大きな仕事に取り組め，小さな仕事は己を小さくする」

　人間は楽な小さな仕事へ向かいたがる。しかし，自分を磨き，自身の能力を高めたければ，回りの一番大きな仕事に取組み，それを乗り越える必要がある。

④難しい仕事

「難しい仕事を狙え，そしてこれを成し遂げるところに進歩がある」

今まで処理したことのない仕事や，難しい仕事を避けず，初めての仕事や困難な仕事を自ら進んで行うところに進歩がある。

⑤仕事を離すな

「取り組んだら放すな，殺されても放すな，目的完遂までは」

一度手をつけた仕事，取り組んだ仕事は，中途半端で投げ出したり，あきらめてはならないことで，どんなことがあっても完遂しなければならない。

⑥周囲をひきずる

「周囲を引きずり回せ，引きずるのと引きずられるのとでは，永い間に天地の開きができる」

仕事について関連の部署や会社から請求されてから動くのではなく，仕事に立ち向かい，仕事を追い回す。自分が中心になり仕事を追えば，自ずと周囲を牽引するようになる。他人に引きずられるのは楽ではあるが，それでは進歩はない。

⑦計画を持て

「計画を持て，長期の計画を持っていれば，忍耐と工夫と，そして正しい努力と希望が生まれる」

計画の重要性と計画というものの意味を端的に表現している。仕事でも人生でも目標や目的があり，それを達成するために計画を立て，まちがいなく目標へ向かっているかを確認するためにもまた計画は必要である。

⑧自信を持て

「自信を持て，自信がないから君の仕事には迫力も粘りもそして厚みすらない」

今までに，どれだけ多くの種類と多くの量の仕事を，積極的に能動的にこなしてきたかによって，初めて仕事に対する自信ができる。仕事に対し自分に対し真剣な気持ちがあれば，迫力も粘りも厚みもできる。

⑨頭は常に全回転

「頭は常に全回転，八方に気を配って，一分の隙もあってはならぬ，サービスとはそのようなものだ」どの業種もすべてサービス業だといわれてい

る。そのサービス業の基本は気を配ることである。妥協を許さず，細心の気配りこそ顧客から信頼を得る第一歩である。

⑩仕事の摩擦

「摩擦を恐れるな，摩擦は進歩の母，積極の肥料だ，でないと君は卑屈未練になる」

何かを成し，行動に移すとき，多かれ少なかれ必ず摩擦がおこる。摩擦を恐れれば何もできなくなる。会社や自分が成長発展するためにも，摩擦を歓迎する気迫が大切である。

2　内部統制

一般に，企業などの内部で，違法行為や不正，ミスやエラーなどが行われることなく，組織が健全かつ有効・効率的に運営されるよう，各業務で所定の基準や手続きを定め，それに基づいて管理・監視・保証を行うことを内部統制といい，そのための一連の仕組みを内部統制システムという。

従来の内部統制は主に財務会計分野で語られていたが，次第にコンプライアンスや経営方針・業務ルールの遵守，経営および業務の有効性・効率性の向上，リスクマネジメントなどより広い範囲が対象となり，コーポレート・ガバナンスのための機能・役割という側面を強めている。米国トレッドウェイ委員会組織委員会（The Committee of Sponsoring Organizations of the Treadway Commission：COSO）が1992～1994年に公表した報告書「Internal Control – Integrated Framework（内部統制－統合的枠組み）」の中で，新しい内部統制のフレームワーク（COSOフレームワーク）が提唱された。このCOSOレポートでは，内部統制を次のように定義している。

内部統制は，①業務の有効性・効率性　②財務諸表の信頼性　③事業活動に関する法令等の遵守　④資産の保有　⑤モニタリング　⑥ITの利用　に分類される目的を達成するために，合理的な保証を提供することを意図した，取締役会，経営者およびそのほかの職員によって遂行される1つのプロセスである。COSOは，内部統制の構成要素として「統制環境」「リスクの

評価」「統制活動」「情報と伝達」「監視活動」の5つを挙げ，内部統制を評価する際の基準として位置付けている。

米国ではエンロン（Enron Corp.）やワールド・コム（Worldcom）の粉飾決算および経営破綻を受けて，2002年に成立したサーベンス・オクスリー法（Sarbanes-Oxley Act）で内部統制システムの構築・運用を経営者の義務，その監査・監査意見表明を外部監査人の義務としている。

日本においても2005年8月に経済産業省が，「コーポレート・ガバナンス及びリスク管理・内部統制に関する開示・評価の枠組みについての指針」を公表し，企業が自主的に内部統制システムの構築に取り組むように示し，2006年5月から施行となった会社法では取締役／取締役会に内部統制システム構築の義務を課している。さらに金融庁が主導して，証券取引法の抜本改正となる金融商品取引法が2006年6月に成立した。2009年3月期の決算から，上場企業に内部統制報告書の提出・公認会計士による検証が義務付けられた。(参照　法律・第5章)

3　企業と社会監査

「社会監査」とは社会に対する企業の貢献度に関する監査を意味する。これは会計監査という言葉を踏まえて名付けられたものであり，企業の社会的貢献度は利益の追求以外のいわゆる社会的責任の諸項目をさす。社会監査の具体的な方法として「社会責任会計」がある。財務諸表における科目の分類を営利会計と社会責任会計に分割・再編成したり，付属明細書を利用したり，営業報告書の補足として示すものがあるが，公害防除のために投じた費用，欠陥商品をなくすための研究費用，地域社会の福祉施設や文化財保護に対する援助などをすべて計上し，会計報告で公表することが意図されている。環境問題を例にしても，もしも何ら対策を講ずることなく営利優先の環境破壊を続ければ，いずれ企業活動そのものが不可能になる。現在の状況では，企業倫理だけではなく，数値目標で開示することも必要となろう。

第4章
経 営 戦 略

1 経営戦略の必要性

　企業は，経営理念に基づいて経営目標（ビジョン）を描き，自社の事業基盤を決定して経営計画を立案する。一般に，企業が経営目標を実現するために策定する経営行動の基本方針を経営戦略（strategy）という。経営目標は，通常，経営戦略によって3年から5年までの経営計画に具体的に表現される。企業は，内部環境や外部環境の変化に対応しながら絶えず経営戦略を見直して経営を継続する。今日，経営戦略なしに企業を存続発展させることは，不可能である。（参照　経営・第3章，第5章）

2 経営戦略の概念

　経営戦略とは企業がその置かれた環境での生存領域に適応するための行動様式である。ホーファー Chales W. Hofer とシェンデル Dan Schendel は「経営戦略とは組織がその目的を達成する方法を示すような，現在ならびに予定した資源展開と環境との相互作用の基本的パターン」と定義した。更に，ハンブリック Donald C. Hambrick は，経営戦略とは「その組織の現行の環境との斉合化を導き，内部の政策と手続きをつくり出す，過去，現在，未来に至る意図された一連の意思決定の流れ」と定義した。これらの定義は，経営戦略には「選択行為」と「適応行為」の二つの概念があることを示唆している。ホーファーらの主張は合理的な資源配分の選択にかかわっており，一方，ハンブリックの主張は一連の組織的行動の動的な流れを指している。

3 経営戦略論の系譜

3.1 伝統的な戦略論

　まず，伝統的な経営戦略論を述べる。この理論は一貫して経営戦略の合理的側面に焦点をあててきた。経営戦略はもともと企業目的の達成のための手段を表すものであり，いかにして有限の経営資源を配分するかに関わっている。例えば，PPM (product portfolio management) モデルでは，様々な異なる事業をもつ企業が異なる事業の組み合わせのもとで，全体として収益（特に現金創出能力）を最大化でき，そのためには個別事業の戦略はどのように描いたら良いか（投資を拡大する事業，現状維持を図る事業，撤退する事業など）を分析・提案する手法を提示する。こうした分析型戦略論には共通の特徴がある。

　(a) 企業を物理的な経済主体とみなすことで，企業の行動はそのまま経営戦略と一致するという前提である。市場における一個の「点」としての企業観である。

　(b) 企業の戦略決定者は唯一人，企業家である。あたかも戦略は経営トップの専有物であり，経営トップも「全知」の前提に立つ人間観である。

　(c) その経営戦略は組織・個人が機械的に遂行するという前提に立っていることである。ここには環境－戦略－組織－個人の間に連続的な相互関係が重視されている。

　(d) その経営戦略は公式の戦略計画として記述され，プログラム化される，つまり組織という分業体系の中で統合的な行為を保証するために戦略は戦術・実行マニュアルへと総括される。

　そして，最後に経営戦略は規範的性格をもつため，計画からの乖離は厳しく管理される。ここに計画・実行・評価・改善 Plan-Do-See-Act のマネジメント・サイクル (management cycle) ができ上がり，企業は自動的に戦略行動をとると仮定される。

　分析型戦略論に共通の特徴は，明らかに近代社会に固有のパラダイム

(paradigm 思考のパターン，知の枠組み），とりわけ経済合理性に導かれたものである。経済合理性の前には無駄な行為，無茶な行為は存在せず，あくまで冷徹な計算可能な解しかない。この計算を間違えた企業が衰退すると想定されている。

ただし，伝統的戦略が有効に働くにはいくつかの条件がある。まず第1に，環境が相対的に分析可能なことである。需要予測が可能で，競争の程度が予想可能な場合には伝統的戦略はきわめて有効である。言い換えれば将来が現状の延長線で思考できる場合でもある。

第2には，提示された経営戦略に関して組織内の構成員が事前に十分に了解しており，自動的に彼らが計画通りに動くという条件である。全員にコミュニケーションが可能なところでは，経営戦略は文字通り機能する。

第3の条件は，戦略決定者が戦略代替案を全て列挙でき，かつその成果予測が確率的に決定できるという状況で，伝統的戦略は有効である。このような条件が揃うのは環境が相対的に安定的で，穏やかな状況といえる。

しかし，今日の企業が直面している環境はきわめて不安定である。この原因は技術革新の進展，その変革の速さに求められる。ハードウェアよりもソフトウェアの変化が激しいことが複雑化に拍車をかけている。

伝統的戦略の限界として，企業の意思決定が益々組織化されてきていることもあげられる。一人の人間が戦略を描き決定するというのではなく，複雑な組織内の意思決定の過程を通じて描かれ，決定される。多くの日本企業ではボトムアップ型（bottom-up）の意思決定が中心であり，一方，生産に関わる製造業の意思決定がトップダウン型（top-down）の戦略的意思決定の戦略的意思決定の中核である。

更に一般に，合意形成による意思決定であるため，経営戦略の策定と実施は組織ぐるみの行為となる。不確実性がきわめて高いところでは，組織の中から様々な代替案が出て，それらが実施の過程で次第に淘汰されつつ経営戦略が形成される方が，不確実性を吸収できるはずである。もはやこのような高い不確実性のもとでは，これまでの戦略では有効に対処しえなくなる。
（参照　経営・第5章）

3.2 プロセス型の戦略論

　高度に不確実な環境下で有効な戦略をたてる方法は「行動の中から戦略を生み出す」ことである。つまり，事前に大局的なシナリオを描きつつも，試行錯誤を繰り返し，そこから有効な戦略の中身を創出し，それを蓄積しながら次第にその戦略概念を精緻化する方法である。換言すれば，短期的な実施を積み重ねながら長期の企業行動を形成するものである。明らかに伝統的戦略論の主張する長期計画から短期の行動を演繹的に導き出す方法とは異なり，実験を先に行うことで行動の中から帰納的に理論を導き出す方法である。この方法で不確実性を除去する。

　昨日，今日，明日の戦略は全て連続している。その意味でプロセス型戦略論は，経営戦略を一連の意思決定の過程 process ととらえることができる。

　企業は意思決定の場であり，それらが互いに相互作用し合いながら一つの大きな意思決定の流れとなり，さらにそれが時系列で変化してゆくことで企業の戦略行動が形成される。絶えず変化する環境や，その時点での企業能力によって戦略が思わぬ方向へと向かうこともあるが，これを繰り返しながら最終的には目的に至るのである。

　プロセス型戦略論は，伝統的戦略論とはいくつかの点で対照的に異なる特徴をもつ。

　まず第1に，経営戦略は過程を伴う思考の産物だという点である。企業がその環境と相互作用行為を行う過程から，戦略を形成してくるのである。その過程は時間とともに進化する。第2に，この経営戦略は組織内部の組織の発展から産み出される。経営戦略は決して経営トップ一人の専有物ではなく，組織の全員のものであり，その相互作用の過程の中から生み出され，経営トップはその意味で経営戦略の過程の一翼を担う部分と考えられる。第3に，戦略の策定とその実施は決して個別のものではなく，相互依存的な発展過程である。経営戦略が進化的であることは前の時期の戦略の実施は次の時期の戦略策定を規定することを意味する。さらに実施段階での試行錯誤の中から戦略そのものがより具体的な姿になる。こうした過程を通じて企業は戦

略的学習を行うのである．第4に，その過程の中から生起してくる創発的な行動に注目する．伝統的戦略では事前に策定された公式の戦略計画を重視するのに対して，こうした計画以外から発生する革新的行動に注目する．計画には常に偶然性という攪乱要因が存在しており，プロセス型戦略論はこの偶然性そのものを内部に取り込み，その必然化を図る．今日の経営課題が革新（イノベーション innovation）に向くほど，このプロセス型戦略のもつ特性を活用する必要が生まれる．

3.3 新時代の戦略論

(1) 経営理念と戦略

経営戦略論はその本質として，理論中心で現実から後退するか，あるいは実戦ノウハウ中心になりがちである．従って出来る限り実戦を意識しつつ，理論構築の方向性を模索しなければならない．

(2) 適合パラダイムから創造パラダイムへ

(a) 適合パラダイムの問題点

伝統的に戦略理論の中心は，企業が環境にいかに適合するかという事柄をめぐって展開されてきた．つまり，企業は変化する環境を十分調査・予測し，その上で自社の能力を評価し，戦略代替案を列挙し，最も利益の多いものを選択するというものであった．戦略と組織との適合，戦略と企業内の生産・販売活動との適合がなされた．しかし，適合は元来，静態的なものであるのに対して，環境は常に流転しており，完全な予測は不可能である．戦略の展開には，常に偶発事態がつきものであり，また積極的に新奇なものをつくり上げるのも戦略である．

(b) 創造と戦略革新

企業が環境にいかに適合するか，という疑問に対して新しい戦略論として登場したのがプロセス型戦略論である．ここでの新しいパラダイムは，創造（creation）である．新市場の創造，新製品の創造，新組織の創造，等々，これまでの既成の概念，制度，秩序を創造的に破壊し，これまで存在しなかったものをつくり出す行為である．

新市場の創造は，言い換えれば環境創造である。企業が意思をもって，能動的に環境に対して働きかけることである。従来世の中には存在しなかった，あるいは気付かれていなかった需要を創造的につくり出すことである。

創造パラダイムは，静態的ではなく，動態的な過程を想定している。つまり，一連の行動の流れの中で，企業は長期的な適応を果たしてゆくというものである。その流れは，理念追求という意味では一貫しているが，実際の行動プロセスは試行錯誤の行動である。

新しい戦略論では，戦略革新が中心テーマとなる。適合パラダイムでは革新というよりも，資源の効率的配分に重点がある。つまり，限られた資源を効率的に使用し，戦略を実現するというものである。これに対して，創造パラダイムではたゆまぬ革新行動による，創造的破壊こそが核心である。革命には大きな革新と小さな革新があるが，日本企業にとって時代の転換点に大きな革新が必要であり，それは小さな革新の集積によって可能になる。

(3) 戦略構築法
(a) 目標と計画を重視する演繹法

伝統的に戦略論および実際の戦略構築法は演繹的であった。まず目標がたてられ，その目標達成のための戦略がたてられ，それが実行計画となる。その実行計画は組織を通じて実施され，管理，修正される。その担い手は，1つがトップ・マネジメントもしくは戦略策定者（企画部門であることもある）であり，もう1つが戦略設計そのものである。戦略策定者は，環境変化を分析し，理論モデルをつくる。そのモデルには，理論前提，仮説，変数構造が組み込まれている。経済学，オペレーションズ・リサーチ（operations research: OR），統計学を基礎につくられた戦略はまさにこの例である。こうしてつくられたモデルが，そのまま実施に移される。現実がモデルの予想通りにならなければ，修正行動がとられ，更にモデルも修正されていく。このような戦略のあり方が「演繹的」戦略論である。PPMモデルはその典型である。（参照　経営・第5章）

(b) 行動と現場を重視する帰納法

現実の戦略の内容をつくり出すのは現場であり，行動そのものだと考える

方法がある。戦略の内容は，実行の中から生み出される。更に，現場には市場や企業活動に密着した情報がある。この現実の情報を基礎に戦略の内容を築き上げることが，より戦略を実現可能なものとする方法である。

　何よりも重要なことはまず具体的に行動することである。行動することで情報が創造され，学習できるのである。こうして得られた情報こそが「生きた」情報である。このような方法による戦略形成が「帰納的」戦略である。帰納的戦略は，より現実・行動志向である。

　これからの日本企業が継承しなければならないのは，この現場の戦略化である。環境の不確実性が高まり，戦略革新が進展するほど，一層，帰納主義的なアプローチが必要とされる。

(4)　統合的戦略論の構築

　伝統的戦略論とプロセス型戦略論は本来，別物ではなくて，一体の物である。本来の姿であるべき統合された戦略論が重要である。論理なき戦略では成功は継続しない。できるかぎり論理的・分析的に整理していく。しかし，戦略的事象は新しいことばかりであるため，必ず不明な部分が残り，その部分は直観で決定せざるをえない。不明部分を解明してゆくのは，行動であり，現場である。

　更に，長期と短期の中で，戦略は巧妙に均衡をとらなければならない。長期的には戦略は経営理念に主導された，創造志向のものとなる。しかし，短期的には小刻みな適合を要求される。偶発的事態に対しても，短期的適合は必要である。

　組織の中でこの創造と適合とは，均衡して共生してゆかねばならない。現場が戦略の経営理念を共有し，しかも短期の活動をそれに結合できている場合に，組織は有機的に適合と創造とを均衡させることができる。

　更に，統合的戦略のもとでは，経営トップと企画部，本社の役割は転換を要請される。伝統的戦略論では，彼らは戦略の主役であった。しかし，新しい戦略論のもとでは，彼らはいわばパートナーであり，「作業層と経営層の対話」「変革の触媒者」である。

　新しい戦略論は，異質な考え方の統合により形成される。この統合もまた

過程であり，組織内の様々な人や要因との動的な交流・対話から生じる。

4 経営戦略のレベル

4.1 明示されない経営戦略

「経営戦略とは何か」「経営戦略はなぜ必要か」「どのようにして，誰がつくるか」「どのようにして企業内で実施されるか」これらの疑問について，様々な学者，実務家，専門家が，多様な答えを考え出した。その背景にはいくつかの解釈がある。

第1の解釈は，経営戦略は存在しているが，それが明示的な形にされていないためである。この場合，企業構成員は同じ目標は暗黙のうちに了解しているが，それを明示する言語，概念を共有していないのである。第2の解釈は，経営戦略を有しているが，それを明らかにしたくないからである。経営戦略はむやみに公言するものではなく，少数の経営トップが知っていれば良いことである。第3の解釈は，経営戦略を本当に有していない場合である。日々の経営活動に追われて，長期的・戦略的な課題を考える時間がないからである。この3つの解釈のうち，最も妥当なのは，第1の解釈であろう。

4.2 全社戦略・事業戦略・機能別戦略

戦略と戦術の区別も重要である。多くの場合，この両者は混同して使われ，戦略と戦術を明確に峻別すること自体困難なときもある。明らかに，組織には何階層にもわたる戦略と戦術の連鎖があり，その連鎖の中のどのレベルで，戦略と戦術とを分けているかによっている。

例えば，高度に多角化している企業では，基本的には3つの種類の経営戦略がある。それは全社レベル，事業レベル，および機能レベルの戦略である。全社戦略は基本的にはその企業の事業分野（ドメイン domain）の決定とか多角化戦略の決定にかかわっている。事業レベルの戦略は，一つの特定事業の戦略にかかわるもので，一般的には事業戦略と呼ばれ，その事業の競争戦略を記述している。多角化企業では事業戦略はある一つの事業部の戦略

であるが，単一事業会社では，事業戦略はそのまま全社戦略となる。機能別戦略は，生産，マーケティング，人事，財務，研究開発といった各機能の戦略のことである。

しかし，ここで留意しなければならないことは，これはあくまで概念上の区別である点である。企業にとってこの3つのレベルを縦断する重要な課題が生じることが多い。

経営戦略はマトリックス状の構造を描くことができる。縦軸には，経営戦略のレベルとして，組織の階層，マネジメントの階層をとる。これに対して横軸には，経営全体にかかわる戦略の要因をとる。その内容は，企業によって異なっており，かつ様々な中・長期的な課題があげられる。しかも，その課題は縦軸の階層ごとに異なった内容となる。例えば，リストラクチャリング（restructuring 事業再構築）は今日，成熟企業の全社戦略においては，経営層の関心事であるが，現場層のレベルにいくほどその戦略重要度は低下する。

経営戦略とは1つの大きなシステムであり，有機的に結びついた各サブシステムから構成されている。しかも，部分と全体との関係は相互依存的であり，部分のみでは成立しえないし，かつ全体のみでも成立しえないのである。総合的にお互いが有機的に機能をした時にのみ，生きた経営戦略となるのである。

4.3 経営戦略に内在する論理

経営戦略という総合的なシステムの内部には，きわめて明示的な論理が存在している。企業が環境に戦略を通じて適応してゆくのは当然であるが，その適応の仕方はある種の法則性があるように見える。常に環境変動に短期的に反応していれば良いのではなく，長期的にも適応してゆくことである。日本企業はしばしば，環境変動に過剰に，戦術的に応答しすぎるといわれる。しかし，日本企業が1990年初めまで，きわめて良好に環境に適応できたのは，経営戦略の基軸を外さなかったからである。日本企業は長期的に妥当な方向性を維持してきた。

経営戦略とは，目的を実現するための手段，妥当な方向性の選択であり，それによって企業は長期的に存続できるのである。囲碁に由来する言葉に，「着眼大局，着手小局」がある。物事の全体を大きく見て構想し，足元の小さな事から実践する，という意味であり，戦略と戦術の基本を表すものといえる。両方とも揃うことが不可欠である。

5　戦略的意思決定

5.1　戦略的意思決定の意味

アンゾフ H. Igor Ansoff（1918～）は，経営の意思決定について，①戦略的意思決定（経営職層が決定するべき，非定型的な企業目標の決定や自社ドメインの選択など）②管理的意思決定（管理職層が決定するべき，組織構造の決定や経営資源の調達など）③業務的意思決定（監督職層が決定するべき，経営資源の配分や定型的な業務方針の決定など）以上の3つに分類しており，戦略的意思決定はその最上位に位置づけられる。

企業は節目で大胆な意思決定を行うことがある。一歩間違えば企業は存在しえなくなる。最終的な決定を戦略的意思決定と呼ぶ。つまり，戦略的意思決定とは決断を要する決定であり，それはその企業の浮沈にかかわる重大な意思決定である。もちろん，企業は日常的な決定はいくつか行いうるが，重大な意思決定は度々行えない。従って，企業の歴史の中で何回もない意思決定の中にこそ，経営戦略の本質があるといえる。

なお，ミンツバーグ Henry Mintzberg（1939～）らは戦略的意思決定を，主体の視点からは企業家，組織，環境の3つに，また特性の視点からは戦略の計画，市場地位，事業観，行動型の組み合わせにより類型化している。

5.2　経営理念主導の意思決定

「経営理念主導」型の経営戦略とは，まず企業のあるべき姿，あるいは経営理念があって，この理念に向かって企業の戦略的決定が下されるのである。ヤマト運輸の場合，まず「サービスが先，利益は後」という経営理念が

あり，ここからその姿に到達するには「何をなすことが最良か」という論理が導出される。その上で「何ができるか」を考えるとき，差異が認識される。この差異を埋める方法を考えれば「何を」「どのように」行うかが理解される。

　企業の意思決定には，2種類の決定がある。1つが当否の決定であり，もう1つが善悪の決定である。前者は，きわめて合理的な決定である。しかし，後者の場合は，きわめて主観的で価値主導的な決定である。こうした決定は，普遍の真理がわかっていないような分野，つまり戦略的決定に近づくほど増える。米国の経営学者サイモン Herbert A. Simon（1916～2001）（主著『経営行動』(1945)）は，前者の決定を「事実前提」に基づく決定，後者を「価値前提」に基づく決定と呼んだ。そして，経営理論は前者の事実前提のみを対象にすべきだとした。しかし，戦略的意思決定の本質は，価値前提的決定である。経営理念があって，それが意思決定の価値基準になる。この価値基準に照らして，何が「良いか，悪いか」を決定するのである。

　事実前提に基づく決定は，科学的であり，合理性を追求しているため，可能な限り数値化を求める。その結果，最小リスクを追求することとなる。しかし，真の戦略的意思決定が，問題としているのは「賭ける価値があるリスクかどうか」である。もし賭ける価値があれば，主観的に決断する。（参照 経営・第5章）

6　経営戦略の決定過程

6.1　戦略的意思決定の3段階

　経営戦略は，明示的であれ，暗黙であれ，どの企業でも決定されている。経営戦略がない企業というのは存在しないといえよう。ただ，多くの経営戦略が暗黙のうちになされているだけである。経営者の抱く夢，経営理念や信念，この基準に従って多くの経営戦略が決定されている。

　この戦略的意思決定の仕方，つまり経営戦略の決定の仕方は次の3つの段階から成り立つ。

第1段階：目標「どんな姿になりたいか」
第2段階：方法「そのためには，何をなすべきか」
第3段階：実行「どのように，なすべきことを実行するか」

第1段階は，企業が抱く経営理念，夢，あるいは目標である。第2段階は，この理念を達成するためになすべきことを決めることである。第3段階として目標と現状の差異を埋めるために，実行する中身を決める。

6.2 経営理念の実現

経営戦略の決定の基本には，その企業の高い次元の経営理念がある。経営理念によって人々は夢を掻き立てられる。高い次元の経営理念は，通常の手段では到底達成できず，そこに常に「革新」と「創造」が要求される。この革新的，創造的な達成手段こそが戦略である。「何をなすべきか」という決定は，総じて規範的であり，ある種の自己規制の要素を内包している。

しかし，現実に企業の持てる能力，経営資源には限りがある。従って，現状を把握し，実現可能なことを確認し，「なすべきこと」と「できること」の間の差異を認識することこそが，経営戦略を決定する第一歩である。

6.3 経営戦略の決定実務

(1) 経営理念，ビジョンおよび経営目標の策定

企業は経営理念，ビジョンをもとに経営目標を策定する。まず，企業の経営理念，ビジョンが必要である。経営理念が超長期的な企業の存在理由，価値を表すのに対して，ビジョンは，中長期的なものである。地域の発展のために，当該分野の開発，製造を行い，消費者に喜ばれるように，当該技術で社会に貢献し，社会や地域住民の生活を豊かにするためにこの商品を販売する，という設立時の方針が経営理念の一つであり，その目標の達成のために，地域で一番店になる，ということはビジョンにあたり何万人に販売する，目標以上の売上を達成する，全国の人に社名や商品を知ってもらうなどがもう一つの経営目標の要因である。

形だけの守られない経営目標ではなく，現実的な経営目標を作り，経営者

層から厳守することを心掛けねばならない。

(2) 経営戦略の策定

　経営目標が完成した上で経営戦略を策定する。経営戦略は，企業の経営行動の基本指針である。戦略は全体的，長期的な考えに基づく。一方，これと似て否なる戦術は局部的，短期的な考えによる。戦術は，戦略が整っていなければ効果を上げることはできない。更に，戦略は全社の経営戦略，各部署における部門別戦略，そして，その部署を結び付けた機能別戦略に分け，部門戦略と機能戦略は有機的な機能を持たせるように策定しなければならない。

　なお、競争戦略策定の過程は以下の通りである。①業界タイプを判断し，業界の特徴を分析，評価する。②業界構造・システム（収益構造）を分析，評価する。③業界の参入障害と退出障害を分析，評価する。④業界に働く5つの力を分析，評価する。⑤市場での現在の自社のポジションを特定する。⑥以上より，自社が最も収益性を上げ，最も競争優位になる戦略を策定する。

　競争戦略の策定は，業界タイプを判断し，業界のビジネス・モデルやシステムに焦点を当て，自社の現在のポジションを特定することにより，自社が今後，最も収益性を上げ，競争優位になれる場を見つけるのである。

(3) 現状分析

　経営戦略の策定は，まず，現状を分析・把握し，目的との差異を検討することから始まる。現状を把握することは，現在，自社で作っている製品は何か，取り扱っている（販売している）商品は何か，どの様な市場を対象としているか，流通経路はどうかなどが考えられる。次に，具体的に数値で目的を作ることである。そして，その目的を達成するために，市場占有率を何%上昇させる，売り上げを何%上昇させる，別の分野へ進出する，生産効率を上げる，組織を変更する，社員を増やし営業力，生産力を強化するなどの施策を作らねばならない。この時，会社の目的と進む方向が同一か否かを確認する必要がある。

　自社に関する現状分析を行い，次に社内の問題の分析を行う。問題は存在

しないのではなく，発見されてないと考えるべきである。問題を発見し，解決し，改善していくというサイクルは，会社が発展していく上で必ず継続するものである。順次，成功要因，阻害原因，失敗の原因，課題の抽出を進める。自社の内容を知り，市場の状態や競合先を含めた環境を知り，将来を予測し戦略を策定する。

(a) 成功要因の把握

企業は，成功要因がなければ成長存続できない。経営戦略策定の第一歩は，現在と過去の両方の成功要因を考えることである。企業が成長した要因を明確にし，今後，その要因が企業を発展させてくれるか否かを考える。企業が成長発展してきたことには原因がある。製造業であれば，業界に先がけて最新の設備を導入したこと，原材料を安く仕入れる経路がある，腕のよい職人がいる，管理者がいるなどがあげられる。時間をかけて，営業，生産，開発，仕入れ，人事，経理，そして経営の各部門から成功要因を抽出する。

次に，その成功要因はいつまで続くか，消滅する原因の有無を検討する。成功要因は時代とともに変化し，永遠に続くことはありえない。阻害原因の出現の可能性を考慮しなければならない。

(b) 阻害要因の把握

成功要因が消滅したとき，例えば人件費の上昇，製品の製品寿命で商品の衰退期が訪れる。売上が上向きのとき，商品自体が成功要因であり，その阻害要因である衰退期がくる前に，その対策を十分に検討する必要がある。市場が飽和状態，衰退産業に属している場合，市場に他社が参入してきた場合，近くに競合店ができた場合，中核となる人材が辞めた場合なども阻害原因になる。

阻害要因が予想できれば，その対策を講じなければならない。予想できなければ，成功要因を強化する，成功要因の代替案を作成することで危険を回避することも可能である。成功要因の強化策としては，多数の顧客がいる場合は，顧客との結びつきを強化するための施策を策定する，などがあげられる。代替案としては，流通を問屋にだけ任せている場合，直接の代理店制度，小売店，消費者への直売などが考えられる。代理店制度や直売は，消費

者の生の声が聞ける利点もあるが，これらの施策により現在の取引先の問屋から苦情が寄せられ成功要因自体が崩壊しないように十分な準備と根回しが重要な課題となる。

(4) 傾向（トレンド）と重要語（キーワード）

時代の移り変わりは速く，顧客の興味の短期化，多様化は進み，傾向（トレンド trend）を摑みにくい。良い商品とは，性能が優秀な商品を指すのではなく，売れる商品であり，利益を上げる商品である。良い商品を作るためにはヒット商品を研究し将来の予想やトレンドを発見する必要がある。

トレンドを発見するには次の方法がある。

①自社の事業分野を絞り込み，拡散し，再確認，再定義する。

②情報の中から，関係する分野のトレンドに関するものを集める。

③全業種にあてはまるトレンドをいくつか探し，②と共通の重要語（キーワード key words）を設定する。キーワードは絶えず検証することが重要である。自社のどの部分をどのように訴えれば成功するかを考えなければならない。キーワードとしては次のような例がある。

○感動（人の心をつかみ，動かす），ホスピタリティ（人をもてなす）
○清潔・癒し（全てに快適さを求める若者を中心に広がりをみせている）
○地球環境（利益追及から社会性を考える時期に移っている）
○安全（事故，災害からの安全，汚染された環境から身を守る）
○健康・自然（健康食品は姿，形を変えて存続している）
○本物・心（考え方を明確にし，共感を求める，付加価値を求める）

(5) 市場環境の分析

市場環境を分析するには，市場，顧客，環境に分けて考える。まず，市場については，キーワード，トレンドをできるだけ把握する必要がある。戦後からの流行の移り変わり，ヒット商品の流れも必要であろう。次に顧客の変化については見極めるのが非常に難しい時代である。予測をするのも重要であるが，市場にあらわれた変化は，小さいものも見逃さず，素早く対応できる体制を作ることが重要であろう。最後に環境の変化とは，金利の動向，政治の方向の変化，世界情勢の傾向など，マクロ的なものから，主要な道路計

画や市町村単位の政治経済の動きを察知するミクロ的なものまでを含む。

なお，企業の長期ビジョンを達成するための戦略策定を行う場合，自社の強み（strength）と弱み（weakness）を把握し，市場の変化から予想される事業の機会（opportunity）や市場の脅威（threat）を明らかにする分析手法は，SWOT分析と呼ばれる。

SWOT分析では，まず，マクロ環境の動向がミクロ環境（業界環境）に与える影響を調査する。次に，ミクロ環境が自社にどのような影響を与えるか，業界の参入セグメント（市場）での5つの力の分析（five forces analysis／新規参入業者の力，代替品の力，買い手の力，売り手の力，競合他社の力）によって，自社が競争優位になる「機会」・「脅威」を特定し，参入市場を決定する。最後に，3C分析（顧客／市場：Customer, 競合他社：Competitor, 自社：Company）を行ってミクロ環境（業界環境）の成功要因を特定し，自社の内部環境（マーケティング環境，財務環境，製造環境，組織）と照らし合わせ，自社の「強み」・「弱み」を特定する。

(6) 年次経営計画の設定

経営者の漠然とした将来に対する夢を，5年後を中心に，1年後，3年後，5年後，10年後の経営計画として具体化する。それは業界における自社の規模や市場占有率，5年後の業績の目標数値を設定したり，自社の得意分野のノウハウを生かし，どの分野に進出するかの目標を設定する。

(7) 予測技法としてのシナリオライティング法

予測技法のひとつにシナリオライティング（scenario writing）法がある。この技法は，まさに脚本を書くように会社の未来を予想するものであり，経営計画の設定に役立つ。成功要因，阻害要因，活躍分野を組み合わせ，将来を予想する。将来の脚本は3つ作る。まずバラ色（最善）の脚本である。これは，将来を都合がいいことだけ起こると考えて脚本を作る。次に灰色（最悪）の脚本である。これは自社にとって悪いことしか起こらない，悪い方向に進むという前提で予想する。最後の脚本は，中間の考えで作る。バラ色の未来と灰色の未来と両極端の脚本を作成したあとに中間の脚本を作成すれば，客観的なシナリオができる。また，中間の未来からバラ色の未来に近づ

くためにはどのような努力が必要なのか，灰色の未来にならないようにするにはどのような対策を講じる必要があるのかがわかる。

(8) 企業文化と進捗管理機能

経営戦略は策定するだけでは無意味であり，実行しなければならない。実行にあたり重要な要因は，戦略を実行する組織，良好な企業文化と進捗管理である。経営戦略の遂行には管理者の能力向上

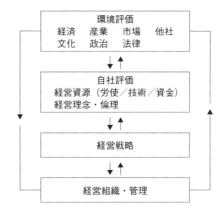

経図1　経営戦略の策定と実施

は不可欠である。経営陣と管理者の意識の差を少なくしなければ，戦略が机上の空論になる可能性がある。

企業文化の重要な部分は，管理者の能力にある。管理者は，経営戦略を実施するために，各部門の戦略を策定する。進捗管理は部門管理者が行い，管理者不在の場合は経営陣，取締役が行う。経営戦略については，各管理者，責任者の進捗報告を聞き，経営者である社長みずからが進捗管理を行わねばならない。計画には絶対に遂行する意欲が求められるが，環境の変化，社内の変化などの場合，計画を変更することも必要である。

7　経営戦略の種類

7.1　経営戦略の階層

経営戦略には，大きく企業（全社），事業，職能別（機能別）という，3つの階層（レベル）がある。具体的には以下の通りである。
〇企業戦略：企業全体を対象にした経営活動を展開すべき基本方針。
〇事業戦略：企業が個々の事業を対象にする基本方針。
〇職能別戦略：生産，販売，調達，研究開発，財務，人事等の基本方針。
　この他にも，成長戦略，多角化戦略，競争戦略等がある。

7.2 企業戦略（全社戦略）

　企業戦略は，全社的な観点から自社がどのように事業を営むことで社会に貢献するのか，その意図を示す企業の基本政策のことである。企業戦略を策定する過程は，「経営目標の決定と経営計画の作成過程」に示されている。ここで企業と事業は区別しておかなければならない。現在の有力企業は，その多くが1企業でありながらいくつかの事業や業界（あるいは産業）に拠点をおく，いわば複数事業会社となっている。これら各事業は，その製造技術もその製品の顧客も異なるにもかかわらず，1つの企業のもとに統括されている。このため現在では，企業の経営方針を企業戦略と事業戦略（競争戦略）とで区分して扱う。ただし，一部の大企業や大部分の中小企業は，1つの企業で1つの事業を営むため，この区分は特に問題とならない。

　企業レベルの戦略問題で検討すべき点は，企業の生存領域（事業分野）を決定するところにあるが，そのためには自社をとりまく外部環境の分析や，自社の保有する諸能力の評価などが行われなければならない。この検討結果を踏まえたうえで，以下の重要事項を考えるのである。自社にどのような事業分野を揃えるかを決定するのである。

　①新たにどのような事業に進出するか（事業の多角化）
　②見込みのない事業からどのように手をひくか（事業の撤退）
　③今後どのような事業に資源や労力を投入するか（事業間の資源配分）

7.3 事業戦略（競争戦略）

　企業戦略が，進出すべき事業，保有すべき事業をとりあげるのに対し，ある特定の事業分野の中でいかに同業他社との競争に勝つことを考えるものを事業戦略または競争戦略という。

　競争戦略を考える場合，第1に検討すべき点は，その事業に関する市場状況である。企業が同業他社といかに競争するかを考えることは重要であるが，同時にその業界に新たに参入する競争者の存在や，既存製品を脅かす代替製品の出現，更にはその企業の製品を購入する顧客や，その企業に原材料・部品などを納入する供給業者の交渉力なども十分に検討しなければなら

ない．第2にこのようにして市場状況が明らかにされたあと，検討結果を考慮しながら，具体策を決定する．ポーター Michael E. Porter（1946〜）によれば，競争優位（自社が競合他社よりも平均以上の成果を長期間にわたり獲得できる能力）の源泉となる競争戦略は次の3つである．

(a) コスト優位（コスト・リーダーシップ cost leadership）　競争相手よりも低いコストを実現し，低価格をもって，市場占有率（マーケットシェア market share）を拡大する．例えば，生産・流通・販売などのコストを削減することが相当する．

(b) 商品差別化（commodity differentiation）　コストや価格以外の面で，相手企業にない高付加価値，独自性を商品にもたせ競争上の優位を得る．例えばデザイン・品質・機能・サービスに特徴を出すことが相当する．

(c) 集中（focus）　特定市場全体を競争の場とするのではなく，その市場を更に細分化し自社の能力にあった特定のセグメントに焦点をあて，そこで集中的に優位な地位を得る．例えば市場を性別・年齢別・所得別に細分化（market segmentation）することが相当する．

企業が持続的な競争優位を確保するためには，迅速な意思決定とともに，強い競争力の源泉となる技術，スキル，ノウハウの集合体があり，これらはコア・コンピタンス（core competence）とよばれる．コア・コンピタンスは他の企業によって模倣，複製，代替されにくい企業特有の資源や能力であり，組織としての能力でもある．（参照　経営・第8章）

ポーターの戦略論（ポジショニング理論 positioning theory）の本質は，企業を取り巻く外部環境を5つの競争要因から分析し，3つの基本的戦略によって，自社独自のポジショニングを取ることにあった．それに対して，バーニー Jay B. Barney の戦略論は，「競争優位の源泉」を企業内部に存在する経営資源に求める内部資源理論（resources based view）である．彼は，内部環境に着目し，持続的競争優位を左右する要因は，所属する業界の特徴にあるのではなく，その企業が業界に提供する組織のケイパビリティ（capability 能力）にあり，これが収益性を決めるとする．このケイパビリティの水準は，経済価値（value），希少性（rarity），模倣困難性（imitability），組織力（organization）の各尺度によって評価されることになる。

なお，キムW. Chan Kim（1952〜 ）とモボルニュRenee Mauborgne は，ポーターの戦略観と異なり，顧客に重要ではない機能を削減することによって低コストと高付加価値が両立し得るブルー・オーシャン戦略（blue ocean strategy）を提唱している。

7.4 職能別戦略（機能別戦略）

管理者の管理能力向上のための管理者研修計画やコーポレート・アイデンティティ（corporate identity：CI）戦略，他の部門に関連したり全社的に行う人事関係の戦略や財務戦略を機能別戦略という。

部門ごとの営業戦略，生産戦略，開発戦略，販売促進戦略，広報戦略，マーケティング戦略を部門別戦略とよび，機能別戦略を横軸，部門別戦略を縦軸として相互に関連する。そして，これらの関連する戦略を総合的に管理するものが経営戦略とよばれるものである。経営戦略が不安定だと，それぞれの戦略の機能が発揮できない。企業により必要な戦略が変化する。

7.5 多角化戦略

多角化戦略は，現代の企業が持続的成長を実現するための方法の一つである。アンゾフAnsoffは，企業が持続的成長を実現するには，市場浸透，市場開発，製品開発，多角化が必要であるとする。多角化は現在の地域において技術やニーズを広げる戦略であり，企業が現在保有する経営資源を新製品と市場へ投入することにより，経営資源を更に増大させる方法である。

多角化戦略の方法は大きく関連多角化と非関連多角化とに分けられる。関連型多角化は，製品，技術，流通チャンネル等の企業が保有する知識や技術を活用して，新しい分野で事業を展開することをいう。関連型多角化は，更に技術関連型多角化（既存自社技術力を活用して新製品を開発することによって事業の新たな展開を図る），市場関連型多角化（自社が既に事業を行っている市場で形成したノウハウを活かして新たに事業展開する）に分けられる。一方，非関連型多角化は，経営管理と貨幣的資源（財務）以外の経

営資源を保有することなく，既存の事業以外の分野に進出することである。

多様な多角化戦略が考えられるが，多角化の程度によっては成長性と収益性に相違が生まれる。各国の産業構造，その産業の組織編成により一律にはいえないが，成長性は多角化の程度が高い企業ほど高いが，収益性は多角化が中程度の企業が優れている。成長性は多角化の程度に応じて増大するが，収益性は多角化が進みすぎると低下する傾向にある。

一般に，関連性の高い多角化は高い収益性をもたらす。その理由は既存事業と新しい事業の間にシナジー効果（相乗効果 synergy effect）があるためである。（参照　経営・第8章）

7.6　提携戦略

これは，自社だけで経営戦略をすすめるのではなく，他企業や他組織と提携したり連合したりして新規事業に乗り出したり，競争上の優位を図ろうとする戦略である。企業が自分の力（技術や資本）だけで成長・発展することが可能である場合には，特にその必要性もないが，事業の拡張や強化に自社にない技術や資源が必要である場合には，他企業との提携や合併がその有力な手段となる。また，仮に自力で事業展開できる場合であっても，特に企業が急速な成長をとげたいと考えるときには，時間をかけて自社の力だけで成長するよりも，提携や合併を通じ一挙に成長する道を選ぶこともある。

また，提携には特定の経営資源を強化・補完するために外部の企業と提携関係を結ぶ戦略的提携（strategic alliance）もある。提携関係にある両企業はパートナーとして互恵的な協調関係を結び，研究開発（R&D）や生産における役割分担や相互協力を通して新しい競争分野で共生をめざす。

効率的に新規事業を展開するために，被買収企業の株式等を買収企業が買い取る企業買収または合併・買収（merger and acquisition：M&A）がしばしば用いられる。企業買収の方法としては，吸収合併，新設合併，事業譲渡がある。吸収合併とは，被買収企業を消滅させ，買収企業に吸収することであり，新設合併とは，買収企業と被買収企業，双方を消滅させ，合体して新会社をつくることである。いずれも会社を比較的短期間に拡大するために

有用である。一方，事業譲渡とは，企業の一部，または全部の事業部門等を当該企業に譲渡す取引である。譲受ける企業は，債権債務を厳選して，引き継ぐことが可能である。(参照　法律・第5章)

8　日本企業の戦略課題

　日本企業は1990年代初め頃まで相対的には良好な企業業績を示してきた。それには日本企業にとって先行走者がおり，必然的に日本企業は明示された目標の中で企業活動に資源を集中する戦略をとればよかったからである。品質，生産性，信頼性，低コスト化といったものを戦略化したところに成功の原因があった。しかし，もはや日本企業を取り巻く環境は大きく変化した。

　21世紀に入り技術革新や市場の変化，さらにデジタル・ネットワーク化は想定を大幅に上回るスピードと規模で進展している。不断かつ動的，劇的な世界の環境変化の中で，企業は対応に苦慮している。この環境の中，従来の競争戦略の理論をさらにダイナミズムを有する戦略論へと発展させるには，ポーターの戦略論（静態的なポジショニング戦略）を，動態的に組み替えること，そして，バーニーの戦略論（内部資源理論）が指摘する組織能力をダイナミックなものへ転換させることの2点を再構成する必要があると考えられる。こうした新たな戦略論を組み込んだ戦略経営（strategic management）の理論構築が期待されよう。日本企業がこれから経営戦略を形成してゆくには，5つの点に留意することが必要である。

　第1は，経営理念の確立である。戦略意思を誘導するのは大きな企業理念である。不確実な未来を透視しつつ，経営資源の集中が図れ，かつ構成員の夢につながる考え方が創造されなければならない。未来が不確実であるほど，企業の戦略的意思決定の基盤は揺るぎない企業理念や価値となる。

　第2は，創発戦略の重視である。創発（emergence）とは，全体を構成する個別要素の相互作用により，個々の特性を超える特性が生まれることを意味する。革新こそが日本企業にとっての今後の戦略核心であり，それは組織内部からの創発にかかっている。さらに，創発性は個人の企業家精神の発揮

を促し，企業では人々は活性化され，大きな目標に挑戦するようになる。創発性は組織内に一種の混沌とした状態（カオス chaos）をつくり出すが，カオスの中からこそ企業は創造という道に踏み出すことができるのである。

　第3に，企業は経営戦略に基づく広報戦略をもち，広報部門を中心に目的を明確にした戦略的な広報活動（public relations：PR）を心がけ，企業から利害関係者に対して情報の提供を行うことが重要である。企業イメージは企業価値に結び付くことを軽視してはならない。

　第4は，今日，日本企業が直面している様々な戦略課題の整理である。成熟産業における企業では，いわゆるリストラクチャリング，新規事業開発とMOTが大きな課題である。一方，輸出型産業の企業では，貿易および経済摩擦から生じるグローバリゼーション（globalization）への対応である。また，ハイテク企業にとっては，技術革新戦略が戦略課題である。わが国は，米国の国家戦略としてのプロパテント（pro-patent）政策の推進等，急激な環境変化に対して，21世紀における特許の法整備，保護範囲の拡大，侵害への損害賠償の強化を含む知的財産権の確立，知財立国を目指す必要がある。

　今日，企業価値を生み出す知的財産に企業経営の力点が移り，ブランドや特許権という知的財産の位置づけが高まっていることを受け，政府は，知的財産基本法（2002年）に基づき知的財産戦略本部を設置し，最先端の研究開発，制度構築，市場開拓の実現に向けた取組を強化しており，今後，アートとビジネスの両面を備えたプロデューサーの活躍と育成が期待される。ビッグデータ（big data）による創造と変革も一層注目されよう。

　第5に，株主重視，社外取締役が普及途上であり企業社会の基盤が未整備ともいえる我が国では，敵対的買収が増大し，その防衛策に関する原則，指針の策定が求められる。敵対的買収（hostile takeover）とは，被買収企業の経営陣の了解を得ていない企業買収のことである。敵対的買収は通常，株式公開買い付け（take-over bid：TOB）によって行われる。TOBとは，買収する側が新聞等で対象となる企業の買収を公告し，買収する株価や期限などを明示して既存の株主から株式を買い集める手法である。防衛策の是非は，企業価値の向上と深く関わる。（参照　経営・第11章）

第5章
経営組織と経営管理

1 経営組織

1.1 現代組織論の発展
　現代組織論は組織の行動・構造・変動を説明し，解釈することを目的として発展し，そのための分析枠組みや概念，手法が作られている。現代組織論の創始者はバーナード Chester I. Barnard（1886〜1961）である。バーナードはアメリカ電話電信会社（AT&T）に入社後，同傘下のベル電話会社の初代社長に就任し，経営者としての経験を主著『経営者の役割』（1938）に体系化した。バーナードは協働体系（cooperative system）の概念を用いて組織と管理の理論を展開した。また彼は「組織と環境」の問題，すなわち，組織そのものの分析から，組織を取り巻く環境との関係で組織を解明することの重要性を指摘し，1960年以降，「組織と環境」に注目した組織間関係の研究も展開している。組織間関係では経営資源への依存と情報の交換，組織間の力関係，調整機構，組織文化などのテーマを扱う。

1.2 組織図
　組織は個人の力では不可能な仕事を，集団の力で行おうとするときに形成される。企業の仕事も，人々の協力のもとに行われることが多い。企業における組織の仕組みを考えてみると，取締役会以下の組織内における縦の分業関係は，大きく最高経営者層，中間管理者層，現場管理者層，一般従業員層の4階層に区分することができる。
　(1) 最高経営者層（トップ・マネジメント top management）
　この階層に所属する職務担当者は次の2つに区分される。

(a) 取締役会　株主の利益を代表し，企業経営に欠かすことのできない基本的な政策・方針を決定する。また，企業活動の結果を総合的に評価する。

(b) 社長　取締役会の定めた基本方針，及び取締役会が委任した権限の範囲内において，企業経営全般の管理（計画，指揮，統制）を行う。米国では，会長を経営の最高決定者として最高経営責任者（chief executive officer：CEO），社長を業務の最高執行者として最高執行責任者（chief operating officer：COO）とも呼ぶ。なお，大企業では社長を中心とする常務会が全般管理の仕事を行っている。

常務会は社長など代表取締役を補佐する協議機関として設けられる。会社の規模が大きくなると，わずかな代表取締役だけで日常の業務を行うことは困難となる。そこで，社長，副社長，専務，常務といった何人かの幹部重役で常務会を構成し，経営全般について協議し代表取締役を補佐する。

(2) 中間管理者層（ミドル・マネジメント middle management）

この階層には，以下のものがある。

(a) 部長　この階層は，財務，生産，販売などの企業の主業務，特定部門を管理する責任と権限をもつ。工場長，所長などもこの階層に含まれる。

(b) 課長　部門内部で下位の単位にあたる課レベルの管理責任を負う。部門レベルの管理者と現場レベルの管理者との仲立ち役を果たす。

(3) 現場管理者層（ロワー・マネジメント lower management）

係長・主任　担当業務について直接に現場従業員を指揮・監督する責任をもつ。係長・主任など現場監督の仕事内容の特徴は，それが具体的で，しかも多方面にわたっているところにある。

(4) 一般従業員層

この階層の役割担当者は，加工，売買，記録，計算，調査など具体的な作業者である。その意味で，全ての経営管理者の仕事も，この作業の遂行を有効に活かすためのものである。職能部門別組織の組織形態の特徴は，全般管理者としての社長が，企業でのいろいろな職能（財務，生産，販売など）を担当する部門の長を統括している点にある。

1.3 組織形態

企業における組織の機構の主な組織形態としては以下のものがある。

(a) 官僚組織（bureaucratic organization）

ドイツの社会学者・経済学者であるウェーバーMax Weber（1864～1920『ウェーバー　政治・社会論集』）は官僚組織を近代社会の合理化に伴う歴史的必然の所産と考えた。規則による職務の配分，機構の階層制（hierarchy）的体系，行政手段の私有からの分離，文書による業務遂行，専門職員の認容を特色とした。正確性，客観性，能率性，継続性などの側面をもつが，民主的統制に欠けると，形式的，秘密主義，責任転嫁，非能率，伝統固守，事なかれ主義等の逆機能をもたらす。

(b) 職能部門別組織（horizontal organization）

職能部門別組織とは，生産・販売・購買・資材・人事・経理・技術・研究開発などのように専門的な知識を必要とする同種の関連の業務ごとに職能別に専門化，部門化された組織を単位とする形態である。組織の発展に伴って分業が進み，規模の経済性が発揮され，専門化も容易となる。しかし，組織が硬直化しやすく，ゼネラリスト（generalist 業務全般に対応できる人）の育成が困難である。決定，調整が経営トップに集中し，創造的役割が果たせず，業務間のコミュニケーションが不足する。

(c) 事業部制組織（divisional system organization）

事業部とは製品別，地域別，顧客別に編成された利益責任制をもつ経営単位であり，企業内企業として事業部長に包括的な裁量権が与えられている。

事業部制組織は，取り扱い製品を多角化したり，販路を地域的に著しく拡大したときに，職能部門別組織のもつ限界を克服するために登場したものである。その機構が本社レベルと事業部レベルに区分されている点に注意を払う必要がある。製品を多角化している企業では，例えば，テレビ，コンピュータ，発電機などを各事業部に分割して生産，販売している。この場合，事業部自体の機構は，事業部長を頂点とする職能部門別組織である。また，その事業部全体の管理を担当する事業部長には，原則的に利益責任，すなわち独立採算の責任が課せられる。

第5章 経営組織と経営管理

(d) 横断的組織（lateral organization）

横断的組織とは，通常の縦割の垂直的権限ライン（職能部門別組織・事業部制組織）と交差する形で横割りの水平的情報伝達の経路を内蔵する現代的組織形態を総称する。その主なものがプロジェクト・チーム（project team），タスク・フォース（task force 専門調査班），プロダクト・マネジャー（product manager 新製品の企画から販売まで全責任を負う担当者）に代表される横断的統合担当職や，より複雑なマトリックス組織（matrix organization）の4つである。プロジェクト・チームやタスク・フォースは問題発生と同時に編成され，問題解決と同時に解消される一時的組織である。プロダクト・マネジャー制は公式権限の規定が非常に難しく，責任と権限の不均衡を招きやすい。この点を是正し，横割り権限を強化したものがマトリックス組織である。部下が2名の上司をもつことからツー・ボス・システム（two boss system）ともいう。

(e) カンパニー制組織（company system organization）

カンパニー制組織とは，事業部制に市場原理を導入し，独立会社により近づけた形態の「擬似会社制」である。ソニーが1994年4月に実施した。ソニーは開発，製造，営業など19あった事業本部を社内分社化し，8つのカンパニーとしてより独立性を高めた。各カンパニーは社内資本金をもち，本社に利益を配当するとともに本社部門とは別に独自に経理，人事，企画部門をもち，個々の事業に関連した投資案件の決定権限が移譲されている。1996年にはカンパニー制の独立性を弱める修正を行った。商品企画と設計を中心に10のカンパニーに再編し，更に営業部門と開発部門を分離して本社に直結させ，DVD（digital video disk デジタル・ビデオディスク）を事業化するため，カンパニー横断的な独立事業部門としてビジネスセンターを設置した。東芝，日立製作所など総合電機メーカーがカンパニー制の導入による事業再構築を推進している。カンパニー制の導入は持株会社形態への移行を鑑み，擬似会社に可能な限り近づけるねらいがある。

(f) チーム型組織（team-type organization）

チーム型組織とは，組織の基本単位を少数のチームにおく組織形態であ

る。アメリカの企業は「チーム集合体」といわれるが，チーム型組織の導入・定着は米国産業の再生をはかるため，1990年代に入ってからピラミッド型（官僚的）組織からの転換を進めている。その特徴は①フラット型，横の連携を重視する水平型，ネットワーク型システム。マトリックス組織。②プロジェクトと計画の進め方では計画，管理の分散化をはかり，権限分散化，情報現場分散化を指向する。③他部門，異機能担当者の混成チーム ④管理者はコーチ役，メンバーの能力を引き出し，やる気を高める。自主自立的風土を形成。 ⑤自己実現人仮説，Y理論*にたった動機付け。⑥柔軟な生産・設計，変化への柔軟な対応，顧客満足，従業員満足度を重視，である。

チーム型組織はスポーツ・チームの例がわかりやすい。スポーツでは組織構成人員は予め決まっている。野球では9人，バレーボールでは9人または6人，サッカーでは11人であり，ルールのもと各人の役割も決まる。

* マグレガーD. McGregorの提唱した人間の自発性に基づく統合と自己統制による経営手法

(g) ネットワーク組織 (network organization)

ネットワーク組織は現代の産業社会の方向に最も適合した組織の一つである。ネットワーク型組織はマルチメディアやソフトウェア，人的サービス網が種々の形で結びついた情報通信ネットワークを背景に情報を創造し，交流することを目的に形成される。現在，インターネットを通じてネットワーク型のバーチャル・コーポレーション (virtual corporation : VC 仮想企業体) が作られている。（参照　経営・第10章）

ネットワーク (network) とは網状の構造物を指し，相互に結び合った構造であり，紐帯 (tie) ともいえる。ネットワーク組織は，分業化された階層化された組織とは異なり，構成員（組織，企業）が任意に自発的に集合し，相互に依存しながら関係を構築し，価値を創造し成果をあげる。従来，経済学は市場および市場に立脚した組織を主な研究対象としてきた。

しかし，今日，市場と組織の関係や事象が重要視されるようになり，1970年代以降，ネットワーク組織を扱うネットワーク組織論が形成されてきた。ネットワーク組織論は，個人，組織，市場という，従来，社会学，経済学，経営学で区分されていた研究対象に対して学際的，横断的に分析できる視点

を提供する。研究対象となる範囲は，個人，個人と市場，市場と組織，組織と組織まで幅広く，個人，市場，組織を融合して研究できるのである。

　ネットワーク組織論では，実際に個人，組織，市場などの社会現象を分析するために，要素や時間の位置関係を数理学的なモデルを用いて分析し，抽象的に表現することが求められる。例えば，組織間などの関係，紐帯を分析する場合，分析するための情報をデータ等に集約し，操作化しなければならない。また，モデルを創造するだけでなく，その導出過程も重要となる。現象を行動，過程，構造の点から考えることは万事に必要である。

1.4　自己組織化（self-organization）

　従来，組織の行動は，組織が置かれている環境条件が異なれば適合する組織も異なるとする，コンティンジェンシー理論（contingency theory）によって主に展開され，環境決定的または環境対応的に捉えられてきた。

　これに対して，組織の主体的なダイナミズムに目を向け，組織が自ら自己を変革・進化させていくメカニズムを明らかにしようとしたモデルが登場した。これを自己組織化，または自己組織性といい，その本質を「揺らぎ」と「自省」におく新しい組織観である。

　自己組織化の原動力は情報創造力である。上からのリーダーシップによって組織文化の変革を図るのではなく，企業内のあらゆるレベルで異なる情報が創造され，相互作用によって組織全体の新しい行動様式が生まれる。電子メールの普及や自己完結型チーム制の導入などでピラミッド型組織は崩壊し，フラット型，ネットワーク型等の自律性の高い組織の形成が進んでいる。

1.5　権限と責任

　各職位における「権限－責任の関係」の相互の関連について考えてみよう。人が目標に向かって行う活動は，一般に仕事と呼ばれ，企業によって各個人に割り当てられた仕事を職務という。

　次に権限とは，職務担当者に与えられた権利を意味する。また，権限には責任がともなっているが，責任とは，職務を遂行しなければならない義務を

意味している。

　権限−責任の関係は，基本的には，①ライン関係，②並列関係，③スタッフ関係の3つの関係にまとめることができる。

(1) ライン関係

　経営管理者（経営者・管理者）とは「企業活動において，人あるいは集団の取り扱いを任されている人」をいう。そこには，他者に指示を与える権限が含まれていると同時に，他者の職務遂行の結果にも責任をもつことが含まれている。このようなことから，経営管理者は，①部下の仕事内容を定め，それを指令すること（指揮・命令統制の一元化），②部下の仕事の結果について評価し，賞罰を与えることなどについて，一定の自由裁量が与えられている。ある人が他の人に対し，この2つについて決定する権利（基本権限）をもつ場合，そこに上司・部下のライン（line）関係が存在する。

(2) 並列関係

　ある役割担当者と別の役割担当者とのあいだで，情報交換などの相互作用がみられるが，しかし双方の役割のなかに，相手に対する基本権限をもたない場合，例えば販売部長と製造部長との対等の関係を並列関係という。

(3) スタッフ関係

　巨大化し複雑化した企業では，単なる並列関係以上の影響力を他の人に及ぼす必要が生じることがある。他の人に対して基本権限以外の権限をもっている関係をスタッフ（staff）関係といい，ライン・並列関係ではないが，有益な助言をもたらす関係である。なお，企業は，職務上の責任と権限とを明確にするために，通常，職位明細書が作成される。

　現代，ある程度成熟した段階の企業では，ライン・アンド・スタッフ組織をとっている。その上で，職能部門別組織か事業部門制組織を採用している。更に職能部門別と事業部制を複合した職能・事業部門制をとっている企業も少なくない。職能部門を本部，ラインを事業部とする本部・事業部制がこれに当たる。生産，あるいは営業・販売部門のみを事業部制（職能的分権制）としている企業も多い。

1.6 組織のリストラクチャリング，リエンジニアリング

バブル（株式，債権，土地・建物，貴金属など資産が投機目的で異常に上昇し続ける状態）経済崩壊後の不況の長期化に対応し，組織のリストラクチャリング（restructuring 事業再構築）が各社で進められた。

(1) 組織体制の見直し

本社・管理部門の縮小，部課の削減，事業部制の見直し，小さな本社の実現など。

(2) 人員調整

本社・管理部門から，営業・サービス部門への配置転換，関係会社へ出向・転籍，早期退職優遇制度などによる中高年層のホワイトカラー（white-collar 精神的・知的技術を駆使する事務，技術労働者）の退職勧奨など。

(3) 日本型雇用システム・組織人事管理の見直し

リストラクチャリングとリエンジニアリング（business process reengineering：BPR 業務の根本的革新）は，考え方や手法において全く異なる。リストラクチャリングは内部の経営資源の組み換えによって事業の再構築を図る。これに対してリエンジニアリングは，顧客満足（customer satisfaction：CS）を高められるように業務のプロセスを情報技術によって根本から設計し直し，仕事の完成速度を上げるように図ることである。

なお，企業が業績の高い他社の優良事例（best practice）を分析し，学び，取り入れる手法にベンチマーク（benchmarking）がある。その目的は，自社の業務プロセスを抜本的に変え，企業競争力を向上させ，結果的に業績を上げることである。

2 経営管理

2.1 意義と役割

企業は社会に対し財・サービスの生産と配分という機能を果たすことによって，利益の獲得が社会に認められる。細分化された個々の機能を企業職能と呼ぶ。例えば，財務，購買，人事，製造，販売などの諸機能がこれであ

る。企業職能は，複数の人々の協力関係を通じて遂行されている。企業においては，多くの人が異なる個性をもち，異なる仕事を担当しながら，しかも無秩序な混乱に陥ることなく企業活動が展開されなければならない。この場合，人々の協働を確保するための活動を管理機能と呼び，その担い手を経営管理者と呼ぶ。管理活動は，事物を円滑に処理しようとする場合には必ず見出されるものであり，具体的には，事前に方法や手順を定め，また仕事の遂行を指揮し，更に事後的に仕事の成果を検討し反省する，いわば計画・指揮・統制（計画・実行・評価・改善ともいう）の諸活動のことである。

2.2　経営管理の3要素とマネジメント・サイクル

　企業活動に限らず，多数の人間が協働して仕事をする場合，計画，指揮，統制という3つの要素は不可欠である。事前の計画と実施段階での指揮と事後の統制がなければ，組織活動の混乱は不可避となるからである。計画，指揮，統制は，相互に影響を与えながら循環する関係にあることから，その関係をマネジメント・サイクル（management cycle）という。

　ファイヨールJ. H. Fayol（1841～1925　主著『産業ならびに一般の管理』(1917)）は，組織の時代が到来するにあたり，科学的知識にもとづく管理が必要と考え，管理の一般理論の確立を目指した。企業の管理過程（plan-do-see）にそって管理の諸問題を研究する管理過程学派が形成された。

　マネジメント・サイクルの典型として，シュハートWalter Andrew Shewhart（1891～1967）およびデミング博士W. Edwards Deming（1900～1993）によって1950年代に提唱された，計画（plan），実行（do），評価（check），改善（act）の循環で形成されるPDCAサイクル（PDCA cycle）がある。このプロセスを順番に実施し，最後の改善では評価の結果から，当初の計画を継続・修正・破棄のいずれかとして，次回の計画につなげるのである。PDCAサイクルは，品質の維持・向上および継続的な業務改善活動を推進するマネジメント手法に起源があるが，今日，様々な企業，業種，業務，階層（従業員～経営者）で広く応用されている。品質管理ISOや知識創造のモデル化などにも，PDCAサイクルの理念は影響を与え

ている（〈参照〉別添　経営・法律 関連図表）。

　ただ，PDCA サイクルは課題や目標が当初から明確な場合に有効である。これに対して，課題自体の発見から始める必要がある場合は，それを担う個人の情熱が不可欠となる。それに代わる独自の仕組みとして，丸幸弘は QPMI サイクルを提唱した。QPMI サイクルでは質（quality）の高い課題（question）に対して，個人（personal）が情熱（passion）を傾け，信頼できる仲間（member）と共有できる目的（mission）に変え，試行錯誤を繰り返していけば，革新（innovation）や発明（invention）を起こすことができ，個人の情熱を交わすことにより，組織は活性化するとした。

3　経 営 計 画

3．1　経営目標の決定

　組織の目的を達成する際，実際に実施する手順の予定を計画という。計画を作成することは，企業の管理過程の出発点をなすものである。経営計画は，企業が経営目標（基本政策）を決定したとき，それを実現していく一つの重要な手段である。

　(1)　情報の収集

　基本政策の決定過程は，株主，顧客，供給業者，地域住民など外部の利害関係者（ステークホルダー stakeholder）の動向を把握することから始まる。「顧客は今後，どのような財・サービスを求めるか」ということを考えるのがその例である。また，経営者，管理者，一般従業員など内部構成員の意向，例えば「10年以内に業界一の高い技術力をもつ企業に成長させる」といった経営者の意向も，経営目標の決定に強く影響を与える。

　ここでの情報とは，過去の実績，現状，将来の予測に関する各種の情報である。過去の実績について収集する情報としては，売上高，利益，資本利益率，労働生産性，製品開発力などがある。また，現状の把握に必要な情報には，市場占有率（同種商品の市場総需要の中で自社商品の占める割合），資金現在高，政府の諸政策，経営者能力や，1人あたりの売上高，1人あたり

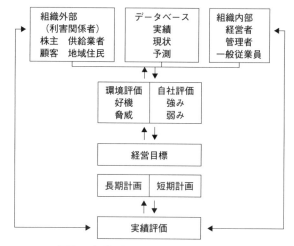

経図2　経営目標決定と経営計画の作成過程

の投資額などの能率測定のための比率が含まれる。更に，将来の予測については，経済的な環境，売上，技術，国際紛争の可能性，他社との競争状態などに関する情報が欠かせない。

(2) 環境の評価と自社の評価

以上の情報を基礎に，自社を取り巻く環境の評価と，自社の評価とが行われる。環境の評価としては自社の取り扱い製品や取り扱い可能な製品の市場の将来性などについての評価がある。また，自社の評価としては，同業他社に比べて，作業条件や設備，労使関係などの優劣が検討される。

(3) 経営目標の決定

環境の評価と自社の評価とが検討された後は，これらを踏まえて経営目標が決定される。長期的にどのような製品構成をとり，売上増大にどう反映させるか，また，生産設備や従業員などについて目標が定められる。

3.2　経営計画の作成

次に，経営目標に基づいて，具体的に経営計画を作成する段階になる。この段階で，一定期間における活動内容が具体的な数値の形で示される。

(1) 長期計画の作成

長期計画は，5年を基準に作成される。この段階での長期計画の内容は，企業活動の主な指標だけを単純な形で数値的に表すことにとどめられる。

(2) 短期計画の作成

長期計画に基づき，短期（年次）計画が作成される。その際，長期計画の第1年度の数値は，通常そのまま短期計画の予算数値に利用される。しかし短期計画の数値は，長期計画に比べて，一層詳細で実際的なものに変えられ，そこでとりあげられる項目数も，長期計画に比べて大幅に増加する。

諸項目を中心にして，実際には，販売予算，製造予算，財務予算などの個別的な予算が編成され，各予算をまとめた総合予算として表されたものが，その年度における見積損益計算書（企業の一定期間における経営成績を表示した会計報告書）や見積貸借対照表（企業の一時点における財政状態を表示した会計報告書）となる。

(3) 利益計画の作成

最後に，経営計画は年度予算という形にまとめられるが，このように具体的に提示されるまでには，長期・短期の利益計画が重要な役割を果たす。そこで以下，利益計画，特に短期の利益計画をとりあげ，その作成手順について述べる。

利益計画は，年度初めに，同業他社や自社の業績などを考慮して立てられる。基本的な考え方は，まずある一定の利益額（または利益率）を設定し，次に必要な費用総額を見積もり，更に目標売上高（または目標生産量）を決める。そのうえで，目標売上高（または目標生産量）を支社，工場などの各部門，各期間などに割りあてるのである。目標値を与えられた各部門は，一層具体的かつ詳細な日程と予算とを編成することになる。利益計画をたてる場合，一定の利益を確保するのに必要な売上高を算出できる利益図表が用いられる。利益図表は，一定期間の売上高と総費用との関係を表したものである。横軸に売上高，縦軸に費用をとれば，売上高線は売上高と費用が比例することから，原点0から角度45度の直線で表され，一方，総費用線は「固定費＋変動費」の直線で表される。固定費とは売上高の増減にかかわらず，一定の期間に一定額だけ発生する費用（例えば減価償却費）である。また変動

費とは，売上高の増減に関連して増減する費用（例えば直接材料費）である。利益図表での売上高と総費用線との交点を損益分岐点という。損益分岐点を下回る売上高では損失を生ずる。

3.3 計画上の留意点

計画作成の際には，長期・短期を問わず，次の諸点に留意しなければならない。

(1) 計画内容に示される業務上の諸項目は，企業内部の各部署あるいは各人の仕事内容を明らかにするものである。そして，

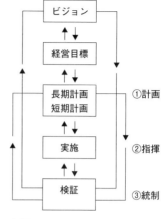

経図3　マネジメント・サイクル

同時に，人々の業務達成への意欲を与え，それによって仕事の結果が評価される基準でもある。従って計画に示される諸項目は出来る限り具体的で明瞭なものであり，業務の遂行に創意と努力が生まれるものでなければならない。その意味で，計画上の数値は，実行可能であり，かつ努力目標となる水準に作成される必要がある。

(2) 計画内容に示される諸項目は，相互に関連づけられ，補完しあうように配慮されねばならない。計画の作成は，企業内部の諸活動の調整を行うところに，一つの重要な意義がある。

4　意思決定

4.1　意思決定の方法

計画，指揮，統制という管理上の仕事を担当する者は，常に問題の解決にあたり意思決定を行う。意思決定とは，いくつかの行為のうちから一つを選択することである。バーナードの現代組織理論を継承した，サイモン Herbert A. Simon は，経営組織を個人の意思決定の体系としてとらえた。意思決定するには多くの困難が伴うため，意思決定の諸方法が開発されてきた。

一方，アンゾフ Ansoff は意思決定を，戦略的意思決定，管理的意思決定，業務的意思決定の3つに分類している。（参照　経営・第4章）

経営上の問題解決にどのような意思決定技法が用いられるかについて整理する。ここでは日常反復的に発生する問題を，定型的な意思決定問題とよび，反対に日常的にはほとんど起こることのない例外的な問題を，非定型的な意思決定問題と呼ぶ。前者の場合には，人間はそれに応じた特定の対処方法をもっている。しかし後者の場合には，事前に準備された対処方法は存在しないため，改めて，情報を収集し，解決策をつくらねばならない。

4.2 定型的な意思決定

(1)　まず，定型的な意思決定をする上で，「習慣」という方法は，最も一般的である。事実，組織の構成員がもつ膨大な記憶の集積こそ，実務的な知識，慣習的な熟練，作業手順などの基盤なのである。次に習慣に密接に関連して，標準的な処理手続があり，またその上に組織構造がある。「標準的な処理手続」は，習慣が各人の頭中にある記憶に基づいているのに対し，マニュアルという具体化されたものとして存在している点に特徴がある。「組織構造」は，各人の意思決定の権限と分担を明示している。組織構造は会社の組織図に代表されるように，企業で働く人々の役割分担を示し，各人はそこで定められた仕事上の規則に従って，定型的な意思決定を行う。

人類は，幾世紀にもわたって反復的な諸問題に対し，定型的な応答を行うための方法を数多く開発し蓄積してきたが，それら諸方法のビジネスへの応用は結局上記諸技法のいずれかに分類することができるのである。

(2)　第二次世界大戦以後，定型的な意思決定に関する現代的な技法は，オペレーションズ・リサーチ（operations research：OR）の方法が発達した。

OR の技法は数学的モデルをつくり，それを解くことによって経営問題解決への糸口をみつけようとするものである。すでに OR では在庫，輸送，待ち合わせ（利益と費用から接客サービスの窓口数の最適解を求める），配分（仕事や活動に資源を割りあてる場合の最適解を求める），日程，順序づけ等の諸問題への基本的な解決策が確立されている。

4.3 非定型的な意思決定

　組織内の経営管理者がいかなる非定型的な意思決定を行うかについては，各経営管理者がもつ直観や創造力などに多分に依存しているが，それはある程度の訓練によって修得される。例えば，ケース・メソッド（case method）で，種々の状況場面を提示し，自分であればいかなる意思決定をするかと問い，判断能力を訓練する。ケース・メソッドは経営教育の一技法である。講義方式では育てられない創造力の養成を目的とし，集団討論を通じて問題解決学習をする方法である。設定される事例には，問題点が多く討論の余地があるものが取り上げられる。

4.4 コンピュータの登場

　定型的，非定型的を問わず，意思決定の現代的技法としてコンピュータによる情報処理の方法は意思決定を迅速化し，また経営情報の処理能力を著しく高めることになった。OR技法やシミュレーション（模型を使用した実験やコンピュータ等により，現実同様の状況をつくりだして分析する方法）はコンピュータとともに発展した。また，近年，人間思考に関する発見的問題解決過程の一部が解明され，人工知能（artificial intelligence：AI）に代表される技法が開発され，コンピュータに利用されるようになった。（参照　経営・第10章）

5　指揮と統制

5.1 指揮

　指揮とは指令（指示・命令）などの情報を伝達することを通じて，組織の構成員に能率よくその仕事を遂行させることである。また，指揮を通じて計画は具体的な経営活動となる。指揮では次のような点に留意しなければならない。
①上司は，すぐれたリーダーシップ（leadership）を発揮し，構成員の統率を図ること。

②各構成員の間のコミュニケーション（communication）を確保し，相互の活動の調整を図ること。
③各構成員について帰属意識，モラール（morale）の維持・高揚を図るとともに，人間関係の円滑化を図ること。

5.2 統 制

経営計画は管理過程の最終段階として統制することが必要である。統制は具体的な業務の遂行が，経営計画の内容に合致して実現されるようにするための管理活動であって，実績の評価・検討であると同時に次期の経営計画への改善策を与えるものである。（参照　経営・第9章）

(1) 経営指標

企業業績の評価にあたり，最も重要であり，かつ幅広い情報を提供してくれる情報源は，企業内部の諸資料，例えば予算統制に関する資料と，決算時に作成される財務諸表である。予算統制によって企業業績を評価するには，諸活動の結果である実績値を，予算で設定された各目標値と比較し，そこに差異が見出されたとき，その原因を究明し，是正措置を講ずる方法がある。差異分析は，差異額が異例とみなされた項目について行われる。

(2) 企業業績の評価

財務諸表，特に損益計算書と貸借対照表から企業業績の評価を行う方法を述べる。

第1に，数年度の財務諸表の数値からは企業業績の時間的変化を読みとることができる。企業の成長を知るには時系列に比較・検討していけばよい。

第2に，単年度の財務諸表の数値からでも企業業績を知ることができる。この場合に用いられる方法の一つに比率法がある。比率法は，財務諸表の項目の数値の間の比率を求めて，企業業績を分析し評価する方法である。

5.3 比率分析

財務諸表上の比率には収益性，安全性，成長性などを示すものがある。このうち最も重要なものは，資本利益率（利益／資本）である。これは，収益

性を図る指標であるが同時に企業全体についての業績を評価する指標（尺度）でもある。企業は元来，資本を用いて利益を得ることから，資本利益率が企業の業績を図るのに最も集約的な尺度となるのである。

企業業績の評価により，企業運営上の問題点が明らかになると，次にその解決策が検討され，更にその解決策が次期の経営計画に組み入れられる。

5.4 バランス・スコアカード

米国の会計学者キャプラン Robert S. Kaplan と企業経営者ノートン David P. Norton は企業業績を単に測定するだけでなく，マネジメント・サイクルの中で目標，戦略，計画を有機的に結びつけ，企業変革を推進するための新しい業績評価モデル，バランス・スコアカード（balanced scorecard : BSC）を開発した。バランス・スコアカードは財務，顧客，企業内ビジネスプロセス，学習と成長の各視点から，計量的に測定可能な指標を用いて構成される。このモデルに従えば，業績評価基準を設定して，実際の業績結果と評価基準との間にフィードバックを繰り返し，短期と長期の利益，企業と部門ごとの目標，株主・顧客・供給業者など利害関係者の間の均衡を調整しながら，より確かな経営戦略と経営管理が実現できることになる。（参照　経営・第4章，第9章）

6　企業価値評価

企業を取り巻く環境の変化が加速し，また厳しさが増大するなかで，M&Aや事業再編，新規事業への投資や不採算事業からの撤退，事業の縮小等，経営判断や投資に関する意思決定を行う際に，企業価値および事業価値をできるだけ客観的に，かつ，合理的に評価（valuation）することが重要となる。一方，株主・債権者に対する情報開示や会計，税務上の必要によっても評価対象ごとに企業価値および事業価値を算定する必要がある。

価値算定については，いくつかの手法が使用される。評価は，事業の特徴を把握した上で，最適と考えられる手法で行わなければならない。

米国のスターン・スチュワート社（Stern Stewart）は，株主に対する収益還元に重点を置いた経営指標である EVA（economic value added 経済付加価値）を開発した。EVA は，財務会計での利益ではなく，経済的な意味での利益であり，事業利益が資本コスト（資金調達に伴う配当，支払利息などの費用）を上回ったときに創造される価値を表す。EVA がプラスの場合は，株主の期待する以上の株主価値を創造したことを意味し，マイナスの場合は，期待通りの利益が得られず，株主価値を棄損していることを意味する。EVA が注目される理由は，従来重視されてきた自己資本利益率（＝当期純利益／自己資本 return on equity：ROE）だけでは，企業の本来の実力を表すことが困難であることを多くの経営者および投資家が認識した結果といえる。EVA は，NOPAT（net operating profit after tax 支払利息控除前税引後営業利益）から資本コスト額を差し引いた絶対額で表し，算定方法は次の通りである。

EVA ＝ NOPAT －（投下資本[*1] × 資本コスト[*2]）

なお，企業の市場価値の増加を表す指標として MVA（market value added 市場付加価値）がある。MVA が大きいことは，企業が株主から預かる資金を効率よく運用し，付加価値を創造していることになる。MVA は，将来期待される EVA の現在価値合計と考えられるため，EVA を長期的に向上させることが，MVA の上昇につながるのである。MVA の算定方法は次の通りである。（参照　経営と法律）

MVA ＝ 市場価値[*3] － 投下資本（簿価）

---

*1　投下資本＝株主資本（評価・換算差額等を含む）＋有利子負債（支払利息を伴う負債）

*2　資本コストは，企業が事業経営のために調達した資本に対して支払うことが期待される収益である。一般に，資本コストは，性格の異なる株主資本（自己主資本）と負債（他人資本）を区別した上で，株主資本コスト（株主が期待する株式に対する配当），および，負債コスト（債権者が要求する借入金や社債の利息）について，構成比率により加重平均した加重平均資本コスト（Weighted Average Cost of Capital：WACC）が用いられる。

*3　市場価値＝株式時価総額＋負債時価

7　企業家精神と経営者の役割

　企業家について，概念を定義し，研究を積極的に行ったのはシュンペーター Joseph Alois Schumpeter（1883～1950）である。主著『経済発展の理論』（1912年）では企業家とは「革新者，新結合を遂行する者」であるとした。シュンペーターはドラッカー Peter Ferdinand Drucker（1909～2005）の『イノベーションと起業家精神』（1985年）に大きな影響を与えた。ドラッカーによれば，企業家（起業家 entrepreneur）とは「変化を探し，変化に対応し，変化を機会として利用する者」である。

　企業家精神ともいえるベンチャー（venture）とは，「冒険，投機」，「危険を冒して行うこと」であり，ベンチャー企業とは，「新しい分野にチャレンジ精神を持って果敢にも挑み，成功への道のりの戦略を有している企業」といえる。この戦略は成功の結果，「夢やロマン」に結び付き，新しい市場を創出し，人間の社会生活を向上させる高い目標に向けられる。一般の中小企業とベンチャー企業との大きな差異は，商品や市場に対する独創性と創造性である。前者が市場を意識して新規の製品を開発するのに対して，後者は高い志と情熱をもって独創的な製品を作り，市場を開拓する。リスクを被るが，市場を独占することになり，通常，高い利益率が期待できる。ベンチャー企業が活躍する分野として，情報・通信分野があげられる。ただし，企業が成長する過程で，生存していくための最低限の企業規模（クリティカル・マス critical mass）は存在することに留意する必要がある。

　なお，社会的課題の解決に取り組む社会的企業家（social entrepreneur）は，新しいビジネスモデルを提案・実行する社会的革新の担い手であり，その精神は，ベンチャーとは異なり，新たな社会サービスの提供や人間関係の構築を伴う，社会的企業家精神と呼ばれる。

　ドラッカーは，経営者の職責は，現存の有限な経営資源（人的資源，物的資源，貨幣的資源，情報，技術，ブランド，時間など）を最適配分して最高の成果をあげることである，と指摘する。更に，経営者の役割として，①目

標によって経営管理すること　②長期間に，より大きなリスクを受け入れること　③戦略的な意思決定を行うこと　④自らを管理し，自分の仕事や成果を評価することのできる一体化したチームを構成すること　⑤情報を迅速かつ明確に伝えること　⑥事業全体を理解し，自らの機能を事業に統合すること　⑦自らの製品や産業を社会環境全体に関連づけ，重要な点が何かを理解し，自らの意思決定や行動に反映させること　以上7つをあげている。

　作品やプロジェクト（イベントを含む）の企画から完成までの一切を統轄する最高責任者はプロデューサーと呼ばれる。プロデュース（produce）の語源は，proすなわち，「前に導く」に由来し，製作することを意味する。今日，プロデューサーは，アートの世界だけでなく，ビジネスの世界にも存在する。従来にない技術・ノウハウ・ビジネスモデルを作り，異業種とのコラボレーションを実現させた人，新しい販売方法を創り出した人は，新たな「市場創造」と「顧客創造」を実現し，"新規ビジネスを創造"するビジネス・プロデューサーである。ベンチャー・中小企業経営者はもちろん，企業での新規事業や商品開発の担当者，市場開拓者も，皆，ビジネス・プロデューサーといえよう。プロデューサーに期待される成果は1回の成功ではなく持続的な成功であり，必要とされる能力には，資金の管理力，企画書の作成力，人間の能力を引き出す力，共同作業（コラボレーション）の推進力などがあげられる。（参照　経営・第2章）

8　超優良企業

　ピーターズTom Petersとウォーターマン Robert. H. Waterman, Jr. はプロセス型戦略論をふまえて『エクセレント・カンパニー』（"In Search of Excellence", 1982）を出版した。同書は1979年から1980年にかけて米国超優良企業43社を対象に実態調査を行ったものである。ここでは「超優良企業」のもつ基本的特性が8つあげられている。それは次の通りである。
　①行動を重視する。　②顧客に密着する。　③自主性と企業家精神を重視する。　④経営資源の中で人を通じて生産性向上を図る。　⑤価値観に基づき

実践する。⑥基本政策から乖離しない。⑦簡素な組織，小さな本社を目指す。⑧柔軟な意思決定に基づく経営管理を行う。

ただ，留意しなければならないことは，この基本的特性は，まさに当時の米国の組織文化，企業文化を反映したものであり，以上の特性が常に，企業が優れた業績をあげる要因とはならないことである。従って，「超優良企業」は時代とともに変化することになる。

今日，21世紀型エクセレント・カンパニーの条件としてピーターズは

①製品に対する情熱をもつ。②立ち止まることに恐怖心をもたない。③グローバルな競争力を目指す。

一方，ウォーターマンは

①分権化を重視する。②自己管理を重視する。③その時々で事態に柔軟に対応すること（アドホクラシー adhocracy）を重視する。

をあげている。

9　行政組織の経営管理：NPM 理論

1980年以降，英国をはじめ先進諸国では，行政組織（官僚組織）の硬直化による弊害，経済成長の鈍化や財政赤字拡大，少子・高齢化に伴う行政サービスの多様化等，多くの問題が発生した。その結果，民間企業の経営管理の手法を可能な限り公的部門に導入することにより効率的な行政運営を行い，高品質の行政サービスを実現する，新公的経営管理（new public management：NPM）の理論が形成された。NPMの特徴は次の4点である。

①裁量権の拡大：行政の下位部局・責任単位に，可能な限り裁量権を与え，業績と成果による統制（政策評価）を行う。②市場原理・競争原理の活用：民営化，外部化，官民連携，独立行政法人[*1]，PFI[*2]などを通して，市場原理の導入と活用を図る。③新制度の見直し：行政サービスの提供や事業展開を管理する統制基準を見直し，行政の規則・運営方針による基準から，住民ニーズによる顧客本位の基準へ転換する。④組織改革：積極的な組織改革，組織統制のフラット化を図る。

日本では，2003（平成15）年「地方自治法の一部を改正する法律」が公布され，PFI方式にならい，指定管理者制度が導入された。ただ，PFIと指定管理者制度では大きな相違がある。PFIは，官民のパートナーシップを構築して，それぞれの得意分野を責任分担し，長期間（25年〜30年）の事業契約を締結し，各分野でリスク費用を最小化することにより，公共の資金の効率的使用というVFM（value for money）と事業者の利益を最大化する。一方，日本での指定管理者制度は，公共が民間事業者を管理者に指定することによって，民間事業者のノウハウを利用して施設稼働率を向上させ，利用料金の増加と経費の削減を同時に達成することを目標としている。しかし，官民の責任分担の仕組みをいかに導入するかの課題も少なくない。

*1　独立行政法人：省庁の事業実施部門，研究機関を国から分離し，法人格をもつ組織にすること。
*2　PFI: private finance initiative の略。公的部門による社会資本の整備・運営について民間の資本や経営管理を導入し，効率化を図る政策手法。今日，PFIをさらに拡大し，市場原理と諸方策を通して公共サービスの効率化を図る PPP（public private partnership）の概念もある。

10　国際標準化機構による管理手法

ISOとは，「国際標準化機構（International Organization for Standardization）」の略称であり，国際標準や国際規格を制定する国際機関で，1947年にISO本部がスイス・ジュネーブに設立された。

1996年に規格化した環境管理システム規格のISO14001を軸に，環境監査，環境実績評価，ライフ・サイクル・アセスメント（life cycle assessment: LCA　原料の調達，製造，使用，廃棄に至る全過程で製品が環境に与える影響・負荷の評価手法），環境ラベル（エコ・マーク eco-mark）など，順次，規格化が進行している。

ISO9001（品質マネジメントシステム）は，品質保証を通して国際貿易や経済協力を促進することを目指すために1987年に国際規格として初版が制定された。ISO規格は定期的に見直す規則になっており，2008年には，①要

求事項の明確化，②解釈のあいまいさの除去，③ ISO14001（環境マネジメントシステム）との両立性向上の3つを目的とした追捕改正版としてISO9001：2008年版が発行された。

 ISO9001の認証取得の目的は，ISO 要求事項を満たした製品を一貫して提供する能力をもつことを実証すること及び顧客要求事項，適用される法規制への適合の保証を通して「顧客満足の向上を目指す」ことであり，組織は，ISO 要求事項に従って品質マネジメントシステムを確立し，文書化し，実施し，維持すること，またそのシステムの有効性を継続的に改善しなければならない。

 組織が ISO を認証取得するためには，JAB（Japan Accreditation Board，日本適合性認定協会）が認定した第三者審査機関による審査に合格する必要がある。ISO の要求事項通りにマネジメントシステムの構築，運用・維持がなされているか否かを審査され，これに合格すると JAB より認証登録がなされ，品質向上や環境に配慮した経営に取り組む組織と証明され，世界に通用する組織と認識される。

 ISO のマネジメントシステムの種類には，上記以外に，ISO22000（食品安全），ISO27001（情報セキュリティ），ISO20000（IT サービス），ISO28000（サプライチェーンセキュリティ），OHSAS18001（労働安全衛生），ISO26000（CSR），ISO50001（エネルギー）等が順次発行される。

11　ナレッジ・マネジメント

 組織が目標を達成するためには，価値を創造する知識を発見し，理解し，共有し，創造し，活用する体系的な経営管理技法が必要であり，適切な時期に適切な人員が，知識を円滑に移転し活用できるナレッジ・マネジメント（knowledge management）が求められている。

 野中郁次郎は，知識の共有・活用により優れた業績をあげている知識創造企業が組織的知識を生み出す過程を，共同化（socialization），表出化（externalization），連結化（combination），内面化（internalization）の

頭文字をとって，SECIモデルと呼んだ。これは，ナレッジ・マネジメントの基礎理論として知られている。SECIモデルによれば，知識には暗黙知と形式知の2つがあり，両者を個人・集団・組織の間で，相互に絶え間なく変換・移転することにより，新たな知識が創造されると考えられ，暗黙知と形式知の交換と知識移転の過程がモデル化されている。

具体的に，暗黙知と形式知が変換・移転する過程とは，①共同化：共体験により，暗黙知を獲得・伝達する過程，②表出化：得られた暗黙知を共有できるように形式知に変換する過程，③連結化：形式知を相互に組み合わせて新たな形式知を創造する過程，④内面化：利用可能となった形式知をもとに個人が実践し，その知識を体得する過程　の継続的なサイクルである。(参照　経営・第7章)

12　デザインマネジメント

経営学の分野では，1980年代に入り，デザインが注目されるようになった。ハーバード・ビジネススクールのヘイス Robert H. Hayes によれば，企業活動におけるデザインの役割には，競争促進 (facilitator)，差別化 (differentiator)，統合 (integrator)，コミュニケーション (communicator) の4つの側面があるとされる。

優れたデザインは，製造コストを下げ，製品の信頼性を高め，競合商品からの差別化につながる。また，優れたデザインを生み出す過程で，各開発段階での人と機能が統合され，その結果，開発プロセスの合理化が行われる。そして，デザインは，企業文化，価値観，イメージを伝達し，共有化させることに大きく貢献するのである。

企業が商品開発を行う際，関連する様々な専門分野，知識，技術が必要となる。今日，デザイナーが，どの範囲の業務を行うか，何を外部委託するか，各業務にどの程度の時間を費やすか，などの問題を解決するデザインマネジメント (design management) の役割が重要となる。関連する専門分野，知識，技術は次の通りである。

①マーケティング：顧客や消費者のニーズを調査・分析し，商品開発に生かし，売れる商品の仕組みを考える。最近では，Web マーケティングも重要となっている。

②人間工学：製品や機器の使いやすさ，コンピュータ画面設計のユーザー・インターフェースの最適設計などを扱い，人と物との間のより良い関係を考える専門の技術である。

③コンピュータ技術：コンピュータ技術とは，ペイントシステム，3次元 CG や 3 次元 CAD などの絵，図を描く技術である。また，Web デザインも重要となり，様々な種類のソフトウェアを扱えるデザイナーが増えている。

④知的財産権：デザインは，意匠権，商標権，著作権，不正競争防止法などの知的財産権と密接な関係にある。経営やビジネスにおいて，デザインの保護と他者への権利侵害を未然に防ぐために対応が必要である。

⑤社会的テーマ：ユニバーサルデザイン（universal design 年齢，性別，体系，障害の有無やレベルにかかわらず誰でも使用できる製品のデザイン）やエコロジーデザインなど，社会的なテーマ，近未来のあるべき姿の提示などの概念設計や企画もデザイナーの重要な役割である。

（参照　経営・第 2 章，第 7 章，第 8 章）

13　ブランドマネジメント

ブランドマネジメント（brand management）とは，企業におけるブランドの階層を設定し，個々のブランドの中核となる利益と位置づけを明確にしながらブランド体系を構築，維持，強化していく管理プロセス，経営手法を意味する。ブランドマネジメントの優劣が，成熟化した市場あるいはグローバル市場で競合他社と差別化するために主要な成功要因の 1 つとされる。

ただ，従来のブランドマネジメントは，企業規模の拡大に伴い，企業機能が細分化され，各機能に関する最適の総和，つまり部分最適の総和が全体最適になると考えられた。しかし，リーダーシップや，組織運営のみでは，企業自体が十分に機能しないことからも明らかな通り，企業全体を最適にする

ようなブランド体系を目指さなければならない。

　企業は多様な利害関係者に対して，一貫したメッセージを発信する必要がある。ブランドは一貫した企業のメッセージを発信するための目印になり，人的な能力のみに依存する経営の不安定さを排除する。最適なブランドマネジメントは全体最適の解決手段を与える。（参照　経営・第2章，第8章）

14　アートマネジメント

　アートマネジメント（arts management）とは，元来は芸術運営を意味する。広義には芸術と社会の接点を開発し，芸術の社会展開を図ることである。狭義にはアーティスト（artists）の発掘や育成支援，アートに関する事業運営，芸術団体の組織経営，文化施設の管理運営である。総合的なアートの創造を意味するアートプロデュース（arts production）とともに，実際のアートマネジメントでは，芸術文化関連分野の資金調達，マーケティング技術，芸術団体の健全な組織運営のノウハウ，経済，経営，法律の知識，行政の文化政策動向など，様々なことに対して理解と運用力が要求される。

　アートマネジメントの目的は，人を感動させる価値を創造し，提供することである。1980年代から，英国を初めとする欧米を中心にアートマネジメントの教育・研究が進行していた。従来，アートマネジメントは芸術学，社会学など人文科学として位置づけられてきた。しかし，現代では，非営利の芸術団体の問題，音楽や映画産業，商業演劇等，エンタテインメント・ビジネス（entertainment business）に対応することが急務となった。その結果，今日，アートマネジメントは，芸術学でも社会学でもなく，芸術を支える経営学であるべきであるという議論があり，社会科学として位置づけられる傾向にある。その意味で，アートマネジメントは，人文科学と社会科学の複合領域にあるといえる。

　ただ，アートという言葉には，本来，芸術，美術，作品，技術などの意味がある通り，芸術に特化するだけでなく芸術と技術の新たな融合，ある意味でアートの再生も求められている。今日，アートとビジネス，企業社会とに

より積極的で新しい関わり方が模索されている。(参照　経営・第2章)

15　ファシリティマネジメント

ファシリティマネジメント（facility management：FM）は，米国で誕生した新しい経営管理の方式である。社団法人日本ファシリティマネジメント推進協会（JFMA）によれば，ファシリティマネジメントとは「企業・団体等が組織活動のために施設とその環境を総合的に企画，管理，活用する経営活動」と定義される。ファシリティ（facility）とは，業務用不動産（土地，建物，構造物，設備等）を指し，ファシリティマネジメントは，ファシリティを最適な状態（コスト最小，効果最大）で保有し，賃借し，使用し，運営し，維持するための総合的な経営管理の活動である。

ファシリティマネジメントは，その経営戦略のもとに，中長期実行計画，プロジェクト管理，運営維持，評価という業務のサイクルを経て，ファシリティマネジメントを展開すること，そして，このサイクルを展開させるための仕組み作りとしての統括マネジメントの業務を推進する。

ファシリティマネジメントは，企業，病院，学校，官公庁その他すべての事業体に活用され，その対象施設には，オフィス，工場，店舗，物流施設などの業務用施設，更に一般住宅も含まれる。ファシリティマネジメントに期待される主な効果は次の通りである。

①不要な施設，不足な施設，不適当な施設が明らかとなり，経営に最適なファシリティのあり方が提示される。

②ファシリティの改革により経営の効率が最高度に向上する。

③施設関連費用（施設投資・施設資産・諸費用）を最小に抑えられる。

④顧客，従業員等の利用者に快適・魅力的な施設を実現する。

⑤省エネルギーを実現し，コスト低減とともに環境問題に効果的な解決手段となる。

第6章

経営と人材

1 人的資源管理

1.1 人事労務管理から人的資源管理へ

　一般に，企業が利益追求などの目的達成のために必要な従業員を確保し，合理的な利用を図るとともに，企業や従業員の各要請の充足および労使関係（従業員と経営者の間）の調整を行う一連の経営行動は，人事労務管理と呼ばれた。人事労務管理の領域は，雇用管理（採用，能力開発，配置・異動，労働時間，雇用整理，退職の管理），報酬管理（評価・考課，昇進管理，賃金管理，賞与，退職金，福利厚生の管理），労使関係管理（企業，労働組合，労働者全体の条件と個別条件の管理）などに及ぶ。ただし，人事労務管理は，画一的な労働力管理の観点から，これまで労務管理の色彩が強かった。

　これに対して，米国では1970年代より，人間がもつ物理的な労働力，技術，知的能力は人間と一体となった人的資源（human resources），人材であり，他の経営資源と同様にこれを最大限に活用するための管理手法が，人的資源管理（human resources management: HRM）と呼ばれた。

　我が国では，終身雇用，年功序列，企業内組合という日本的雇用慣行が長く存続してきた。しかし，1990年代以降，バブル経済崩壊と低成長の時代に入り，競争の源泉が人的資源であるとの認識が産業界に広まり，人的資源の成果を向上させることが，人事労務管理の目的となった。その結果，人的資源管理は，従来の人事労務管理と同義ではなく，人的資源の総合的な管理，経営管理の一部としての意義を持つと理解されるようになった。また，例えば，人員計画が，経営計画の一部として人的資源の活用計画を策定するものであるように，経営戦略の実現とも密接に関係をもつものであり，企業価値

の向上に貢献する。

　今日，激変する外部環境や雇用の流動化，人件費の削減ないし変動費化という不可避の経営課題に対して企業は適応を迫られ，従来の人事労務管理から人的資源管理へ移行した。従来の人事労務管理の枠組みを超えて，よりダイナミックなレベルで人的資源管理の重要性が高まっているのである。

　本章では，人的資源管理の背景にある研究成果を踏まえて，人材の区分・格付け，人材確保（採用，配置など），人材育成・キャリア開発，人材の評価（人事考課），報酬管理（福利厚生を含む）の点から簡単に整理する。

1.2　人的資源管理の目的

　人的資源管理は，短期的な組織目標の達成とともに，長期的な競争力の向上も視野に入れた役割を果たすことを求められる。その役割とは，第1に必要な人材（労働力）の確保，第2に人材の有効な活用・育成，第3に労働意欲の向上と方向付けである。

　組織は，人的資源を有効に活用するために，従業員の持つ能力を最大限に発揮できる状況を作り出すこと，および，可能性をもつ能力を開発することが重要である。この結果，必然的に個，個性，個人の能力を重視する人間観が経営理念の中に現れることになる。

2　人的資源管理の背景

　ここでは，人的資源管理の背景にある人間関係研究（human relations approach）と行動科学研究（behavioral science approach），およびその成果について概要を整理する。人間関係研究とは，組織における人間を生理学，心理学，社会学などから研究するものであり，行動科学研究とは，人間行動に関係する自然科学（数学，生物学，工学など）と社会科学（経済学，経営学，法学，政治学，社会学，社会心理学など）の学際的，融合的な理解を目指す研究である。

2.1 人間関係研究

(1) ホーソン実験の経過

「人間関係」という言葉は，既にテイラー Frederick Winslow Taylor（1856～1915 主著『科学的管理法』(1895～1912)）にも用いられている。しかしこの言葉が特別の意味をもつようになったのは，1924年から1932年にかけてハーバード大学の社会心理学のメーヨー George Elton Mayo（1880～1949 主著『産業文明における人間問題』(1933)）を中心にアメリカの西部電気会社のホーソン工場で行われた，いわゆる「ホーソン実験」の結果にもとづくものである。当時，シカゴにあるアメリカの著名な電気機器メーカーのホーソン工場では，管理者が，生産性の向上を図るために出来高給制度や生産量向上に対する従業員へのはたらきかけを行ったにもかかわらず，成果が上がらなかった。研究の結果，仕事上の関係とは別の次元で仲間意識をもった人と人との社会関係（これを非公式組織と呼ぶ）があり，生産量を向上させない不文律をもち，作業の能率に大きな影響を与えていることが判明した。職場における人間関係が，現実にいかに強く作業能率を左右するかが明らかになった。

(2) 人間関係研究の成果

人間関係を研究した成果として，次のことがあげられる。

(a) ホーソン工場での実験を通して，人間行動の型は大きく3つにわけられた。まず，第1の型は論理的行動で，論理的判断に基づいて行動する型である。第2の型は非論理的行動で，自分の属する集団の社会的慣行とか周囲の状況によって心情的に行動する型である。第3の型は非合理的行動で，むしろ病的行動である。そして，メーヨーなどは，このうち一般に多くあらわれるのは第2の非論理的行動であると主張した。

(b) 経営組織について，ホーソン実験での大きな発見の一つが非公式組織の存在を指摘したことである。しかも公式の職制組織の力よりも，時にはかえってこの非公式組織の統制力の方が強いということも生じるが，現実には両者を全体として見る必要があることを指摘している。

企業的に最も好ましい状態は，公式組織が主体でありながら，非公式組織

もそれを補助する関係を維持している状態である。そして，この状態をつくりだす役割を担う者が管理者であり，経営者なのである。

(c) 人間行動は，公式組織上の「能率やコストの論理」によってのみ動くのではなく，各職務を担っている人間の「心情の論理」によって動く面も大きいという事実を発見したことである。メーヨーの協力者であったレスリスバーガー Fritz Jules Roethlisberger (1898~1974) は『経営の勤労意欲』(1941) において，ホーソン実験を紹介しつつ，その成果から重要な理論を導いている。人間行動の類型，非公式組織や「心情の論理」の重要性，組織の均衡・安定の理論などが述べられている。そして，集団の協力関係形成の原理は生理的欲求を一応満足させていることを前提として，①上下の十分な意思疎通を図ること，②集団の構成員に関係ある意思決定については，一般構成員も意思決定に参加させることが必要であること，を指摘している。そのことは，従来の制度的な経営組織論に大きな変化をひき起こし，人間関係論的組織論が生まれることとなった。

2.2　行動科学研究

(1)　モラールとモティベーション

企業は一定の質をもった従業員から多くの労働力を引き出すために労働意欲を大きくする管理を必要とする。労働意欲を構成する要素としては企業や職場という集団への帰属意識，忠誠心，モラール (morale) の大きさを基礎要件とする。高い労働生産性を発揮するかどうかは，従業員の労働力の質的大きさと企業や職場へのモラールの大きさを基礎とするが，現実の労働を大きく発揮させる直接の要因は「やる気」をひき出すことである。これがモティベーション (motivation 動機付け) である。

従業員が企業や職場という集団に対してもつモラールをいかに向上させ，また直接の職務に対する「やる気」をいかに引き出すか，それに関するモティベーション問題の理論と管理の方法の研究が進んだ。モラールとモティベーションの理論は人間関係研究を基礎として展開した。

モティベーション理論の研究は，1940年頃から特に発展し，現在の理論に

達した。人間の様々な欲求，特に部下のもつ基本的欲求の解明に関して米国の心理学者マズロー H. A. Maslow（1908～1970　主著『自己実現の経営－経営の心理的側面』(1965)）の「欲求五段階説」と米国の行動科学研究者ハーズバーグ Frederick Herzberg（1923～　主著『仕事と人間性－動機付け・衛生理論の新展開』(1966)）の「モティベーション衛生要因説」が知られている。マズローによれば人間の基本的欲求には，①生理的欲求，②安全・安定の欲求，③所属と愛の欲求，④承認（自分を評価されたい）の欲求，⑤自己実現の欲求，があるとし，①から⑤までの順序で（必ずしもその通りでない場合もあることを指摘しているが）段階的に強い欲求として表れる。欲求が段階的に満たされると，それを目標として「やる気」を生むというものである。

これに対してハーズバーグは，マズローの説を実証研究を通して批判し，マズローの①，②，③の欲求は「やる気」をひき起す要因ではなく，③の一部である「愛の欲求」と④⑤こそが，モティベーションの要因であるとする。

(2) X理論，Y理論

米国の心理学者，マグレガ―Douglas McGregor（1906～1964，主著『企業の人間的側面』）は，権限行使と命令統制による経営手法を批判し統合と自己統制による経営が望ましいものと提唱した。具体的にはX理論（人間は本来怠け者であり，仕事をしたくない。この状況では権限行使と命令による経営手法をとる），Y理論（人間は自発的に行動し，向上の努力をする。この状況では目標管理や経営参加による統合と自己統制の経営手法をとる）を述べ，Y理論を支持した。

(3) リーダーとリーダーシップ

(a) リーダーの意味と類型

リーダーとは集団の一員としてその集団の構成員を一定の目標に向かって努力するように影響を与えていく人である。このリーダーにもいくつかの種類や類型がある。

まず，リーダーが統率する範囲や水準によって，経営リーダーと職場リー

ダーとがあり，また所属する組織の中で任命されて，一定の権限や地位を与えられた公式なリーダーと，自然に形成された趣味とか勉強会などのグループでの非公式なリーダーとがある。

経営リーダーは企業の方針や戦略などの最高意思決定を行い，また組織の構成員全体の協力体制をつくるという広い範囲と高い水準の責任をもったリーダーである。職場リーダーは特定の職場の構成員に対するリーダーであり，その範囲も狭く責任権限の水準も大きくない。しかし，組織の共通目標にその組織の構成員が協働するように影響を与えるという点では同じである。公式リーダーと非公式リーダーは地位や権限が異なるものの，相互補完的な役割を果たす。

リーダーを大別すれば，専制型，権威型，温情型，厳格型，寛大型，民主型などがあり，それを志向から見れば仕事本位と人間関係本位との両極があり，実際にはその両極の間に多数の組合せがある。リーダーシップとして見ると後者の仕事志向型と人間志向型とその組合せの型が特に問題になる。

(b) リーダーシップ

リーダーシップとは，1人の人物が共通の仕事を行うにあたって，他の人を指図し調整し監督する人的な関わりである。一般にそれは指導力，統率力ともいえる。リーダーシップの理論の発展によって，リーダーシップの概念もより発展し厳密になっている。

(c) ファシリテーター型リーダーシップ

組織はファシリテーター (facilitator) を必要とする。ファシリテーターとは，中立的な立場でチームのプロセスを管理しチームワークを醸成しながらチームの成果を最大化する役割を担う。ファシリテーターには，様々な種類がある。例えば，会議の進行役（会議のプロセスを適切に管理することによって，成果を確実に上げていく），組織開発役（健全で強固な組織を意図的・戦略的なプロセス介入によって開発し，人や企業の成長や成熟を支援）などがある。ファシリテーター型のリーダーシップが求められる理由もここにある。

2.3　組織と個人

　組織の構成員は，個々の「人間」であり，成長を望む存在である。そして，健全な人間の成長は，他者に依存し従属している状態から，自律して積極的に行動することにこそある。しかし，人間としての健全な成長志向と，組織の規律や技術の諸側面との間に生ずる軋轢には解決策が必要である。

　企業での活動は個人と個人とを関係付け，また相互に作用させるコミュニケーションに基礎をおく。職務や権限・責任にもとづく仕事上のコミュニケーションは公式のコミュニケーションと呼ばれる。2人のコミュニケーションを考えるとき，次のような問題が存在する。

　第1に，コミュニケーションにおいて伝達されるものは，事実や現実そのものではなく，送り手によって知覚されたものである。従って，送り手が誤った現実把握をすると，誤ったコミュニケーションに陥る。

　第2に，把握された内容を言語化する際，複雑な現実を単純な言葉で表現しようとすれば，重要な点を落としてしまう危険がある。

　第3に，情報に対して，受け手が解釈するときにも問題が生じる。不完全な言葉を用いながら，内容が正確に伝達されるには，送り手と受け手の双方に共通認識が必要である。

　これに対して，組織におけるコミュニケーションは2人の場合よりも複雑である。組織において，円滑なコミュニケーションを確保するための基本的な原則は以下の点である。

　①情報の伝達経路は組織の構成員に明確に知らされていなければならない。正規の情報伝達経路の確立と従業員に対する周知徹底が社内コミュニケーションの基盤である。

　②コミュニケーション経路は可能な限り，直接的かつ短いことが望ましい。伝達過程の各段階が長いほど，情報の加工・変更が行われやすい。また，コミュニケーションの速度は情報の中継点が多いほど遅くなる。

　③最高経営者から一般従業員まで，縦のコミュニケーションをもつ。また同一階層の横のコミュニケーションも相互に図られることによって，社内のコミュニケーションは深まることになる。

一般従業員	現場管理者層	中間管理者層		最高経営者層
従業員	係長	課長	部長	専務　副社長　社長など
同階層の コミュニケーション		企画課 人事課	総務部	
		資金課 会計課	経理部	
		得意先課 販売課	営業部	
		倉庫課 仕入課	商品部	
←──────（上司と部下のコミュニケーション）──────→				
《作業者層》 情報収集・事務処理	→	《管理者層》 情報管理	→	《経営者層》 意思決定

経図4　経営組織におけるコミュニケーションと情報の流れ

④コミュニケーションの中継点に位置する経営管理者や監督者などの能力は，適格性を備えていなければならない。

⑤コミュニケーション経路は継続的に機能していなければならない。人間相互のコミュニケーションは仕事のうえでの直接必要な情報の伝達である公式のコミュニケーションと，それ以外の側面の情報伝達，すなわち，非公式のコミュニケーションがあり，これらは不可分のものである。

なお，コミュニケーションを分析する手法としては数学的モデル，グラフ理論などが用いられる。（参照　経営・第10章）

2.4　エンパワーメント

個人のモティベーションを高め，組織の業績の向上につなげるため，権限委譲あるいは決定参加を行う考え方をエンパワーメント（empowerment）という。商品開発サイクルの短縮化，消費者ニーズの多様化に迅速に対応するためにはエンパワーメントによって意思決定を行うことが不可欠となる。（参照　経営・第5章）

3　人材の区分・格付け

全てのシステムの基盤となるものが，人材の区分・格付けである。これは，企業として，必要とする人材，求める能力を示すことになる。従業員の格付けは，人事評価基準を制定する際の基礎となり，さらに人事評価基準をもとに，採用方針，育成方針，報酬制度等を明確にすることになる。

3.1　等級制度
等級制度とは，従業員を区分して等級に格付ける制度であり，従業員の処遇を公平に行うための基本的な枠組みである。等級が基軸となり賃金をはじめ従業員各自の処遇が決定され，等級は評価の基軸を提供する。組織は等級による秩序が存在することによって，安定化された状況がもたらされる。等級制度は，決定基準により，大きく2つに分類される。人を基準とする等級制度が資格制度である。学歴，年齢，勤続年数という人の属性をもとにして序列を決定する年功資格制度と人の有する知識，スキルによる職務遂行能力の程度によって資格を決定する職能資格制度がある。一方，仕事を基準とする等級制度にも職階で等級を決める職階制度と職務の価値の程度により区分する職務等級制度がある。従業員各自の等級は自らが現時点で従事している職務がどの等級に分類されているか，によって決定する。等級制度は，人事管理を支える基盤と言える。また，等級制度は経営の価値観を反映するものでもある。(参照　法律・第6章)

3.2　雇用形態の多様化と社員区分
人材調達，雇用形態が多様化し，社員の区分が必要になる。区分は以下の通りである。
　(a)　正社員（総合職，一般職）
直接雇用の形態であり，正規雇用者ともいう。直接指揮命令を受け，事業活動の中核にある。

(b) パートタイム労働者（part-timer），アルバイト

直接雇用の形態である。直接指揮命令を受け，事業活動の中核も担っているが，現行法上は非正規雇用者であり，この労働者層を基幹化することが検討されている。

(c) 派遣労働者

直接雇用の形態ではなく，非正規雇用者である。ただ，正社員，パートタイム労働者，アルバイトとともに直接指揮命令を受ける。

(d) 請負労働者

直接雇用の形態ではなく，非正規雇用者である。直接指揮命令を受けないが，正社員，パートタイム労働者，アルバイト，派遣労働者とともに職場を共有する。

(e) アウトソーシング（outsourcing 外部委託）

直接雇用の形態ではなく，非正規雇用者である。職場も雇用者と異なる，共有しない。

このうち，特に派遣社員とは，人材派遣会社に雇用され，派遣先の企業に派遣されて，派遣先の業務を行う労働者のことである。派遣社員の雇用主は人材派遣会社となり，給与は派遣会社から支給される。年々，派遣社員の数は増加傾向にある。企業は人件費を変動費化できるとして派遣社員を活用しているが，半面，派遣社員にとっては雇用が安定しない問題点もある。派遣社員のみを対象とした健康保険組合もある。雇用主と現場の指揮命令者が異なることに起因するトラブルも多い。（参照　法律・第6章）

4　人材の採用・確保

企業は，必要とする人材を引きつけて獲得し，人材を引き止めなければならない。一般に，人的資源管理では，人材の引きつけは，アトラクション（attraction），人材の引き止めは，リテンション（retention）と呼ばれる。

4.1 人材確保の枠組み

(1) 要員計画

現在の業務の求める仕事量に対して在籍する人員との間にギャップが存在する。要員計画はこのギャップを埋めるために計画される。

(2) 人材の内部調達

人材確保の第1は，組織の内部で必要な人材を調達することである。一般に，異動・配置転換と人材育成によって行う。

(3) 人材の外部調達

人材確保の第2は，組織の外部で必要な人材を調達することである。採用（定期採用，臨時・中途採用），外部人材の活用によって行う。

4.2 採用方針の変化

(1) 従来の採用方針

従来の日本企業の採用方針は，中核となる人材として，正社員の新卒・定期採用を重視して行われてきた。終身雇用に基盤を置いていたため，長期的な勤務が見込まれ，組織内部での人材育成，そのための投資が促進された。ある意味で，潜在能力を重視した採用であった。

しかし，従来型の採用は，正社員を重視する人材確保は，人的資源管理の自由度・柔軟性を低下させる弊害もあった。

(2) 現在の採用方針

人材調達方法の多様化を受け，人件費や能力の柔軟性を考慮して雇用ポートフォリオ，すなわちコア人材としての正社員と非正社員・外部人材との組み合わせを適正化することが課題となっている。また，パートタイム労働者，アルバイトなどの非正社員を基幹化させる施策が進行している。

5 人材育成・キャリア開発

5.1 人材開発

人材開発は，企業からの一方的な教育ではなく，社員の創造性，独立性を

発揮させるための能力開発の性格をもつ。更に，最近の若手層にあるキャリア志向の高まりを踏まえると，その能力開発が，社員のキャリア形成に役立つものでなければ，有効な人材開発を行うことができない時代である。この結果，求められる人材は，ゼネラリスト，スペシャリストから，プロフェッショナルに移りつつある。プロフェッショナルとは，備えている能力の専門性が自己目的化せず，自己自らが戦略を策定し，その能力を戦略の中で活かし，付加価値をもたらす人材であり，企業が最も求めている人材である。このプロフェッショナルには，"セルフリライアンス (self reliance)""セルフマネジメント (self management)""キャリアデザイン (career design)"などの個人の自立性，自主性に依拠した概念が密接に関わる。

5.2 キャリアデザイン

キャリア (career) とは，ラテン語の carerera (road 車道), carriere (race course 競争路), carrus (cart 二輪馬車) の3つに由来があるとされ，多様な意味をもつことがわかる。現在，キャリアは，「経歴」「職業を選択し専門的なスキルを身に付ける職業生活」の意味に使用する。

キャリアデザイン (career design) とは，「キャリア」を創造する活動のことをいう。キャリアとは，生涯を通してもつ職業経歴だけではなく，仕事と余暇なども含む生涯にわたるライフスタイルのプロセスである。具体的には，現在の自分を理解した上で，目指すもの（ありたい姿や状態），大切にしている基準（価値基準）を理解し，行動を起こしていく。キャリアデザインは，元来，過去の経歴を振りかえり，自分なりの価値観を明確にし，将来の展望をもつことである。その過程で判断の基準が持て，また展望が定まることで，変化する周囲の状況にも流されなくなる。むしろ，自分なりの揺るがぬ判断の基準をもっていれば，能動的に対応することも可能となる。

キャリアデザインの方法は，まず，自分の抱えている現状の不満や，将来に対する不安を整理する。次に，自分のやりたいことと，可能なことを明確にする自己分析を行う。それから，自分を取り巻く環境を整理する環境分析を行う。最後に，以上を踏まえて，行動目標を立てることになる。

5.3 エンプロイアビリティ

エンプロイアビリティ（employability）という言葉は,「雇用されうる能力」「専門能力」「市場価値」「転職能力」という意味に使われる。具体的には, 技術や技能などの職業能力ばかりでなく, パーソナリティや健康・体力などを含めた, 幅広い総合的な能力を指す。

欧米では, 景気動向によってレイオフ（layoff 一時解雇）があることを背景に,「他社で雇用されうる能力」「労働移動を可能にする能力」という意味で使われてきたが, 日本経営者団体連盟のエンプロイアビリティ検討委員会の報告書（1999年）によれば, エンプロイアビリティを,「労働移動を可能にする能力」および「当該企業の中で発揮され, 継続的に雇用されることを可能にする能力」と定義している。

今日, 企業の人事政策の転換を背景にエンプロイアビリティを向上させる必要性が高まっている。企業は成熟した低成長経済の時代にあって, 経営環境の変化に迅速に対応する経営戦略を立案し, その戦略を素早く実行に移せる組織を求めており, そのためには多様な分野で高いエンプロイアビリティをもつ豊富な人材が必要となる。また逆に, 従業員各自がエンプロイアビリティを向上させていかなければ, 組織は成り立たない。

企業には, 経営戦略を人事施策に反映させる役割が必要となるであろう。個人は自社内にとどまらない市場価値をもつと同時に, 企業は人材を引きつける市場価値をもたなければならない。企業も個人も, 自らの市場価値を高めていく時代である。

5.4 教育訓練・能力開発

(1) 教育訓練・能力開発管理の意義

新入従業員から一般従業員, 監督者, 管理者, 経営者まで, 各人は絶えず知識や技能を学び, それらを身につけ使いこなせることが重要になる。

企業での教育とは職務に必要な業務や技術についての知識を与えることをいい, 訓練とはこれらの知識や技能を身につけて, 使いこなせるようにする

ことをいう。また能力開発とは，主として監督，管理の枢要なポストにある人々に，企業環境の変動に対応して企業戦略や新商品開発などの意思決定を行ったり，技術や管理の変化を早く把握し，それに適応できる態勢を整えたりする能力を身につけさせることである。

(2) 教育訓練・能力開発管理の主要内容

教育訓練・能力開発管理の主要内容としては，企業内教育訓練方針，新入従業員教育，監督者教育訓練，管理者教育訓練，経営者教育，組織開発がある。企業の教育・訓練は，職務の遂行に必要な人材の能力開発だけでなく，今日では，生涯教育による個人開発の観点から，全階層，全職能分野，すなわちトップ・マネジメントから一般従業員までの全てにわたって教育・訓練が行われている。

企業における教育・訓練の最も基本的な方法は，職場内教育訓練（オン・ザ・ジョブ・トレーニング on the job training：OJT）である。これは，職場の上司のもとで，計画的に日常の業務を通じて直接必要な知識や技能を指導していく教育訓練であり，日常の職務上の指導ないし執務そのもののなかに実態がある。しかし，最近では，経歴管理制度のように，OJTを含む教育訓練を長期的な昇進や配置の諸制度と組み合わせた形で実施している。一方，職場外教育訓練（オフ・ザ・ジョブ・トレーニング off the job training：OFFJT）は，職場を離れて，各種の定型訓練コースや講習会あるいは独自の施設をもつ技能養成機関において，一定の教育訓練計画にもとづき，専門のスタッフによって実施される。その内容は，初歩的な技能訓練から高度な専門知識の修得に至るまで多様である。職場あるいは個人の要求を媒介して，OJTとOFFJTとが相互補完的に機能することができるように，緻密な教育・訓練計画の立案が必要である。

経営者教育は，経営者としての職務能力の育成・伸長を図ることから，経営者の基本的な職能には，①将来への洞察力（国内や海外の経済状況や産業構造の動向，政府の産業・財政・金融政策，関係技術の動向，製品や業界の動向，労使関係の一般動向など外部環境の知識と企業形態，組織，経営計画，情報管理，経営統制，各部門管理の大綱や関係など内部環境の知識）

②それを基礎とした経営方針や戦略の発想と決定　③経営リーダーシップ　④後継者養成の能力が必要である。

　基本的職能に必要な諸要件のうちで，教育訓練や能力開発によって育つ要素が教育プログラムとして取り上げられている。

　今日，国内景気の見通しや国際経済その他の激動する諸条件を的確に理解し，それを自社の経営戦略決定に役立てる経営セミナーへの参加に重点が移った。発想力，総合判断力，早い意思決定などは一定の経営知識と経験を基礎としながら適用する能力であるから，訓練によって身につけることが必要である。発想力育成にはブレーンストーミング（brainstorming），総合判断力育成にはケース・メソッド（case method），迅速な決定力育成にはビジネス・ゲーム（business game）等が訓練の典型例とされる。

　なお，個人の潜在能力や課題解決の方策を自主的に引き出して，人材開発を進める技術としてコーチング（coaching）がある。個人の能力をいかに発揮させるかは現代企業の課題といえる。認めること，共感などの心理的なテクニックを用いながらコミュニケーションをとり，モティベーションを高め，能力・技術を身につけさせることがコーチングの目標となる。

6　人材の評価

　企業は従業員の仕事ぶりを評価し，人材を育成・処遇・活用する。企業が従業員に期待する人材像を示しレベル分けする。一般に，職務の内容，特徴，資格要件を明らかにする職務分析に基づいて，個々の従業員の能力，態度，実績を一定の項目に従って，直接に上司等が評価することを人事考課（人事評価）という。（参照　法律・第6章）

6.1　評価の目的

　評価の目的は，人材の評価基準は，会社が期待する人材像を伝えることを通じて従業員の行動や価値観に影響を与えることである。また，従業員の会社に対する貢献度を評価し，その結果を処遇や人材育成の決定に反映させる

6.2 評価の要件

評価の基本原則は，公正性，公平性と客観性である。近年，評価結果に基づく昇進や昇格，処遇格差を拡大させる傾向から，納得性を確保するために評価の透明性を高める傾向に移ってきている。

6.3 成果主義

成果主義とは，ある一定の課題の評価について，最終的にその課題の成果を重視する考え方である。人事評価上の成果主義とは，従業員など個人の仕事の成果を昇進や昇給の基準とするものであり，一定の職務を行う能力（職能）を基準とする職能主義と対比される。年功序列制度は職能主義を前提にしていることが多いため，成果主義の反対概念と捉えられる。成果主義には，短期的で安易な目標と成果を求めやすいこと，人材育成の視点が欠如しやすいことなどの問題がある。

6.4 コンピテンシー

コンピテンシー（competency）とは，米国の人事評価の手法であり，「成果を生む行動特性」ともいう。この手法では，高い業績を上げた社員の行動や発想の特徴を抽出して分類し評価基準として明示し，それらの基準に沿った行動をしているかどうかを評価するものである。評価手法から，更に進んで能力開発の目標にする場合もある。

6.5 各種の評価制度

(1) 小集団活動

1960年代から1970年代にかけて，日本の企業では，ZD運動（zero defects campaign 各人の注意と工夫によって，仕事の欠陥をゼロにして品質の信頼性を高め，コストを低くすることなどを目的とする運動）作業改善チームやQCサークル（quality control circle 同じ職場内で品質管理活動を

自主的に行う小集団）などの形で，小集団活動が幅広く導入され，日本的経営の一部として定着した。

　これらの小集団活動は，まず作業者の間で小集団をつくり，グループリーダーを選出する。そして，各グループは，集団討議のうえで自主的に品質目標や作業改善の目標を決定し，自主管理を行う。それは，集団の和のなかで，各人が個性や自主性を活かし，自己実現の欲求を満たすことによって，従業員のモラールを高めるとともに，品質や生産性の改善に実績をあげることを目的としたものである。これらの活動の基礎には数学的モデル，特に統計学の分析手法が貢献している。小集団活動のアイデア自体は，米国の人間関係論や集団力学（グループ・ダイナミックス group dynamics）の影響を受けたものであり，個人の行動が所属する集団から受ける影響力に対する抵抗とその克服などの問題を研究する社会心理学の領域に属する。

　なお，日本のQCサークルは，製品の質を一定水準に維持する品質管理図に代表される分析用具を作業者集団が駆使できるように独自の工夫を行っている。（参照　経営・第7章）

(2)　提案制度

　提案制度とは，企業に役だつアイデアを従業員に提案させ，採用された提案者に報酬を与える制度である。この制度は，従業員から企業の役にたつよいアイデアを得ることだけを目的とするものではない。すなわち，提案制度を実施することにより，従業員の企業に対する関心を高め，企業との一体感や忠誠心を喚起させるねらいもある。提案制度を確立するには，従業員にこの計画の意義や価値および運営方法を熟知させて，従業員を経営に参加させていくことが必要である。

(3)　カウンセリング

　カウンセリング（counseling）とは，従業員の個人的な悩みを解決し，モラールの高揚を図るために提唱された人間関係管理制度の一つであり，人事相談制度ともいう。この制度では，従業員の不満，不安，苦情の解決のために，専門の知識と経験をもつ人事相談員を配置して従業員の相談に応じる。相談ないし面接の方法としては，誘導面接法と非誘導面接法がある。前

者は面接者があらかじめ準備された質問事項に従って，被面接者に相対する面接法である。面接者の主観の排除，短時間の大量処理，集計処理の容易さなどの利点がある。しかし，カウンセリングの本来の目的は，従業員の内面的な心情を把握することによってのみ達成しうるのであり，予め設定された画一的な誘導面接法は，必ずしも目的にかなった方法ではない。後者の非誘導面接法とは，話題や質問を特定せず，被面接者の気持を自由に話してもらい，それを人間関係論的な見地から分析することによって，被面接者の心情をつかみ，問題の解決や状況への適用を促す方法である。

(4) 自己申告制度

従業員の処遇は，人事考課によって決められてきたが，それは，上からの評価であり，主観的な判断や恣意的な感情に左右される可能性がある。そこで，自己申告制度が，合理的な適材適所の経営を行うものとして，近年多くの企業らに採用されるようになった。この制度のもとでは，各従業員が自らの担当職務の遂行状態や勤務態度などについて自己評価するとともに，自己の適性，資格，専門知識，将来の担当職務についての目標や希望を上司に申告し，その後，上司や人事担当者と面接が行われる。これらの手続きによって，一方では人事考課の信頼性を高め，他方では適正な人材の配置や開発を図りながらモラールを向上させることが，自己申告制度の目的である。

(5) 目標管理

目標管理は，企業目標の達成と従業員の職務に対する積極的な遂行を確実にしようとするものであり，成果主義賃金の決定に目標管理は重要な役割を果たす。この管理方法では，職務遂行の目標を客観的に計測できる項目によって定めることを基本とする。その過程は①全般的目標を客観的かつ計測できる項目（例えば，今年度売上高目標や利益目標など）で示す。②各階層における従業員の目標を，全般的な目標に関連させながら，部下の主体性を尊重しながら，上司と部下の相談で決める。③実績を目標に照らして評価する。目標の計画期間が長いときには，中間評価を行う。目標を達成できないときには，上司と部下は協力して達成可能な方法を検討する。

(6) 創造性開発

新しいものを考えたり，創造する能力を開発するのが創造性開発である。創造性を高めるためには，垂直思考（論理，筋道をたて順次思考を進めていく方法）だけでなく水平思考（既存の論理にとらわれずに組み替え，新しいアイデアを得る方法）も理解し，活用しなければならない。創造的思考をつくりだす方法の一つに，ブレーンストーミング（brainstorming）がある。

7　報酬管理

報酬管理は，期待レベルに応じた基本給（固定部分）と会社業績と個人成績に応じた賞与（変動部分）を中心に行う。

7.1　インセンティブとしての処遇

社員に対する金銭的処遇，ポスト（地位），仕事の配分などの処遇は，労働や貢献への対価としてだけでなく，企業の期待する行動のための誘因（インセンティブ incentive）と捉えることができる。

代表的なインセンティブとしては，仕事に直接関連するインセンティブ（仕事の割り振り，ポストと昇進），賃金や賞与の金銭的処遇があげられる。ただ，従来はポストが非常に重要なインセンティブとして位置づけられてきたが，ポスト自体が減少し，その他のインセンティブの重要性が相対的に増大した。成果主義が浸透し，金銭的な処遇がより重要な位置を占めるようになっている。成果主義に基づき年間の賃金を決定する制度が年俸制である。

7.2　報酬管理の目的と内容

(1)　報酬管理の目的

報酬管理の目的は，第1に，適正な賃金コストを維持しながら，①必要な従業員の確保　②労働意欲の向上と方向付け　③労使関係の安定化　を実現することにある。第2に，賃金額管理，特に総額賃金管理と個別賃金管理の2つの分野を同時に管理するためにある。

(2)　賃金額管理

賃金額管理には，総額賃金管理と個別賃金額管理とがある。総額賃金管理は経営者にとって関心が強い。費用の主要項目である人件費には直接の賃金や賞与以外に，退職金や年金および各種社会保険料の企業負担分を含む。企業としては適正な人件費を算定して，一定割合以内に賃金総額をおさめることが好ましい。一方，個別賃金額管理は総額賃金算定の重要な方法の一つであり，従業員中の学歴別年齢別の基準的なモデル賃金を求め，その適正賃金（社会的に均衡がとれ，賃金方針にも即しており，労組の要求と妥協しうるもので，同業種同規模レベルでのモデル賃金が参考になる）を予め算定して，これを各基準区分別従業員数で加重して総額を出し，財務の立場から算定した適正賃金総額と調整を行う。

(3) 賃金体系管理

賃金体系とは形式的には基本給を基準として編成された複合的賃金体系であるが，機能的には賃金総額を各個人に配分する基準である。賃金体系の中核にあるのが基本給である。基本給とは機能的には個々の従業員に賃金配分するための中心的基準である。配分基準には次の3つの要因がある。

① 属人的要素（外在：学歴，年齢，年功，性別，人種別など　内在：能力・勤務態度）

② 職務，職種の遂行能力

③ 職務の難易度，企業内での貢献度（価値）

賃金体系のうち，基本給とは賃金体系のうち賞与，退職金の算定基準となるものであり，仕事給が広く採用されている。仕事給の評価要素は労働者個人の職務，職務遂行能力，勤務実績等が中心となり，その基礎的資料を得るためには人事考課制度の確立が前提となる。基本給には次の種類がある。

(4) 個別賃金制度の設計

個別賃金制度の設計については，内部公平性と外部競争性の原則に基づいて配分ルールを検討する必要がある。賃金制度の基盤となる基本給および賞与などの構成は次の通りである。

(a) 基本給

① 職務給・資格給（職務遂行能力による給与）

職務給は職務評価制度にもとづいて決定される。各職務の相対的な価値の大きさに一定の賃金率を適用した賃金制度である。職務給は大量生産産業や，仕事が特殊化，標準化されており，人為的にしかその価値を調整できない場合に適する。

②職能給（職務の重要性や責任度による給与）

職能給は職務が必要とする能力，能力格付資格による職務等級を職務遂行能力の大きさに対して支払われる賃金制度である。一定の基準で職務を職務群に分類し，職務群について遂行能力の大きさをみる。職務群の分類には職制（例，経理部，営業部，研究開発部など），職掌（事務職，技術職，販売職，管理職など），職務遂行の精神的能力（定型職，判断職，専門職，管理職など）がある。

③能力給

職能給の一種であるが，職務内容と直接関係ない従業員の能力を評価し，それに応じて賃金を決める制度である。近年，企業はこの給与を重視している。

(b) 賞与など

賞与は，賃金の変動費化機能をもつ。それは，経営業績に合わせた原資の決定，個人の業績・成果に合わせた配分が原則となる。賞与の他，退職金，企業年金は特殊賃金ともいう。

退職金とは，退職時に一時に支払われるもので，賃金後払と福利厚生給付の性格を併せ持つ。一方，企業年金とは，退職後年金形式で支払われるものである。退職金と企業年金を併せて退職給付ともいう。退職給付は本来企業が将来従業員に対し支払う義務を負うものであり，いわば「負債」であるが，従来の企業会計制度においてはその大部分が貸借対照表に記載されない取引とされていた。しかし，制度の改正により，2001年3月期以降はこの退職給付債務から実際に積み立てられた年金資産を控除した額を「退職給付引当金」として貸借対照表上の負債に計上することが義務付られた。

現在，年金資産の実際運用利回りの低下と企業年金が給付額を保証する確定給付型年金による積立不足が生じている。このため，毎期の確定した拠出

額のもとで，最終的な給付額は運用実績によって増減する確定拠出型年金の導入が進められている。この年金制度によれば65歳未満の国民年金（基礎年金）の加入者を対象としており，企業が掛け金を払う「企業拠出型」と，個人が掛け金を払う「個人拠出型」の2種類ある。ただ，既存の確定給付型年金から確定拠出型年金へ移行することに対しては問題も生じるため，種々の面から検討が行われている。

(c) 年俸制

年俸制は成果主義賃金が年俸の形態で実現される報酬制度である。

① 年俸制の仕組み

年俸制は，基本年俸と業績年俸によって構成される。基本年俸は月給に，業績年俸は賞与に相当する。実際の支払方法は次の3つの方法が考えられる。

ⅰ基本年俸，賞与　ⅱ基本年俸，基本賞与，業績賞与　ⅲ年俸（一本化）

② 年俸の長所と短所

年俸制の長所は，目標管理の導入により年俸制適用者の企業内における役割を明らかにできることである。一方，その短所は，短期的な視点で業務が行われ，個人業績の優先による組織業績への軽視である。

(参照　法律・第6章)

第7章

経営と生産

1 生産管理

1.1 生産管理の定義

　企業は，生産計画から生産工程まで，生産活動を円滑に進めるための指示を行い，品質や納期を守るために，生産管理を行う。

　生産とは，販売に対応した経営機能のひとつであり，市場，顧客からの要求に応じて，目的とする機能と品質をもった商品を，できるだけ安価に，納期を守って作ることである。一定の品質と数量の製品を，所定の期日までに生産するために，企業は経営資源，特に人的資源（労働力），物的資源（材料），技術資源（生産技術，機械設備など）を機動的に生産システムに組み込み，経済的に運用する。生産管理とは，生産方法を決定し，維持し，生産を向上させるための一連の経営行動である。例えば，自動車を生産する企業の場合，次の循環サイクルをもっている。

　　　　研究 ― 開発 ― 設計 ― 試作 ― 調達 ― 生産 ― 販売

1.2 生産管理の特性

　生産の効率化を図る対象は，品質(quality)，原価またはコスト(cost)，数量・時間(delivery)の3つである。生産管理はこの特性を対象として，各特性に対応して品質管理（quality control），原価管理（cost management），工程管理（production control）を行う。各管理の内容については，次の通りである。

　品質管理は"不良品を排除する"から"良品であることを保証する"へと

展開している。ただ単に品質を管理する QC（quality control）から，"品質によって生産（経営）を管理する（quality management）"方向に変化し，特徴ある品質を作ることに重点が置かれている。原価管理は"予定原価（future cost）を超えない"から"予定原価を引き下げる"へと展開している。工程管理は"納期を守る（遅れない）"だけでなく，"注文に応じて生産する"という在庫を持たないことを要請されている。更に，競争激化と消費者の価値観の多様化により，消費者の購買行動に適したもの作りが要求される。

2 生産管理の歴史

　生産機械の発明や工場制度の創設は18世紀に始まるが，生産管理の言葉が普及するのは，1950年代に入ってからである。それ以前は工場管理が広く用いられていた。この両者の相違は大きく，工場管理は機械や作業者など工場の物的資源の活用に重点をおくのに対して，生産管理は生産に関わるような情報を取り扱い，工場管理の一部の業務を担ってきた。スミスA．Smith（1723〜1790）は主著『諸国民の富』のなかで，社会発展の基礎に労働の生産力の発展があることを明らかにした。
　そして労働生産力増進の主要な原因として分業をあげている。以下では，テイラーF. W. Taylorに始まる生産管理の変遷，パラダイムシフトについて簡単に述べる。

2．1　テイラーの科学的管理法
　テイラーは主著『科学的管理法の原理』（*The Principles of Scientific Management*, 1911.）のなかで，管理システムを次の5つの方法から構成している。
　　①標準作業方法の設定　②標準作業条件の設定　③標準作業時間の設定
　　④作業者の選択と訓練　⑤奨励給制度
　科学的管理法については，当時様々な批判があったものの，作業標準を基

礎とする奨励給制度を適用したものであり，その結果工場の生産性向上および労働者の賃金を増加させた。以後，作業標準は IE（industrial engineering）の手法として重要な位置を得た。また，生産時間は生産管理や原価管理に不可欠なデータとして利用されている。

2.2 フォードシステム

フォードシステム（Ford system）は，生産技術を含む管理技術の複合体であり，大量生産方式である。それは次の方法から構成されている。フォードは1908年から1927年にかけて1550万台のT型フォードを量産した。標準化（standardization）・単純化（simplification）・専門化（specialization）の3Sによるシステムの原型は1910年代初めに存在した。

①製品と部品の規格化・標準化
②作業の機械化
③作業の改善と標準化（同じ物を繰り返し大量に効率良く生産する技術）
④作業ステーションの工程別配置（ライン化）
⑤コンベア利用による搬送の自動化・同期化

その後，ライン生産技術として一般化され，米国内で家電メーカーを中心に種々な製造業に採用された。

2.3 トヨタ生産方式とジャスト・イン・タイム

フォードシステムは，企業による供給主導型であり，生産すれば売れる時代には機能した。しかし，その後，顧客による需要主導型の時代が到来し，売れるものを生産する，即ち市場の変化に対応して効率的に生産する仕組みが必要となった。

それに応えるシステムが，トヨタ生産方式であり，生産管理の面からはジャスト・イン・タイム（just in time：JIT）とも呼ばれる。大野耐一（1912〜1990）が開発・普及させたこの方式は，①多能工からなるチーム作業組織と継続的な改善活動（カイゼン），②後工程に良品のみを送る自動化（自働化 automation with a human touch）を原則とした総合的品質管理

(total quality management：TQM) の諸政策，③必要な物を，必要な時に，必要な量だけ調達するJITを原則とした工程管理の諸政策，以上の3つの側面を統合したシステムといえる。

　JITに不可欠な管理の道具が，カンバン方式である。その役割は生産・運搬の指示であり，情報の流れと物の流れが一致する。カンバンは，スーパーマーケットの連続商品自動補充 (continuous replenishment process：CRP) や協働計画・需要予測・補充活動 (collaborative planning, forecasting and replenishment：CPFR) に由来する。CRPは，小売業とメーカー・卸との間で，小売業のPOS (point of sales) システムを活用してセンター在庫・発注管理する方法であり，一方，CPFRは小売業とベンダーが協働して需要予測を行い，それに基づき在庫管理を行う，一層精緻化した手法である。カンバンは品種ごと発行されるカードであり，一定個数の部品箱と対応する。後工程で部品が加工され始めると，部品箱からカンバンがはずされ前工程に行く。それが前工程から後工程への部品運搬指示となる。在庫削減を行うために，カンバン1枚あたりの，ロット（部品数）を小さくし，シングル段取で段取時間を低減し，アンドン方式等で問題点を発見し，効率良く小ロットの混合生産，補充が出来るのである。JITは比較的生産量が一定である平準化された生産に適している。

　ただ，トヨタ生産方式の本質は，単なる生産システムというより，トヨタ自動車の経営を支える基本思想に基づく考え方であり，哲学でもある。トヨタ生産方式は様々な局面にある多様な業種に適用でき，作業者自らが物を考え，学習する帰納的な仕事の方法である。トヨタ自動車では社員の育成のために，トヨタウェイ2001を策定した。トヨタ生産方式は，総合的品質管理 (total quality management：TQM) や全社的生産革新活動 (total productive maintenance：TPM) と同様に日本的マネジメントと呼ばれる。

2.4　リーン生産方式

　1980年代に入り，時間競争が加速されると，需要の変化に同期化した調達・生産・販売のサイクルと新製品開発サイクルの速度，効率化が注目され

た．これに対応するパラダイムが我が国の自動車産業の手法をシステム化したリーン生産方式（lean production）である．リーンとは，「贅肉のない」という意味であり，米国の自動車産業が我が国の企業を観察し，その格差を改善していく経営革新の方法論である．効率に対する視野は，工場や個別の企業からサプライチェーンやバリューチェーンと呼ばれる，製品のライフサイクルに関連するグループに拡大されてきた．トヨタ生産方式の作業者の仕事を拡大して，開発サイクル，販売サイクルなどのビジネス全体に組織間にまたがる帰納的な仕事の方法を組み込んだシステムである．

2.5 CALS（commerce at light speed）

生産効率化の重要な流れに，自動化の進展がある．多品種に対応する自動化は，数値制御（numerical control：NC）による工作機械の制御がある．複数のNC工作機械，ロボット，搬送システムを組み合わせたのがFMS（flexible manufacturing system）であり，多くの工具をストアし複数の機能の自動加工を可能にしたのがマニシングセンター（MC）である．これらの延長上に，工場全体の無人化を目指したのがFA（factory automation）である．更に，時間競争に対応するために，急速に取り入れられたのがCIM（computer integrated manufacturing）である．自動化やCIMが進展したことは，生産効率を向上させる手段ともいえる．

ビジネスは情報の交換によって成り立っている．CALSは，データ交換のデジタル化により，国際的な環境下で製品のライフサイクルを満たし，ビジネスの効率化と速度化を急速に伸ばすパラダイムである．人や書類による情報交換に代わり，データ交換の標準化が整備されることによって，ビジネスの効率化と迅速化が可能となり，21世紀ビジネスの基盤になることが期待される．

2.6 SECIモデル

日本のものづくりに関する強さの中核部分が知識創造企業である．野中郁次郎の提唱するSECIモデル（知識創造の共同化，表出化，連結化，内面化

のプロセスモデル）は新しい視点を提供する．具体的には，消費者行動や熟練者の作業に，新たに商品開発の視点やシステム化できる知識を見出す．ドラッカーDrucker も著書『ポスト資本主義社会』(1993年)において，知識社会の到来，知識創造企業による人材開発の重要性を説いている．(参照 経営・第5章)

3　生産計画

　企業は市場調査によって販売変動を予測し，資金，設備，技術水準などの生産能力を十分に考慮して，経営方針に基づいて生産数量や生産時期を決定する．

　生産計画（production planning）とは，製品の販売予測と在庫量等を考慮し，受注から出荷までの合理的な計画をたてることをいう．生産計画などフローの計画と，在庫管理などストックの計画は相互に密接に関係する．生産計画について，生産する製品の種類，数量，納期を決定するためには材料の調達，生産方法，使用施設の決定など，工程管理も含めて総合的に検討する必要がある．なお，生産量および費用，売上，利益の関係は，損益分岐点（break even）により明らかとなる．

4　工程管理

　生産計画に基づく合理的な生産をするためには，工程，作業，生産の進度を管理する必要がある．

4.1　工程管理の流れ

　工程管理（production control）では，受注した製品設計および製品分析を行い，図面，技術仕様に関する情報を得る．これに基づいて製品の製造に適した作業内容，作業順序，使用設備などの工程計画が決定される．工程計画に従って日程計画が立てられ，生産手段では作業者に作業内容が伝達され

る。一方，進捗管理では一定の品質と数量を納期までに生産できるように管理される。

工程管理は，戦略レベル（年単位の事業管理），戦術レベル（月・週単位の生産計画），業務レベル（日・時間単位の製造着手時間，順序の決定）で構築され，市場に対して，開発，製造，販売をいかに適時に行うか，時間による競争という性質をもつものといえる。

4.2　工程計画

工程計画（routing）とは，図面と技術仕様に関する情報から，工程順序と各工程の作業方法を決めることである。

(1)　工程設計　材料から製品に至るまでの工程順序を決定する。工程設計（process design）では，製品の構成部品を分解し，各構成部品の工程順序が決められる。合理的な工程順序を決めるため，使用設備の選定と配置，各工程の作業時間，材料の選定などを定める必要がある。

(2)　作業設計　工程計画から各工程での作業方法や作業内容を決める。作業設計（job design）では作業手順書が作成され，各工程での具体的な作業方法が決められる。

4.3　日程計画

日程計画（schedule）とは，作業の開始と完了時期，優先順位を仕事が円滑に進むように具体的に計画することである（日程計画を作成することをスケジューリングschedulingという）。日程管理には，日程管理図（ガントチャート Gantt chart）を使用して計画と実績を管理する。

(1)　基準日程　納期に対して，各工程の作業開始と完了時期を予測して日程計画を立てる。各工程に必要な基準日程（平均的な日数）を設定し，生産日数を把握する。

(2)　ジャスト・イン・タイム　工場内だけでなく購買，外注も含め，必要なときに必要な物を必要な量だけ必要な場所に調達することをジャスト・イン・タイム（just in time）という。日程計画を立てるには，設計段階から

製品の部品展開を行い,各工程で必要な部品の種類,数量,納期を事前に定める。

(3) バックワード計画とフォワード計画　バックワード計画ではまず納期を決め,各工程の着手日や完了日をそれから逆算して決定する。フォワード計画は生産の着手日を基点にして前倒しで納期を決定する計画である。

(4) 日程計画　日程計画は時間とともに変化する現場にあってリアルタイムに作業を指定したり,優先順序を決定することをいう。日程計画を作成する際,大日程計画から小日程計画を決定する。

(5) 生産能力　納期から逆算して日程計画を立てると,設備や作業者の生産能力が不足し,生産の遅れが発生したり,逆に人や設備が遊休になったりする危険性がある。そこで,設備や作業者の能力と負荷(仕事量)を確認し,現在の余力(または不足)を検証し,生産能力と負荷を調整する余力管理(control of capacity available)が重要となる。

4.4　生産手配

日程計画に基づき作業者に作業内容を伝えることを生産手配(production arrangement)という。工場では分業体制がとられており,生産工程での作業票,在庫管理での出庫票および作業手順書が使用される。

(1) 作業票　作業票には生産品目,数量,作業工程,使用設備などが記入され,生産現場の作業者に作業内容を具体的に伝える役割を果たす。作業者は実績個数,実績時間,不良数を記入する。実績データは設備の信頼度や各作業の基準日程の設定など,データベースに利用される。

(2) 作業手順書　作業内容が確認されると,作業手順書により作業条件や作業上の注意事項など具体的な作業手順が指示される。これに従って,製品の品質を一定にして,生産能率を高め生産コストを下げることができるのである。

4.5　進捗管理

進捗管理(expediting)の目的は,工程管理で納期の遅れを予防すること

にある．工程に遅れが生じたときは，遅れを取り戻す手配を行い，一方その原因を追及して，再発防止の対策を立てる．従って，進度状況がわかる管理体制を作り，関係部門と連携を取りながら平常から進度を調整する必要がある．生産実績と計画を対比させながら生産の進度状況を把握する方法として，製造三角図や作業別進捗管理表が使用され，一目で進捗状況がわかるように目で見る管理が行われる．

4.6 工程改善

工程改善の目標には，品質向上，原価低減，人間尊重，生産時間短縮があげられる．改善をすすめるにあたり，改善目標と対応させながら，改善の趣旨を十分に明らかにする必要がある．工程改善では工数（人×時間man-hour）の低減を考えることが多い．省人化と作業効率の向上が改善の重点となる．

生産効率を高める方法としては，現状の条件のもとで最適な方策を考える方法と条件そのものを革新する方法がある．例えば，製造のリードタイム（lead time 製造の発注から完成までの時間．待ち時間＋段取時間＋加工時間＋移動時間）は（段取時間＋加工時間）をそのままにして，最適なスケジューリングを行うことにより，生産量（スループット throughput）を増加し，作業完了時間（メイクスパン）を最小化することは前者にあたり，ステータス・クオー（status quo，現状）と呼ばれる．後者は段取作業の改善，自動化設備の導入，治具の開発により作業・段取時間を短縮し生産量を増加させる，ブレークスルー（breakthrough，現状打破）である．これに対して，通常からPDCAサイクルに従って，製造条件などを変更し，生産性を向上する方法がある．

5 品質管理

第二次世界大戦後の日本企業は，デミング博士 W. Edwards Deming の総合的品質管理（total quality management：TQM）の原則を採用し，そ

れを国際的な品質管理運動に高めた。日本企業では，顧客の要求を満足する品質作りを中心におき，企業活動の全部門にわたり全員参加での問題意識や改善活動によって品質の向上に努めている。

5.1 品質管理の流れ

品質管理（quality control）は，顧客が求める品質を備えた製品を合理的に作り，製品の品質を保証することを目的とする。そのためには，製品の品質基準を明確にし，その品質の基準に従って各工程が管理されなければならない。品質管理は，生産コスト低減，顧客への信用，社会的責任の点で非常に重要である。

5.2 品質管理と検査

大量生産による製品には，品質の上でばらつきが生じるため，同一の品質特性をもつ製品を製造することは難しい。従って，許容できるばらつきの範囲に代表される品質基準を明確にする必要がある。検査とは，品質基準に照らして製品の良し悪しを決定することであり，検査結果は工程管理に反映されなければならない。

5.3 統計的品質管理

統計的品質管理（statistical quality control）とは，抜取検査法などにより，一定の品質の製品であることを検査・管理する品質管理である。そのための手法は，次の通りである。

(1) パレート図　パレート図は主に重点改善箇所を知るために用いられる。

(2) 管理図　管理する目的や管理対象によって種類が異なる。製品の寸法，質量，不足品数，経費など，数値化できるものには管理図を作ることができる。

5.4 品質管理と設備保全

設備の自動化や複雑化により，生産における設備の重要性が増している。設備の故障は生産コストの増加，生産性の低下，品質の低下につながり，経営に大きな影響を与える。品質管理の面からも，定められた品質の製品ができるように設備保全が重要となる。設備保全（equipment maintenance）には，故障してから対処する事後保全（breakdown maintenance）と点検記録や修理実績から故障の起こりやすい箇所や時期を把握し，故障を事前に防ぐ予防保全（preventive maintenance）がある。（参照　経営・第5章）

6　在　庫　管　理

材料や部品の在庫を大量にもつことは，在庫費用を大きくし，計画の変更により不良在庫となる危険性が高くなる。逆に，材料や部品の品切れがあれば，生産を中止することになる。在庫管理（stock control）の目的は，必要な部品や製品の数量を把握し，在庫量を適宜設定することである。

6.1　安全在庫
安全在庫（safety stock）とは，材料や製品の品切れを起こさないように，需要変動を吸収する在庫のことをいう。安全在庫を多くもてば，品切れを起こす確率は小さくなる一方，在庫量および在庫費用が増大する。

6.2　発注方式
在庫管理を発注から分類すると，定量発注方式と定期発注方式に分けられる。

(1)　定量発注方式　定量発注方式は，在庫量が一定水準に到ると，事前に定められた一定量を発注する方式であり，発注点方式（reordering point method）とも呼ばれる。発注量が一定であるため，消費速度が変化することにより発注時期が不定期となるものの，発注のたびに需要を予測する必要はなく，従って，需要が安定しており，在庫量にかかわらず在庫費用が小さい品目に適する。

(2) 定期発注方式　定期発注方式（periodic reordering method）は，発注時期を事前に定めておき，発注時期に到るたびに需要を予測し，発注量を決定する。従って，この方式は需要が変動し，在庫費用が高い品目に適する。（参照　経営・第 8 章）

7　原　価　管　理

7.1　原価の仕組み
(1)　財務会計と管理会計

企業会計は大きく，財務会計と管理会計に分けられる。財務会計は，商法，金融商品取引法に基づいた財務諸表を作成するためのものである。原価計算も企業活動を表す目的でなされる。一方，管理会計は経営者が企業を管理するために行うものである。伝統的な管理会計は，作成された財務諸表によって，経営手法を作成し，経営に役立てるものであった。

最近の管理会計は，戦略的管理会計と呼ばれ，製品の原価を作る原価企画などが含まれる。伝統的管理会計では，悪化した経営指標を改善するため，費用削減などを行った。それに対して，原価企画等の戦略的管理会計では，各プロセスを見直すことによって利益を生むのであり，プロセスによる管理ともいわれる。

(2)　製造原価と販売価格

製品を生産するために必要な金額を原価という。原価のうち，製品の製造に要する費用を製造原価という。製造原価はその発生形態により，材料費，労務費，製造経費に大別され，これらを原価の三要素という。原価は更に，直接費と間接費に分類することができる。直接費は，製品の製造に直接使用される費用であり，原材料費，部品費，作業者の人件費などである。一方，間接費は，製品の製造に間接的に使用される費用であり，消耗工具，器具などの間接材料費，設備やエネルギーなどの製造経費，製造に直接携わらない人の間接労務費などである。製造原価に販売費と管理費を加えたものを総原価といい，総原価に利益を加えたものが販売価格である。

第 7 章　経営と生産

			純利益	
		販売費 管理費		販売価格
間接材料費	製造間接費		総原価	
間接労務費				
製造経費		製造原価		
その他間接費				
直接材料費	製造直接費			
買入部品費				
直接労務費				
その他直接費				

経図 5　製造の原価構成

製造原価［製造間接費＋製造直接費］＋［販売費＋管理費］＝ 総原価
総原価 ＋ 利益 ＝ 販売価格

7．2　原価計算

(1)　原価計算の目的

　原価計算（cost accounting）は，製品やサービスを生産・販売する製造する製造業において，企業内部活動における製品の製造に消費された費用（原価）を計算する手続きである。原価管理（cost control）は，原価の標準を設定し，原価の実際の発生額を計算記録し，これを標準と比較して，その差違を分析し，これに関する資料を経営責任者に報告し，経営活動の合理化を行う管理方法のひとつである。

　原価計算は，経営改善の現状の把握にあたる基本の部分である。原価計算を行わずに経営改善を図ることは困難である。原価計算の主な目的は，次の通りである。

　　a．財務諸表作成：企業の出資者，債権者等の利害関係者や経営責任者などのために，過去の一定期間における損益ならびに期末における財務状態を財務諸表に表示するために必要な原価を集計する。

b．価格計算：価格決定に必要な原価資料を提出する。
  c．原価管理：経営責任者の各階層に対して原価計算に必要な原価資料を提供する。
  d．予算編成・予算統制：予算の編成ならびに予算統制のために必要な原価資料を提供する。
  e．基本計画設定：経営の基本計画を設定するに当たり，これに必要な原価情報を提供する。
 (2) 個別原価計算と総合原価計算

 原価計算は，それが適用される生産形態の違いにより，個別原価計算と総合原価計算とに分けられる。個別原価計算（job order cost system）とは，種類の異なる製品を個別的に受注生産する生産形態に適用されるものである。例えば，工機工場の金型や治具に適用される原価計算方法である。一方，総合原価計算（process cost system）は，同種製品を反復連続的に大量見込み生産する生産形態に適用されるものである。当然ながら，自動車会社にはこの原価計算制度が採用されている。自動車会社では一般的に，工程別総合原価計算（continuous process cost system）が採用されている。
 (3) 実際原価計算と標準原価計算

 実際原価計算は（actual cost accounting）は，実際に消費した原価により，製品の実際価格を計算するものである。一方，標準原価計算（standard cost accounting）は，全ての原価要素の価格や消費量を科学的・統計的に調査し，予め原価標準を設定し，これを生産実績に乗じて(実績)標準原価を計算する方法である。標準原価計算は，実際原価計算によって計算された数値との差違分析を行うことによって，原価管理を行う。

7.3 原価要素の分類

 (1) 原価の3要素

 製品の製造に要した費用を製造原価という。製造原価は発生形態により，材料費，労務費，製造経費に大別され，これを原価の3要素という。更に各費用の内容は，次の通りである。

材料費（material cost）：素材費，買入部品費，補助材料費，工場消耗品費，消耗工具器具備品費

労務費（labor cost）：労務主費，労務副費

製造経費（expense）：支払経費，月割経費，測定経費，発生経費

(2) 変動費と固定費

操業度の増減に対する原価発生が異なる要素として，以下のものがある。

変動費（variable cost）：操業度の増加とともに増加する原価。

固定費（fixed cost）：操業度の増減にかかわらず，常に一定額発生する原価。

更に，操業度がゼロであっても一定額発生し，操業度の増加とともに増加する準変動費（semi-variable cost），一定の操業度まで発生し，それを超えると増加するが，再度一定の操業度まで一定額発生する準固定費（semi-fixed cost）も存在する。

(3) 直接費と間接費

原価の発生が，一定単位の製品の製造に関して直接認識されるか否かにより，次のように分類される。

直接費（direct cost）：原価の発生が一定の製品の製造に関して直接認識できるもの。

間接費（indirect cost）：原価の発生が一定の製品の製造に関して直接認識できないもの。一定割合を乗じて直接費に配賦する。

7.4 直接原価計算

直接原価計算（direct cost method）は，全ての原価要素を変動費と固定費とに分けて記帳し，変動費のみで製品原価を計算し，固定費は全てその期の期間費用として扱い，更に損益計算書も変動費と固定費とを区別して損益計算を行う方法である。

この直接原価計算の利点は，変動費と固定費に分けて費用削減活動を行うことにより，費用削減を実施することができる点である。直接原価計算は損益分岐点分析ができる。変動費を生産数量で除した金額が限界費用となる。

7.5 活動基準原価計算（activity based costing：ABC）

　活動基準原価計算は，製品や顧客によって使用している経営資源の量を把握する方法である．例えば，直接材料費，直接人件費，直接間接費はそのまま直課する．一方，活動基準原価計算では，間接業務を業務以下の活動のレベルまで分解し，その分解した活動における関与者の時間の割り振りを行い，各人の時間当たり単価を乗じて活動ごとの費用を把握する．この調査が活動基準原価計算の基本となる．それによって，製品・サービスや顧客別に費用を把握することができる．顧客にとって付加価値を生み，かつ活動が効果的なものだけが，製品に配賦されるべき費用である．

　活動基準原価計算を基礎にした経営が，活動基準管理（activity based management：ABM）である．従来，我が国では，財務諸表の作成を目的とした財務会計が中心であり，売上高や生産高を重視する視点から転換ができなかった．しかし，グローバル競争の時代に入って，ABCやABMに対する関心が高まり，企業は利益に貢献しない製品やサービスからの撤退，事業部門の売却を行う例は多い．

8　生産形態

　工場で生産される製品は，生産と販売，品種と生産量の点から，3つの生産形態に分類することができる．

　(1) 生産量による分類　需要が小さく，個々の注文に応じて生産することを個別生産といい，需要が大きく，常時生産することを連続生産という．一方，両者の中間として，ある程度の数量をまとめて生産することをロット生産という．

　(2) 品種数による分類　品種が少なく生産量が多いものを少品種多量生産といい，逆に品種が多く生産量が少ないものを多品種少量生産という．両者の中間のものを中品種中量生産という．

　(3) 手配方式による分類　予め市場調査を行い，販売数を概ね想定して生産する方式を見込み生産といい，注文を受けてから設計，製作を行い，個別

第7章 経営と生産

の要求に応える生産方式を受注生産という。

9 工場の生産システム

　製品を生産・加工する場合，大量生産する方が固定費を抑えることができ，原価の低減が可能となる。従って，従来，量産品を自動生産できるオートメーション（automation）に関心が集まった。

　しかし，1970年頃から製品の個別化，個性化が進み，多品種少量生産の要求が高まり，これに対応できる新たな生産方法が求められた。更に人件費の高騰から，競争力を強化するためには工場の省力化が必要となり，工場の自動化，無人化が進められた。

　工場の自動化はファクトリーオートメーション（factory automation：FA）と呼ばれ，受注，設計，製造，検査，出荷までの一貫した自動化を目指す。システムの構成要素は次の通りである。（参照　経営・第10章）

9.1　フレキシブル生産システム

　多品種少量生産における生産性をより高める目的で導入されたものがフレキシブル生産システム（flexible manufacturing system：FMS）である。FMSは，自動倉庫，無人搬送設備，NC工作機械，ロボット，自動計機器とこれら全体の制御を行うコンピュータから構成されており，生産工程の柔軟性と最適性を目指している。FMSの加工工程における最小単位をフレキシブル加工セル（flexible manufacturing cell：FMC）という。

9.2　製品・製法設計システム

　製品ができあがる過程は基本設計，詳細設計，製法計画，製造の4つに分けられる。FA工場では，各工程でコンピュータを活用し，より効率的な運営を行っている。

　CAD（computer aided design）システムは，コンピュータによる製品設計支援システムであり，意匠設計，機能設計，解析，製図を支援する。

CADで作成されたデータをもとに，動作のシミュレーションや製品の性能に関する解析作業を支援するコンピュータ支援解析システム（computer aided engineering：CAE）を使用することにより，試作の回数を大幅に減らすことが可能となる．

CAM（computer aided manufacturing）システムは，CADで作成された製品仕様に基づき，生産順序を決める工程設計やNC工作機械のプログラミングを行い，生産活動全体を支援する．また，検査工程でコンピュータを利用し，製品検査を自動化するシステムをCAT（computer aided testing）という．製品を効率的，合理的に開発し生産するためには，コンピュータ支援による一貫したシステムの構築が不可欠である．

10 コンピュータ統合生産

コンピュータ統合生産はCIM（computer integrated manufacturing）と呼ばれ，1973年にハーリントン博士 Dr. J. Harrington によって発表された．CIMとは，製造業の販売管理，開発，設計，生産管理，生産という企業活動全体を，コンピュータとネットワークにより，物と情報の流れを一体化して把握し，経営全般の効率化を図るフレキシブルな統合生産システムである．1970年代の後半，米国製造技術者協会が日本の製造業に対抗する手段として提唱した．日本でも，多くの企業がCIMの導入を進めている．

10.1 CIMの役割

製造業を取り巻く環境は，時代とともに大きく変化しており，変化する環境に適応していくことが企業の課題となる．

従来のFAでは，ロボットや工作機械などハードウェア主体で効率を上げる努力がなされてきた．しかし，消費者の要求や，需要の変化に迅速に対応するためには，企業活動との密接な連携が必要になる．CIMとは，その連携を行うためのシステムである．

10.2 CIM の目的

CIM は，販売，技術，生産を統合することにより，様々な効果が期待される。例示すれば，①製品の開発，設計，生産までの期間短縮と費用削減 ②受注から納入までの時間の短縮と経営管理のスピード向上 ③競争優位に立つための迅速な商品開発 ④リスクマネジメントや商品差別化による顧客満足度の向上 ⑤在庫の削減 ⑥企業全体での円滑なコミュニケーションと最適な意思決定 などである。

10.3 CIM の要素技術

要素技術とは，製品構成の一部を製造するために必要な製造方法のことである。CIM の要素技術として，生産のための FMS や設計・製造のための CAD／CAM のほかに，多くのシステムが導入されている。以下に代表的なシステムを2つ例示する。

(1) POP

POP (point of production) は，生産時点情報管理システムのことである。これは，生産現場の設備や人，生産状況などのデータをリアルタイムで取り込み，情報処理して，在庫管理や品質管理，生産計画などに反映させるもので，CIM の構築には不可欠である。POP システムの発展のためには，パーソナルコンピュータ (PC) とネットワークを生産現場で活用することが必要である。また，データ読取りの手段としては，バーコードを用いたものが，その認識率の高さとコストの低さから利用されている。

(2) MPR システム

MPR システム (material requirements planning system) は，資材所要量計画システムと呼ばれ，コンピュータを用いて資材の管理を行うものである。生産管理をもとに，POP を使用して現在の生産状態や在庫量を把握し，原材料の種類，数量，手配時期を決定するもので，必要な物を，必要な時期に，必要な量だけ調達する，ジャスト・イン・タイムを目的としたシステムである。MPR は，部品点数の多い組立作業や，生産量の変動を伴う多品種少量生産では，大きな効果を発揮する。

10.4 CIM 導入の課題

CIM は製造業において優れた生産システムである。しかし，このシステムを稼動させる上では次のような多くの課題がある。

① CIM 全体を理解し，現場を実際に動かすことができる技能者を育成する必要がある。

② コンピュータ，NC 工作機械，ロボット，無人搬送車，自動測定器などの信頼性を向上させなければならない。

③ 機種の新旧および異なる機器との通信が可能となる通信規約の統一を行わなければならない。

④ 生産，技術，販売を含めた企業全体のデータを保存し，検索ができるデータベースを充実する必要がある。

⑤ 事故・不正防止のため，システム全体の安全対策を実施する必要がある。

企業は課題解決に努力し，一層の開発期間の短縮，納期遅延の回避，健全在庫，能率の向上，安定した利益を目指さなければならない。

10.5 CIM の可能性

日本の製造業を取り巻く環境は急速に変化している。その変化に迅速に対応しなければ企業は生き残ることができない。日本の製造業の問題点としては，製品開発競争の激化，国内外の同業他社との競争激化，消費者の多様化，高年齢者の進展，若者の製造業離れ，など様々あるが，CIM はその解決のための有効な手段として，可能性をもっている。

11 製品から商品への過程

11.1 業務とデザインの関係

企業経営の業務は，デザイン分野と密接に関わっている。業務とデザインの関係は次のように整理される。各デザイン分野に対しては，専門のデザイナーが必要となる。

(1) 生産［製品・商品開発］：工業デザイン（製品の使いやすさ，美しさを目的とするデザイン），パッケージデザイン（包装，形態のデザイン）

(2) 販売促進・コミュニケーション［広報・宣伝・Webなど］：グラフィックデザイン（平面上に制作されたデザイン），Webデザイン（webの企画，編集）

(3) 環境整備・環境創造［建物・展示・景観関連］：建築／スペースデザイン，インテリアデザイン（屋内や室内の装飾）

(4) 戦略・企画・管理：CI (corporate identity　企業のロゴマーク，キャッチフレーズ，社名など)，VI (visual identity　シンボルマークなど)，BI (brand identity　ブランドの特性)，ブランド開発，知的財産権の取得・管理，商品の企画プロデュース

11.2　商品開発でのデザインの役割

一般に，生産を終えた段階の物を製品といい，販売促進，保証体制など市場に受け入れられる形態になったとき，製品は商品になる。ここでは，製品が商品に至る商品開発の過程でデザインが果たす役割を簡単に整理する。

(1) 企画

商品開発の目的や，体制，予算などを検討する。開発が，生産だけでなく販売，アフターサービスなどにも影響を与える場合は，この段階でデザイン担当者を参画させ，提案を求め，基本コンセプトを決定する。

(2) 体制の構築

商品開発体制を構築する。社内にデザイナーがいる場合は，開発組織にデザイナーを参画させる。社内にデザイナーがいない場合は，内部に責任者をおき，適切な外部デザイナーと契約する。

(3) 調査および分析

市場や競合商品等について調査し，その結果を分析する。デザイナーは，市場の調査結果，技術や生産など開発環境を考慮して開発商品の理想の姿や形を視覚的に表現する。

(4) 設計および試作

デザインの提案と技術を融合させて，試作モデルをつくり，使い方や商品の魅力などを検討する．一般に複数回，試作の評価と改良を繰り返す．素材や機能まで実物と同一のモデルを作り，モニター調査を行うこともある．この段階で意匠や商標などの権利を調査し，申請する．

(5) デザインの決定

試作モデル段階で形状を決定した後，形以外のデザイン要素の検討・決定を行う．代表的なデザイン要素として，大きさや色の選択や素材感等細部の処理がある．試作改良を行った後，生産に取りかかる．この段階で，一方では，パッケージ，ネーミング・ロゴ，カタログ等の製品以外のデザインについても検討し，経営者を交えて意思決定を行う．

(6) 商品化

工場で生産された製品が，販売促進，保証体制など市場に受け入れられる体制を整え，製品が商品となる．製造・販売の一貫体制をとる場合は，広告等のグラフィックデザインの作業も実施する．

(7) 販売促進・販売

市場での反応を読み，更に改善改良を行う．この段階でもデザイン担当者が関わる．販売促進や販売の現場では，展示・ディスプレイのデザイン作業を伴うこともある．

(8) 総合評価

自社内でデザイン担当者を参画させて商品を評価する機会を設け，モニター調査やアンケート調査の実施により利用者の評価を収集して，今後の改良や新商品開発に役立てる．

11.3 商品開発とデザインマネジメント

商品開発では，関連する様々な専門分野，知識，技術が必要となる．今日，デザイナーが，どの範囲の業務を行うか，何を外部委託するか，各業務にどの程度の時間をかけるか，などの問題を解決するデザインマネジメント (design management) の役割が重要となる．(参照　経営・第2章，第5章)

第8章

経営と流通

1 流通と機能

1.1 生産・消費と流通

今日の経済社会において，商品とは，生産者が自分で使用することを目的とするのではなく，主として家計に販売するために生産されるものである。現在のように分業化された社会では，商品の生産と消費の間に種々の距離が生じており，生産者と消費者とが直接に結びつくことは困難となっている。距離には主に4つのものがある。

①社会的（人的）距離（生産者と消費者との主体が異なること），②場所的距離（生産地と消費地とが異なること），③時間的距離（生産される時期と消費される時期とが異なること），④情報的距離（生産者と消費者との間の情報交流が難しいこと）

流通とは，商品の生産と消費との間にある距離を適切に埋めることにより，生産者から消費者へ円滑に移動する商品の流れをいう。

1.2 商品流通の機能

商品流通を円滑に行うため，次のような主な6つの機能が必要になる。

(1) 売買

売買とは，生産と消費との社会的距離を埋めるため，商品を生産者から買い入れ，消費者に販売する形で商品の所有権を移転する働きであり，この機能により商品の収集・分散が行われ，生産者は生産に専念でき，消費者は必要な時間，場所，量に合わせて商品を入手できる。（参照　法律・第3章）

(2) 運送

運送とは，生産と消費との場所的距離を埋めるために，商品を生産地から消費地まで運ぶ働きである。この機能によって，特定地域で能率的・合理的・集中的に商品を生産することができる。また，運送機関の発達によって，市場拡大，短期間入手が可能になった。

(3) 保管

保管とは，生産と消費との時間的距離を埋めるために，商品を生産時期から消費時期まで倉庫で安全に保存する働きである。この機能により，一定時期に生産を集中したり，大量生産された商品が個々の消費と結びつくように調整される。また，価格変動の激しい商品は，仕入れ・販売を調整することにより，価格の平準化を図ることができる。（参照　経営・第8章）

(4) 金融

金融とは，生産者や売買業者などに対して，不足資金を融通する働きである。この機能によって，売買に伴う支払代金の決済を延長し，必要資金を融通することで売買の成立や取引の拡大を容易にする。特に，銀行の場合，金融仲介，信用創造，資金決済が基本的な機能としてあげられる。（参照　経営・第6章）

(5) 危険負担

危険負担とは，商品が生産者から消費者に流通する過程で生じる損害を負担する働き，保険である。商品流通の過程には，運送中の事故による商品の破損，保管中の商品の焼失・盗難などの危険が生じる。危険負担により，生産や売買が安心して行えるようになる。（参照　法律・第3章）

(6) 情報

情報とは，生産と消費との間にある情報的距離を結びつける働きである。この機能によって，生産者は消費者の動向や販売予測などの情報を入手し，より的確な生産活動を行うことができる。また，消費者は生産者や売買業者から商品に関する情報を入手することにより，より豊かな消費生活を楽しむことができる。（参照　経営・第10章）

2　商品と流通活動

2.1　商品の種類

　現代市場における商品は，生産者，消費目的に応じて，生活用品（消費財）と産業用品（生産財）とに大別できる。商品の分類には，このほか，第一，二，三次産業の種類による商品分類，商品別統計調査の統計基準として設定された，日本標準商品分類などがある。

　(1)　生活用品

　生活用品は，一般消費者が生活のために消費または使用する商品である。消費者の購買習慣の相違によって，さらに，最寄品（消費者が近くの商店で，しかも頻繁に購入し，使用する商品で，商品によって品質や価格に大差のない商品），買回品（消費者が複数の商品を見て回り，品質・デザイン・価格などを比較し，検討しながら選択する商品），専門品（消費者が品質・デザイン・商標（ブランド brand）や，それを販売する商品の名声や技術を信頼し，購入する商品）に分類される。最寄品は食料品や日用雑貨品，買回品は比較的高価な商品，そして専門品は，購入回数の少ない高価な商品，などが相当する。（参照　法律・第 2 章）

　(2)　産業用品

　産業用品は，主に企業の生産活動に用いられ，消費者に直接販売することを目的としない商品である。工業製品の場合には，原材料・部品・消耗品・設備品などに分けられる。原材料は，製品の主な素材であり，原料と材料とに分けられる。一般的に，製品の製造過程で質的にも形態的にも変化が生じるものを原料といい，質的には変わらず形態的変化だけが生じるものを材料という。部品はその製品の補助的なものである。消耗品は燃料や事務用文房具などである。設備品は，製造や事務を営むために長期間（通常 1 年以上）で使用する設備や装置である。なお，産業用品の消費者は，需要者とも呼ばれることがある。

2.2 商品の流通経路

　一般に，商品は所有権の移転に伴い，商品そのものも移動する。商品が生産者から消費者に届けられる道筋を商品の流通経路という。

　商品の流通経路は，商品の種類や時代の変化，または，社会における生産や消費の事情などに対応して，変動する。わが国の流通経路は，欧米諸国と比較すると，複雑で長いといわれる。その原因は，中小規模の生産者が多数を占め，それに対応して中小規模の卸売商や小売商が多数あるために，生産物を招集・分散する売買業者が必要になるからであり，また，わが国独特の商慣習による影響もある。商品の流通経路の基本型は次の通りである。

(1)　生産者→卸売商→小売商→消費者（需要者）

　生活用品の場合，生産された商品は，一般に卸売商・小売商を経由して，消費者に届けられる。工業製品や農産物などに多く見られる形態である。大規模生産者が大量生産した工業製品や生鮮食料品，中小規模生産者が少量生産した工業製品などは，いくつかの段階の卸売商を経由して小売商に届けられる。また，産業用品の場合，小売商が介在せず，複数の卸売商を経由することもある。なお，自動車・家庭用電化製品・化粧品などの生産者の場合，生産者の全額出資または卸売商との共同出資で販売会社を設立している例がある。

(2)　生産者→小売商→消費者（需要者）

　百貨店やスーパーマーケットなどの大規模小売商が，商品を生産者から直接に仕入れる場合や，また，生産者が自社製品を有利に売るために，卸売機能を自ら担当して，直接に小売商へ販売する場合などがある。

(3)　生産者→消費者（需要者）

　生活用品では，生産者が消費者と直接に結びついて訪問販売や通信販売をする場合，あるいはケーキ・家具などの生産者が直営の小売店舗を設けて販売する場合などがある。

　産業用品では，鉄道の車両やレール，新聞用紙，大型機械など，生産者と需要者がともに大規模企業であるときや，特種な用途の商品であるときに，この形態をとることが多い。

3 小売商と卸売商

3.1 小売商の機能と種類

(1) 小売商は，生活用品を卸売商や生産者から仕入れ，これを小さな単位に分けて，消費者に販売することを専門とする売買業者で，商品流通に大きな役割を果たす。

小売商の機能の中心は，生活用品の流通経路の末端にあり，消費者に対して商品や情報を提供するとともに，買物の相談相手，販売の際の包装・配達などのサービス，代金後払いを行うことにある。また，卸売商や生産者に対しても，商品の一括購入，消費者の好みやニーズなどの情報提供，商品流通の円滑化，を行うなどの機能を果たす。

(2) 小売商の種類

小売商は数も多く，業種や業態も様々である。業種とは鮮魚店，洋品店，家具店など取扱商品による分類をいい，業態とは百貨店，スーパーマーケットなど経営形態の違いをいう。小売商は店舗の有無によって，有店舗小売商と無店舗小売商に分類される。

(a) 有店舗小売商

①一般小売商

一般小売商は，取扱商品によって，最寄品店，買回品店，専門品店に分けられる。一般に，最寄品店は，来店する顧客の地域範囲（商圏）が狭いので，住宅地の近くに立地していることが多い。それに対して，買回品店や専門品店は，通行者の多い駅前や地下街，あるいは市街地に店舗を構えて営業することが多い。大部分の小売商は一般小売商で，店主及びその家族や従業員の労働力によって運営される小規模の独立した小売商である。

②専門店

主に買回品または専門品のうち，取扱商品の範囲を比較的狭くしぼり，そのなかで品揃えを豊富にした小売店である。専門店は一般小売商よりも大規模で近代的な経営を行うものが多い。消費者ニーズの個性化・多様化や高級

化に対応して、専門店も独自のオリジナル商品の開発、海外ブランド商品を積極的な導入し、サービスに努めている。

最近では、チェーンストアの形態を取り入れ、多店舗化をはかり全国展開したり、大規模化して、大量販売による低価格化を志向する小売店もある。商品に対する消費者のニーズが多様化していることを背景に、専門店に対するニーズは高まっている。

③百貨店（デパート department store）

都市の繁華街や駅周辺に大きな店舗を構え、買回品を中心に最寄品から専門品に至るまで、多種多様な商品を幅広く取り揃えて販売する大規模小売商である。

百貨店は取扱商品が豊富なので、多種類の商品をひとつの店でまとめて買うこと（ワンストップショッピング one-stop shopping）ができる利便性をもつ。サービス面では消費者に商品情報を提供するための対面販売方式を原則としている。また、各種催し物（イベント event）の開催や、文化事業に力を入れるなど、消費者に買い物の便利さと楽しさ、「ライフスタイル（life style）を提案する業態」として、大きく発展してきた。

しかし現在、急成長をとげたスーパーマーケットなどの量販店にその地位を揺るがされており、百貨店では、各種の対応策を講じている。例えば、取扱商品の高級化・多様化を図って高付加価値の商品を扱い、魅力ある商品の品揃えに重点を置いている百貨店、サービス部門・外商部門の充実や通信販売の分野に注力している百貨店などがある。さらに、多店舗化政策による周辺住宅地への進出、仕入れや商品開発などにおける百貨店間の提携、別会社組織によるスーパーマーケット分野への進出など、様々な努力が払われている。

④スーパーマーケット（supermarket）

セルフサービス（self-service）方式（売場に店員を配置せず、顧客が自分で自由に商品を選び代金はまとめてレジで支払う方式）を採用し、主として食料品や日用雑貨品、衣料品などを販売する大規模小売商である。スーパーマーケットは、店舗や営業にかける経費や人件費を節約し、現金販売と商品

のもち帰り制を原則とする。また，店舗を各地に設けることで大量仕入を行い，大量・廉価販売に努めている。

　スーパーマーケットは，近年，急速に成長した小売商の形態のひとつで，生活必需品の分野全般にわたって消費者のニーズに対応するため，総合的な品揃えを行っている業態である。この小売形態は，取扱商品や企業規模によって，様々な名称が付けられている。

　例えば，最寄品を中心に買回品から専門品まで各種商品を幅広く扱う大規模店を総合スーパー（米国では，general merchandising store：GMS とも呼ばれる），食料品を中心とする小規模なミニスーパー（mini-super），衣料品中心のスーパーストア（superstore），医療品・化粧品・トイレタリー関係の商品を扱うドラッグストア（drugstore）などが相当する。

　⑤コンビニエンスストア（convenience store）

　住宅地の近くに立地し，最寄品を中心とした生活必需品を，セルフサービス方式で販売する小規模面積の小売商である。取扱商品は少品種で，食料品や日用雑貨品などの生活必需品に限定されるが，休業日も少なく，早朝から夜遅くまで，あるいは24時間営業するなど，いつでも手軽に商品を購入できる便利さを消費者に提供して高い利益率をあげている。

　⑥ディスカウントストア（discount store）

　時計・カメラ・家庭用電化製品・情報処理機器などの耐久消費財を主に扱い，つねに一般の小売価格より安く販売し，価格面でのサービスを目的とする小売商である。安売のできる理由は，商品の大量仕入，生産者や卸売商の在庫品引き取り，現金問屋からの直接仕入のためである。店舗費用や人件費などの営業費を節約して合理的経営を行っている。

　⑦その他の小売商

　消費者のニーズが多様化するのに伴い，新しい経営形態の様々な小売商が生まれている。例えば，原則として生鮮食料品は扱わないが，多種多様な商品を一定価格帯で統一して販売するバラエティストア（variety store），日曜大工用品の店であるDIY（do it yourself）店，DIY店よりも規模が大きく，園芸用品・組立式家具・家庭用雑貨品・自動車関連用品などの商品を扱

うホームセンター (home center) がある。また，専門店でも顧客の対象範囲と関連商品をしぼりこんだ，ブティック (boutique) がそれに相当する。

例えば，消費生活協同組合（生協，コープ cooperative society : CO-OP）は，一定の地域や職域の人々が結びついて構成される組合員の相互扶助組織であり，その主な事業は，購買事業（店舗と予約共同購入[1]），利用事業（医療，福祉），共済事業等である。生協は，食を中心に「ふだんの暮らし」への貢献を目指しており，特に食品の安心，安全を重視し，様々な活動を行っている[2]。

また，自動車の普及に伴って，生活関連道路や郊外の幹線道路沿いに立地する小売商であるロードサイドショップ (roadside shop) が，大規模な駐車場を設置し，夜間も営業を行い，商圏を拡大している。ロードサイドショップに付帯して，さらにショッピングセンターなどの大型店も進出し，商業集積の相乗効果により顧客誘引力が一層増加する。（参照　経営・第1章）

[1]　これは無店舗小売商に相当し，最近では生協のなかで大きな割合を占めている。
[2]　産直や食育を理念に掲げている。なお，2005（平成17）年，食育基本法が施行された。

(b)　無店舗小売商

無店舗小売商は，通信販売・訪問販売・自動販売などの事業を営む小売商である。

通信販売は，テレビ・ラジオ・新聞・雑誌などに商品の広告を出したり，カタログや商品見本などを消費者に送り，電話や郵便などで申し込みを受けて商品を販売する方法である。訪問販売は，販売員が家庭や事務所などを訪問して商品を販売する方法である。また自動販売は，自動販売機により商品を販売する方法である。

通信技術や運送手段の発展によって，これらの無店舗小売商は増加傾向にあり，最近ではインターネット (internet) を活用した通信販売，電子商取引が注目されている。

3.2　卸売商の機能と種類

(1) 卸売商の機能

卸売商は，商品を直接消費者に販売する小売商以外の売買業者である。従って卸売商は，流通経路の中間にあり，生産者または他の卸売商から商品を仕入れ，これを生産者や他の卸売商あるいは小売商や大口消費者に販売することを専門とする。

卸売商の主な機能は，多種類の商品の収集や分散を行い，商品流通を円滑にすることである。消費者の新しいニーズを探知するための小売店（アンテナショップ antenna shop）を有する場合もある。また，商品開発機能，物的流通機能，金融機能や，小売商が商品を店頭陳列しやすいように小口の単位に分ける流通加工機能なども果たしている。

(2) 卸売商の種類

卸売商は，流通経路上の位置や主な機能によって次のように分類できる。

(a) 一次卸売商と二次卸売商

これは，主として工業製品の流通経路にみられる卸売商の分類である。

一次卸売商とは，生産者から工業製品を直接仕入れて，多数の二次卸売商や大規模小売商などに販売する卸売商である。一次卸売商は大量に取引する能力をもっている大企業が多く，大都市に集中している。例としては，商社，元卸売商，集散卸売商がある。

まず，商社としては，ある特定の商品を専門に扱う専門商社と，極めて大規模で多種多様な商品を取り扱う総合商社がある。次に，元卸売商とは，1社または比較的少数の生産者から商品を仕入れ，主として分散の機能を果たす卸売商であり，鉄鋼・家庭用電化製品など大規模に生産される商品分野に多くみられる。最後に，集散卸売商とは，比較的多数の生産者から商品を仕入れ，収集と分散の機能を果たす卸売商であり，雑貨類や繊維製品など，中小企業によって生産される商品分野に多くみられる。

一方，二次卸売商とは，一次卸売商から商品を仕入れ，これを小売商や大口消費者に販売する卸売商である。二次卸売商は多くの業種に存在する。

(b) 収集卸売商・分散卸売商・仲継卸売商

これは，主として農産物などの流通経路にみられる卸売商の分類である。

まず，収集卸売商とは，生産地にあって，生産者から生産物を買い集めて，それをまとめて消費地に送りだす役割を果たす卸売商である。生産者から生産物を買い取って中央卸売市場に出荷する産地仲買人や，陶器・綿織物などの伝統的な工業製品を扱う産地問屋などがこれに相当する。

　次に，分散卸売商とは，消費地，主に都市にあって，生産地からまとめて送られてきた生産物を，地元の小売商や大口消費者に分売する役割を果たす卸売商である。中央卸売市場の仲卸業者や消費地問屋がこれに相当する。

　最後に，仲継卸売商とは，収集卸売商と分散卸売商の間の仲介，取り次ぎの役割を果たす，中央卸売市場の卸売業者や集散地問屋などの卸売商である。

(c) 特種な卸売商

　特種な卸売商としては，特約店と販売会社がある。

　特約店とは，一次卸売商と二次卸売商のうち，特定の生産者から全国または特定地域内での独占販売権を与えられた卸売商である。その生産者の商品の販売に全面的に協力する代わりに，資金的な援助や販売上の特典を受けることができる。

　一方，販売会社とは，販売会社は特定の生産者の専属販売業者として，その生産者の商品だけを扱う。通常，生産者の全額出資，または生産者と卸売商の共同出資で設立される。

3.3　売買業者の組織化

(1) 小売商の組織化

　小売商は，普通，単独，あるいは数店舗で営業しているが，近年になって，有利な事業活動を展開するために，同業種間や異業種間での小売店舗の組織化が行われている。

　なお，ファッション商品の企画から製造，販売までの機能を垂直統合したビジネスモデルとして，今日，製造小売業（speciality store retailer of private label apparel：SPA）がある。この業態の特徴は，①企画・製造・販売を全てマネジメントすることにより消費者ニーズに迅速に対応する，②中間マージンを省略することにより利益率を高める，である。

(a) 同業種の組織化

同業種の組織化としては，チェーンストア，ボランタリーチェーン，フランチャイズチェーンなどがある。

①チェーンストア（chain store）

ひとつの企業が多数の小売店舗を各地に設け，中央本部で集中的に管理・運営する大規模小売商である。その形態は，商品の仕入れ，在庫品の管理や広告などを中央本部で一括して行うため，それだけ商品を大量に安く仕入れることができ，販売経費も節約できる。

②ボランタリーチェーン（voluntary chain）

中小規模の小売商が多数集まり，各自の自主性，独立性を維持しつつ，共同で商品の仕入れや広告などの事業活動を行い，チェーンストアと同様な合理的経営をめざす組織である。同一業種や生産者，卸売商が小売商を集めて組織するものがある。しかし，チェーンストアのような統一的な事業活動を展開することは難しい。

③フランチャイズチェーン（franchise chain）

本部（franchiser）が提供する商標，商品，サービスなどのノウハウ（販売方法），経営手法と，加盟店（franchisee）が提供する資産や人材を生かして店舗運営を行い，利益を共同で分配する組織である。各加盟店は，資本的に独立しているが，本部が強力な指導援助をすることで，同一性の高いイメージを保持することができる。

(b) 異業種の組織化

異業種の組織化の代表例として，商店街とショッピングセンターがある。

①商店街

商店街は，20世紀になって構築されたものであり，今日，空き店舗対策などの活性化や「まちづくり」との連携を含むタウンマネジメント（town management）が求められるなかで，買い物弱者としての高齢者の支援も重要となっており，コミュニティの核としての商店街の役割が改めて期待されている。

異なった業種の小売商が自然発生的に一定地域内に集まり，店舗を構える

例は古くからある。それらの小売商は，それぞれ資本的に独立しているが，商店街を形成して，共同でアーケードや街路灯を設けたり，イベントなどを行い，顧客を集める努力をしている。

②ショッピングセンター (shopping center)

都市開発計画などによって，開発業者（デベロッパーdeveloper）が計画・開発し，所有・管理するもので，多くの小売商が出店（テナントtenant）している計画的な商業施設である。広大な建物に大規模な駐車場を設けたショッピングセンターには，百貨店やスーパーマーケットなどを中核として各種の専門店が集まる。また最近では，文化・娯楽・スポーツなどのコミュニティ施設や，銀行・ホテル・病院なども隣接させた大規模店舗が，郊外の住宅地域やニュータウン付近に建設されている。

(c) 3PL

製造業，小売業に従事する者が，物流業務，物流戦略の策定を外部の第3者に全面的に委託する3PL（Third Party Logistics）が利用されている。

(2) 卸売商の組織化

卸売商は，小売商の仕入れの便利さから，従来，都市部の特定地域に問屋街を作ることが多かった。しかし最近では，取扱商品の種類や数量の増大，生産者の地域的な分散，都市交通の渋滞や駐車場難などによって，商品流通を効率的に行うために，多数の卸売商が協力し，卸総合センター，卸商業団地，流通センターなどを組織している。

(a) 卸総合センター

卸総合センターは，多数の卸売商が集合してできたものであり，政府系金融機関の融資を受け，都市周辺の交通の便利な場所に高層ビルを建て，商品流通の円滑化や専門化による品揃えの充実，情報の収集と伝達などを行う。

(b) 卸商業団地

卸商業団地は，中小規模の卸売商が，事業協同組合などをつくり，郊外の特定地域内に集団で移転するようになったものであり，倉庫・配送センター・駐車場などの施設を共同利用することにより，商品流通の合理化をはかっている。

(c) 流通センター

流通センターは，生産者・卸売商・物流業者などが流通活動の円滑化を促進するために一定の場所に流通施設を集めたものである。流通センターは大都市の高速自動車道路のインターチェンジ付近に設けられることが多い。

4　サプライチェーン・マネジメント

サプライチェーン・マネジメント（supply chain management：SCM）とは，部品や資材から商品を生産し，流通を経由して顧客に届けるまでの物の流れ（サプライチェーン）を正確に管理することによって，チェーン全体の経営効率を最適化する経営手法のことである。部品供給会社からメーカー，卸や小売り，そして顧客に至るまでの物の流れをネットワークで統合し，生産や在庫・購買・販売・物流などの各情報をリアルタイムに交換し，経営効率を大幅に向上させることができる。生産や在庫・購買・販売・物流などチェーンで発生する各情報をリアルタイムに交換していく概念はデマンドチェーン（demand chain）やバリューチェーン（value chain）と同様である。複数の企業や組織の壁を超えて経営資源を共有し，プロセスの無駄を徹底的に削減していくことが目的である。SCMは在庫と情報を交換する仕組みともいえる。今後はSCMのネットワークに流す情報の種類と質が，自動車会社の競争力を左右する。

5　マーケティング

5.1　マーケティングの重要性

現代市場の特徴は，消費者の商品やサービスに対する需要の多様化，個性化があげられる。売買業者が経験や勘に頼って商品の仕入れや販売，サービスの提供を行っていたのでは，消費者のニーズが満たされず，売れ残りを引き起こす恐れがある。これに対処するため，消費者のニーズに合った商品やサービスを，生産者から消費者へ円滑に流通させる一連の活動をマーケティ

ング (marketing) と呼ぶ。マーケティングの本質は，顧客を基礎とし，自社の収益基盤となる良質な顧客を開拓し維持する顧客獲得の仕組みをつくり，自社を継続的に成長させる全社をあげた活動である。その点で，自社の商品やサービスを基礎とし，営業部門を中心に効率的に売り込み，目標売上を確保する活動であるセリング (selling) とは異なるといえる。

　企業のマーケティング活動は，消費者の望んでいる商品を製造する観点に立って生産者の側から，そして流通業者の立場から，様々に行われている。売買業者のマーケティング活動は仕入れと販売に関するものが中心となり，運送・倉庫・金融・保険業者などでは，その提供するサービスについてのマーケティング活動が重要になる。（参照　経営・第2章，第4章，第11章）

5.2　マーケティングの内容

　マーケティング活動は，需要と供給を調整する活動である。企業は消費者が望んでいる商品やサービスを提供するだけでなく，ニーズを意識しない，あるいは意識しているがまだ購買力をもっていない消費者に働きかけを行い，需要を創造する必要がある。

(1)　市場調査

　マーケティングの出発点は，市場調査 (marketing research) であるといわれる。市場調査とは，商品に対する消費者のニーズや需要動向などの情報を収集し分析することであり，既存資料を利用する方法と，新規資料を得る目的で実態調査を行う方法とがある。

(2)　販売計画

　市場調査に基づいて販売予測を立て，企業の積極的な意思を示す数字である売上目標高，販売計画をたてる。販売計画が決定したあと，仕入計画を立てる。

(3)　仕入計画

　仕入計画を立てるにあたっては，次のような諸点について検討する。

①仕入商品の選定

　仕入れる商品は，消費者のニーズにあった売れる見込みのあるものを選定

する。特に商品の品質と価格については留意する必要がある。品質については，責任をもって販売できる商品を仕入れることが大切である。そのためには，十分な商品知識をもった仕入担当者を育成する必要もあるが，信用のある商標のついた商品や，信頼のおける検査機関に合格した商品などを仕入れる必要もある。また，品質が良く，しかも価格の安い商品を仕入れるように努力する。高価格志向の消費者や低価格志向の消費者，消費者の好みや購買力などを把握した上で，消費者が求めている価格帯の商品を仕入れる。

②仕入先の選定

仕入先を選定するにあたっては，最も有利になる条件の仕入先を毎回選んで取引する場合と，特定の仕入先を決めて継続的に取引する場合とがある。最も有利な条件で仕入れるためには，小売商が生産者と直接取引をしたり，現金問屋を利用することもある。また，特定の仕入先と親密な取引を続けると，経営上の指導・助言やサービスなどの販売店援助を受けることもできる。

③仕入時期と数量

商品の仕入時期と1回の仕入数量は関連があり，商品の売れ行きや在庫能力，仕入資金の都合などを検討して決定する。仕入数量の決め方には，必要に応じて少量の商品を頻繁に仕入れる当用仕入と，一度に大量の商品を仕入れる大量仕入がある。当用仕入は，多額の仕入資金を必要としないが，仕入価格が割高になる。一方，大量仕入は，比較的安い価格で商品を仕入れることができるが，それには多額の仕入資金も必要となり，売れ残りの危険性を伴う。そのために，流行品や生鮮食料品は当用仕入を行うことが多い。また，中小規模の小売商はボランタリーチェーンなどの組織をつくり，共同仕入を行うことによって大量仕入の利点を生かす努力も行われている。

(4) 商品管理

商品管理には，商品の在庫を適切に調整する在庫管理と，商品の検収・入庫・保管・出庫などを適切に行う物的管理がある。合理的な在庫管理を実施するには，標準となる適正在庫，すなわち標準在庫を決めておき，日々変化する在庫を正確に把握し，実際の在庫が標準在庫とできるだけ一致するよう

純利益	利幅	純利益	販売価格
営業費			
仕入諸掛	仕入原価	販売原価* (総原価)	
仕入価格			

＊販売原価＝仕入原価＋営業費

経図6　販売の原価構成

に努力することが望ましい。今日では，コンピュータを利用した商品管理も行われている。また，正確かつ効率的な物的管理も必要である。

(5) 販売価格の設定

販売価格は，一般に，仕入原価に利幅（マージン margin）を加える値入という方法で決められる。仕入原価は，仕入価格に，仕入れに要した運賃・保険料・保管料などの仕入諸掛を加算したものとなる。また利幅は，営業費と利益を加算したものである。値入率は，仕入原価を基準として，仕入原価に対する利幅の割合で求められる。

値入率に対して利幅率という考え方は，販売価格に占める利幅の割合のことである。実務的には，販売価格＝仕入原価×（1＋値入率）で計算できる。値入率は，生産者が決めた定価販売を除いて，予想される売れ行きや同業者との競争関係，消費者の購買力などを考慮して，商品の種類別に決められる。

スーパーマーケットやディスカウントストアなどでは，利幅を少額におさえて安い価格で商品を販売する薄利多売主義がとられる。

なお，日用品や食料品などの中身について，一定計量単位（例えば，容量・重量・長さ）当たりの販売価格をユニットプライス（単位価格 unit price）という。今日，事前包装の商品が普及しているため，ユニットプライシング（unit pricing）は，消費者にわかりやすい商品選択の基準を提供する意味で重要である。（参照　経営・第7章）

(6) プロモーション

プロモーション（promotion）とは，消費者の購買意欲を刺激し，商品を購入してもらうために展開する積極的な働きかけであり，広告と販売員活動，それに伴う販売サービスも含まれる。

①広告

広告は有料媒体を使って，商品の特徴やイベントなど各種の情報を消費者に知らせるものであり，その利用する媒体によって，次のような種類に分けられる。

まず，マスコミニューケーション四大媒体を利用したテレビ広告，新聞広告，雑誌広告，ラジオ広告がある。次に，広告塔やネオンサインなどの屋外広告，電車やバスなどを利用する交通広告，カタログやパンフレットを見込客に直接郵送する直接広告（ダイレクトメール direct mail：DM），店舗の入口・飾り窓（ショーウィンドー）・壁などを利用する店頭広告（ポップ広告 point of purchase：POP），VM（visual merchandising 日本ではVMD。人目を惹き，関心を集め，顧客の買い物の利便を図るショッピングサポートを促進し，販売関係者の活動を助け，売場管理の合理化と美化を追求する。），新聞折り込み広告，宣伝入りのタオル・カレンダー・筆記用具などを提供するノベルティ（novelty）広告などがある。これらの広告を実施する場合は，専門の広告代理業者に依頼することも多い。大規模な広告代理業者は，広告代理業務だけでなく，市場調査などマーケティング活動を推進する総合的な業務まで行っている。

一方，無料形態の宣伝として，パブリシティ（publicity）がある。パブリシティは，企業が新しく開発した技術や商品などに関する情報を新聞やテレビなどの報道関係者に提供して，記事や番組として紹介してもらう方法である。パブリシティは，採用の有無があるものの，第三者による報道であるため信頼性や説得力，その効果や影響力は大きい。

②販売員活動

消費者と直接に接して商品の販売を行うもので，店頭販売と訪問販売がある。訪問販売は，普通，買物の意思をもっていない見込客を訪ね，そのニーズを引き出すものであるから，店頭販売よりも販売員として優れた資質や能力が必要になる。販売員は取扱商品，顧客，販売条件や販売事務に関する知識にも精通していることを求められる。

③販売サービス

販売に伴って提供されるサービスで，買物相談，販売した商品の配達・品

質保証・返品・取り替え・修理，景品の提供や無料駐車場の設置などがある。また，クレジットカードやボーナス一括払いなどのサービスも行っている。

(7) 店舗設計と商品陳列

店頭販売では，店舗と商品陳列が販売成績に直接影響を及ぼす。小売店舗は，顧客が親しみや好感をもち，来店しやすい店構えにすることが大切である。顧客に商品を強く訴えるためには，店内の構造や装飾も重要である。

商品陳列は取扱商品による違いもあるものの，顧客が手にとって見ることのできるオープン陳列が望ましい。また，商品には，値札だけでなく，必要に応じて説明カードなども添付すると消費者が選択しやすくなる。

(8) マーケティング・ミックスとマーケティングの方法

企業は，管理可能な様々なマーケティング手段（要素）を組み合わせて，より効果的なマーケティング活動を追求する。ボーデン Neil H. Borden (1895～1980) は，マーケティング手段を標的となる市場に対して組み合わせることをマーケティング・ミックス (marketing mix) と呼んだ。マーケティング・ミックスを構成する諸手段をマッカーシー E. J. MaCarthy は4つの分野に区分した。それは製品 (product)，価格 (price)，流通 (place) 販売促進 (promotion)，である。

製品は，それを形成する品質，デザイン，特徴，ブランド名，製品の多様性，包装，サイズ，サービス，販売後の製品機能についての保証，返品制度などの要素的マーケティング手段に細分できる。価格は，定価表，割引，支払期間，信用条件など価格設定にかかわるマーケティング手段の集合を意味する。流通は，卸売や小売の，期間の選択・決定などのチャンネル政策や流通カヴァリッジ，事業立地，輸送，在庫など広い意味でのマーケティング・チャンネルに関わる分野を意味する。プロモーションは，販売促進，広告，営業部隊，広報・宣伝 (PR)，ダイレクト・メール，パブリシティなど顧客とのコミュニケーションや良好な関係の確保，購買の誘発活動などの分野を総称している。これは，いかに多くの消費者を説得し，買う気にさせるかという操作型，市場調整型マーケティングの方法である。このマーケティン

グ方法は，頭文字をとって4Pマーケティングと呼ばれる。コトラー Philip Kotler（1931～）は4Pに更に政策（politics）と世論（public opinion）を加える必要性を主張する。

一方，ラウターボーン Robert F. Lauterborn は，顧客は販売者が決定した概念ではなく，自分にとって価値や問題解決に役立つか否かを尺度として購入を決定し，できる限り容易に入手したいと考えており，プロモーションに代わって，コミュニケーションを求めていると指摘する。このマーケティングの方法は，市場創造型，価値創造型のマーケティングであり，顧客価値（customer value），顧客負担（cost to customer），入手容易性（convenience），コミュニケーション（communication）の頭文字をとって4Cマーケティングと呼ばれる。4Cは4Pに対置される。

(9) マーケティング・マネジメント

マーケティング活動は，マーケティング要素を組み合わせて効果的かつ効率的なマーケティングを計画し，実行し，統制するプロセスに他ならない。マーケティング担当経営管理者は，マーケティング部門内の広告や製品開発，営業など諸組織間の計画・調整・統制を図るだけでなく，マーケティング部門と生産購買などの他部門との調整を図りながら，市場に働きかけることになる。

(10) ブランド・ビジネス

商品に対して，知的財産である「商標」を付けて販売することにより消費者に対し，付加価値のある商品供給を行うビジネス形態をブランド・ビジネス（brand business）という。デザイン，品質，価格などの商品力に加えて，店舗，サービス，物流（ロジスティクス），アフターサービス等を含めた総合力がブランド力を形成することになる。

ブランド・ビジネスには，①海外ブランドと輸入代理店契約を締結する輸入展開，②製造販売の技術やノウハウ，商標（ブランド）使用許諾を受けるマスターライセンス契約を海外ブランドと契約するライセンス展開　以上の大きく2つの形態に分類できる。

一時期，欧米のファッション界では，M&Aが展開し，巨大資本によるブ

ランド買収と囲込が急速に進行した。日本では，企業，特に仲介や卸売を担う商社が，商標権買収という手段によって，衣料，雑貨から食品までの広範囲にわたる生活消費財でのビジネスの長期安定化を図った。近年では，消費市場としてアジアが注目されている。

　マーケティングにおいては，企業もしくは商品・製品・サービスに対する顧客のロイヤルティ（loyalty 忠誠心）を高め，より高い収益性と安定性を目指していくことが重要となる。企業や商品・製品・サービスに対する顧客からの高いロイヤルティをもたれる対象をブランドと呼ぶ。特に，ある特定のブランド製品・商品に対する経験的な満足感から，それらの製品群・商品群の購入に際して反復的かつ盲目的にそのブランドを選好することをブランド・ロイヤルティ（brand loyalty　ブランド忠誠度，商標忠誠度）とも呼ぶ。　企業では，同じ製品カテゴリーに複数のブランドを展開するマルチブランド戦略（multi-brand strategy）をとることが多い。

　ブランドがもつ経営資源としての価値を示す概念に，ブランド・エクイティ（brand equity）がある。理論的には，顧客が製造業者や製品に対してもつ"好感イメージ"に対して価値を計算したものである。企業会計上は営業権・のれんなどと呼ばれる。（参照　経営・第2章）

　また近年，特定の地域に存在する特徴的なものを資源として活用可能な物と捉え，人的・人文的な資源をも含む広義の総称として，地域資源が注目されている。事業者は，消費者の意識にあるブランドのイメージに，地域イメージを関連させ，差別化された価値を生み出す。その価値が消費者に広く認知され信頼を得て，地域ブランドが形成される。ブランド戦略は，売れる視点だけでなく，消費者に評価され，支持される視点で商品開発やマーケティング，地域活性化を考える戦略でもある。地域ブランド形成の段階は次の通りである。

　①基本概念の構築　②具体的な取り組み策定　③地域ブランドの確立　④地域ブランドの維持管理

第9章
経営と財務

1 財務管理の意義

　企業は，原材料を購入し，生産設備を使用し，それに労働力やエネルギーを投入して加工を行い，財・サービスを生産・販売している。これらの企業外部から流入し，あるいは内部で生成されていく財・サービスの流れに対応して，逆方向に貨幣の流れが存在している。企業活動によって生じるこれら2つの流れのうち前者を実物的側面，後者を財務的側面と呼ぶ。
　財務的側面から企業をみることの利点は，企業活動全体の流れを概観でき，各活動のあいだの調整を図ることができる点である。しかし逆に財務的側面からのみ企業をみると，全ての企業内の活動は資金の流れという数字だけでみることになり，それ以外の多くの情報が見失われやすい。
　財務上の管理活動を財務管理と呼ぶ。伝統的には，企業外部の利害関係者に対する報告に有効な財務会計と企業内部の経営管理活動に有効な管理会計として発展してきたものである。そこにおける重要な問題は，企業活動に不可欠な資金の調達がある。しかし，企業は資金調達の際，その見返りに資金提供者に対し資金コスト（配当，利子など。資本コスト）の支払いを考慮しなければならないため，資金調達とともに資金の効率的運用が問題となる。資本の調達と運用は貸借対照表によって明らかにされる。一方，会計期間に発生する利益は損益計算書によって明らかにされ，これは，貸借対照表の資本に蓄積される。貸借対照表と損益計算書そしてキャッシュフロー計算書は，財務諸表（financial statements）の中心的な存在であり，財務3表とも呼ばれる（後述）。（参照　経営・第5章，第7章，法律・第5章）

経表2　企業における資金の調達

短期資金の調達	①買掛金 ②支払手形 ③短期借入金（手形借入・当座借越など） ④その他（未払金，未払費用，前受金，前受収益など）
長期資金の調達	①留保利益 ②減価償却累計額 ③株式発行 ④社債発行 ⑤長期借入金

2　資金の調達

　実物的側面である「財・サービスの流れ」に沿い，どのように原材料などを買い入れ，加工し，製品として販売するかを計画していくこと及び財務的側面である貨幣の流れに沿って，どのように資金を調達し，企業目的のためにそれを運用し，またどの程度の貨幣を手持ちとするかを考えていくことも重要である。そこで，資金の調達を資金の運用との関係から，期間をもとにして分類すると，短期資金（1年以下の期間を対象にしたもの）の調達と長期資金（1年をこえる期間を対象にしたもの）の調達に区分できる。

2.1　短期資金調達

　1年以内の返済期限を有する短期資金は，取引先の企業への支払いを一時延期したり，金融機関から借り入れることによって調達される。特に銀行からの借り入れによる調達が一般的である。短期資金調達源泉には，次のようなものがある。(参照　経営・第5章)

　(1)　買掛金

　買掛金は，原材料・商品などの仕入れ代金の支払いを，後日に延期するものである。

　(2)　支払手形

　支払手形は原材料・商品などの仕入れ代金を一定期間後に支払うことにし

経表3　株式と社債の比較

	比較事項	株式	社債
1	調達者	出資者	債権者
2	資金の性格	自己資本（資本）	他人資本（債務）
3	償還	償還なし	一定期間後償還
4	議決権	原則としてあり	なし
5	元本価値	時価で表示され，変動的	償還金額が一定
6	報酬の性格	利益配当（変動的）	受取利子（確定的）
7	危険負担	残余財産分配の順位は社債より後	残余財産分配の順位は株式より優先
8	投資家にとっての投機性	高い	低い
9	投資家にとっての安全性	低い	高い

た手形上の債務である。

(3) 短期借入金

短期借入金は主に銀行からの借り入れをいい，手形借入や当座借越などがある。

(4) その他

未払金・未払費用・前受金・前受収益などがある。

2.2　長期資金調達

次に土地や建物などの固定資産に対しては，長期資金源泉から資金が調達される。長期資金源泉は留保利益及び原価償却累計額などの内部資金と，株式発行，社債発行，長期借入金などの外部資金がある。（参照　法律・第5章）

(1) 留保利益

毎期の純利益から，法人税等，配当金，役員賞与金などの処分額を控除した残額を留保したもので，利益剰余金ともいう。

(2) 減価償却累計額

減価償却の目的は，減価償却費として固定資産の一部を毎期償却して，費用に計上することにあるが，この場合実際には資金の流出がないので，資産の取替資金を企業内部に自己金融の形で貯えることになる。

(3) 株式発行

株式は，出資を均一の比較的小口の額に分割し，譲渡の自由を保証した有価証券である。社債と異なり，契約期限が無期限であり，更に配当は変動的で，議決権をもつ。

(4) 社債発行

社債は，財産あるいは収益の担保によって保証された長期の借入債務である。通常の社債契約では，半年ごとに一定額の利息を支払い，おもに満期日に額面金額を償還する。

(5) 長期借入金

長期借入金は，金融機関からの1年をこえる長期の借り入れをいい，借用証書を用いて調達される。

3 資金調達の原則

短期資金・長期資金は，ともに最低の資金コストによる調達が要請される。短期資金には，つねに調達及び返済に応じられる弾力性ある源泉や，供給側と良好な永続的関係を維持できる源泉が求められる。例えば買掛金は，コストが低く弾力性があり，他方，短期借入金は，銀行の信用保証，一般的購買力の点ですぐれている。

長期資金の調達は，流動性，返済能力，収益性，外部からの経営支配などの点で，短期のものと区別される。長期資金は，長期間安全に運用できるので，固定資産などに投下できる。(参照　法律・第5章)

3.1　資本の運用

資本（総資本＝自己資本＋他人資本）の合理的な運用について考えてみよう。企業はその活動のため，調達された資本を用いて，機械や原材料を購入し，それをもとに生産活動を行うが，このように貨幣や信用の形でもっていた資本を，具体的な財貨に転換したものを「資産」と呼ぶ。資本の合理的な運用とは，資産の管理をいかに行うかである。

企業の保有する資産には，流動資産や固定資産などがあるが，ここでは特に流動資産の例を中心に，資産管理の方法を考える。下記に各種の資産管理に共通の考え方を示す。

①資産の流入・流出を均衡させるために基準となる在庫量を設定する。
②予想外のできごとに備えて安全在庫量を算定する。
③将来の成長のために追加すべき数量を計算する。
④経済的発注量を決める。

生産の準備や発注のための費用は，生産や発注回数に比例して増加する。回数を減少させるために一度に生産，発注すると，在庫が増加しその保管費用が増加する。すなわち，発注費用と在庫費用は一方が増加すれば他方は減少する反比例の関係にある。経済的発注量とは，この関係の中で，決定される1回の発注ないし生産の経済的な数量である。なお在庫量の発注管理の問題には数学的モデル，オペレーションズ・リサーチ（OR）が用いられる。

3.2　勘定科目の管理

資金調達をより具体的に捉えるためには，財務諸表にある個々の勘定科目によって個別的な管理が必要である。以下，これについて述べる。

(1)　現金

現金（キャッシュcash）と現金等価物（市場性のある有価証券を含む）の保有高は，売上高の一定割合が適切である，という形で管理される。経営者は，必要となる現金とその時期について，十分把握したうえで，流入と流出の型の改善を行う。例えば現金の流入を改善するには，①現金の流れの時間的調整，②遊休資金の削減③盗難・不正等の防止などがあげられる。

(2)　売上債権

売上債権（得意先との間の通常の営業取引に基づいて発生した債権である。受取手形及び売掛金）の残高は，主に対売上高比率や回収期間などに注目することによって管理される。売上債権の大きさは，①信用販売の量，②売上高の季節変動，③信用限度額，④販売条件と信用政策，⑤回収政策などの諸要因によって左右されるため，改善の余地があるか否かを考えることが

重要である。

(3) 有価証券

余裕資金の運用や他企業の支配のために，他企業の株式，社債，国債，地方債などに資金を投下することを，有価証券投資または単に投資という。

(4) 棚卸資産

原材料，仕掛品，及び完成品などの棚卸資産に関する在庫投資は，生産工程の長さと技術的性格，及び最終製品の耐久性や形状などの要因により決定される。通常，機械や金属を取り扱う製造業の場合は仕掛期間が長く，棚卸資産も大きくなる。

(5) 固定資産

固定資産は1年をこえる長期にわたり使用される資産で，資本を投下する判断が，特に重要になる。有形固定資産への投資については，従来から種々の判断基準があるが，現在では，正味現在価値が適切と考えられる。

正味現在価値法（または正味現価法）は，企業に流入し，一方，企業から流出する現金の現価の差額が，プラスかマイナスかによって判断し，固定資産投資の適否を決定する基準である。なお最後に，資産管理においては，各資産をバランスよく組み合わせて保有することが重要である。

4 資金繰りと資金管理

4.1 資金と資金繰り

企業において資本は，現金から棚卸資産や固定資産へ，売上債権を経て再び現金に戻るというように循環している。この資本循環のなかで，資本が現金または現金同等物の形態にあるとき，これを資金とよぶ。資金には現金だけでなく当座預金，普通預金等要求払い預金も含まれる。また，現金同等物とは以下のように考えられる。

①確定金額への換金可能性を有する短期投資
②3ヶ月以内に満期日が到来する短期投資

企業が活動を継続していくには，支払いを円滑に行わなければならないの

で，どの企業も資本の一部はこうした資金の形態で保有している。
　次に資金繰りとは支払いに必要な資金を手当てすること，資金収支の均衡をとる手続きである。

4.2　資金計画の意味

　資金計画とは経営計画をもとに決定される利益計画，売上計画に基づく実際の資金収支の見込みであり，経営計画の中で利益計画，売上計画とともに構成されると考えてよい。
　まず，経営計画とは設定された目標・戦略に基づき，これを達成するための手段，方法，手続きなどを明らかにし，中期・長期等の具体的数値で示すものである。それを支えるものは経営理念および経営戦略である。
　次に，経営計画のもとで目標となる利益計画，売上計画をたて，それに伴う短期的，長期的な資金繰りの見積を計画する。利益，売上，資金，そしてその全体を含む経営計画は全て計画の実行，結果の評価を経て調整されていく。これを計画，指揮，統制と言うことは既に述べた。
　最後に，資金計画とは将来の一定期間，例えば１ヶ月，３ヶ月，６ヶ月，１年後における資金繰り，収支の見積（予定）をたてることであり，通常，短期（１年以下）と長期（１年超）の資金計画が存在する。（参照　経営・第５章）

4.3　資金管理

　資金管理の目的を検討してみるならば，次の2点に集約できる。すなわち
　①資金の円滑な循環を確保すること
　②循環する資金の総量を節約すること
　資金循環で特に重要なものは，現金資金である。これは外部の取引相手と関わり，支払不能になる場合，企業の倒産にも結びつくからである。
　一方，資金総量が多いほど安全であるが，同時に注意すべきは，企業が利用する資金は相当の費用がかかるということである。従って，逆に資金の総量は少ないほどよいことになる。

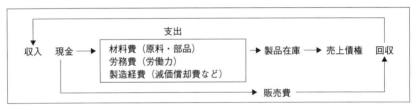

経図7　企業における資金の循環

　ここで資金の費用については，機会費用の考え方をする必要がある。すなわち，もし当該資金を他の用途に使用したならば得られるであろう利益によって表現できる。例えば現金は，手元現金として保有している場合には何ら利益も生まないが，これを銀行の定期預金に預金すれば利息が得られる。この利息分は現金を定期預金にせず手元におくことの機会費用である。

　資金管理の2つの目的のうち，より基本的であるのは①である。換言すれば支払不能を回避することにある。

4.4　資金繰りの種類

　資金繰りの種類には実績資金表と見積資金表がある。両者とも資金繰表，資金移動表，資金運用表によって構成される。資金計画とは次期の収支を計画すること，すなわち見積資金表を作成することをさす。

(1)　実績資金表

(a)　資金繰り表

　帳簿会計の場合は現金出納帳及び銀行勘定帳の記入内容を分類整理する。伝票会計の場合は入金伝票，出金伝票，銀行勘定の振替伝票を分類整理する。いずれにせよ各月，各事業年度の収入支出から作成するものである。作成手順を例示すれば，次の通りである。

①手持資金の確認

　現金預金の前月の「翌月繰越金」をそのまま記入する。

②収入の見込み

　現金売上，売掛金回収は実績で予測する。受取手形期日到来，その他は帳簿残高で求める。臨時収入は利益計画から見積もる。

③支出の見込み

現金仕入，給与，営業費は実績で予測する。買掛金支払い，支払手形期日到来，その他は帳簿残高で求める。

(b) 資金移動表

現金出納帳，入金伝票，出金伝票から収支の金額を集計する直接法と資金収支の結果として増減する資産，負債，資本の増減額から収支額を算出する間接法によって表が完成する。

(c) 資金運用表

前期，当期の貸借対照表を比較して諸項目の残高の増減を資金源泉，資金運用に分類整理し，両者を対照表示した表である。

(2) 見積資金表

資金計画には通常，見積資金繰表が用いられる。

(3) キャッシュフロー計算書

2000年3月期より日本の会計制度は改正され，公開企業に関しては資金の増減を表すキャッシュフロー（cash flow）計算書の作成，開示を行い，従来の資金収支表を廃止することとなった。キャッシュフロー計算書とは貸借対照表における営業活動から生じた運転資金の調達・運用の変動に焦点をあて（ここまでは資金運用表と同じ），短期の見越や繰延を調整した現金及び現金同等物の変動を表した計算書である。

キャッシュフロー計算書の構成は以下の3区分に分けて表示する。

(a) 営業活動によるキャッシュフロー

商品及び役務の販売による収入，購入による支出等，営業損益計算の対象となった取引によるキャッシュフローを記載する。

(b) 投資活動によるキャッシュフロー

固定資産の取得及び売却ならびに現金同等物に含まれない短期投資の取得及び売却によるキャッシュフローを記載する。

(c) 財務活動によるキャッシュフロー

株式の発行による収入，自己株式の取得による支出，社債の発行・償還及び借入金の借入・返済による収入・支出等の資金の調達，返済によるキャッ

シュフローを記載する。

　各キャッシュフローの数値（プラス，マイナス）の持つ意味は次の通りである。まず，営業活動によるキャッシュフローは，企業の中核となる事業が順調であればプラスに，逆に事業の見直しや企業存続の意味を問われる状況であればマイナスになる。次に，投資活動によるキャッシュフローは，保有株式や不動産を売却するなど企業再建に注力しているならばプラスに，将来を見据えた投資活動を行っていればマイナスになる。最後に，財務活動によるキャッシュフローは銀行借入や株式・社債の発行など，資金調達を積極的に行っていればプラスに，逆に借金返済に注力していればマイナスになる。

　キャッシュフロー計算書は適切な資金管理を目的としており，経営者にとって設備投資の意思決定，同業他社との業績比較等に利用できるのである。一方，各キャッシュフローは，その現在価値を割引計算（ディスカウント）することによって企業価値を算出する際にも使用される。

　欧米において，年金基金，投資信託などの機関投資家の株式所有比率が上昇し，株主を重視する傾向を背景に，経営に対する機関投資家の発言力が高まり，経営陣の交代，業務改革を迫るケースも見られる。こうした状況のなかで，企業価値の評価について，キャッシュフローを最も重要な指標として位置づけ，キャッシュフローの最大化を目標とする経営手法が注目されている。株主価値の最大化，株価向上を目指して，キャッシュフローを指標とした経営管理の制度を導入する企業が増えている。（参照　経営・第5章，法律・第5章）

4.5　資金の動き
①資金の増減

　資金の増加としては資本金の増加，借入金の増加，資産の減少，利益の発生がある。一方，資金の減少としては費用の増加，資産の増加，負債の減少，損失の増加がある。資産，負債の増減と資金の増減との関係を理解することが基本となる。

②長期資金と短期資金

資金の時間的長さ，1年を基準にして，1年を超えるものが長期，それ以下が短期と区分される。長期資金とは設備資金（固定資産に投入された資金），長期運転資金（在庫，売掛金），短期資金とは運転資金（流動資産に投入された資金），決算資金（税金，株式配当金，役員賞与），賞与資金，季節資金，減産資金をさす。資金区分によって資金調達の方法は異なる。
③資金過不足の見通し
　資金繰りの目的は資金不足になる時期，金額をつかみ，的確に資金対策をたててそれを補うことである。
　現在の企業会計は現金・預金の収支に関係なく発生主義にもとづいて売上や費用を計上するため，損益計算と資金繰りにずれが生じる。利益は重要な資金だが，利益があっても資金繰りが楽になるとは限らない。
④定例的支払い
　営業活動とは関係なく毎年同時期に発生する資金減少には，賞与，税金，株主配当金，役員賞与がある。

4.6　資金繰り悪化の原因と資金不足の手当

　資金繰りの悪化，資金不足にはいくつかの理由が考えられる。その主なものは以下のとおりである。
　　①赤字経営　②支払債務の増大　③在庫の増加　④売掛債務の過大及び貸倒れ　⑤投資の失敗　⑥利益処分の不適正
　その原因が把握されれば，対策をたてることによって資金不足を回避できる。しかし，最も重要な点は単なる応急手当ではなく，資金不足に陥らないための自己金融，キャッシュフロー重視の経営を目指す努力をすることである。ここでは資金不足の手当，資金繰り改善のための対策を売掛債権管理，在庫管理，支払債務管理，設備投資管理及び運転資金管理の視点から述べる。
　なお，金融機関では借入の対月平均売上倍率によって財務上の安全度を算出している場合がある。
①売掛債権管理
　売掛債権は，回収して初めて完了といえる。売掛債権とは，貸借対照表の

流動資産の区分中の「受取手形」「売掛金」を加えたものである。受取手形の割引高は売上債権が1回転するに要する日数であり，1日当たり平均売上高の相当日数分の売上債権残高をもっている。

②在庫管理

棚卸資産とは，貸借対照表の製品・商品・原材料・仕掛品を合計したもので，通常在庫と呼ばれる。在庫の効率的運用は仕入と販売が対応し，売れ残りを抑制することが必要である。在庫回転率は販売効率を示し，現在の在庫に対して何倍の売上高をあげているか，という営業活動の状態をみるための公式でもある。

③支払債務管理

支払債務は，貸借対照表でいう支払手形や買掛金の合計であり，一定期日後に支払期限の到来する支払先に対する借金である。業界平均と比べて支払債務回転率が低く，支払債務回転期間が短いほど当該会社の資金繰りはよいと言える。

④設備投資管理

有形固定資産とは，貸借対照表の資産の中で建物・機械設備・車輌運搬具・工具・什器・備品・土地を指す。有形回転資産回転率は設備投資によって大きく左右され，経営トップの意思決定や先見性によって回転率は影響を受ける。

⑤運転資金管理

運転資金とは，売上債権（売掛金や受取手形）と棚卸資産（商・製品や原材料，仕掛品等）を合計したものから，支払債務（買掛金や支払手形）を差し引いて把握する。従っ

経表4　業種別の借入金倍率*

基準	安全	要注意	危険
製造業	1.5倍 ～	3.0倍 ～	6.0倍
卸売業	0.8倍 ～	1.5倍 ～	3.0倍
小売業	1.5倍 ～	3.0倍 ～	6.0倍

＊借入金の月平均売上高に対する倍率

て，当該差額分の運転資金を準備しておく必要がある。その際，金額だけでなく回転日数にも着目して運転資金表を作成し，運転資金の管理を行う。

売上高に何日分に相当する運転資金を使用しているか確認し，これを短縮する方法を検討する。短縮の方法としては(1)支払債務の買掛金や支払手形の

期日を延ばす，(2)売上債権と棚卸資産の日数を圧縮する，ことがあげられる．

なお，金融機関では借入の対月平均売上倍率によって財務上の安全度を算出している場合がある．

5 財務諸表の構造

5.1 企業活動と財務諸表
(1) 3つの企業活動

財務諸表は企業会計原則に従って作成される．企業会計原則とは，実務の慣習として発達し，企業の経営成績や財政状態を正確に把握するための企業会計の一般的，基本的な原則である．それには，次の7つの諸原則がある．

1 真実性の原則，2 正規の簿記の原則，3 資本取引と損益取引区分の原則，4 明瞭性の原則，5 継続性の原則，6 保守主義の原則，7 単一性の原則

さらにこれ以外に，重要性の原則もある．財務諸表には，個々の企業が作成する個別財務諸表と企業グループを1つの組織体として作成する連結財務諸表がある．財務諸表の種類は法律によって異なり，会社法では，貸借対照表，損益計算書，株主資本等変動計算書，注記表，事業報告，附属明細書となっているのに対して，金融商品取引法では，貸借対照表，損益計算書，株主資本等計算書，キャッシュフロー計算書，附属明細書と規定している．財務3表とは，このうち貸借対照表（balance sheet: BS），損益計算書（profit and loss statement: PL），キャッシュフロー計算書（cash flow statement: CS）を指している．（参照 法律・第5章）

企業活動は，財務の視点から見ると，次の3つから構成される．①資金調達（貸借対照表，キャッシュフロー計算書（財務）が相当），②資金運用（貸借対照表，キャッシュフロー計算書（投資）が相当），③利益創出（損益計算書，キャッシュフロー計算書（営業）が相当）

(2) 貸借対照表と損益計算書の時系列での展開

貸借対照表と損益計算書は時系列でつながっている．損益計算書には，5

つの利益といわれる売上総利益，営業利益，経常利益，税引前当期純利益，当期純利益　がある。

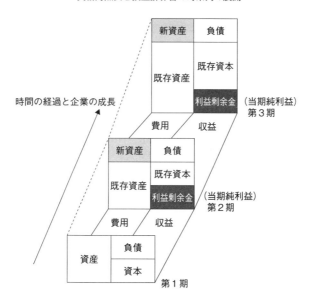

経図8　財務の時系列のつながり

(3)　財務3表のつながり

財務諸表は現金および利益（剰余金）の項目で相互につながっている。主な関係は次の通りである。

　貸借対照表：「現金および預金」＝キャッシュフロー計算書：「現金の残高」
　損益計算書：「税引前当期純利益」＝貸借対照表：「繰越利益剰余金」
　　＝キャッシュフロー計算書：「営業キャッシュフロー／税引前当期純利益」

5.2　連結財務諸表

2つ以上の企業が支配，従属の関係にある場合がある。例えば，親会社と子会社は，法律で独立に扱われても親会社を頂点とする企業集団または企業

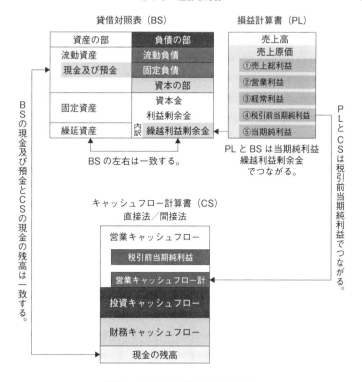

経図9　財務3表の基本的なつながり

　グループを形成しているとき，経営と財務を総合的に理解するためには全体を1企業とみなす必要がある。この目的のために作成される財務諸表を連結財務諸表（consolidated financial statements）という。我が国における連結財務諸表は，1972年以後，証券取引法（現行，金融商品取引法）によって制度化された。1997年，連結財務諸表原則が改正され，2000年3月期決算から，これまでの親会社単独の財務諸表ではなく連結財務諸表を中核とする情報開示に移行することとなった。連結対象には経営への実質的な支配力が基準とされ，子会社の範囲が拡大した。また，時価評価（資産の評価基準に決算期末時点の時価を用いること）による資本連結，税効果会計等の導入も行われ，国際会計基準を意識した改正といえる。連結財務諸表とは連結貸借対照表，連結損益計算書，連結剰余金計算書，連結キャッシュフロー計算書の

4つを指す。

5.3 四半期財務諸表

　国際的競争の激化や事業構造の変化など，企業を取り巻く環境の大きな変動等の影響を受け，企業業績は短期的に変動することが日常化した。その結果，適時に企業業績を開示し，投資家の投資判断に資するため，原則として2004年4月以後に開始する事業年度から，我が国の全上場会社に対して「四半期（年度および中間を除く第1四半期と第3四半期）の財務・業績の概況」の開示が義務づけられた。更に，2006年6月には，四半期開示制度の前提となる金融商品取引法が成立した。

6　ベンチャー企業の資金調達・資本政策

　ベンチャー企業が事業を開始する場合，事業計画（ビジネスプラン）を確立する必要がある。具体的には，①事業の概要　②ターゲット市場の規模　③市場の参入採算性　④自社技術の優位性　⑤販売戦略　⑥販売予測　⑦他社との競合の状況　⑧経営チームの紹介　⑨財務・資金繰り（損益計算書，貸借対照表，キャッシュフローの予測）　⑩資本政策　が主な項目となる。
　このうち，資本政策は，新規株式公開（initial public offering：IPO）を目指しているベンチャー企業について，非常に重要である。資金調達を資本市場から調達（エクイティ・ファイナンス equity finance）することが，ファイナンスの中心となる。一般に，ファイナンスを行うほど経営者側の株式保有割合が下落し，株式公開時には，公募と売出しを行うため，更に割合は低下する。このように，株式公開時の最終的な保有割合をどの程度にするかを前提にして，資金調達の規模，株価を予測して経営する。
　創業者の利得は，株式公開時に保有株式を市場に放出することによって得られ，利益獲得の大きな機会となる。株式公開後も，安定的な経営を持続するためには，安定株主を含めて，ある程度の割合確保も考えておく必要がある。このため，株式公開前に資本政策を検討することが重要となる。

第10章
経営と情報および技術

1 情報の重要性

　経済循環は労働力，物，貨幣の3者の流れのほかに，情報の流れも重要な役割を果たしている。この中で情報が近年特に重要であると考えられるようになったのは，企業における人々の行動が，意思決定に基づき，更にその意思決定は情報に基づいて行われるからである。また今日，企業や個人，政府の活動が世界規模で繰り広げられるグローバル化社会となりえたのは，情報通信技術の進歩が最も大きな要因である。本章において情報（information）とは客観的に伝達・処理できるようになった段階での知識であり，事実やデータを指す。情報の中でも選び抜かれ，戦略的な意義をもつ重要情報は諜報または戦略情報（intelligence）ということがある。データ（data）はコンピュータで扱う情報であり，数字，文字，記号等のコンピュータ処理に適する形で表現したものであり，形式化された事実，概念である。

　なお，知識は，形式知と暗黙知の2つに分類される。形式知（explicit knowledge）とは，言語，数値，文章等で表現できる客観的な知識である。一方，暗黙知（tacit knowledge）は言語，数値，文章等で表現することの難しい，主観的な知識である。知識創造は，この両者を動的に統合したプロセス（運動）に相当する。現代は，情報技術を利用する能力（情報リテラシー information literacy）が求められている。（参照　経営・第1章）

2 情 報 管 理

　情報管理とは，企業内の諸活動を支援する情報システムを設計し，これを

運用する過程である。情報管理の対象となる情報の範囲は，情報発生源の観点から外部情報と内部情報とに分類することができる。外部情報は環境情報ともよばれ，企業外部で発生した経済的・技術的・政治的，その他さまざまな関連情報が含まれる。これに対して企業内部では，諸活動が「情報意思決定」の過程を経て遂行されるとともにその結果の行為にともなって新たに発生した情報が他の意思決定者に伝達されるのである。

企業の組織は上位階層ほど外部情報に依存する割合が大きく，逆に下位の階層ほど内部情報に依存するところが大きい。しかし，いずれの階層レベルで，その階層における意思決定の内容が重要であり，情報を行動に変換する意思決定の当否は，提供される情報の適否とタイミングに左右される。

3 経営活動とコンピュータ

経営活動において，情報に対する迅速かつ大量処理の必要性は，多くの企業にコンピュータの導入をうながすことになった。特にマイクロコンピュータ（microcomputer 小型コンピュータ）をめぐる機能の増大，価格の引き下げ，更にはその使いやすさの向上なども大いにすすめられ，このことがまた経営活動へのコンピュータの利用をいっそう促進することになった。現在では工場内に機械やコンピュータが見られるだけでなく，各企業のオフィスのなかにも情報処理のため各種OA機器が導入されることになった。コンピュータは情報化のための技術と考えられるのである。情報化技術の基本は収集，記録，評価，判定，使用などにある。情報化技術の具体的例を示す。

①資源一覧　各部門の経営資源の一覧表を各時点で作成し，管理する。
②取引記録　発生時点で取引を記録する。これに基づいて資源一覧を更新する。
③情報収集　事実の記録をコンピュータにより一定のデータ加工をして情報にする。
④分析試行　資源一覧と取引記録の2種類のデータによって実行計画を策定する。

⑤目標探究　目標数値を決め，それを達成するために企業モデルに基づきコンピュータによりシミュレーション（simulation）する。

(参照　経営・第5章)

4　情報システム

　組織として情報を取り扱い，情報の収集，蓄積，加工などを行うシステム（system）を情報システム（information system）または情報処理システムともいう。ここでまず，システムの意味から述べる。

4.1　システムの意味
　ある目的のために複数の機能・要素を相互に関係付けて1つにまとめ，組み立てた組織，あるいは仕組みをシステムという。コンピュータを中核に構築されるシステムはコンピュータ・システムと呼ばれ，組織として情報を取り扱うシステムのことを広く情報システムという。

4.2　システムの構成概念
　システムは5つの構成要素が相互に組み合わされ，全体として調和のとれた仕組みを形成している。
　①入力：インプット（input）処理条件や処理データをシステムに入れる。
　②出力：アウトプット（output）処理結果をシステムから出す。
　③処理：プロセス（process）予め設定している条件のもとでデータを処理する。
　④制御：コントロール（control）目的を実現するため基準を設定して管理する。
　⑤検証：フィードバック（feedback）処理結果が目的を達成しているかを検査する。
　企業内部は管理，人事，販売，購買，会計などいくつかの部門に分かれている。このとき，個々の構成システムをサブシステム（sub system），全体

のシステムをトータルシステム (total system) という。

4.3　コンピュータ・システムの構成要素

コンピュータ・システムは以下の構成要素から成り立つ。

(1) ハードウェア (hardware)

ハードウェアとは入力装置，記憶装置（主，外部），演算装置（CPU），出力装置，制御装置などの機器から構成される。CPU (central processing unit) は中央演算処理装置，主記憶装置であり，メモリーともいい，コンピュータの頭脳部を指す。これに対して磁気ディスクや磁気テープなどの CPU から独立した記憶装置を外部記憶装置という。

(2) ソフトウェア (software)

ソフトウェアとはプログラムなどの利用技術であり，機器としてのコンピュータを制御する基本ソフトウェアと実際にデータを処理する応用プログラム（アプリケーション・プログラム application program）から成る。

(3) オペレーティング・システム (operating system : OS)

オペレーティング・システムとは，コンピュータ・システムを構成する各種装置を効率的かつ有機的に使用できるように，また，利用者 (user) にとって使用しやすい環境を提供するように設計されたプログラムである。OS は制御プログラムと処理プログラムの2つに分けられるが，通常，ハードウェアとソフトウェアを管理する狭義の制御プログラムを指す。これには MS-DOS, Windows, UNIX, Linux などの例が知られている。

(a) 制御プログラム

処理プログラムの実行とハードウェアの利用状況を絶えず監視し，各装置が効率的に働く状態を作り出し，必要に応じて処理プログラムの実行，中断，再開を行う。OS の主要な働きは①ジョブ管理　②タスク管理　③記憶管理　④データ管理　⑤通信管理　である。

ここで，ジョブ (job) とは利用者がコンピュータに実行させる仕事の単位であり，タスク (task) とはコンピュータ側からみた仕事の単位。ジョブを細分化したものである。

(b) 処理プログラム

主なものは翻訳プログラムとサービスプログラムである。

まず，翻訳プログラムにはコンパイラとインタプリタがある。

第1に，コンパイラ（compiler）とは，プログラム言語（COBOL，FORTRAN，C言語，オブジェクト指向のJavaなど）によって作成されたプログラムを，一度に全て機械語に交換して実行するプログラムである。

第2に，インタプリタ（interpreter）とは，BASICなどのプログラム言語によって作成されたプログラムを命令ごとに一つずつ機械語に変換して実行するプログラムである。サービスプログラムはユーティリティー・プログラム（utility program）ともいい，使用頻度の高い定型処理に用いる。その具体例としてはファイルやデータの分類・併合プログラム，連係・編集プログラム，デバッグ（debugプログラムの誤りを検索し，除去し，完成させること）支援プログラム，システム開発支援プログラムがあげられる。

なお，オペレーティング・システムやハードウェアなどの基盤部分はプラットフォーム（platform）と呼ばれる。

(4) 組織化された人，技術

コンピュータ・システムを実際に機能させるためには，それを運営する組織化された人，技術が必要であり，これも重要な構成要素である。

5　システム開発とシステム設計

情報を処理するとき，情報システムの開発と運用の2つの側面がある。

(1) システム開発と運用・保守

システム開発は情報システムをつくりあげることであり，システム運用はできあがったシステムを実際に動かし，利用することである（稼働ともいう）。システムの運用ではシステムを維持管理するため保守が必要である。

(2) システム開発の留意点

(a) 利用者指向

開発された情報システムは開発者のために存在するのではなく利用者のた

```
要件定義
  ↓
システム設計  →  プログラム開発  →  システムテスト  →  移行準備
概要設計／詳細設計                                        ↓
                                                    システム運用
```

経図10　システム開発の手順

めに存在する。利用者に利用しやすく効果のあがるシステムになるように開発されなければならない。そのために実際に業務に携わる部門の人がシステム構築を行うエンドユーザー・コンピューティング（end-user computing）が重視されてきている。

(b)　文書化

一定の基準に従って必要な情報を編集・整理し，文書としてまとめ上げる作業，文書化（ドキュメンテーション documentation）が必要である。

(c)　標準化

開発者の能力に依存せず，また開発するシステムの規模にかかわらず，一定の品質が維持されるように開発の作業手順，使用用語，文書様式などの統一化が必要である。

(3)　システム開発の手順

企業内外からの種々の要因によって新しい情報システムの検討や，従来からあるシステムの改善等，対応策を必要とする情勢になったときがシステム開発の出発点である。

6　経営情報システム

企業組織のすべての階層に，業務遂行及び意思決定に必要な情報を必要な時期に提供するような，人間と機械で構成される仕組みのことを，経営情報システムとよぶ。ここでは，経営情報システムを支える部分的な構成要素を，オフィスおよび工場における意思決定と業務遂行のシステムの2つにわけて解説する。（参照　経営・第5章，第7章）

6.1 オフィスにおける経営情報システム

　オフィスにおける経営情報システムの種類には次の分類がある。すなわち電子データ処理システム，管理情報システム，および意思決定支援システム，戦略的情報システムの4つである。経営情報システムは特に企業の財務管理，財務会計や管理会計の発展に影響を与えた。

(1) 電子データ処理システム（electronic data processing system：EDPS）

　現在オフィスで使われているコンピュータを基礎にした情報システムの中で最も大きなものはEDPSである。EDPSは取引処理を対象としたものであり，生のデータを大量に保存し，処理しうる技術に力点をおいている。EDPSは給与支払，注文の記録などビジネスにおける会計処理とか取引記録の保存の面で活用される。EDPSが取り扱う範囲は主として企業内部の情報である。そこに流れるデータは，注文処理の段階で生ずるような，日常的な現場業務の副産物として生み出されたものである。利用者はきわめて広範囲にわたっており，一般事務職から経理担当者，管理者，更には企業の公正な運営を促進し不正行為を防止する会計監査を実施する人などの外部の者にまで広がる。EDPSは，コンピュータを用いて事前にその処理方法が決まっているデータを，自動的に処理するシステムである。

(2) 管理情報システム（management information system：MIS）

　MISにはEDPSを通じて集積された取引に関するデータも蓄積されている。しかし，MISとEDPSを混同してはならない。MISの特徴は，管理者にとって意味のある情報を集約することと定期的に報告書を作成することにある。このため一般には前期実績や，標準原価などの事前に定められた基準との比較が必要となる場合に使用される。標準原価とは原材料，労働などの財貨ないし役務の消費量を科学的な研究に基づいて能率の尺度となるように予定し，かつ，予定価格または固定価格をもって計算した原価をいう。例えば予算案の作成や販売分析などである。MISにおいてオペレーションズ・リサーチ等によって確立されたモデルを使う場合は，企業の内部データだけではなく外部データも必要となる。

(3) 意思決定支援システム (decision support system : DSS)

DSSは経営上の特別な意思決定，特に経営計画作成のための情報提供に力点をおく。DSSが対象としている適用例に経営計画や競争分析などがある。DSSの概念は比較的新しくEDPSがデータの処理を，MISが管理者への情報提供を主たる任務とするのに対し，DSSは経営者が意思決定を容易にできるよう，支援するための情報システムである。従ってDSSは，データとモデルを利用して，意思決定者の非構造的（因果関係が明確に定義できない）問題解決を支援する，対話型のコンピュータシステムのことであるということができる。DSSは問題解決のための専用のデータベース（大量の情報を検索しやすいようにテープやディスクに記憶，蓄積したもの），モデルベースと対話生成システムから構成されている。

経表5　経営情報システムの比較

	EDPS	MIS	DSS
使用目的	事務処理	情報管理	意思決定
使用事例	記録	報告・分析	計画策定
使用対象者	作業者層	管理者層	経営者層
対象時間	現在	過去～現在	現在～未来
データ加工度	低い ←		→ 高い

(4) 戦略的情報システム (strategic information system : SIS)

コンピュータを中心とした情報網を社内外にはりめぐらすことによって経営に関する様々なデータの蓄積，活用をはかる。システム構築自体が従来になかった業態や取引形態を生み出すということで戦略的である。効率的な業務の処理に留まる。今日，地球規模の広がりをもつグローバル戦略情報システム (global strategic information system : GSIS) も登場している。

6.2　工場における経営情報システム

工場における経営情報システムの利用について，考えてみよう。工場におけるオートメーション化 (factory automation : FA) は，1947年米国のフォード自動車会社がオートメーション部門を設置してから普及し，1950年頃からプロセス・オートメーションやメカニカル・オートメーションの形で登場した。これらは生産活動を自動制御装置を用いて自動化をすすめられたものである。最近のマイクロエレクトロニクスを中心とした技術革新により

オートメーションの内容も大きな進歩をとげた。少品種大量生産から多品種少量生産へ発展した。前者の典型例はトランスファーマシン（transfer machine 自動車工作設備）であり、後者の代表例はフレキシブル・マニュファクチャリング・システム（flexible manufacturing system：FMS）である。トヨタ自動車は、大野耐一が多品種少量生産の生産方式として、トヨタ生産方式を開発・普及させた。その特徴は、①必要な材料を必要な時に、必要な量だけ調達するジャスト・イン・タイム（just in time）　②多能工チームによる継続的な改善活動　③後工程が必要な部品を必要なだけ前工程に引き取りに行く物流制御（カンバン）　であり、日本・海外を問わず、産業界に大きな影響を与えている。更に1980年代後半からコンピュータによる統合生産システム（computer integrated manufacturing：CIM）の新しい段階をむかえた。これは、通信ネットワークを用いて自動化された生産システムをコンピュータと結び、生産から販売までの一元化、研究開発、設計、生産、販売、経営管理の各部門を統合して自動化、省力化をめざすものである。CIM の推進には FMS を中心にコンピュータ援用設計（computer aided design：CAD）、コンピュータ援用製造（computer aided manufacturing：CAM）など生産の固有技術をシステム化して CIM を構築しようとするアプローチがとられている。（参照　経営・第7章）

7　情報通信ネットワーク

7.1　コンピュータ・ネットワーク

　情報ネットワークを支えるのはコンピュータ・ネットワーク（computer network）である。コンピュータ・ネットワークとは独立した複数のコンピュータ・システムを通信回線を用いて互いに資源を共有することができるように結合させたシステムである。

　コンピュータ・ネットワークの特徴は①複数の処理装置を含む　②処理装置が独立または共同で作動する　③個々の処理装置が有機的に結びついている、である。コンピュータ・ネットワークは規模によりローカル・エリア・

ネットワーク（local area network：LAN）とワイド・エリア・ネットワーク（wide area network：WAN）に大別される。

7.2 処理形態

(1) 通信回線利用による分類

オンライン方式（on-line）とオフライン方式（off-line）に分類される。オンライン方式とは端末装置から通信回線を利用してコンピュータに直接データ入力する方式であり，オフライン方式は端末装置が通信回線によりコンピュータに直接接続されず郵送，人力等でデータ入力される方式である。

(2) データ発生及び処理の各時点による分類

(a) オンライン・リアルタイム処理（on-line real time）

データ発生場所の端末から通信回線を通して処理要求し，コンピュータが即時に処理し，即時に結果を出力する。

①取引処理（トランザクション処理 transaction）

データの更新を伴う。銀行のキャッシュ・ディスペンサー（CD），列車や飛行機の座席予約，チケット販売が相当する。

②照会処理

データの更新は伴わず，データを照会，検索する。在庫照会，株式市場の問い合わせ，検索などが相当する。

(b) オンライン・バッチ処理（on-line batch）

一定期間蓄えられたデータを一括処理する。商品受発注，給与計算，電気・ガス料金計算などが相当する。

(3) 機能配置による分類

(a) 集中処理

データをセンター（中央）のホスト・コンピュータ（host computer）でのみ処理する。集中処理はシステム運用やデータ管理が容易であるが，一方，データ処理が集中するため処理遅延が起こり，ホスト・コンピュータに障害が発生すると全利用者に影響を及ぼす欠点をもつ。

(b) 分散処理

センター以外にもコンピュータを設置し，各コンピュータで処理する。情報の発生地で即，処理が可能である。また，利用者の要求に応じて処理コンピュータを選択することができる。しかし，システム構造が複雑になりやすく，ユーザーにコンピュータの運用能力を要求される。また，セキュリティ（security 安全性）に問題を生じやすい。

　現在，コンピュータの小型化，低価格化，インターネットの普及に伴って，分散処理が利用される場合が増えている。一方，集中処理と分散処理の長所を取り入れて，協調分散処理及び分散協調システムが開発された。それは各コンピュータ相互に接続して密接に連携した集中処理形態でありシステム全体としての信頼性が高いため，注目を集めている。また，複数システム上で分散して１つのアプリケーション機能を実行する分散処理形態であるクライアント・サーバ型処理及びクライアント・サーバシステム（client server system）も支持されている。クライアント・サーバではクライアント（処理依頼コンピュータ）がサーバ（処理実施コンピュータ）に対してサービスの要求を行い，サーバがクライアントに結果を返す。

7.3　インターネット（internet）

　インターネットとはコンピュータ・ネットワーク同士をつないでいる情報通信ネットワークである。もともと米国防総省の軍事技術の研究からスタートした。ミサイル攻撃を受けて一部のネットワークが損傷しても，残ったネットワークだけでコンピュータシステムを運用できるよう，分散型コンピュータ・ネットワークの研究が進められた。1969年にこの研究のためカリフォルニア大学，ユタ大学，スタンフォード大学研究所がネットワークで結ばれ，その後，米国の大学や研究機関が次々にここに接続し，インターネットの通信方式である「TCP/IP」が開発され，技術的な基盤ができた。

　当初，利用者は研究者や技術者に限られていたが，1990年になってビジネス利用が認められるようになり，企業が相次いでコンピュータを接続し，普及が始まった。初心者でもインターネット上のデータを簡単に検索，表示できるワールド・ワイド・ウェブ（world-wide web：WWW）が開発され，

一般のオフィスや家庭から簡単にホームページに接続できるようになり，急速に普及した。電子メールは郵便に不可欠な便せんも封筒も切手もいらない。時間と距離の制約もなく，ほとんど瞬時に世界に送信できるなど多くの利点がある。また，情報圧縮などの関連技術の開発が進み，文字や画像だけでなく，音声や動画も表示できるようになり，利用法は更に拡大した。

　企業が自社の拠点や取引先をインターネットを介して結ぶイントラネット（intranet）も，低コストで国際的な通信網を構築できることから，普及が進んでいる。

7.4　コンテンツ（contents）

　マルチメディア（multimedia）で提供される情報の内容をコンテンツという。狭義にはインターネットなどの情報通信ネットワークで提供されるデジタル（digital 符合化）情報の内容を指す。マルチメディアとは通信，放送など異なるサービス形態を融合して音声，データ，画像をデジタルで高速に送受信できる形態をいう。アニメーション，コミック（マンガ），映像，音楽，ゲームなどの娯楽から，ニュースやビジネス，書籍，百科事典などまで幅広い。デジタル化されたコンテンツはインターネット，衛星放送，CATV（cable television ケーブルテレビ）などのネットワーク媒体や，CD-ROM（read only memory 読み出し専用メモリー），DVD（digital video disk 多目的ディスク）などのメディア媒体で提供され，コンテンツ産業を形成している。

　デジタルは，アナログと異なり，コピーしても劣化しない特徴をもち，インタラクティブ（双方向または対話)性をもつことも多い。

　世界では，デジタル化，ネットワーク化が急速に進み，情報流通革命が到来し，多くのネット・ベンチャー（米国の Google，YouTube，中国の百度（Baidu），など）が生まれている。海外の動向を踏まえ，我が国でも政策としてアニメーションに代表されるデジタルコンテンツ産業の発展を重視し，各種施策を実行している。例えば，著作権法は，コンテンツの流通を踏まえ，2010年1月に改正された。

8　情報通信ネットワークによる事業変革

　コンピュータ・ネットワークの進展は個人，企業，そして社会を大きく変革させた。特にインターネットには電子メール，ホームページ（ウェブサイト web site）による情報発信，検索だけでなく，電子商取引，仮想企業，SOHO，ビジネス方法特許など，高度な役割も付加されてきた。情報通信ネットワークは事業変革の原動力である。

(1) 電子商取引（electronic commerce：EC）

　電子ネットワーク上で商取引を行うことを電子商取引又はサイバービジネス（cyber business）ともいい，パーソナルコンピュータとインターネットの急速な発達とともに普及している。我が国では1993年よりインターネットの商用サービスが開始され，現在，世界で２億人以上の利用者がある。

　ECはその取引形態から，大きく①政府調達②企業間の商取引③オンラインショッピングに代表される消費者を対象にした商品・サービスの販売－の３つに分けられる。企業間の商取引は電子データ交換（electronic data interchange：EDI）とも呼ばれ，取引に伴うデータの受け渡しを標準仕様の電子情報システムで行う。

　インターネットによる通信販売は，顧客情報の管理などを通じ，個々の要求に沿った新たなマーケティング，ワン・トゥ・ワン・マーケティング（one to one marketing）を展開できると期待されており，従来の流通構造を変革する存在としても注目される。

　ただし，現行の法制度や商慣習がインターネットの発展速度に追いつかず，取引の障害になる事例もでており，課題は多い。ネットワーク上で安全に決済できるシステムの開発も急務といえる。受発注や契約に関して，相手のサーバを確認し，クレジットカードや電子マネーの情報を第三者に知られないようにする暗号化技術や認証技術が不可欠である。

(2) 仮想企業（virtual corporation：VC／virtual enterprise：VE）

　社内外と協力し，自社が持つよりも多くの資源を結集し，自社以上の力を

発揮する企業を仮想企業体という。技術共有，コスト分担をはかり，部品・製品の共同開発，供給，販売を目的とする。中心となるオフィス，組織図，管理上の職制，ピラミッド型組織も必要ない。インターネットの活用によって仮想企業化が加速される。

(3) SOHO（small office home office）

自宅でパーソナルコンピュータ・ネットワークを通じて仕事をすることをSOHOという。個人事業者が主体であるが，自宅待機する社員の増加によるSOHOも増えている。業種はプログラミング，ホームページ作成，翻訳，販売代行などが多い。（参照　経営・第2章，法律・第6章）

(4) ビジネス方法（ビジネスモデル）特許

情報技術（information technology : IT）の進展により，経営・ビジネスに関するアイディアを汎用コンピュータや既存ネットワークを活用して実現させる事例が増え，ビジネス方法（モデル）の特許として注目されている。

(5) クラウドファンディング

近年，インターネットを経由して不特定多数の人が他人や組織に財源の提供や協力などを行うクラウドファンディング（crowdfunding）が普及している。クラウドファンディングは，アーティストの支援，政治運動，ベンチャー企業や映画への支援など，幅広い分野に対する出資に活用されている。

9　パーソナルコンピュータの仕組みと活用

(1) パーソナルコンピュータ（personal computer : PC）の定義

マイクロプロセッサ・ユニット（micro processor unit : MPU）を使用した小型コンピュータをパーソナルコンピュータ（略称パソコン）という。MPUはRAM（random access memory 随時，書き込み・読み出しが可能なメモリー）に蓄え，それからプログラムを読み出して実行する。MPU，OS，操作環境などからWindows作動タイプ，Macintosh（米国アップル社）タイプに大別できる。デスクトップ型からノートブック型までサイズも

多様である。今日，パソコンは創造のための必需品である。

(2) モバイル・コンピューティング（mobile computing）

ノート型パソコンなどのモバイル（移動）機器を使い，場所を選ばず随時インターネットや社内ネットワークにアクセス（access 接続）し，情報を入手することが可能である。出先から公衆回線網や携帯電話網を介して本社のコンピュータに接続し，商品情報や販売情報を活用することで，取引先や顧客に対して企画提案や商品説明ができる。営業担当者が本社・支店に立ち寄らず，行動予定表や勤務報告，成約状況，交通費精算などを電子メールで処理する企業も増えており，労働形態にも影響を与えている。

2007年，米国アップル社が革命的な機器である iPhone を発表した。iPhone は，携帯電話とメディアプレーヤー（iPod の機能を活用した高機能コンピュータ）を兼ね備えたものであり，キーボードに代わってタッチパネルが採用され，操作が全て液晶をタッチして操作できる点に特徴がある。

10　ネットワーク社会の深化と規制

今日，世界ではパソコン，携帯電話，ビデオゲームなど，あらゆる情報機器がネットワークで結ばれ，誰もがいつでも，どこででも情報を受発信できる仕組み，ユビキタス・ネットワーク（ubiquitous network）が展開している。ユビキタス（ubiquitous）とは，ラテン語で同時にいたるところに存在する，という意味である。(参照　経営・第5章，第11章)

一方，インターネットは誰でも利用できるオープンネットワークであるが，不特定多数が参加するため安全性が損なわれる危険性がある。この様な状況では，コンピュータに関連する不正行為であるコンピュータ犯罪（computer crime）への対処が重要である。

法律では，刑法にコンピュータ犯罪として処罰すべき犯罪類型として，(1)電磁的記録の不正作出・供用（刑161の2）　(2)電子計算機の損壊等業務妨害（刑234の2）　(3)電子計算機の使用による詐欺など（刑246の2）が設けられている。例えば，銀行のオンラインシステムなど広範囲のコンピュータシステ

ムを破壊し業務を妨害すると，電子計算機損壊等業務妨害罪が適用される。

一方，ネットワーク社会においては知的財産権から発生する対価を確保する必要がある。この権利を侵害された者は，民法上の不法行為に基づいて損害賠償を求めることができる。

最近のネットワークに関わる主な紛争事例は，以下の通りである。

①知的財産権に関する紛争（ドメイン名・商標，ビジネス方法特許，音楽著作権，無断リンク，ソフトウェアのプロテクト破壊）②電子商取引に関する紛争（通信販売業者の不正広告，電子マネー・電子決済，株式オンライン取引）③オンライン・プライバシーに関する紛争（従業員のメールチェック）④セキュリティに関する紛争（不正アクセス，コンピュータ・ウイルス，告発ページ）⑤情報規制と倫理に関する紛争（有害サイト）

これに対して，裁判所は手続や裁判管轄を整備し，適正な対応を急いでいる。（参照　法律・第2章～第7章）

11　情報化投資とクラウド化

コンピュータやパソコン，通信機器，半導体などのハード分野に加え，情報サービス，通信サービスなどサービス分野に対する投資を情報化投資という。広義には，これに放送，出版，新聞などコンテンツ向けの投資を含むこともあり，情報技術（IT）投資とも呼ばれる。

IT投資は研究開発（research and development：R&D）投資や環境関連投資などと同様に，経済情勢から独立した投資と見られる。IT投資は，企業の資本と労働の組み合わせを変えるだけでなく，企業の在り方または組織自体を変革し，引いては産業構造そのものを大きく変える原動力となる。なお，企業の情報システムなどで，自社内にコンピュータを設置して運用してきたシステムを，ネットワークを通じて外部の事業者のサービスを利用する形に移行することをクラウド化（cloud migration）という。クラウド化は利用実績による支払い，設備の運用・管理の負担や導入・更新時の投資が不要のため急速に普及している反面，外部のシステムとの共用や通信回線・

ネットワークの使用を伴うため,セキュリティ対策を万全に行う必要がある。

12 経営情報システムの事例

経営情報システムの事例を金融業界及び流通業界の場合で述べる。

12.1 銀行の経営情報システム

銀行の経営情報システムにはオンライン・バッチシステム,ATM (automated teller machine),インターネット・バンキング (internet banking),電子マネー (electronic money),デビットカード (debit card) などがある。オンラインシステムには①勘定系システム ②情報系システムがある。ATMは支店と本店のコンピュータの間で取引を処理管理する。インターネット・バンキングはインターネットを通じて自宅のパーソナルコンピュータから預金の残高・入出金明細照会,振込,振替などが行えるシステム及びサービスである。電子マネーはネットワーク上あるいはICカード (CPUとメモリーのICチップを組み込んだ記録処理機能をもつカード) などによる電子決済方式である。なお,無線で効率的に情報管理を行えるICタグは広く流通業で使用されている。一方,デビットカードは代金の決済機能も付いた,銀行など金融機関の発行するキャッシュカードである。

12.2 流通業界の経営情報システム

流通業界の経営情報システムの例としてはPOSシステム (point of sales system 販売時点情報管理システム) とEOS (electronic ordering system オンライン受発注システム) があげられる。

これらは,小売店での販売時点における販売活動を総合的に把握するシステムである。本社(本部)と各店舗の端末(レジスタ)を連結させることによって販売時点での売上管理,在庫管理,商品管理等が容易にできる仕組みである。このシステムを信用販売に適用すれば端末機にセットされたカードによって利用者の信用照会,計算処理ができる。これを更に利用者の銀行口

座と結合すると自動振替による決済もでき,情報管理の合理化,イノベーション手段として流通業界で広く採用されている。POS機械はバーコードを読みとり,売上,在庫,商品の管理を行える仕組みである。バーコード（bar code）は13桁で構成され,各桁の意味は2桁［国］,5桁［商品メーカー］,5桁［商品名］,1桁［チェック用］であり,線の太さは数字を表す。上記の売上管理,在庫管理,商品管理等は全て13桁のバーコードを使用して行う。ただし,バーコード体系は必要があれば変更され,それに伴いコンピュータやレジスタのソフトウェアも変更されることになる。コンビニエンスストアにおけるPOSシステムによる経営管理は①単品管理　②ダイレクト・コミュニケーション（direct communication）　③チーム・マーチャンダイジング（team merchandising）を目的としている。

　すなわち,仮説をたてて商品を仕入れ,販売店における受発注から得られるPOSデータを検証しながら個別の製品管理の精度を高める。データは製造業の生産部門にリアルタイムで送られ,各部門の関係者は直接,意思決定や情報交換を行い相互に連携する。そして製造販売を一体化した製品開発,物流管理（生産から消費までの物資の流れを合理化する管理体系。ロジスティックス logistics）が可能となる。それは今日のインターネットなどの情報通信技術によって,企業間を超えたサプライ・チェーン（供給連鎖）を形成し,企業収益を高めるサプライ・チェーン・マネジメント（supply chain management : SCM）として展開されている。（参照　経営・第8章）

13　ブロードバンド通信の発展

　ブロードバンド（broadband）とは,データ伝送の分野で広帯域のことを意味し,ブロードバンド通信とは,常時接続と定額料金を基本とする高速大容量,広帯域の双方向[*1]通信をいう。高速のxDSL（digital subscriber line　ユーザーと電話局を結ぶケーブルの両端にxDSL装置を設置するデジタル加入者線。ADSL[*2]はその一種である。）,光ファイバー（fiver to the home : FTTH　光信号によって情報伝送する方式。）,ケーブルテレビ

(CATV）などの通信方式を利用することにより，動画，音声，音楽に代表される大容量のデータ転送や高速インターネットが可能となった。

ブロードバンド通信の発展に伴い，インターネットに関連した基盤構築・提供・管理，技術開発を行う企業，携帯電話向けの情報・コンテンツ配信，顧客管理，広告・マーケティングサービスを行う企業が多数存在する。

*1 情報の受信側と発信側，クライアントとサーバの双方向をいう。
*2 asymmetric digital subscriber line 非対称デジタル加入者線の略称。

14 技術経営

14.1 MOT の歴史とその意味

情報とともに，今日重要な経営資源は，技術である。日本の技術と経営の効率を向上させるためには，経営と技術，技術投資を効率的に行うための技術経営（Management of Technology : MOT）が不可欠である。MOT の起源は，1980年代半ばのスタンフォード大学でのテクノロジーマネジメントの講座，および，MIT（マサチューセッツ工科大学）スローンスクールでの MOT プログラムである。

我が国の MOT は「技術経営」と訳され，スタンフォード大学からスピンオフして作られたシンクタンク SRI（Stanford Research Institute）の東京拠点から始まった。SRI は1989年にセミナーを開催し，テクノロジーマネジメントのコンセプトを日本に紹介した。その後，経済産業省・文部科学省の支援もあり，多くの大学が技術経営専門大学院を設置した。

MOT とは，技術を中核とした事業展開，あるいは，顧客・事業に貢献する技術開発およびその促進を指し，その目的は技術投資の費用対効果を最大化することと考えられる。

14.2 伝統的な MOT と先進的な MOT

MOT は，伝統的な MOT と先進的な MOT，大きく2つに分類される。伝統的な MOT には，新製品開発，量産化開発，生産管理，品質管理が含

まれる。大量生産・大量消費の時代には、一定の製品を大量かつ効率的に品質不良がないように生産する方法が開発された。この時代には製品自体の技術開発より、製品を作り出す生産技術の方が重要であった。日本は欧米で作られた技術・製品を模倣し、その効率的な生産方法の開発努力により、現在の経済力を獲得したと言えよう。この典型例がトヨタのカンバン方式と呼ばれる製品生産の効率化である。一方、先進的なMOTには、技術戦略企画、新製品開発、新規事業の創出が含まれ、新製品の創造およびその事業化に中心がある。先進的なMOTでは、青色発光ダイオード（LED）などを例とする新しい技術、製品・事業を生み出し、大きな利益を獲得することが重要であり、投資・リスク・リターン等の経営的な視点が求められる。

14.3 技術と知的財産のマネジメント

21世紀に入り技術革新や市場の変化、さらにデジタル・ネットワーク化は想定を大幅に上回るスピードと規模で進展している。不断かつ動的、劇的な世界の環境変化の中で、企業は、競争環境に適合的な戦略としてダイナミック競争戦略論への転換、すなわち戦略経営（strategic management）の実現が求められている。また、研究開発や効率的な事業化をめぐり、自社だけでなく他社のもつ技術・アイデアを組み合わせ、外部の開発力を活用して、知的財産権を他社に使用させ、革新的なビジネスモデルをつくり利益を獲得するオープン・イノベーション（open innovation）が注目される。

今日、企業価値を生み出す知的財産に企業経営の力点が移り、ブランドや特許権という知的財産の位置づけが高まり、経営コンセプトの転換が進んでいる。企業における知的財産は、技術、事業と一体であり、その価値は事業の価値でもある。近年、我が国企業における知的財産戦略にも変革が生じている。従来の出願・管理重視から経営戦略そのものに沿った活動、特に事業部門、研究開発部門との連携、更に法務部門との連携が強化されている。

MIP（management of intellectual property）の登場が示すように、戦略経営の解決すべき課題は、事業から技術へ、そして技術から知的財産へと深化しているといえる。

第11章

国 際 経 営

1 国際化の進展

1.1 国際化の意味

　古くは，企業や個人，政府の活動は自国単位に，各地域特性をもって自己の拠点地域で活動を行う地域限定，ローカリゼーション（localization）を基本としていた。しかし，今日，情報通信技術の進歩や金融システムの発達，輸送手段の多様化などに伴い，企業や個人，政府の活動は国境を越え，世界規模で繰り広げられている。

　個々の企業の国際化を基礎に，企業や政府などの経済主体が，地球的規模で経済活動を行うようになることを，経済の国際化，世界普遍化またはグローバル化（グローバリゼーション globalization）という。情報通信技術の進歩や金融システムの発達，輸送手段の多様化などに伴い，企業や個人，政府の活動は国境を越え，世界規模で繰り広げられている。これに伴って，物財，資金，技術，情報などの経営資源も国境を超えて活発に交流し，製品を中心に輸出入が着実に拡大するとともに，国内外の最適地における生産や資材の調達，金融センターの立地などグローバルで多次元の大競争（メガ・コンペティション mega-competition）が起きている。一国の産業構造や社会経済システムはもはや「国内」を前提とする仕組みだけでは維持できない。

　もっとも，地球規模で考えながらも，自己の拠点で活動するグローカル化（glocalization）の傾向もみられる（後述）。

1.2 国際化の影響

今後，我が国企業の発展にはグローバル化への対応が不可欠である。大競争に対し，対日投資の拡大，グローバル・スタンダード（global standard 世界標準）への対応，国際的な戦略提携などに戦略的に取り組む必要がある。

特に，グローバリゼーションの進展は企業（特に中小企業）に対して高付加価値化の不断の追求，事業分野の多角化，転換などの厳しい対応をせまるものである。しかしそれは同時に，内外における事業機会の拡大をもたらし，わが国市場における競争重視の環境の整備にも役立つなど，産業や経済の健全な発展に好影響を与えるものでもある。このため，企業は，消費財を含めた海外商品を調達する力を強化し，国際的な分業体制の構築にも積極的にとり組むなどの，経営展開をすすめる必要がある。また，海外に進出した企業にあっては，当該地域経済への貢献者となることを自覚し現地化（現地労働者・原材料の調達，人材育成，技術移転，コミュニティへの貢献など）と投資受け入れ国との協調関係の維持増進への努力が必要になる。

企業は，積極的かつ適切な国際的経営を展開していくためには，情報収集・処理能力の向上，グローバルな視野にたった製品開発・技術開発・販路開拓の推進，およびそれらを支える人材の育成に，努力していくことが重要である。

また，欧米の知的財産権保護および推進の政策によって，我が国における知的財産権の早期確立が国家戦略として必要である。知的財産（IP）には，発明，考案，新品種，意匠，著作物，人間の創造的活動による成果物，商標，商品，役務，営業秘密，技術，営業上の情報など広範囲にわたる。

企業の現地法人の所在国がヨーロッパか，アジアか等によって経営上の問題点も異なる。ヨーロッパには単一欧州国家としてのEU（European Union 欧州連合），アジアには経済発展の著しいNIES（Newly Industrializing Economies 新興工業経済地域），ASEAN（Association of Southeast Asian Nations 東南アジア諸国連合）が台頭している。また，BRICs（ブラジル，ロシア，インド，中国）の世界経済における地位向上も著しい。

2 国際経営の意味

国際経営の意味を国内経営と比較して述べる。

第1は，本国と異なった経営環境のもとでの経営活動であるという点である。対象国での経営環境は，まず，地理，気候，言語，人口，国民の価値観などといった変化の小さいものから，政治，法律，経済といった変化の大きいもの，さらに経営活動に直接影響をもつ技術水準，労働事情，産業事情，流通構造，競合関係などである。また対象国の時間的・距離的な遠隔感からくる相違，また近年では対象国と自国が同一の経済統合体への加盟国か否かという点も経営環境の違いとしてあげられる。

第2は，国際経営は，本国を含め多数の国々で同時に行われる事業活動であるという点である。活動の行われる国の数，質はともに多様である。国際経営は特定の活動実施にあたり，複数の国々での複雑な活動を同時的に実施し，継続的に統制することの中に新しい問題領域を形成することになる。この同時的実施という次元はマーケティング（marketing）に限らず，経営活動全般についてもいえる。

以上，2点で国際経営は国内経営とは異なり，多様な環境与件のもとで経営目的を達成すべく，本国本社が経営資源の基本的な流れを統合的に計画化し，組織化し，統制する活動であるといえる。（参照　経営・第5章）

3 企業の海外進出

3.1 商品の輸出

企業の海外業務は，基本的には，商品，技術，資本などの動きとしてとらえることができる。

まず商品について，企業から流出する側面に注目するならば，それは商品輸出となり，企業に流入する側面に注目すれば，それは商品輸入となる。同様に，技術についての企業への出入は，技術供与，技術導入となり，資本に

ついては資本進出，資本導入となる。海外事業政策の上では諸活動の適切な組み合わせが重要である。しかし，今まで海外業務に従事していなかった企業が，国際化をすすめる場合の最初の戦略は，企業の安全性から商品の輸出であろう。商品輸出にとくに重要な問題は，海外市場に対する流通経路の設定である。なぜならば，海外の流通経路があってはじめて，企業は実際に商品を販売でき，またそれを通じて経営上の種々の情報を入手することができるからである。

海外の流通経路は相手国に商品が到達するまでの流通経路と，相手国内での流通経路とに分けることができる。

貿易業者など仲介業者を通じて商品を輸出する間接輸出の場合には，仲介業者が一定の販路を確保しているので，製造業者側は多くの危険（リスクrisk）負担をせずにすむ利点がある。しかしその反面，相手国内の顧客に積極的に自社の製品を売り込むことができるか否かは，仲介業者の営業努力に左右されるという難点をもつ。これに対して直接輸出は，製造業者自身が積極的なマーケティング活動を行うことができるが，反面，多額の費用がかかり，多大な努力を必要とする。

海外市場における顧客の要望の発見とその充足をはかるには国際マーケティングが重要となる。この展開にあたっては，相手国の利益に貢献するという経営理念の確立が必要となり，国際的視野にたって事業を営むことが求められる。

相手国内部での流通経路の選択にあたっては，その国の歴史や慣行あるいはさらに現在の経済状況などを考えたうえで，将来にむけ最も合理的と判断されたものを採用しなければならない。

商品輸出が何らかの事情で不利あるいは不可能な場合には，技術供与または資本進出という形での海外業務活動が考えられる。例えば，相手国側が行う関税率引き上げなどの輸入制限措置は，商品輸出をしばしば不利あるいは不可能な状態にさせる。（参照　経営・第8章）

3.2　海外進出の目的と形態

第11章 国際経営

一般に企業が海外進出を行う目的には，次のようなものがある。
①経営活動に必要な資金を海外に求める目的。
②販売力の維持・強化を海外市場に求める目的。
③労務費の節減，輸送費の軽減を求めて海外進出する目的。

企業が海外市場に進出するとき，どの形態で進出するのかの決定はきわめて重要である。しかし，現在では企業の海外進出形態は多様で，加えてその決定には相手国政府の外資政策をも考慮しなければならない。ここではルート Franklin R. Root の海外進出形態の分類を参考に，海外進出形態を次のように分類する。

(1) 輸出　相手国に完成品や半製品を輸出する形態である。

(a) 間接輸出　本国で輸出業務を行う仲介業者を利用する形態である。

(b) 直接輸出　本国の仲介業者を利用せず，相手国の代理店や流通業者を通じる方式と，自社の支店や子会社を通じる形態がある。

(2) 契約　自社と相手国企業との間の株式所有をともなわない長期の提携形態である。この場合には，資本面ではなく技術面における提携であるために，進出企業側が，代表権をもつ者を現地企業に派遣するか否かという代表権問題は生じない。

(a) 技術供与　一定の期間自社の産業財産権（特許権，ノウハウ，商標）の使用を相手国企業に認め，その代わりにロイヤリティ（royalty 特許使用料）などの報酬を得る形態である。

(b) フランチャイズ（franchise）供与　親業者（フランチャイザーfranchiser）が独立業者（フランチャイジーfranchisee）に社名，商標，技術などの使用を認めるだけでなく，マーケティングや経営全般についても援助を与える形態である。

(c) その他　技術協定，サービス契約，経営管理契約，ターンキー（turnkey 即時使用引渡し）契約，製造契約などがある。（参照　法律・第3章）

(3) 直接投資　相手国に製造工場などを所有する形態である。

(a) 合弁事業　親会社と現地パートナーとの間で子会社の所有・経営管理が共有される形態である。50％未満の出資比率による合弁事業の場合，代表

権をもつ者の現地企業への派遣は必ずしも行われない。

(b) 単独事業　親会社が子会社を完全所有・経営管理するもので，新設と現地企業の合併・買収（merger and acquisition：M&A）の2つの形態がある。50％以上の出資比率による合弁あるいは100％出資による完全子会社の場合には，当然のことながら進出企業は代表権をもつ者を現地企業に派遣する。（参照　経営・第4章）

これらの進出形態のうち，企業がどれを選択するかの基準は，一般的には，相手国における法的規制，技術保護の必要性，相手国政府の外資導入に対する態度，進出企業側の投資可能な資金量，海外投資にともなう危険負担度，提携先企業の経営権掌握の必要度などによるものと考えられる。またその基準は企業の国際化の進展とともに変化するものである。

一般に，海外進出には事業に対する経営管理やリスクの点で発展段階がある。第1に企業の国際化の初期の段階では間接輸出や技術供与など，経営管理は弱いので，同時にリスクも小さい進出形態が選択される。しかし，その後企業の国際化が本格化すると，第2に合弁事業や単独事業のようなリスクが大きいが，それに対する経営管理も強くなる直接投資による形態が選択される。そして，第3に企業の国際化が高度に発展した多国籍企業（multi-national enterprise）の段階になると，輸出，契約，直接投資のいずれの形態をも利用して世界の多くの地域や国に進出することになる。

国際的な企業は，主体性のある自由な活動を望んでいるため，可能な限り完全所有の子会社形態をとろうとするが，反面，このような動きは，相手国になんらかの社会的な影響を及ぼすことは避けられず，ときには国際的な摩擦が生じることになる。そこで，相手国の利益を守り，相手国における社会問題の発生を少なくするために，実際には多くの国々で合弁企業形態がとられている。

○国際化の初期の段階　間接輸出，技術供与
　　リスクは小さいが，経営管理の力は弱い。
○国際化の本格化段階　合弁事業，単独事業など直接投資
　　リスクは大きいが，経営管理の力は強い。

経図11　海外進出の諸段階

○国際化が高度に発展（多国籍企業の段階）　輸出，契約，直接投資の全形態

なお，恒久的な海外進出の拠点形態としては，支店，出張所，駐在員事務所，現地法人の4形態がある。その特徴は次の通りである。

①支店（branch office）：国内企業の海外事業所である。本国本部に帰属し，予め届けられた定員の常勤者により日常業務がなされる。
②出張所（sub branch）：国内企業の海外営業部店である。本国本部に帰属し，少人数の常勤者により日常業務がなされる。小規模な支店を意味する。
③駐在員事務所（representative office），連絡事務所（liaison office）：現地における情報収集及び連絡取次を行う。支店開設の準備などに用いられる。事業行為は不可である。
④現地法人（overseas affiliated firm）：現地法にもとづく法人である。100％子会社でも独立主体となる。事業行為が可能である。拠点形態は通常，我が国の認可基準や現地の制度・環境によって決定される。

4　国際経営戦略

海外は，政治，法律・経済，社会，文化など，環境条件が本国とは大きく異なり，経営活動を展開するうえで，不確実要因が多い。従って，海外市場に進出するには，十分な設計・調査（フィージビリテイ・スタディ feasibility study）を行った上で，企業の国際経営戦略を策定し，それに従って進出することが望ましい。ここでは特に企業の海外進出に関わる経営戦略の策

経表6　海外進出の経営戦略の策定過程
　Ⅰ　経営の目的，理念の設定
　Ⅱ　海外の市場調査
　Ⅲ　海外進出の市場・製品の決定
　Ⅳ　海外進出方式の決定
　Ⅴ　マーケティング計画の策定

定過程を例示する。（参照　経営・第4章）

第Ⅰ段階

　経営の目的や理念を設定し，企業が海外進出するにあたっての信念や行動基準を明確にする。これは海外事業の展開の指針となるもので，これなしには海外進出は成功しない。

第Ⅱ段階

　海外の市場調査を行い，事業が収益を上げられる国や地域を調査・分析する。国内市場と比較しながら海外市場の消費者動向，製品需要や同業の競争企業の行動などを調査・分析する。

第Ⅲ段階

　海外進出する市場・製品を決定する。

第Ⅳ段階

　海外進出の方式を決定する。進出方式には既に述べた輸出（間接輸出，直接輸出），契約，技術供与，フランチャイズ供与，直接投資（合弁事業，単独事業）のように多様な方式がある。いずれの方式で進出するかが海外進出の正否を左右する。

第Ⅴ段階

　マーケティング計画の策定，海外進出における製品価格，流通経路，販売促進などを検討する。消費者の生活水準，嗜好，要求は国により異なるので，精緻なマーケティング計画を策定する必要がある。

　以上，一連の段階を踏まえて，企業は海外進出を決定する。各段階ごとに十分検討し，仮に問題が生じた場合には後戻りして修正を加えながら進める。

5　国際経営管理

　経営トップの海外進出を望む経営理念は経営戦略・組織の発展の原動力となり，それは中長期の経営計画に国際経営に資する予算策定を通して開始さ

れる。

　国際経営の経営管理の特徴は本国本社と現地事業所という2極の管理拠点が存在することである。本社に集権化される業務と現地子会社に分権化される業務への2分化とも言える。すなわち，企業グループ全体としての利益を極大化する企業の行動目標からすれば，計画・管理・組織・戦略における本国本社のもつ最終的決定権は絶対的なものといえよう。しかし，現地市場への適合のために行う子会社への権限委譲はより拡大し，開発・財務・生産・販売の順に分権化の度合いが高まるのである。（参照　経営・第5章）

6　多国籍企業

6.1　多国籍企業の定義と歴史

　一般に，複数の国で生産活動を行い，それらを一元的な経営管理のもとに統括している巨大企業を多国籍企業（multinational enterprise）という。国連の多国籍企業の定義によれば「多国籍企業とは本拠のある国以外で生産またはサービスの設備を所有もしくは支配している企業である。こうした企業は必ずしも会社形態すなわち私的企業である必要はない。それが協同組合，国有企業体の場合もあり得る」。竹田志郎は前出の5つの行動特性とこの規定を参考に「多国籍企業とはその実態からみて数カ国で直接投資により主として生産（サービス）活動を行う拠点をもち，世界市場という観点からこれらを本国本社が経営，コントロールする企業である。」とした。

　多国籍企業をめぐる議論は第二次世界大戦後，特に1960年代以降に活発になった。この議論の背景には，数多くのアメリカの巨大な有力企業（石油精製企業，コンピュータ製造企業など）の存在があった。多国籍企業の主な特徴としては，上記の多国籍企業の定義のほかに，次の2点があげられる。第1は，多国籍企業における基本政策は，広く世界的な視野から決定されていることである。第2は，そのような経営政策を具体化していくために，世界的な管理組織をもつことである。この場合の管理組織を，経営多角化した製造企業についてみると，国内事業部に対して国際事業部を設置するという構

造と，まず製品別，国別に2段階で事業部制をとる構造との2つの基本形態がある。

6.2 多国籍企業の経営行動

多国籍企業の企業行動は国内企業が海外進出することと質的に異なる。多国籍企業が国内企業と異なる点を整理すると次の4点になる。

(1) 自社製品・技術・サービスの販売対象市場を国内と同様に海外に求める。

(2) 国内生産による輸出を含めて，世界各地での経営資源を有効に利用する現地生産・販売・輸出を行う。

(3) 企業活動は海外においては原則，現地子会社の永続的管理を基礎としてグローバルな視野で展開される。一方，企業活動の意思決定を容易にするために国内本社による戦略，組織の変革がすすめられる。すなわち，国内，海外における企業行動は相互に結びついている。

(4) 国内本社の意向により，全世界に存在する対子会社ならびに子会社間の業務上の関連を深め，企業全体としての利益を極大化するように行動する。

企業の多国籍化は，1990年代になって「先進国・発展途上諸国相互投資時代」に入り，今日，多国籍企業を抜きに国際貿易を論じることができなくなった。また，グローバル化の中で，一国の政府と企業間の相互依存関係に留まらず，その範囲が国と国，国と企業，企業と企業のように世界レベルに拡大している。

6.3 進出相手国への影響

多国籍企業は，投資受け入れ国，相手国にどのようなプラスあるいはマイナスの効果を与えるか。まず，プラスの面については，以下のような点があげられる。

①海外の優秀な生産技術を導入でき，技術導入を契機に相手国の自主的な技術開発が誘発されること。

②多国籍企業の参加によって，相手国に雇用機会が創出されること。
③合理的な経営管理方式が導入されると，相手国の企業経営に寄与する。
④市場に競争が生まれ，資源配分の効率が高まること。
⑤国際的な流通網の利用により，貿易拡大を期待できること。
一方，マイナスの面については，次のように整理できる。
　①外資系企業が相手国の労働慣行に適さないとき，労使関係の社会問題を起こす可能性があること。
　②競争が加熱すると，産業秩序が混乱する可能性をもつこと。
　③多国籍企業が相手国の経済政策に融和しないと，長期的な経済構造の改善や短期的な景気調整の遂行を阻害する恐れがあること。
　④相手国の生産資源や利益が多国籍企業を通じて国外へ流出，移転する場合があること。
　⑤多国籍企業が相手国の産業や政治に介入し，弊害をもたらす場合があること。
　多国籍企業に上記のようなマイナス面，問題を提起する可能性があることから，こうした問題を解決あるいは予防するため，多国籍企業に対する行動基準が，国際的に求められるようになった。1976年6月に経済協力開発機構（Organization for Economic Co-operation and Development：OECD）の閣僚理事会で採択された「国際投資および多国籍企業に関する宣言」及び勧告書「多国籍企業の行動指針」はひとつの回答である。多国籍企業の経営には国際協調が不可欠といえる。

7　現　地　化

　国際経営が本国と異なる経営環境のもとで行われる以上，数多くの問題が提起されることは既に述べた通りである。その中で企業の生存・発展のための最大の課題は相手国での「現地化」である。
　海外で本国本社の意図をそのまま実現することを「標準化」とすれば，国際経営における「現地化」とは，「標準化」を踏まえたうえで，現地の状況

に同化する程度をいう。今日,先進国,発展途上国を問わずナショナリズムは厳然として存在しており,海外企業の進出が自国の発展に結びつくように求められる時代となっている。従って,国際経営は相手国現地における経営資源の積極的な活用を不可避としている。相手国に存在する自然・政治・軍事・社会面でのリスク,不確実性は高く,その危機管理のためにも相手国現地でのあらゆるネットワークが重要である。「現地化」は本国の経営方式による海外への適合の限界を克服することでもある。「現地化」は本国本社戦略の現地市場での有効な展開のために不可欠である。

8　海外撤退

様々な理由によって,海外子会社の業績不振が生じ,事業を縮小または撤退せざるをえないことがある。海外撤退は大きく2つの場合に分けられる。

(1)　強制撤退

海外進出企業の意思にかかわらず,現地政府により強制的に撤退せざるを得ない場合である。政権の交替,ナショナリズムの高揚などの政治的な要因,現地産業の保護や資源利用制限などの経済的な要因が主なものである。

(2)　任意撤退

海外進出企業が経済環境の悪化,市場状況の悪化などから事業の縮小や合理化(事業統合・再編成)を余儀なくされ,企業自ら撤退することがある。

まず,縮小による撤退は,海外進出企業の内部要因と外部要因に起因する撤退である。内部要因としては現地でのフィージビリティ・スタディの不足,現地パートナーの誤選択などがある。一方,外部要因としては経済不況,経済政策の変更などがあげられる。

次に合理化による撤退は,企業全体の経営効率を高めるために生産設備を移転する撤退である。

任意撤退では事業や工場の縮小,売却,閉鎖,清算の方法がとられるため,現地政府,労働組合,従業員,現地供給業者から加えられる抵抗に海外進出企業は対処しなければならない。(参照　法律・第7章)

9　グローバル化の弊害

　IT（情報技術）革命の進展により，経済のグローバル化は加速した。しかし，その結果，米国を中心とする自由主義国では，「市場原理」「株主資本」を重視する経営行動がとられることにより，競争激化，過大な公共投資による負担拡大，所得増大，失業などの社会の不安，不均衡を助長し，グローバル化の弊害をもたらしている。

　こうした中で求められることは，新たな社会経済のシステム構築である。政策・制度の課題と解決，産業政策の実現，労働諸条件の改善，組織強化，教育広報活動，財政運営などの分野が中核となる。国家戦略をもち，資本流出や産業空洞化の抑制を行い，国内投資環境を整備する強力な産業政策を確立することが必要である。（参照　経営・第2章，第4章）

10　グローカリゼーション

　全世界を同時に巻き込んでいく世界普遍化（globalization）と，地域の特色や特性を考慮していく地域限定化（localization）の2つの概念が結びつき並行して進行するグローカル化（glocalization）という現象が起きている。すなわち，地球規模で考えながら，自己の地域で活動する（think globally, act locally）のである。

　地球の部分と全体は，個々に機能しているのではなく，むしろ相互に関連しており，分離できない。地域を理解するためには，世界普遍化に見られる2面性を考えなければならない。世界普遍化では，同じ現象を広く世界で知覚する機会があるのに対して，地域限定化では，知覚される範囲およびその影響力は小さい。ただし，一般に，特定地域に世界普遍化の影響が及ぶと，それに対する抵抗・批判が起こる。

11 グローバル人材の在り方

　日本人，日本企業の急速な海外展開がすすむなか，真のグローバル人材が求められている。その背景には，人材養成の場が企業から大学など教育機関へ移行してきたことがあげられる。ただ，それを強調する点に日本の特異性が感じられる。グローバル人材に確たる定義はないものの，現況では，日本を起点にするのではなく，地球規模で広く物事を考え，世界に通用する人間であると同時に，日本について客観的な目を持ち，自分とは違う物の見方や考え方をする人が存在するという多様性（diversity）を常に意識することができる，グローバルリーダーたる人材を指すものと考えられる。

　グローバル人材に期待される能力としては，大きく2点があげられる。第1に異文化を理解する能力，第2に異文化とコミュニケーションし，影響力を及ぼす能力である。つまり，グローバルな人材は，出身国や文化的背景などが異なる多様な労働環境の中で，相手と自分との違いを理解して受け入れ，誰にも負けない能力をもって対峙し，ともに協力して仕事を成し遂げる力をもつことである。さらに個々の能力としては，次の諸点があげられる。

　①語学力　　②課題提起・解決能力　　③柔軟な思考力・行動力　　④適応力　　⑤コミュニケーション能力　　⑥専門能力　　⑦事業構想力

　グローバルな舞台に立つためには，技術として語学力が求められ，自分から課題を見つけて取り組まなければならない。専門能力，柔軟な思考力と行動力，学際的かつ複眼的な視点，適応力も重要になる。異文化の相手に論理的に思考過程を組み立て，最初に自分の答えを提示し，その考えを文字や図表に可視化することが有益である。そして個人の経験と技術を基礎に，会社の収益と成長に結びつける事業構想力である。グローバル企業では部分最適でなく全体最適を考えて行動することが重要である。企業は，従来の従業員を海外のビジネススクール（経営大学院）やロースクール（法科大学院），専門機関などに派遣して知識獲得と経営者教育を行うだけでなく，まずは組織の多様性を高め，人々との相互理解を深める努力をする必要がある。

第12章

会　社　史

　本書では，これまでに述べた経営の概念，理論を理解する手助けとして，具体的な会社の事例研究を会社史の形で整理する。ここでは業種を考慮して次の各社をとりあげる。

キリンホールディングス　東レ　資生堂　新日鐵住金　ソニー　NEC　日産自動車　三井物産　高島屋　イトーヨーカ堂　セブン‐イレブン・ジャパン　三井住友銀行　ヤマトホールディングス　マクドナルド McDonald's Corp. および日本マクドナルド　電通　ソフトバンク

キリンホールディングス　[食料品：ビール，外食，医薬品など]

- 1907　ザ・ジャパン・ブルワリー・カンパニー・リミテッドを解散し，事業継承して麒麟麦酒㈱設立。明治屋にビール販売権を付与。
- 1923　東洋醸造㈱を吸収合併，仙台工場とする。関東大震災により横浜山手（天沼）工場全壊。排水処理設備導入。
- 1927　明治屋への販売権契約を解除，営業部を設置。
- 1928　「キリンレモン」発売。
- 1943　麒麟料学研究所（現，基盤技術，医薬開発研究所）開設。
- 1949　横浜支店（現，横浜支社）ほか7支店を開設。
- 1955　札幌出張所（現，北海道支社）開設。
- 1957　東京工場完成。
- 1967　宝酒造㈱京都ビール工場買収，京都工場とする。
- 1975　千歳工場（清涼飲料工場）完成。
- 1976　「キリントマトジュース」発売。小岩井乳製品販売開始。本社ビル完成。

1983	開発科学研究所（現，医薬開発研究所）開設。原料研究所（現，植物開発研究所）開設。
1984	CIシステム導入。米国アムジェン社との合弁会社キリン・アムジェン社を設立，共同開発で最初の医薬品「エスポー」誕生。
1985	POS機能付きコンピュータシステム「Mr. お酒屋さん」提供開始。現在，約8600店の酒店で導入。
1987	本社機構を改革し，事業別組織を導入。
1990	ブラジルシアオ社と業務提携，さとうきびからリボ核酸製造。「キリン一番搾り」発売。
1991	「社会環境部」を新設。全社的な環境基本方針と個別のガイドラインに従い「環境マネジメントシステム」構築。
1993	「キリン・ドラフトマスターズ・スクール」開校
1995	中国，無錫麒麟飲料有限公司を設立。
1996	中国，上海錦江麒麟飲料食品有限公司の合弁会社設立。
1997	新ジャンルの健康飲料「サプリ」の大ヒット。酒税改正。
1998	全ビール工場で品質保証の国際規格 ISO9002を取得。全15ビール工場で再資源化率100％（廃棄物ゼロ）を達成。
2001	キリン・シーグラム㈱と営業部門統合。
2002	㈱永昌源買収。武田薬品工業㈱と合弁で武田キリン食品㈱設立。
2003	取締役会の機能強化を執行役員制導入。
2005	キリングループとヤクルトグループの事業提携。
2007	純粋持株会社制を導入，キリンホールディングス㈱に商号変更。
2008	協和発酵工業㈱を合併，協和発酵キリン㈱として子会社化。
2010	キリンホールディングス・シンガポール設立。メルシャンを完全子会社化。
2013	国内総合飲料の新会社，キリン㈱発足。

東レ ［繊維製品：ベスロン，レーヨン，テキスタイル，化成品など］

1926	三井物産㈱の出資により，東洋レーヨン㈱設立。

第12章 会社史

1927	滋賀工場を建設，ビスコース法によるレーヨン糸生産。
1936	レーヨンステープルの生産を開始。
1951	米国デュポン社とナイロンの技術提携契約を締結。
1956	研究活動充実，拡大のため中央研究所を開設。
1957	英国ICI社とポリエステル繊維「テトロン」技術提携契約締結。
1960	岡崎工場完成。強力ナイロン糸の本格生産を開始。
1962	基礎研究活動促進のため，基礎研究所を開設。
1964	アクリル繊維「トレロン」及びABS樹脂の本格生産。
1970	社名を東レ㈱に変更。高級スエード調素材「エクセーヌ」開発。
1971	炭素繊維「トレカ」の生産を開始。
1975	最新鋭技術により「テトロン」，PBT樹脂の生産開始。
1977	感光性ナイロン樹脂凸版材「トレリーフ」生産設備完成。
1980	人工腎臓「フィルトライザー」の生産設備完成。
1982	炭素繊維「トレカ」の本格一貫生産設備を完成。
1984	ソフトコンタクトレンズの本格生産設備を完成。
1985	天然型インターフェロン-β「フェロン」の製造認可。
1989	第2本社ビル（千葉県浦安市）完成。
1990	湖沼浄化システム「トレローム」の販売開始。
1993	カラーフィルター「トプティカル」の販売開始。
1994	液晶ポリエステル樹脂「シベラス」販売開始。
1995	新経営理念制定。相変化型光ディスク「フェーズライト」。
1997	新長期経営ビジョン「NewAP-G2000」策定。96年度連結売上高が1兆円を超える。
1998	高吸放湿性ナイロン繊維「キューブ」の販売開始。
1999	着臭防止・抗菌素材「ルミマジック」の販売開始
2000	環境対応セラミックブロック「トレスルー」の販売開始
2001	アルカリイオン冷水器AT201「アルカリトレビーノ」の販売開始
2002	花粉付着抑制ウェア企画「アンチポラン」の販売開始。
2003	先端融合研究所を開設。

2009	自動車，航空機分野の総合技術開発拠点，A&Aセンター開設。
2010	㈱ユニクロと戦略的パートナーシップ第二期の合意書を締結。
2011	完全バイオマス原料由来のポリエチレンテレフタレート繊維を試作。
2012	ブラジル事務所 Toray do Brasil Ltda.（TBL）を設立。味の素㈱と"バイオベースナイロン"の共同研究契約を締結。
2013	世界最細（直径150ナノメートル）の革新ナノファイバーを開発。

資生堂　[化学：化粧品，トイレタリー，サロン・食品・医薬品など]

1872	福原有信，東京銀座に資生堂薬局創業。
1888	わが国最初のねり歯磨き「福原衛生歯磨石鹸」を発売。
1897	化粧水「オイデルミン」を発表。
1902	「ソーダファウンテン」（後の資生堂パーラー）誕生。
1915	商標「花椿」制定。
1923	チェインストア制度を採用。
1927	個人経営組織から㈱資生堂に改組。販売会社制度採用。
1937	資生堂花椿会が発足。
1939	資生堂化学研究所（のちに資生堂研究所）設立。
1952	ホールセールチェイン制度を採用。
1959	資生堂商事㈱設立。化粧品専門の大船工場完成。
1965	資生堂コスメティックス（米国）設立。
1968	資生堂研究所（横浜）完成。資生堂コスメティチ（伊）設立。
1972	新本社ビル完成。
1983	食品事業部設置。
1985	ビューティーサイエンス研究所発足。チェインストア業態開発着手。
1986	五反田ビル新設。
1987	医薬品部設置。資生堂薬品㈱設立。関東物流センター完成。
1988	米国ゾートスインターナショナル社を買収。資生堂インターナショ

ナルコーポレーション設立。
- 1990 資生堂アメリカインコーポレーテッド設立。企業文化部を設立。
- 1991 資生堂コスメニティー㈱設立。中国・北京麗源公司と合弁会社「資生堂麗源化粧品有限公司」設立。
- 1992 創業120年「レ・サロン・デュ・パレロワイヤル・シセイドー」パリ開店。資生堂企業資料館を開設。
- 1993 資生堂鶴舞工場稼働。資生堂麗源化粧品有限公司竣工。
- 1994 環境監査実施。㈱アユーララボラトリーズ設立。
- 1995 インターネットホームページ「サイバーアイランドシセイドー」開設。㈱資生堂インターナショナル設立。
- 1996 資生堂情報ネットワーク㈱設立。「ボイスネットＣ」導入。
- 1997 ヘレンカーチスジャパン㈱を買収,サロン事業を強化。企業行動憲章「THE SHISEIDO WAY」を策定。鎌倉工場 ISO9001認証取得(国内化粧品業界初)。新化粧液「資生堂オイデルミン」発売。
- 1998 「環境報告書'97」作成。「ステークホルダー指標」。
- 1999 ジョンソン・エンド・ジョンソンと戦略提携,㈱プリエ設立。
- 2002 国内化粧品事業の活性化推進。サプライチェーン改革。販売会社を完全子会社化。
- 2006 舞鶴,板橋の工場閉鎖。生理用品事業をユニ・チャームＧに譲渡。
- 2007 資生堂物流サービス㈱を日立物流㈱に譲渡。資生堂ロシア設立。
- 2008 資生堂リース㈱,資生堂開発㈱を譲渡。資生堂ベトナム設立。
- 2010 資生堂コスメティクス・ベトナム設立。資生堂ヘラス(希)設立。
- 2011 資生堂グループ企業理念を制定。「SHISEIDO THE GINZA」オープン。
- 2013 価値創造拠点となる本社新社屋「資生堂銀座ビル」公開。
- 2014 中長期戦略「VISION 2020」策定。

新日鐵住金　[鉄鋼：鋼材,銑鉄・鋼塊,エンジニアリングなど]
- 1857 大島高任,釜石鉱山で我が国初の洋式高炉の火入に成功。

1886	釜石で田中長兵衛が出銑に成功。
1897	農商務省，八幡に製鉄所の建設着工。
1901	九州・八幡の官営製鉄所の第一号高炉火入。操業開始。
1934	官営八幡の製鉄所と釜石鉱山㈱など5社が合同し日本製鉄㈱を設立。
1950	日本製鉄㈱が過度経済集中排除法により企業再建整備計画に基づいて4社に分割。富士製鉄㈱，日鉄汽船㈱および播磨耐火煉瓦㈱とともに八幡製鉄㈱を設立。
1970	八幡製鉄㈱を存続会社として，八幡製鉄㈱と富士製鉄㈱が合併し，商号を新日本製鐵㈱に変更。
1971	富士三機鋼管㈱を吸収合併。大分製鉄所設置。
1973	事業目的に「建設工事その他」を追加。
1974	エンジニアリング事業本部設置。
1986	エレクトロニクス事業部設置。
1991	中央研究本部と設備技術本部を統合，総合技術センター発足。
1995	定款の事業目的に電気供給事業を追加。
1996	電力の卸供給入札制度の導入。北海道電力，東北電力，関西電力，九州電力の5社に室蘭製鉄所，釜石製鉄所，広畑製鉄所，八幡製鉄所が合計約50万キロワットの供給契約を締結。
1997	九州電力に対し大分製鉄所より30万キロワットの供給契約締結。
2000	定款の事業目的に「ガス供給事業」「廃棄物処理・再成処理事業」を追加。
2001	エレクトロニクス・情報通信事業部と新日鉄情報通信システム㈱の事業統合。
2005	日鐵溶接工業㈱を完全子会社化。㈱スペースワールドの経営権を譲渡。日鐵物流㈱及び製鐵運輸㈱を完全子会社化。
2006	事業目的を次の通りとする。1鉄鋼の製造・販売　2産業機械・装置，鋼構造物，水道設備等の製造・販売　3建設工事の請負及び建築物設計・工事監理　4都市開発事業及び宅地建物の取引・貸借　5化学製品，電子部品等の製造・販売　6非鉄金属，セラミック

ス，炭素繊維等の製造・販売　7エンジニアリング・コンサルティング　8貨物の運送及び倉庫事業　9電気・ガス・熱等の供給事業　10廃棄物処理・再生処理事業　11文化・福祉・スポーツ施設等の運営　12前各号に附帯する事業
- 2007　新日鐵化学㈱の君津コークス事業を事業承継。
- 2009　鈴木金属工業㈱子会社化。PT PELAT TIMAH USANTARA TBK.を子会社化。
- 2011　住友金属工業㈱との経営統合の検討開始について合意。
- 2012　10月1日，新日鐵住金㈱が発足。

ソニー　[オーディオ，ビデオ，テレビ，情報・通信，電子デバイス・他]

- 1946　電気通信機，測定器の研究製作を目的に，東京通信工業㈱を東京都中央区に設立。前田多門，初代社長就任。
- 1947　本社および工場を東京都品川区に移転。
- 1950　井深大，社長就任。日本初のテープレコーダー「G型」発売
- 1954　仙台工場（宮城県多賀城市）を新設。
- 1955　日本初のトランジスタ・ラジオ「TR-55」発売
- 1958　社名を東京通信工業㈱からソニー㈱と変更。音（SONUS）と小さい坊や（SONNY）を掛けて命名。
- 1960　世界初の直視型トランジスタ・テレビ発売。
- 1961　中央研究所（横浜市保土ヶ谷区）を新設。
- 1963　世界初のトランジスタ小型VTR発売
- 1964　大崎工場（東京都品川区）を新設。
- 1968　「トリニトロン」カラーテレビ発売。
- 1969　芝浦工場（東京都港区），稲沢工場（愛知県稲沢市）を新設。
- 1971　盛田昭夫，社長就任。仙台工場を分離・独立し，ソニー仙台㈱を設立。3/4インチ・Uマチック・VTR発売。
- 1972　技術研究所（東京都品川区）を新設。
- 1975　家庭用ベータ方式VTR発売。

1976　岩間和夫，社長就任。ソニー仙台㈱をソニー・マグネ・プロダクツ㈱に変更。
1979　ヘッドホンステレオ「ウォークマン」発売。
1982　大賀典雄，社長就任。開発研究所（東京都品川区）を新設。CDプレーヤー発売。放送用・カメラ一体型VTR「ベータカム」発売。
1983　情報処理研究所（神奈川県厚木市）を新設。
1985　カメラ一体型8ミリビデオ発売。
1987　デジタルオーディオテープ（DAT）デッキを発売。
1988　米国シービーエス・レコード・インコーポレーテッドを買収。総合研究所（東京都品川区）を新設。電子スチルカメラ「マビカ」発売。
1989　米国コロンビア・ピクチャーズ・エンターテインメント・インクを米国100％子会社を通じて買収。ハイバンド方式8ミリ「ビデオハイエイト」発売。カメラ一体型8ミリ「CCD-TR55」発売。
1990　ハイビジョン映像対応の家庭用「HDトリニトロン」TV発売。
1993　放送業務用コンポーネントデジタルVTR"デジタルベータカム"システム発売。
1994　カンパニー制を導入。高輝度緑色発光ダイオードの開発に成功。フィリップス社と次世代高密度ディスク（MMCD）規格を提案。
1995　出井伸之，社長就任。新型フラットパネルディスプレイを開発。家庭用デジタルビデオカメラ「デジタルハンディカム」発売。
1996　グラストロン発売。デジタルスチルカメラ「サイバーショット」発売。平面ブラウン管　FDトリニトロン管搭載「KV-28SF5」発売。
1997　執行役員制を導入。DVDプレイヤー発売。パーソナルコンピューター「VAIO」発売。
1998　ICメモリーカード「メモリースティック」発売。
1999　ネットワークカンパニーに再編。スーパーオーディオCD商品化・発売。エンタテインメントロボット「AIBO（アイボ）」発売。
2000　出井氏，会長兼CEOに就任。「CLIE」"PEG-S500C"発売。小型二足歩行エンターテインメントロボット「SDR-3X」を開発。パー

ソナルITテレビ「エアボード」"IDT-LF1"発売。
- 2001 世界最大13インチ有機ELディスプレイを開発。ソニー銀行㈱を設立。
- 2002 アイワ㈱を100％子会社化（12月に合併）。
- 2003 委員会等設置会社へ移行。
- 2004 ソニーフィナンシャルホールディングス㈱を設立。合弁会社SONY BMG MUSIC ENTERTAINMENTを設立。
- 2005 出井伸之会長兼CEOらトップ3人が退任。
- 2007 東京都港区に本社移転。ソニーフィナンシャル，東証第1部上場。
- 2008 SONY BMG MUSIC ENTERTAINMENTを完全子会社化。
- 2009 シャープ㈱と大型液晶パネル・モジュール製販事業の合弁会社を設立。ストリンガー，本社の会長兼CEO (2005)，社長も兼任。
- 2013 「ソニーシティ大崎」を1,111億円で売却。
- 2014 連結最終損益が約1,100億円の赤字となり，ソニーは主力2事業（「VAIO」等のPC事業，「BRAVIA」等のTV事業）の大規模再編を発表。

NEC ［電気機器：通信機器，コンピュータ，電子デバイス，ホームエレクトロニクスなど］

- 1899 米国ウェスタン・エレクトリック・カンパニー（WE社）等，日本電気㈱設立。
- 1918 WE社，海外投資部を分離，インターナショナル・ウェスタン・エレクトリック社（IWE社）に。IWE社が当社株式を承継。
- 1925 インターナショナル・テレホン・アンドテレグラフ社（ITT社），IWE社を買収しインターナショナル・スタンダード・エレクトリック・コーポレーション（ISE社）に改称。
- 1926 芝浦工場新設。
- 1932 ISE社，当社経営を住友本社に委託。
- 1934 電線部門を住友電線製造所（現，住友電気工業㈱）に譲渡。住友と

の間で株式を持合，相互に役員を派遣。
1939	研究所新設。
1941	ISE 社所有の当社株式が敵国資産として処分され，同社との資本提携解消。
1943	社名を日本電気㈱から住友通信工業㈱に変更。
1951	ISE 社と資本提携復活。
1953	新日本電気㈱（現在の日本電気ホームエレクトロニクス㈱）設立（家庭電器の製造販売に関する業務を移管）。
1961	事業部制採用（通信機，電波機器，電子機器，電子部品，商品，海外の6事業部）。
1965	新事業部制採用（中央研究所，15事業部，3開発本部，2営業部）。
1971	事業部制から事業グループ制への重点移行。
1975	新中央研究所完成。
1977	米国アトランタでの「インテルコム'77」でC&C (Computers and Communications)を提唱。「C&Cシンボル」設置。
1990	企業理念・経営指針発表。全社経営刷新運動「NEC スーパー21」開始。世界初 ATM 交換システム実用モデル開始。
1992	システム提供の新しい考え方「Solution21」発表。
1995	世界最初の1GBのDRAMを開発。PC9800シリーズ国内累計出荷1000万台突破。
1997	世界最初の4GB DRAMを発表。
1998	世界最速スーパーコンピュータSX-5発表。
1999	経営革新委員会を設置。iモード対応の携帯電話「デジタル・ムーバ N502i HyPER」を発売。
2000	社内カンパニー制，執行役員制を導入。
2001	グローバルスローガン「Empowered by Innovation」を制定。
2002	世界最高速のスーパーコンピュータ，超高速ベクトル並列計算機「地球シミュレータ」を完成。
2003	社内カンパニー制から事業ライン制（9事業ライン）に移行。

2004	事業ライン制からビジネスユニット制（11ユニット）に移行。
2005	NECソフト㈱，NECシステムテクノロジー㈱を完全子会社化。
2010	小惑星探査機「はやぶさ」が地球に帰還。自動車用高性能リチウムイオン二次電池の電極を量産開始。
2011	家庭用蓄電システムを販売開始。
2013	新ソリューション体系「NEC SDN Solutions」を確立。

日産自動車　[輸送用機器：自動車，部品，フォークリフト，マリーンなど]

1911	橋本増次郎が快進社自動車工場を個人創業。
1915	DAT自動車（脱兎号）発売　DATは資金協力者のイニシャル。
1918	軍用保護自動車重点に転換。㈱快進社に改組準備。
1925	㈱快進社を解散して，㈾ダット自動車商会を設立。
1926	実用自動車㈱が当社を合併，ダット自動車製造㈱と改称。
1933	戸畑鋳物㈱が㈱石川島自動車製作所からダットサン製造・営業権を無償で譲受。
1934	日産自動車㈱と改称，創業者は鮎川義介（日産コンツエルン）。
1935	一貫生産の第1号車小型自動車「ダットサン」生産開始。
1936	米国グラハムページ自動車会社から設計図，設備等購入。
1944	日産重工業㈱に改称，本社事務所を東京日本橋に移転。
1949	社名を日産自動車㈱に復帰。
1952	英国オースチン社と技術提携契約を締結。
1953	ストライキに対抗する会社側の工場閉鎖「100日闘争」。
1958	乗用車の対米輸出開始。
1959	ブルーバード完成。
1960	米国日産自動車会社設立。業界初のデミング賞受賞。
1961	メキシコ日産自動車会社を設立。
1965	座間工場完成。
1966	プリンス自動車工業㈱を合併。繊維機械，宇宙航空事業継承。
1968	本社事務所，東京銀座の新社屋に移転。

1976	豪州日産自動車製造会社設立。
1981	西独フォルクスワーゲン社と乗用車の生産，販売の協力契約。
1984	英国日産自動車製造会社設立。
1985	米国マーチンマリエッタオーバーシーズ社と宇宙航空の技術援助。
1988	シーマ登場。パイクカー・パーソナル乗用車など新セグメント開拓。
1995	座間工場，車両組立から撤退。生産拠点のグローバル化促進。
1997	専務制廃止。役員全員参加の経営戦略会議を設定。
1998	「日産自動車グローバル事業革新」策定。
1999	ルノーと資本参加を含むグローバルな提携契約調印。カルロス・ゴーン，最高執行責任者COOに就任。再建計画「日産リバイバルプラン（NRP）」を発表。国際規格ISO14001認証取得完了。
2002	NRPの目標を達成し，過去最高の営業利益を上げる。アルティマが北米カーオブザイヤーを受賞。新事業計画「日産180」に着手。
2003	欧州日産会社を清算。東風汽車有限公司事業開始。
2008	日産インターナショナル社，欧州の生産・販売等の統括業務開始。
2009	本社事務所を横浜市のグローバル本社に移転。
2010	ルノー及びダイムラーAGと資本参加を含む戦略的協力の締結。
2011	「日産リーフ」がワールド・カー・オブ・ザ・イヤー2011を受賞。
2013	ダイムラーとルノー・日産アライアンス，フォードと燃料電池車技術の商品化の合意書に調印。
2014	ブラジルに自動車工場を開設。ナイジェリアで自動車生産を開始。日産EV初の商用車「e-NV200」（スペイン工場で生産）を発表。

三井物産　[卸売業：鉄鋼，非鉄金属，機械，化学品，食品，石油・ガス，繊維，情報産業関連事業，不動産事業，サービス事業など]

1876	三井物産会社設立。益田孝，初代社長就任。
1893	三井物産会社を三井物産(名)に改組。
1909	三井物産(名)を三井物産(株)に改組。
1940	三井物産(株)が三井(名)を合併，三井コンツェルン全体を統率。

1944　三井物産㈱，㈱三井本社と改称。同時に商事交易部門を分離独立し，新たに三井物産㈱を設立。

1947　連合軍最高指令部の日本政府に対する覚書により，三井物産㈱は解散。同社の役職員有志が結集し，新会社を設立。三井物産㈱の解体に伴う新会社，第一物産㈱を設立。各種商品の輸出入販売。

1953　互洋貿易㈱（旧三井物産の有志による新会社）営業譲受。

1954　三井木材工業㈱（旧三井物産の木材部門）合併。

1955　第一通商㈱（旧三井物産有志の総合商社）営業譲受。日本機械貿易㈱（旧三井物産の機械部門）合併。

1957　国際物産交易㈱（旧三井物産の化学品部門）営業譲受。

1958　大洋㈱（旧三井物産の羊毛部門）合併。東邦物産㈱合併。

1959　商号を第一物産㈱から三井物産㈱に変更。三井物産㈱

1965　木下産商㈱営業譲受。東邦物産㈱営業の一部譲受。

1967　日本トレーデイング㈱営業の一部譲受。

1987　物産不動産㈱合併。

1998　2001年を最終年度とする中期経営計画を策定。

2002　新中期経営計画を策定。執行役員制を導入。

2004　国内支社支店組織を部店独算制から商品独立採算制に変更。

2005　各部門に総合力推進担当者を設置，コーポレートポータルを導入。

2006　海外地域本部制を導入（現在は海外3地域本部体制）。

2010　米国ペンシルベニア州でのシェールガス事業に参画。
　　　ペルーのリン鉱床開発プロジェクトに参画。

2011　アジア最大手の民間病院グループIHHヘルスケア社へ出資参画。

高島屋　［小売業：衣料，身回品，雑貨，家庭用品，食料品，食堂・喫茶］

1831　飯田新七，京都烏丸高辻で高島屋（木綿商）を個人創業。

1855　呉服商に転業。

1896　ショーウィンドースタイル（見本場）を採用。

1898　ショーウィンドーにマネキンを配置，東海道沿線に業界初の野外大

型広告。

1909　高島屋飯田(名)を設立。

1919　合名会社を改組して，㈱高島屋呉服店を設立。本店所在地を京都（下京区烏丸通）に置く。

1922　大阪店（心斎橋店）を同市南区長堀橋筋に移転，長堀店を開設。

1930　商号を㈱高島屋に変更。（取扱商品が呉服と相応しない為）大阪市南区難波（現在は中央区難波）に南海店開設。

1933　東京店を中央区日本橋（現在地）に移転。

1944　本店所在地を大阪市南区難波（現在は中央区難波）移転。

1950　京都市下京区四条通河原町（現在地）に京都店を移転。

1952　包装紙のデザインに「バラ」マークを採用。

1958　日本初の海外店舗ニューヨーク高島屋を開店。

1959　フランスのピエール・カルダンとライセンス契約を結ぶ。

1969　日本初の本格的な郊外型ショッピングセンターS. C. 玉川高島屋が田園都市線・二子玉川園駅前に開店。

1973　パリのオ・プランタン1階にフランス高島屋開店。

1977　POSシステムを稼動，経営情報システムを確立。

1989　百貨店グループ売上高1兆円を超える。

1990　関東高島屋を吸収合併。業界初のプリペイドカード「タカシマヤバラカード」発行。

1993　シンガポールの高島屋開店。台湾に高島屋開店（1994）。

1995　横浜高島屋など子会社5社を吸収合併

1996　新宿駅南口に日本初の都市型マルチエンターテイメントS. C.「タカシマヤタイムズスクエア」開店。業界初のタカシマヤカードポイント制導入。

1999　エコマネキン人形（和紙製）が登場。

2000　ジェイアール東海と業務提携，ジェイアール名古屋高島屋開業。第3次中期経営計画を発表。

2001　全店が国際環境規格ISO14001認証取得。

第12章　会　社　史　　　　　　　　223

2004　日本橋高島屋　全館リニューアルオープン。
2009　日本橋高島屋の建物が国の「重要文化財」に指定される。
2011　創業180周年を迎える。
2012　上海高島屋を開業。

イトーヨーカ堂　［小売業：衣料品，食料品，住居関連商品など］

1913　登記上の設立年月。
1920　吉川敏雄（伊藤雅俊の叔父）が東京都台東区浅草に洋品店を開業。
1940　伊藤譲（伊藤雅俊の兄）が吉川敏雄よりのれん分けで浅草店を譲受け，営業。
1948　伊藤譲が㈾羊華堂を設立（伊藤譲の死去で伊藤雅俊が経営を継承）。
1958　伊藤雅俊が大量販売方式を行うため，新たに㈱ヨーカ堂を設立。
1962　本部を東京台東区入谷に移転。
1965　社名を㈱伊藤ヨーカ堂に変更。
1967　本部を東京都港区麻布十番に移転。
1971　額面変更を目的として，㈱イトーヨーカ堂（1913年3月設立，1970年10月川越ビル㈱より改称）に吸収合併。
1972　新マーク採用にあたってロゴタイプをイトーヨーカ堂からイトーヨーカドーに変更。㈱ヨークフードサービス設立（現㈱ファミール）。本部を東京都千代田区に移転。
1973　㈱ヨークベニマルと業務提携。米国レストランチェーン，デニーズ社と提携。米国コンビニエンスストアのサウスランド社と提携，㈱ヨークセブン設立（現㈱セブン・イレブン・ジャパン）。デニーズ社との提携にもとづき㈱デニーズジャパン設立。
1975　スーパーマーケット，㈱ヨークマート設立。
1978　ディスカウントストア，㈱ダイクマと業務提携。
1981　本部を東京都港区芝公園に移転。
1984　百貨小売業として，㈱ロビンソン・ジャパン（東京・港区）設立。
1985　POSレジスタを全店に導入。

- 1988 売上高，1兆円を超える。
- 1991 イトーヨーカ堂（IY）グループ，米国サウスランド社発行株式の約70％を取得。
- 1997 中国に合弁会社，華糖ヨーカ堂を設立。
- 2003 イトーヨーカ堂，セブン-イレブン，デニーズ，ヨークベニマルで執行役員制度を導入。
- 2014 環境部門で農林水産大臣賞を受賞。

セブン-イレブン・ジャパン　［小売業：加工食品，ファストフード，日配食品，非食品など］

- 1939 登記上の設立年。
- 1973 ㈱ヨークセブン設立。ザ・サウスランド・コーポレーションと㈱イトーヨーカ堂との間で「エリア・サービスおよびライセンス契約」調印締結。
- 1974 豊洲店開店，フランチャイズ・システムの開始。相生店開店，トレーニングストア（自営店）の開始。
- 1975 コンピュータ導入による各店別在庫管理システムおよび本部，各店別総合の簿記会計システム確立。24時間営業を開始。
- 1978 社名を㈱セブン-イレブン・ジャパンに変更。譲渡契約により，当社がライセンス契約の当事者となる。
- 1979 東京証券取引所第2部上場。
- 1981 本店を東京都港区に移転，東証第1部に指定替え。
- 1982 事業目的に「動産の賃貸ならびに売買業」と「各種委託取次業」を追加。POS，EOB（電子発注台帳）システム導入。
- 1986 双方向多目的POSレジスタ導入。
- 1987 電力料金収納窓口サービス開始。
- 1988 東京ガスの料金収納業務取扱開始。
- 1989 事業目的に「損害保険代理業」を追加。セブン-イレブンハワイINC.を設立。プリペイドカードシステムの導入。

1990	事業目的に「カタログ通信販売業」「融資および融資の斡旋に係わる業」を追加。米国サウスランド社にイトーヨーカ堂と合同で資本参加，経営再建に参画。第4次総合店舗情報システム導入開始。
1991	米国サウスランド社の株式を取得し，経営に参画。NTTの料金収納業務取扱開始。ISDNの導入完了。
1994	欧州最大の流通企業メトログループと業務提携。
1995	店舗数6,000店達成。関西圏に進出開始。
1996	気象情報システム導入。ゲームソフト取扱開始。
1997	経常利益1,000億円を超える。第5次情報システムを導入。
1999	店舗数8,000店達成。
2000	セブン-イレブン・ジャパン㈱セブンドリーム・ドットコムを設立し，EC（電子商取引）を本格的に展開。
2001	㈱アイワイバンク銀行を設立。
2003	出店数10,000店舗達成。
2004	中国北京で第1号店出店（北京市東城区・東直門店）。
2005	㈱セブン＆アイ HLDGS. 設立。東証第1部上場。7-Eleven, Inc. を完全子会社化。
2006	チケット販売のイープラスと提携。第6次総合情報システム導入。
2007	独自の電子マネー「nanaco（ナナコ）」導入。
2008	セブン-イレブン中国有限公司を設立。セブン-イレブンネット開始。
2009	大衆薬の販売を開始。「セブンネットショッピング」サービス開始。
2011	日本における「セブン-イレブン」の商標権を取得。
2012	チェーン店全店売上高3兆円を突破。
2013	「セブンカフェ」販売開始。世界のセブン-イレブンが50,000店を突破。

三井住友銀行 ［預金，貸出，為替，社債受託・登録，商品有価証券売買，有価証券投資，金融先物取引受託，投資信託，窓口販売など］

[旧さくら銀行]
- 1876　私盟会社三井銀行創立。
- 1893　私盟会社三井銀行，合名会社に改組（資本金200万円）。
- 1909　合名会社三井銀行，株式会社に改組（資本金2,000万円）。
- 1936　兵庫県の主要7行が合併し，㈱神戸銀行設立。
- 1940　大日本無尽㈱設立（後に，㈱日本相互銀行に商号変更）。
- 1943　㈱三井銀行，㈱第一銀行と合併し，㈱帝国銀行設立。
- 1944　㈱神戸銀行，信託業務の兼営を開始。
- 1949　㈱帝国銀行，東京証券取引所および大阪証券取引所に株式を上場。
- 1954　㈱帝国銀行，㈱三井銀行に行名復帰。
- 1960　㈱神戸銀行，信託業務および勘定を東洋信託銀行㈱に譲渡。
- 1968　㈱日本相互銀行，普通銀行に転換し㈱太陽銀行に商号変更。
- 1973　㈱神戸銀行と㈱太陽銀行が合併し，㈱太陽神戸銀行設立。
- 1990　㈱三井銀行と㈱太陽神戸銀行が合併し，㈱太陽神戸三井銀行設立。
- 1992　㈱太陽神戸三井銀行，㈱さくら銀行に商号変更。

[旧住友銀行]
- 1895　住友吉左衛門により住友銀行創業（個人経営）。本店を大阪・中之島に開設。
- 1912　個人経営の住友銀行を改組して，㈱住友銀行設立。
- 1916　普通銀行で初の海外進出開始。
- 1917　資本金を3,000万円に増資し株式の一部公開。
- 1924　田中興業銀行を買収（7か店）。
- 1930　住友ビル（現・本店ビル）完成。
- 1945　㈱阪南銀行，㈱池田実業銀行を合併。
- 1948　㈱大阪銀行と商号変更。
- 1949　大阪証券取引所，東京証券取引所に株式上場（その後，京都，札幌，広島，名古屋各証券取引所に株式を上場）。

1952 ㈱住友銀行の商号に復帰。
1959 東京新住友ビル（現東京本部ビルディング）完成。
1967 総合オンライン・システムへの移行開始。
1979 経営組織の抜本的改革実施（総本部制導入）。
1983 国債等公共債の窓口販売開始。
1984 公共債ディーリング業務開始。ゴッタルド銀行の株式を取得。
1985 新東京事務センター完成。
1986 第三次総合オンライン・システムへ移行開始（1988年3月全店移行完了）。㈱平和相互銀行を合併。ゴールドマン・サックス社へ出資。
1988 本部制導入を中心とする組織改革実施。パリ証券取引所に株式を上場（その後，ロンドン証券取引所に株式を上場）。
1989 証券先物取引の取次業務開始。金融先物取引業務開始。
1994 第4次総合オンライン・システム移行開始（1995年に移行完了）。
1995 創業100周年（11月1日）。
2001 さくら銀行と合併し，三井住友銀行となる。資本金1兆2,767億円。
2002 三井住友フィナンシャルグループを設立，その完全子会社となる。
2003 三井住友銀行とわかしお銀行が合併。
2009 日興コーディアル証券㈱（現，SMBC日興証券）を完全子会社化。

ヤマトホールディングス　[陸運：貨物自動車運送，貨物運送取扱など]

1919 東京市京橋区において，車両数4台で大和運輸㈱を創立（資本金10万円，代表者小倉康臣）。
1929 増資手続として第二大和運輸㈱を設立し，大和運輸㈱を合併，商号を大和運輸㈱と改称。最初の路線事業。
1950 東京税関貨物取扱人の免許を受け，通関業務を開始。
1951 C. A. T 航空会社と代理店契約を締結，航空貨客を取扱。
1952 海上貨物取扱船積業務を開始。
1957 親子猫マーク（商標）を制定し，使用を開始。
1958 日本航空㈱と代理店契約を締結し，国内航空貨物を取扱。

1960　国際航空混載貨物の取扱業務を開始。
1966　一般港湾運送事業の営業開始。一般旅行斡旋業営業開始。
1973　コンピュータ部門を分離し，ヤマトシステム開発㈱を設立。
1974　貨物輸送に関する全国オンラインシステム（NEKOトータルシステム）開始。
1976　小口貨物の宅配システム「宅急便」を開始。
1982　商号をヤマト運輸㈱と改称。
1983　国際宅急便の取扱を開始。「スキー宅急便」発売。
1985　新引越サービス「らくらくパック」発売。
1986　米国の宅配会社ユナイテッド・パーセル・サービス・カンパニと業務提携。「時間便」発売。「コレクトサービス」発売。
1987　「UPS宅急便」発売。「ブックサービス」発売。
1988　日本初の低温度管理による「クール宅急便」開始。
1992　「宅急便タイムサービス」発売。
1993　第4次NEKOシステム運用開始（新ポータブル・ポス導入）。
1994　宅急便サイズを拡大複数口減額制度開始。
1995　海外引越「海外別送サービス」「引越らくらく海外パック」発売。宅急便発送個数50億個達成。
1996　新トランクルームサービス「収納便」発売。「クロネコメール便」発売。年末年始の宅急便開始。
1997　小笠原諸島の宅急便開始。全国宅急便ネットワーク完成。
1998　インターネットによる「荷物お問い合わせ」システム導入。
1999　「半日引越」発売。第5次NEKOシステム運用開始。
2000　ヤマト・ロジスティクス・プロデュース㈱を設立。
2001　インターネットでの宅急便集荷・再配達依頼の受付スタート。
2002　ブックサービス㈱，利用手数料を380円から200円へ値下げ。通販クーリングオフ品，メーカー修理品の引取を対象とする「宅急便引取サービス」を開始。
2003　航空機の深夜フライトを利用した北海道－関東（1都7県）間対象

の「超速宅急便」サービスの開始。
2004　経営の健全性・透明性をより一層向上させるため，執行役員制度等を導入。「ヤマトマネージメントサービス㈱」を設立。
2005　純粋持株会社のヤマトホールディングス㈱が誕生。事業用トラック事業者の利便性向上，コスト削減のため車両整備工場を竣工。
2006　「宅急便店頭受取サービス」開始。国際物流の一貫輸出のため，日本郵船グループと戦略的提携。
2010　シンガポール，上海市内にて宅急便事業の開始。ドライバー用の安全・エコナビゲーションシステム「See-T Navi」。
2011　東日本大震災で大きな被害を出した岩手県・宮城県・福島県に「救援物資輸送協力隊」を設置。自治体と連携し救援物資の輸送等に協力。
2013　ヤマト運輸，トヨタ，日野が協力して電動（EV）小型トラックの実証運行を開始。宅急便月間取扱2億個。「羽田クロノゲート」を竣工。
2014　「ICカード免許証」を活用した運転免許証管理システムを構築。

マクドナルド（米国）McDonald's Corp. ～日本マクドナルド（＊）［外食］

1948　ディック，マックのマクドナルド兄弟がカリフォルニア州にクイックサービスのハンバーガーショップを開店。
1954　レイ・クロック，マクドナルド兄弟からフランチャイズ権を取得。
1955　デス・プレインズ（イリノイ州）に1号店開店。フレスノ（カリフォルニア州）にフランチャイズ1号店開店。
1956　フランチャイズ・リアルティ・コーポレーション設立。
1960　社名をマクドナルド・コーポレーション（イリノイ州）に変更。
1961　マクドナルド兄弟からマクドナルドの営業権に関する権利を取得。
1964　会社設立。州法の変更を目的にリグラブ・インクを設立。
1965　リグラブ・インクがマクドナルド・コーポレーションを吸収合併し，社名をマクドナルド・コーポレーション（デラウェア州法人）

に変更。

*1971 北米外のオランダ，ドイツ，オーストラリアにレストラン開店。米国マクドナルド社，㈱藤田商店と合弁。東京・銀座に1号店開店。
1978 世界5000号・江の島店開店，米国・カリフォルニア州に逆上陸出店。
1982 日本の外食産業売上第1位。以降，現在まで記録更新中。
1984 世界初の売上1000億円達成。
1990 世界有数の玩具チェーン・トイザ"ら"スと合弁会社設立。
1991 設立20周年，売上2000億円達成。
1994 「バリュー戦略」開始。
1995 「マクドナルド強襲の年」宣言。単品中心「価格革命」着手。
1996 設立25周年，国内2,000店舗突破。
1997 企業博物館「マクドナルドミュージアム」設立。
1998 長野オリンピック選手村にオフィシャルレストラン出店。
1999 代表取締役社長　藤田　田，ソフトバンク㈱　社外取締役に就任。横浜銀行と提携し，初のATMとマクドナルドの併設店舗「YRP野比横浜銀行店」がオープン（神奈川県横須賀市）。
2000 代表取締役藤田　田，トイザらス・ドットコムジャパン㈱取締役に就任。
2002 藤田　田が代表取締役会長に就任。
「日本マクドナルドホールディングス株式会社」へ商号変更。
2003 パット・O・ドナヒューが代表取締役会長に就任。
2004 オーダーメイド調理システム／メイド・フォー・ユーを導入。
2005 原田永幸が代表取締役会長兼最高経営責任者（CEO）に就任。
2007 日本マクドナルドとNTTドコモe-マーケティングの新会社設立。24時間店舗1,000店を突破。総合研究施設「スタジオM」を新設。
2008 電子マネー"Edy"導入。外食産業界初の全店売上高5,000億円を達成。
2009 新サービス「マックでDS」導入。顧客利便性のため「iD」導入。
2010 1日あたりの全店売上高を更新（28億1180万円）。

月間の全店売上高で過去最高を達成（513億9,200万円）。
2011 新世代デザイン・ドライブスルーや24時間営業の店舗がオープン。
2012 日本で最大面積の店舗「原宿表参道店」オープン。
2013 サラ L. カサノバが代表取締役社長兼 CEO に就任。

電通　［広告代理業］

1901 光永星郎，日本広告㈱と電報通信社を設立。
1906 電報通信社を改組，㈱日本電報通信社を創立。
1907 ㈱日本電報通信社，日本広告㈱を合併，通信・広告併営。
1933 本社新社屋竣工（現，電通銀座ビル）。
1936 通信部門を同盟通信社（現，共同通信社，時事通信社）に移譲，広告専業。
1943 広告代理業整備で16社吸収，東京，大阪ほか4拠点設置。
1946 広告界再建と社業復興の指針「商業放送の実施促進」「PR の導入」「調査機能の拡充」「広告表現技術の水準向上」を掲揚。
1947 吉田秀雄，第4代社長に就任。
1951 民間ラジオ放送開始。本・支店にラジオ局新設。
1955 社名を電通に改称。
1958 総合連絡制を導入　連絡局を新設。
1959 ニューヨーク事業所を新設。
1961 吉田秀雄，IAA（国際広告協会）よりマン・オブ・ザ・イヤー賞を受賞。
1967 東京本社，新社屋（築地）竣工。
1974 米国アドバタイジング・エージ誌，1973年の取扱高で世界第1位。
1978 英文社名を Dentsu Advertising Ltd. から Dentsu Incorporated（現在は Dentsu Inc.）に変更。
1981 米国・ヤング・アンド・ルビカム社と提携。
1982 ISL マーケティング社を設立，国際スポーツ・マーケティング事業に進出。

1984	米国・ヤング・アンド・ルビカム社と国際営業ネットワーク「DYR」設立。
1986	CI実施，新企業理念を発表。
1987	電通総研発足。
1988	International Agency of the Year 賞受賞（米・アドエージ誌）。
1989	取扱高1兆円達成。
1993	木暮剛平，初代会長　成田豊，第9代社長に就任。
1995	地域電通5社を設立。
1996	電通テック設立。日中広告教育交流プロジェクト開始。
1999	米国のレオグループ，マクナムスグループと持株会社設立で合意。
2001	東京証券取引所市場第一部に上場。
2002	俣木盾夫，第10代社長に就任。新社屋・汐留本社ビル完成。
2003	㈱電通東日本，㈱アド電通東京，㈱電通東北の3社を合併し，㈱電通東日本とする。ジェネオン　エンタテインメント㈱, Geneon Entertainment (USA) Inc. を子会社化。
2005	情報セキュリティ規格「BS7799」および「ISMS認証基準」のグループ認証を取得。国内全事業所でISO14001認証を取得。
2006	㈱電通テックを完全子会社化（これに伴い，上場廃止）。
2007	㈱オプトとの資本・業務提携の強化に基本合意。
2009	㈱サイバー・コミュニケーションズを完全子会社化（上場廃止）。
2010	㈱電通ドットコムを㈱電通デジタル・ホールディングスに社名変更。
2010	中国・サントレンドグループ（ブランドマックスG）と資本・業務提携。
2011	髙嶋達佳社長が第4代会長に，石井直専務が第12代社長に就任。
2013	英国法上の買収手続きに基づき，英国の Aegis Group plc（現, Dentsu Aegis Network Ltd.）の全発行済株式を取得。

ソフトバンク [移動体通信，ブロードバンド・インフラ，固定通信，イーコマース，インターネット・カルチャー，放送メディア，テクノロジー・サービス，メディア・マーケティング，海外ファンド，他]

1981　孫正義，㈱日本ソフトバンク設立。東京都千代田区で PC 用パッケージソフトの流通事業を開始。

1990　㈱日本データネットを吸収合併。ソフトバンク㈱に商号変更。

1995　インターネット情報検索サービス「Yahoo!」に筆頭株主として資本参加。日本法人であるヤフー㈱を設立。

1997　ヤフー㈱が株式を日本証券業協会に登録。

1998　株式を東証第 1 部上場。米国 SOFTBANK America Inc. を設立。

1999　全米証券業協会 NASD と「ナスダック・ジャパン」創設を合意。純粋持ち株会社への移行を完了。

2000　事業統括会社制を導入。㈱日本債券信用銀行（現　あおぞら銀行）へ資本参加。イー・トレード㈱，ソフトバンク・インベストメント㈱が株式をナスダック・ジャパン市場へ上場。

2001　ビー・ビー・テクノロジー㈱「Yahoo! BB」のサービスを開始。

2002　e-Japan 構想のもとで，全国の学校，図書館，公民館にブロードバンド・インフラサービスの寄付を決定。「Yahoo! BB」加入者数が 50 万人を突破。グループ 59 社が確定拠出年金の運営開始。

2003　子会社 4 社を合併し，事業会社・ソフトバンク BB ㈱誕生。神戸市所有のプロ野球公式球場の命名権を獲得，「Yahoo! BB STADIUM」誕生。ソフトバンク・インベストメント㈱とイー・トレード㈱が合併。ソフトバンク・インベストメント㈱，オンライン証券初のリナックスを用いた取引システムを導入。ヤフー㈱が東証第 1 部上場。

2004　日本テレコム㈱を子会社化，固定通信事業に参入。ソフトバンク BB ㈱とヤフー㈱が共同でブロードバンド総合サービス「Yahoo! BB 光」提供開始を発表。イー・トレード証券㈱のジャスダック市場上場。グループの新 CI を決定。

2005　㈱福岡ダイエーホークスを子会社化。当社と Alibaba.com Corporation, 米国 Yahoo! Inc. の3社で中国での戦略的パートナーシップ構築合意。「ソフトバンクグループ憲章」を改訂。「Yahoo! BB」の加入者数が500万人を突破。

2006　ボーダフォン㈱を子会社化，移動体通信事業に参入。インターネットで行う通信制の四年制サイバー大学の設置認可申請。

2009　ソフトバンクモバイル㈱，ソフトバンクBB㈱，ソフトバンクテレコム㈱の3社のサービスブランドロゴを統一。

2010　「Yahoo! BB 光 with フレッツ」向けに IPv6 サービスの提供を開始。

2012　IPv6 高速ハイブリッド接続サービスの提供を開始。

2014　ソフトバンクBB㈱よりコマース＆サービス事業を分社化し，ソフトバンクコマース＆サービス㈱を設立。

II
法　　律

第1章
経済社会と法

1　社会生活と法

　社会生活において，守らなければならない「共同」の一定の規律のことを社会規範という。社会あるところに必ず社会規範がある。社会規範には，法をはじめ慣習，道徳，また宗教上には内心的な掟である戒律などがある。なお，これらの社会規範は経済・社会生活の発展や変化に伴い実情に合わなくなれば，社会の変化とともに変えていかなければならない。経済，経営の現象が先行して法の整備は遅れがちとなるが，常に法制度の早急な整備が求められる。

2　法の特色

　法は社会規範としての道徳，慣習などと異なる特色をもっている。法は人の行為を問題とするのであり，法は社会秩序を維持し，円滑な社会生活を守るために，その内容が国家権力によって強制的に実現されるという性質をもつ特殊な社会規範といえる。ただ，法は道徳と同様の内容の規範を取り入れている場合もあれば，道徳とは無関係な技術的な規範を内容とする場合もある。

（例）　歩行者は，歩道または十分な幅をもつ路側帯と車道の区別のない道路では右側によって通行をしなければならない（道路交通法10）。
　　　「契約（約束）は守らなければならない」規範。
（例）　金を借りた借主が借金を返さないときは，貸主の訴えにより裁判所から返還を命ぜられ，それでも返さないと，国家の力によって返還させ

られる。

3 法の分類と適用

法は，種々の観点から分類することができる。

3.1 成文法と不文法

(1) 成文法

成文法とは，立法手続きによって国会や都道府県議会などによって条文（文書）の形でつくられた法である。成文法が制定されると，官報（法令などの事項を国民に周知させるために独立行政法人国立印刷局が発行する国の機関紙）などによって国民に公布される。公布された成文法が 公布日から一定期間を経てその効力を生じることを施行という。法には，法律不遡及の原則があり，一般にその施行前に生じた事柄については適用されない。成文法には次のようなものがある。

(a) 憲法　憲法は，国の統治組織の基本と国民の基本的な権利・義務について定めた，国の最高法規である。憲法に違反する法は，その効力をもたない（憲98 I）。

(b) 法律　法律は，国会の議決によって制定・公布される成文法である。法律を制定する権限を有するのは国会のみである（憲41）。

(c) 命令　命令は，国会以外の一定の国家機関，例えば内閣，各省大臣などが制定する成文法である。内閣が制定するものを政令，各省大臣が制定するものを省令という。法律に違反する命令はその効力をもたない。

(d) 条例・規則　条例は，地方公共団体，例えば都道府県・市町村などの議会が制定する成文法であり，規則は，知事・市長など，その長が制定する成文法である。規則にはこのほか，最高裁判所裁判事務処理規則，衆議院規則，参議院規則，人事院規則などがある。条例や規則は，一般にその地方公共団体の区域内だけで施行される。法律，命令に違反する条例・規則はその効力をもたない。

第1章 経済社会と法

法表1 主な法の種類

法	公法	<u>憲法</u> <u>刑法</u> <u>刑事訴訟法</u> <u>民事訴訟法</u> 公職選挙法 所得税法
	公私総合法	労働基準法 独占禁止法
	私法	<u>民法</u> <u>商法</u>

下線の法が一般に六法と呼ばれる。

(e) 条約　条約は，国家間により締結され，国際法によって規制される文書である。通常，内閣によって締結され国会の承認を得たのち公布，施行されると国内法としての効力をもつ。名称には，協定，憲章，覚書なども使用される。

(2) 不文法

不文法とは，条文の形でこそ存在しないが，現実に法としての効力を有するものである。不文法には，次のようなものがある。

(a) 慣習法　慣習法は，社会生活上の慣習が人々の間で法として意識されるようになったものである。慣習法は，成文法を補充する効力をもつ（法例2）。商取引については，商法に規定がない場合，商慣習法が，民法に優先して適用される（商1）。

(b) 判例法　判例法とは，同種の事件について同様の判決がくり返され，この結果，判例の方向が定まったものである。将来の同種の事件についても同様の判決がなされることが予測される。

3.2　公法と私法

公法とは，納税，選挙，訴訟など，国家と国民の関係を規律する法をいい，私法とは，売買や結婚など，個人間の関係を規律する法をいう。憲法，民事訴訟法，公職選挙法，所得税法などは公法であり，民法，商法などは私法である。また，資本主義の発展により，生じてきた経済的強者と弱者の間

に著しい不平等を是正するため，国家が個人間に介入することが必要となり，制定された法を公私総合法といい，この例として，労働基準法や独占禁止法がある。労働基準法（1947（昭和22）年）とは，勤労条件等に関する基準などを定めた法律である。また独占禁止法とは，「私的独占の禁止及び公正取引の確保に関する法律」（1947（昭和22）年）の略称で，公正かつ自由な競争の促進を目的とした法律である。独占禁止法の実施機関として公正取引委員会が設置されている。

3.3 一般法と特別法

一般の人，地域，事柄について定めた法を一般法といい，これに対して，特定の人，地域，事柄について定めた法を特別法という。民法は，一般の人々の間の売買などを規律する一般法であるのに対して，商法は，主として商人間の売買などについて規律する特別法である。同一の事柄について一般法にも特別法にも規定がある場合には，特別法が優先的に適用される（特別法優先主義）。

3.4 強行法規と任意法規

強行法規とは，当事者の意思にかかわらず，その適用が強制される法をいい，任意法規とは，当事者の意思に反する場合には適用が強制されない法をいう。例えば，約束手形には一定の事項を記載することが必要とされているが（手75），これは強行法規であるから，この記載事項が記載されていないと，その手形は無効になる（手76Ⅰ）。約束手形とは，振出人が受取人に一定金額の支払いを約束する有価証券である。手形法75条では約束手形であることを示す文字，手形金額を支払うという約束文句，支払期日，支払地，受取人，振出日，振出地，振出人の署名を必要的記載事項と定め，原則として一つでも欠けていたら全体が無効となる。これに対して，民法上，利息は年5分と定められているが（民404），これは任意法規であるから，当事者間で別に利率を定めることができる。

3.5　実体法と手続法

実体法とは，権利・義務の実体を規定した法であり，手続法とは，手続きなどを規定した法である。

（例）　憲法，民法，商法などは実体法であり，民事訴訟法などは手続法である。民事裁判の基準となる実体法と手続法を民事法ともいう。

3.6　法の適用と解釈

具体的な事例に法をあてはめて，一定の法的判断を引出すことを法の適用という。法の適用に際し，一般的，抽象的に定められている法を具体的な事例に適用するために，法の意味を明らかにすることを法の解釈という。

（例）　Aの運転する自動車がBをはねてけがをさせたとする。この場合，Bはけがの治療費などについてAに対して損害賠償を請求できるか否かが問題となるが，この問題は，不法行為に関する民法709条の規定の適用によって判断される。

（例）　民法709条は「故意又は過失によって他人の権利又は法律上保護される利益を侵害した者」に損害賠償の責任を負わせているが，上のAの行為が不法行為にあたるかどうかについては，民法709条の規定する「故意」「過失」などの意味を明らかにしなければならない。（参照　法律・第4章）

故意とは，自分の行為が違法な加害行為になることを知っていること，過失とは，自分の行為が違法な加害行為になることを不注意によって知らないことをいう。

法の解釈は，法の字句の意味を明らかにする文理解釈を基本とする。文理解釈をするには，法の字句に従って常識的かつ法律上の立場から解釈しなければならない。しかし，法の立法趣旨，法全体の立場などを考慮して，論理に従って推理する論理解釈が必要な場合もある。

（例）　「自転車の乗入れを禁ずる」とあった場合，「自転車」を「自転車に乗った人」と常識的に解すべきである。例えば，橋の修理のため「車馬通行止」の立札があった場合，重量制限の目的からして，牛もいけ

ないと解釈するのが拡張解釈，自転車はよいと解釈するのが縮小解釈である。論理解釈にはこのほかに，ある事項について規定がないとき，類似の規定から類推して解釈する類推解釈，規定がないときには反対に解釈する反対解釈などがある。

3.7 経済生活と法

本書では商品の売買，金銭や土地・建物の貸借などの経済活動，労働・福祉などの社会生活や企業の経営活動に必要な法規など私法の領域を扱っている。その中心となるものは民法と商法である。現行の民法はフランスとドイツの民法の影響のもとで1898年に施行され，1947年新憲法に即して大幅に改正された。民法の基本原則は，私有財産権（所有権）の保障，契約自由の原則，過失責任主義の3つである。これに対して現行の商法は1899年公布・施行され，1938年の大改正まではドイツの，一方1950年の改正から米国の商法の影響を受けた。商法の適用範囲は，商行為，商人の2つの概念による。ほかに借地借家法，小切手法，手形法，労働基準法などの特別法も適宜とりあげる。

4 国際化と法

現在，地球上の国は，いずれも他の国と無関係に存在しているわけではなく，諸国家が一つの社会，国際社会を形成している。そこでは政治，経済，文化など相互に依存しながら成り立っている。経済，文化，政治などの面において協力しあい，国の安全と平和を維持している。しかし一方では，著しい国際化の進展によって，経済・貿易摩擦の問題を初めとして，環境・資源エネルギーなど地球的規模の諸問題をかかえている。

国際社会において，平和で秩序ある生活を営むためには，各国が守らなければならない規律が必要である。この国際社会の規範を国際法という。

国内法がその国の社会において，国家と個人や個人相互間の関係を規律する法であるのに対し，国際法とは，主として国家相互の関係を規律する法で

あり，また，限られた範囲において，国家と個人，国際機構（諸国家の共通の目的のため条約に基づいて作られた組織）と国家の関係などを規律するものもある。なお，国際法と国内法とに同一事項で異なる規定があった場合，諸説があるものの，国際法が優先されるという考え方が強まっている。

異なる国家に所属する私人の間で行われる取引（国際取引）も，法によって規律され，国際民事訴訟の頻度も高まっている。この場合，当事者はいずれの国の法に従うか決めなければならない。もし，当事者間で争いが発生した場合は，原則として予め合意している国家の法に従う。しかし，条約や国連の仲裁により紛争を解決する場合もある。現在の国際社会では，経済活動が国境を超えて活発に行われたり，地域統合の動きなどの結果，経済摩擦は頻繁に発生している。こうしたなかで，世界貿易機構（World Trade Organization：WTO）が関税及び貿易に関する一般協定（General Agreement on Tariff and Trade：GATT）を発展させ，権限を強化した国際機関として1995年1月に発足した。貿易問題で国家間に対立が起きた際の紛争処理などを行い，国家の利益を調整し，協調関係を維持する目的をもつ。（参照　経営・第11章）

5　情報通信ネットワーク化と法

高度情報通信ネットワーク社会が到来し，我が国は世界最先端の情報技術（IT）国家になることを最優先課題の一つと定め，電子商取引を中心に法律の分野に対しても体制整備が要請されている。民事法における主な新法，改正法は，次の通りである。

まず，商業登記法が2000（平成12）年に改正され，商業登記制度を用いた電子認証制度と電子公証制度が発足した。また同年，「電子署名及び認証業務に関する法律」が制定され，電子署名の円滑な利用を確保し，情報の電磁的方式による流通及び真正な電子署名利用者の確認を通して情報処理の促進を図る。

第二に，「書面の交付等に関する情報通信の技術の利用のための関係法律」

の整備に関する法律が同じく2000（平成12）年に制定され，書面の交付等が法律で義務付けられる商取引において，インターネットなど電子的手段を用いて，記載事項の情報提供を行うことにより，書面の交付に代えることが認められた。

第三に，「電子消費者契約及び電子承諾通知に関する民法の特例に関する法律」が2001（平成13）年に制定され，電子消費者契約における錯誤無効の特例がおかれ，電子契約について発信主義から到着主義への転換がなされた。また，同年，「特定電気通信役務提供者の損害賠償責任の制限及び発信者情報の開示に関する法律」が制定された。特定電気通信（ウェブサイト）による情報流通により権利侵害がなされた場合，役務提供者（サーバの管理・運営者）が関係情報の削除等を行っても損害賠償責任を負わない。また被権利侵害者は役務提供者に保有情報の開示を請求することができる。

最後に，商法が2001（平成13）年，2002（平成14）年と改正され，会社関係書類や会社・株主間の通知等に関する電磁的方法（電子データ，インターネット等の使用），株主総会における議決権行使の電磁的方法の採用（電子投票の利用），貸借対照表等の公開方法の拡大（インターネット等の使用）が図られた（会301Ⅱ・302Ⅱ・299Ⅲ・298Ⅰ）。（参照　法律・第2章～第7章，経営・第10章）

第2章
権利主体と財産権

1 権利主体：人

1.1 自然人
(1) 権利と義務

　経済生活，経営関係のほとんどは，権利，義務の関係で成り立つ。権利とは，他人にある行為を請求すること，および自分がある行為をすることを法律上で可能とされる資格または地位である。これに対して義務とは他人のためにある行為をしなければならない，あるいは，してはならないと法律上で拘束される資格または地位である。

（例）　デパートで洋服を買ったり，パン屋でパンを買ったり，住むために土地を買い，家を借りたりする行為に関して，買主が物の引渡しの請求をできる地位および売主が代金支払いの請求をできる地位を「権利」といい，買主が代金の支払いを，売主が物の引渡しをしなければならない地位を「義務」という。

(2) 権利の公共性

　権利は，権利者個人の利益だけでなく，社会生活が秩序正しく円滑に営まれ社会の向上発展のために認められたものであるので，権利の行使には社会的な制約を伴う。また，権利者も義務者も，互いに相手の信頼を裏切らないように誠実に責任をもって行動しなければならない。さらに，権利の行使は，社会的に許容されるものでなければならず，許容範囲を超えた権利の行使は権利の濫用であり，禁止される。

(3) 自然人の権利能力

　権利をもつ者や義務を負う者を，権利・義務の主体という。法律上，この

権利・義務の主体となることのできる資格または地位を，権利能力（または人格）という。生きている人間のことを，法律上　自然人という。自然人は，皆平等に権利能力をもつ。自然人以外に法律により権利能力が認められている一定の団体を法人という。自然人の権利能力の取得は，出生に始まり（民3Ⅰ），死亡と同時にその権利・義務は消滅する。胎児はまだ生まれていないので，原則として権利能力をもたない。

　しかし，親が死亡した後，胎児が損害賠償を請求できない，あるいは，胎児が相続ができないというのでは公平を欠くため，民法は，胎児は既に生まれたものとみなす（民721・886Ⅰ）。従って，胎児も加害者に対して損害賠償を請求することができ，通常は母親が胎児に代わり，損害賠償の請求を行う。また，胎児が生を受けたときには相続（死者の生前の意思または法律の規定に従い，その人の所有していた財産を継承すること）開始時に胎児であった者も遡り相続できる（民886Ⅱ）。

(4)　失踪宣告

　自然人の権利能力は，その人が死亡した場合にのみ終了する。しかし，生死不明の状態が長く続くと，その人の財産上あるいは身分上の法律関係が確定せず，支障をきたすことになる。そこで，失踪宣告の制度が設けられ，ある人の生死不明の状態が一定期間続いた場合に，利害関係人の請求により家庭裁判所が失踪宣告をすると，その人を死亡したものとみなす。一定期間とは通常7年，戦争や船舶の沈没など特別の危難にあった場合は1年であり，期間満了の時，または危難の去った時に死亡したものとみなされる（民30・31）。相続の開始，婚姻関係の終了などはこの時点より効力を発する。

(5)　自然人の行為能力

　法律上権利・義務の効果を発生させる行為を，法律行為という。全ての人は，皆平等に権利能力をもつが，すべての人が単独で法律行為をなすことができるわけではない。自分の行為の結果を判断（弁識）するだけの能力を意思能力という。民法では事理弁識能力ともいう（民7・11・15）。民法は，年齢および精神障害の度合いを基準にして形式的・画一的に制限能力者を定め，制限能力者がなした一定の法律行為は取消すことができるものとした。

この形式的・画一的な基準からみた，単独で完全な法律行為のできる能力を行為能力という。行為能力がある人のことを能力者，行為能力の不十分な者のことを制限行為能力者という。

(6) 制限行為能力者制度

制限行為能力者には，無能力者として，これまで未成年者・禁治産者・準禁治産者の三種類を定めていた。民法は，これらの者の行為は，個々の行為の際に意思能力の有無にかかわらず，画一的に取消すことができるとしていた（無能力者制度）。しかし，2000（平成12）年4月より，制度が改められ，制限行為能力者として，未成年者，成年被後見人，被保佐人，被補助人の四種類を定めた制限行為能力者制度が創設された。

(a) 未成年者

未成年者とは，満20歳にならない者である（民4）。未成年者が法律行為をするには，原則として法定代理人の同意が必要である。法定代理人とは本人の意思に関わらず法律の規定により定められた代理人である。この同意を得ずになした行為は，取消すことができる（民5ⅠⅡ）。ただし，未成年者にとり不利益にならない行為（物の贈与）や，法定代理人から許されている財産を処分することなどは，法定代理人の同意なしに，単独で行うことができる（民5Ⅲ・6）。未成年者の法定代理人は，親権者（父母）であり（民818・819），親権者がいない場合は未成年後見人である（民839〜842）。後見人には未成年者に親権者がおらず遺言で指定する指定未成年後見人と，家庭裁判所が選任する選定未成年後見人とがある。法定代理人は，未成年者に同意を与えることのほか，未成年者を代理することもできる。

(b) 成年被後見人

成年被後見人とは，精神上の障害などにより意思能力（事理弁識能力）を欠いている者で，家庭裁判所による後見開始の審判を受けた者である（民7・8）。成年被後見人は，単独で法律行為をすることができない。法定代理人である成年後見人がすべて代理して行う（民8）。成年被後見人がした法律行為は，たとえ一時的に意思能力（事理弁識能力）を回復したときになした行為でも，常に取消すことができる（民9）。ただし，日常生活に関す

法表2　能力と法律行為

	権利能力	意思能力	行為能力	法律行為
能力者	有	有	有	可能
制限能力者	有	有／無	無	単独では不可能（原則）

る行為は取消すことができない。
　(c)　被保佐人

　被保佐人とは，精神上の障害により事理弁識能力の著しく不十分な者で，家庭裁判所による保佐開始の審判を受けた者をいう（民11・12）。宣告を受けない精神障害者の保護や痴呆高齢者の財産管理・消費等について，その対応が問題とされてきた。被保佐人は，単独で法律行為をすることができるものの，借金，保証，不動産の売買など一定の財産上重要な法律行為をするためには，保護者である保佐人の同意を必要とする。保佐人は法定代理人ではないので，本人が重要な行為をするときに同意を与えるだけであり，本人を代理することはできない。被保佐人は，制限された能力しかもたない。保佐人の同意，又は家庭裁判所の許可を得ずになした重要な法律行為は，取消すことができる（民13）。
　(d)　被補助人

　被補助人とは，精神上の障害により，意思能力（事理弁識能力）が不十分なものであり，家庭裁判所によって補助開始の審判を受けたものをいう（民15・16）。被補助人は，軽い精神障害を有するが，一般に単独で法律行為をすることができる。ただし，借金，保証，不動産の売買などの財産上重要な法律行為のうち，事前に審判で定められた特定の行為をなすには補助人の同意が必要である。
　(7)　制限行為能力者の相手方の保護

　制限行為能力者の行為の相手方は制限行為能力者側に対して，1か月以上の期間を与え，その行為を認めるか否か確答するように催告することができる。もし，確答がなければ，この行為を認めたものとみなされ，取消不能となる（民20）。ただし，被保佐人又は被補助人に対する催告の場合には，期

間内に確答がなければ，取消したものとみなされる（民20）。催告の方法は，口頭，文書のいずれでもよいが，一般的には，内容証明郵便（市販されている用紙に三枚複写で書き，一通は相手方に郵送し，他は本人，郵便局が保管する）を利用する。

また，未成年者が戸籍抄本の生年月日欄を書換えるなどを例として，能力者であると相手方に信じさせ，欺いた場合には，制限行為能力者はその行為を取消すことができない（民21）。補助人の同意を得ずになした被補助人の行為は取消すことができる。

1.2 法 人
(1) 法人の権利能力・行為能力

法人は，民法その他法律の規定により成立したとき，はじめて権利能力（法人格）をもち，法人として権利を得て義務を負うことになる（法人法定主義・民33）。法人の設立には，定款の作成や登記など法律の定める一定の手続きを行わなければならない（一般法人法＊22・163）。法人の権利能力や行為能力は，自然人と同様に認められるわけではなく，あくまで定款などに定められた目的の範囲内で権利を得て義務を負う（民34①）。ただし，定款などに定められた目的の範囲内とは，個々の事業自体という，狭義のものではなくその事業を営むために必要な行為，その事業に関連する有益な行為も含まれるものとされる。（参照　経営・第1章）

　＊　一般法人法の正式名称は，「一般社団法人及び一般財団法人に関する法律」である（後述）。

(2) 法人の種類

(a) 公法人と私法人

公法人とは，国家や地方公共団体などの公法に基づく。これに対して私法人とは，民法・一般法人法など私法に基づく。

(b) 一般社団法人，一般財団法人および公益社団法人，公益財団法人

2006（平成18）年5月，公益法人制度改革として，社団法人・財団法人のあり方を抜本的に見直すための公益法人制度改革に関連する3つの法律が成立した。それは「一般社団法人及び一般財団法人に関する法律」「公益社団

法表3　法人の種類

法人	公法人	国家	
		公共団体	地方公共団体　例　都道府県　市町村
			公共組合　　例　水利組合　土地改良区
	私法人	一般法人	一般財団法人（参考　従来の財団法人）
			例　癌研究会　全国商業高等学校協会
			一般社団法人（参考　従来の社団法人）
			例　日本医師会　日本私立大学連盟
		営利法人	例　株式会社，合名会社，合資会社，合同会社

法人及び公益財団法人の認定等に関する法律」「一般社団法人及び一般財団法人に関する法律及び公益社団法人及び公益財団法人の認定等に関する法律の施行に伴う関係法律の整備等に関する法律」である。これは，従来，公益性ある団体に限り，許可制により設立が認められた社団法人・財団法人制度（許可主義）を見直し，中間法人も取り込んだ概念にするものである。すなわち，剰余金の分配を目的としない（営利性を有しない）社団・財団の事業について，公益性にかかわらず，設立の登記をすることにより法人格を取得することができる一般社団法人及び一般財団法人の制度（準則主義）を創設した。そして，公益性のある団体は，別途，総理大臣や知事の認定により，公益社団法人・公益財団法人の名称を用い，税制上の優遇措置を受けることができる。同法が2008（平成20）年度より施行されたことに伴い，中間法人法（2001（平成13）年）が廃止され，民法の法人の規定が大幅に削除された。

(c)　社団法人と財団法人

社団法人とは，一定の目的のために，人々が集まってつくった法人である。これに対して，財団法人とは，一定の目的のために運用される財産を基礎としてつくった法人である。

(d)　一般法人と営利法人

一般法人とは，営利を目的としない全ての社団・財団をいい，一般社団法人と一般財団法人に分けられる。これに対して，公益法人とは，一般法人のうち，学術・科学技術の振興，高齢者の福祉増進，自然環境の保護・整備な

ど一定の公益目的事業を行う法人として行政庁から公益認定を受けた法人である。これ以外に，特別法に基づく公益法人として宗教法人法（1951（昭和26）年）による宗教法人，私立学校法（1949（昭和24）年）による学校法人，社会福祉法（1951（昭和26）年）による社会福祉法人，医療法による医療法人，特定非営利活動促進法（1998（平成10）年）によるNPO法人などがある。そして，公益認定を受けた一般法人は，公益社団法人・公益財団法人の名称を使用しなければならない。

一方，営利法人とは，営利事業を営み，その剰余金を社員に分配することを目的とする法人である。営利法人は全て社団法人であり，会社法によって設立される株式会社などがこれに相当する。

(3) 法人の機関

法人は，自然人と異なり，法人自身が契約の交渉をしたり，契約を締結することはできない。そこで，これらの行為を法人の名で現実に行う者が必要となる。一般社団法人では理事（理事会の設置は任意），一般財団法人では理事会が，営利法人である株式会社では代表取締役がこれにあたる。理事は一般法人の代表機関であり，業務執行機関である。業務執行機関の状態を監視する機関として，一般社団法人では監事をおくことができるのに対して，一般財団法人では監事をおかなければならない。また，営利法人である株式会社では監査役をおかなければならない（商38・88）。そして，一般社団法人には社員総会，一般財団法人には評議員（評議員会）という法人の活動方針を決定する最高意思決定機関がある。株式会社ではこれに相当するのが株主総会である。（参照　法律・第5章，経営・第1章）

法表4　法人の機関

法人の種類／機関		意思決定機関	業務執行・代表機関	監査機関
一般法人	一般財団法人	評議会・評議員会	理事・理事会	監事
	一般社団法人	社員総会	理事	監事（任意機関）
営利法人 （株式会社の場合）		株主総会	取締役会 代表取締役	監査役

(4) 特定非営利活動法人（NPO）

ボランティア活動をはじめとする市民が行う自由な社会貢献活動の健全な発展を促進し，非営利でかつ社員数10名以上の福祉，医療，文化，教育，環境，まちづくりなど17の特定分野で活動する組織（団体）については特定非営利活動促進法（1998（平成10）年，NPO法）の成立によって，法人格の取得が可能となった。NPO法は民法の特別法として制定された（民33）。（参照　経営・第1章）

(5) 権利能力なき社団

同窓会，PTA，学術団体，社交クラブ，町内会などは，公益も営利も目的としていないため，本来は民法，商法いずれによっても法人となることができない（民33）。これらの団体は，社団法人と同様の組織をもっているため，その取扱は，社団法人に準ずるものとされるが，これらの社団の登記は認められない（権利能力なき社団）。

2　権利客体：物

2.1　物

権利の対象となっている財産を，権利の客体あるいは目的物という。財産は，物がその中心的なものである。物とは，民法上，有体物をいい（民85），土地・建物などの固体，水道水・石油などの液体，家庭用ガスなどの気体がこれにあたる。電気・熱・光などは，有体物ではないが，経済的価値があり，他人を排除して支配し管理することが可能であるため物として扱われる（刑245）。この他に財産には発明，音楽やコンピュータ・プログラム，データ通信などの情報サービスに関連するものもある。物は，種々の観点から，次のように分類される。

(1) 不動産と動産

不動産とは，土地及びその定着物のことである（民86Ⅰ）。定着物とは，建物・樹木・石垣などのように土地に固定して付着しているものである。動産とは，不動産以外の全ての物である（民86Ⅱ）。船舶や航空機などは動産

であるが，法律上は不動産に準じて扱われている（商686・687）。また，商品券や乗車券，無記名公債のような無記名債権は，動産とみなされる（民86Ⅱ）。無記名債権は，債権と証券が一体となっており，債権を行使したり処分するときは，必ず証券が伴うため，券面に債権者の表示がない。

(2) その他の分類

(a) 主物と従物

2つの独立した物の間に，一方の働きを常に助けるために他方が付属させられている関係がある場合，前者を主物，後者を従物という（民87Ⅰ）。主物が処分されると，原則として従物も処分されることになる（民87Ⅱ）。

（例） 農場と納屋，建物と畳，かばんと鍵

(b) 元物(がんぶつ)と果実

ある物が他の物を生み出す場合に，生み出す物を元物，生み出される物を果実という。果実には，にわとりと卵，乳牛と牛乳のように元物から自然に生み出される天然果実と，土地の地代・建物の家賃・貸金の利息などのように，元物の使用の対価として得られる法定果実とがある（民88）。

天然果実は，それが元物から分離するときに，果実を取得する権利のある者（元物の所有者）の所有物になる（民89Ⅰ）。法定果実を取得する権利者が移動した場合，その権利の存続期間に応じ，日割りで分配される（民89Ⅱ）。

（例） 家主Aが，貸家をBに譲渡した場合，所有した期間の日割り計算により，家賃を受取ることになる。

3 財産権とその種類

3.1 財産権

財産権とは，経済的利益を内容とする財産を使用・収益・処分する権利をいい，これには物権，債権，知的財産権がある。

（例） 土地の所有者がこの土地を自由に使用，処分することができるのは物権における所有権という財産権があるからである。

法表5　財産権の種類

財産権	物権	所有権	
		用益物権	地上権　永小作権　地役権　入会権
		担保物権	留置権　先取特権　質権　抵当権
		占有権	
	債権		
	知的財産権	産業財産権	商標権　　（存続期間　10年） 特許権　　（存続期間　20年） 実用新案権（存続期間　10年） 意匠権　　（存続期間　20年）
		著作権	（存続期間　生存中及び死後50年）

(例)　自動車を買った買主は自動車を引渡してもらう権利を取得し，一方，金銭の貸主は貸したお金を返してもらう権利を取得する。これは，売買契約や金銭消費貸借契約から生じた債権（人に対して一定の行為を求める権利）という財産権があるからである。

　その他，抵当権・質権なども財産権である。無体財産権は，発明や著作など，無形の精神的創作に対する権利であり，その権利内容は所有権に類似している。

　現在の資本主義経済のもとでは，原則として自由に財産権を取得し，これらの権利から自由に経済的利益を受けることができる（私有財産制）。

3.2　物　権

(1)　物権の意義

　一定の物を直接にかつ独占的に支配する排他的な権利を物権という。

(例)　土地の所有者は直接に土地を支配することができる。物権の性質には自分で使用したり（使用），他人に貸して利益を得たり（収益），他人に売却する（処分）などの権利を含む。

(2)　一物一権主義

　物権は，物を独占的に支配できる権利であるから，一つの物の上に同一内容の物権が2つ以上成立しない。また，一つの物権の目的物は，1個の物で

なければならず，本来，物の一部分や物の集合体は，ひとつの物権の目的物となることができない（一物一権主義）。しかし，現在では，経済活動の必要性から，集合物（例　個々の商品ではなくあるデパートの店舗内の商品全体や倉庫内の商品全体）に対して担保権（特に譲渡担保）を成立させることが認められている。譲渡担保とは，お金を借りる際，譲渡の形をとり，担保目的物の占有はそのままで，所有権を相手方に移転する形式をとる担保である。（参照　法律・第4章）

(3)　物権法定主義

物権の種類や内容は，民法その他の法律に規定されており，それ以外に契約等によって個人が勝手にそれと異なる物権を作りだしたり，変更することはできない（物権法定主義・民175）。物権は，他人を排除して直接に目的物を支配する強力な権利であり，物権の種類や内容を，あらかじめ限定しておく必要があるためである。これに対して，債権は強行法規に反しない限り，自由に内容を決めることができる（契約自由の原則）。

(4)　所有権

所有権は物権の典型であり，公共の福祉に反しない範囲で（民1Ⅰ），かつ，法令の制限（建築基準法・都市計画法など）内において，目的物を自由に，使用・収益・処分することができる権利である（民206）。ただし，隣接する土地の所有者については，相互の権利をある程度制限し，所有者相互に協力する義務を負わせて，土地利用の調整をはかっている（相隣関係・民209～238）。

(例)　建物を貸して家賃を得たり，土地を自由に処分できるのは，その物に対する所有権を有するからである。

(例)　AがBとの境界線付近で建物を建てる際，必要な範囲でBの土地に立入ることを認める必要がある。

また，建物についても分譲マンションのように一棟の建物が構造上区分され，独立して住居・店舗などに使用される場合，その各部分は独立の所有権の対象となり，一方，階段・エレベーターなどは区分所有者の共有になるなど，建物の区分所有等に関する法律（いわゆるマンション法）によって，権

利の範囲や利用の調整をはかる。マンション法は，住宅の高層化に伴い，階段，エレベーター，給排水，電気，電話等の配管などの共用設備についての複雑な法律関係を明確にするために，1963（昭和38）年に施行され，その後，建物の老朽化による管理や登記などの問題に対応すべく，1983（昭和58）年に改正された。

(5) 占有権

民法は物の利用者や動産の善意の取得者を保護するために，物を事実上支配する特殊な権利，占有権を認めている。（民180～205）。

占有権をもつ者（占有者）はその目的物を占有する正当な権利（所有権・質権など）をもつと推定される（民188）。目的物を占有する者は，それが正当な権利に基づく占有か否かを問わずに，一応，正当な権利に基づくものと推定し，占有者を保護する。

また，占有者は占有を妨害され，または妨害される恐れがあり，占有物を奪われた場合には，妨害の排除・予防やその物の返還を請求することができる。排除・予防・返還の請求権の行使には，相手方の故意・過失にかかわらず，また，これに必要な労力，費用は相手方の負担で請求することができる（占有訴権・民197～201）。

(例) 他人の自転車や日用品などを借りて利用している場合に，その物が奪われたり，その支配状態が侵害されたときには，利用権者は所有権がなくても，その返還を求め，その侵害の排除を請求できる。

他人の動産を預かる者がその動産を自己の物であると偽って第三者にそれを売る場合は動産の所有者より占有の外観を信用して取得した善意の買主を保護しなければならない（民192）。ここで，善意とは当該事情を「知らない」ことをいい，逆に悪意とは「知っている」ことをいう。

(6) 用益物権

用益物権とは，他人の所有する土地を，一定の制限内で使用・収益することを内容とする物権であり，地上権，永小作権，地役権，入会権の四種類がある。なお，他人の不動産を利用する権利には，物権だけでなく債権として利用する権利がある。これには借地権，借家権，小作権などの不動産賃借権

がある。所有権が全面的に物を支配する物権であるのに対して、用益物権は、制限された範囲で物を支配する物権であるため、制限物権ともいわれる。制限物権には、このほかに、担保物権がある。

地上権とは、他人の土地において、工作物（建物・橋などの建造物）・竹木を所有するために、その土地を使用する権利である（民265）。竹木とは、土地に生える竹や樹木をいうが、果樹や桑などのように耕作を目的とする場合は永小作権の対象となる。地上権にはこの他、土地の地下や空間部分に工作物を所有することになる場合（地下鉄や鉄道の高架線建設）、これらの部分も地上権の目的とすることができる（区分地上権または部分地上権、地中権・空中権など・民269の2）。

永小作権とは、小作料を支払い農地の耕作または牧畜をするために他人の土地を使用する権利である（民270）。現在、他人の土地を宅地や農地として利用する場合は一般に賃借権に基づくことが多い。

地役権とは、例えば、土地の所有者が自分の土地から道路に出るために他人の土地を通行する場合（通行地役権）、あるいは自分の田に水を引くために他人の土地を利用する場合（引水地役権）、あるいは送電線を通すために空中を利用する場合（空中地役権）など、自分の土地の便益のために他人の土地を利用する権利である（民280）。

入会権とは、農村などで、一定の地域の住民が山林や原野に入り、薪や草など地上産物を採取する慣習上の共同収益権である（民263・294）。

3.3　債　権

ある人に対して一定の行為を求める権利を債権といい、代金を支払い、報酬を支払わなければならない義務のことを債務という。権利を有する買主や請負人を債権者といい、その相手方であり、債務を有する売主や注文者を債務者という。

物権が物に対する「支配権」であるのに対して、債権は人に対する「請求権」であるといえる。また、物権はその種類・内容が法律で限定されているが、債権には原則、このような制限はない。

(例) 自動車の買主は，売主に対して自動車の引渡しを請求できるし，建物の請負人は建物が完成すれば注文者に対して報酬の支払いを請求することができる。

3.4 知的財産権

無形の精神的創作が経済的利益を生む場合（新しい機械の発明，デザインの考案，書物の著作，作曲などの知的財産（intellectual property：IP）），その無形の価値に対する支配権を知的財産権（intellectual property right：IPR）または知的所有権，無体財産権という。知的財産権には，産業財産権（特許権，実用新案権，意匠権，商標権）と著作権があり，創作者の権利の保護が図られている。

なお，2003（平成15）年に，知的財産基本法が施行され，この2条によれば，知的財産とは，「発明，考案，植物の新品種，意匠，著作物その他の人間の創造的活動により生み出されるもの（発見又は解明がされた自然の法則又は現象であって，産業上の利用可能性があるものを含む），商標，商号その他事業活動に用いられる商品又は役務を表示するもの及び営業秘密その他の事業活動に有用な技術上又は営業上の情報」であり，また知的財産権とは，「特許権，実用新案権，育成者権，意匠権，著作権，商標権その他の知的財産に関して法令により定められた権利又は法律上保護される利益に係る権利」と，いずれも具体的に定義されている。（参照　法律・第7章，経営・第4章）

(1) 産業財産権

(a) 特許権

新しい工業上の発明をしたときは，特許庁に登録することによって，特許権を取得する。特許権の存続期間は，特許出願の日から20年である。その間，権利者は，発明品の製造・販売などの権利を独占できる（特許法67Ⅰ・68）。近年，情報技術（IT）の進展により，経営やビジネスに関するアイディアを汎用コンピュータや既存のネットワークを利用して実現するビジネス方法，ビジネスモデルも特許権の対象として注目されている。

なお，医薬品の場合，先発医薬品の特許が期間を終了し，同じ品質の後発医薬品（ジェネリック医薬品，generic）が製造される。薬の効果などに差が生じる場合もあるが，開発費が安く，医療費全体の抑制につながる。

(b) 実用新案権

物品の形や構造についての，実用的な新しい工業上の考案を，実用新案といい，これを考案した者が特許庁に実用新案登録をすると，実用新案権を取得する。実用新案権の存続期間は，実用新案登録出願の日から10年であり，その延長は認められない。その間，権利者は，その物品の製造・販売などの権利を独占することができる（実用新案法15・16）。

(c) 意匠権

視覚的美感を創造する，品物の形，色，模様など工業上の新しい創作を意匠といい，新しい意匠を創作した者が特許庁で意匠登録をすると，意匠権を取得する。意匠権の存続期間は，登録の日から20年であり，その延長は認められない。その間，権利者はその意匠を独占して使用することができる（意匠法21・23）。

(d) 商標権

商品や役務（無形のサービス）につけるブランド，トレードマークを商標といい，商標について特許庁で登録すると商標権を取得する（商標法25）。社名・社章・愛称・略称・シンボルマークなどのサービスマークに法的な権利を与える目的をもって，1992（平成4）年4月1日からサービスマーク登録制度が実施された。

商標権をもつ者は，その商標を独占的に使う権利をもつ。商標権の存続期間は，登録の日から10年であるが，申請によりその期間を更新することができる（商標法19）。登録された商標は使用期間が長くなるほど，人々に知られることになり，その信用も増す。従って，使用者はその商標に高い価値を見いだすので，法は存続期間を延長することを認めている。実際には，有名企業の商標はその企業のシンボルとなっているため，永続的に使用されることになる。（参照　経営・第2章，第5章，第7章）

(2) 著作権

美術・音楽・文芸・学術などの作品や，コンピュータのソフトウェア製品などの創作物を著作物といい，著作物を直接かつ独占的に支配できる権利を著作権という（著作権法2）。著作権に含まれる処分権として，複製権，上演権，演奏権，翻訳権，二次的著作物の利用権がある（著作権法21〜28）。既存の著作物を利用して公衆に伝達する実演家，レコード製作者，放送事業者は，著作権により保護されない代わりに，実演，レコード放送について，録音，録画，複製，放送に関する著作隣接権を持つ（著作権法89〜104）。創作者に無断で出版，翻訳，演奏，使用などをすることはできない。

ただし，公共の利益の点から，著作物は一定の条件のもとで，だれもがこれを利用することが認められている。著作権の存続期間は，一定の例外を除いて，著作者の生存期間中及び死後50年である（著作権法51）。また，コンピュータ・プログラムの著作物の登録については，著作権法のほか「プログラムの著作物に係る登録の特例に関する法律（プログラム著作物登録特例法）」1986（昭和61）年によっても保護される。（参照　経営・第10章）

(3) その他の知的財産権（無体財産権）

(a) 鉱業権

鉱業権とは，登録を受けた一定の土地の区域（鉱区）において，登録を受けた鉱物およびこれと同種の鉱床中にある鉱物を掘採したり，取得する権利をいう（鉱業法5）。鉱業権は，鉱業法の定めるところにより，物権とみなされている（鉱業法12）。なお，契約によって，他人の鉱区において鉱業権の目的となっている鉱物を堀採したり，取得する権利を租鉱権という（鉱業法6）。

(b) 漁業権

水産物資源は無主物であるため，捕獲による所有について無主物先占の原則が適用される。しかし，漁業紛争や乱獲による資源を防止するために，漁業法により，海や湖沼，川の水面を利用して，水産動植物の採取，捕獲または養殖を行うことができる漁業権を認めた（漁業法2・6）。漁業権は，漁業法の定めるところにより，物権とみなされている（鉱業法23Ⅰ）。

3.5 有価証券

　有価証券とは，財産権をあらわす証券であり，その権利の行使や移転に，原則として証券の所持・呈示が必要である。有価証券は，権利と証券とが一体となっており，権利の流通を簡便・迅速に行うことができるため，現在の経済社会において重要な役割をはたしている。有価証券の種類には，手形・小切手・株券・社債券・貨物引換証・船荷証券などがある。

　なお，紙幣・郵便切手・収入印紙など，それ自体に価値があるもの（金券）や，金銭の借用証書や銀行の定期預金証書など，証拠書類はいずれも，有価証券ではない。（参照　法律・第5章）

第3章 契　　約

1　契約の意義と要件

　契約は，一方からの申込みと他方の承諾という2つの意思表示の合致によって成立する。契約が成立することによって，契約の当事者の双方または一方に債権と債務が発生する。ただし，英米法にみられる判例法（コモン・ロー common law）では，契約（contract）の成立には意思表示の合致だけでなく，約因（対価）も必要とされる。
（例）　商品を買う，家を借りるなどの行為は，他人との契約によって営まれる。

　近代法では人の生活関係を個人の意思を尊重してその自治に任せ，国家はそれに干渉すべきではないとされる（私的自治の原則）。そのため，契約の当事者は，①契約の締結②契約の相手方③契約の内容④契約の方式を自由に決定することができる（契約自由の原則）。契約の方法は，口頭でも文書でもよい。しかし，その契約が公の秩序または善良な風俗（公序良俗）に反する場合，例えば賭博や不当に高い利息をとる契約などの場合は無効になる（民90）。

　今日，社会生活の発展にともない，経済的弱者が契約による不利益を受けないように，契約自由の原則はいろいろな制限を受ける。借地借家法，利息制限法や労働基準法による制限などがこれにあたる。

　画一的かつ迅速な処理が要請される電気，ガス，運送，保険，預金などの契約を結ぶ場合は特殊な契約形態をとる。すなわち，予め一定の型の契約条項（普通取引約款）を定め，契約を結ぶ付合契約となる。ただし，付合契約で消費者・利用者などの利益が害される恐れがあるため，関係官庁が契約の

内容を監督する。(参照　法律・第5，6章，経営・第5，6，11章)

2　契約の種類

(1)　双務契約と片務契約

　契約の両当事者が相互に債務を負う契約を，双務契約という。これに対して，契約の当事者の一方だけが債務を負う契約を，片務契約という。双務契約には，売買のほか，賃貸借などがあり，片務契約には，贈与のほか，使用貸借，消費貸借などがある。双務契約には，相互に弁済期にある債務をもっている場合，特約がない限り，相手方が債務の履行をするまでは，自分の債務の履行を拒むことができる権利（同時履行の抗弁権・民533），債務者に責任のない原因で一方の債務が履行できなくなった場合，他方の債務の負担を考慮する危険負担（民534～536）が適用される。

(2)　有償契約と無償契約

　契約の当事者が互いに対価関係にある利益を受ける契約を，有償契約という。これに対して，一方だけが利益を受ける契約を，無償契約という。贈与契約は自己の財産を無償で相手方に与える意思を表示し，相手方が承諾することにより成立する（民549）。有償契約には，売買のほか，賃貸借，利息付消費貸借などがあり，無償契約には，贈与のほか，使用貸借，無利息消費貸借などがある。

(3)　諾成契約と要物契約

　契約の当事者の合意だけで成立する契約を諾成契約といい，合意だけでは成立せず，物の引渡しがあってはじめて成立する契約を要物契約という。売買，賃貸借など，多くの契約は諾成契約であるが，使用貸借，消費貸借，寄託（他人の物を保管することを約して，当該物を受取ることにより成立する・民657）などは要物契約である。

　契約は，種々の観点から分類される。例えば，売買は観点を変えれば，双務契約・有償契約・諾成契約に分類される。

(4)　典型契約と非典型契約

法表6　契約の種類

契約種類	内容
双務契約	売買，賃貸借など
片務契約	贈与，使用貸借，消費貸借など
有償契約	売買，賃貸借，利息付消費貸借など
無償契約	贈与，使用貸借，無利息消費貸借など
要物契約	使用貸借，消費貸借，寄託など
諾成契約	売買，賃貸借など

民法の定める契約は，社会で典型的に行われてきた契約であることから，これを典型契約といい，それ以外の民法に定めのない契約を非典型契約という。典型契約としては贈与・売買・交換・消費貸借・使用貸借・賃貸借・雇用・請負・委任・寄託・組合・終身定期金・和解の契約（民549～696）があり，非典型契約としては旅行契約，ホテル宿泊契約などがある。

3　契約と意思表示

3.1　真意でない意思表示

通常，商品を買う場合，「買いたい」という内心の意思（真意）と表示とは一致している。しかし，内心の意思とその表示とが異なる場合を，意思の不存在（欠缺）という。意思の不存在には，心裡留保，虚偽表示，錯誤の3つの場合がある。

(1) 心裡留保

真意でないことを自分で知りながらする意思表示を，心裡留保または，単独虚偽表示という。

例えば，Aが自分の自動車を売る意思がないのに，冗談でBに対して「売ろう」といった場合，「売ろう」という意思表示を信頼したBを保護するために，Aの意思表示は有効とされている。ただし，BがAは冗談で言ったということを知っていた場合や，普通の注意をすれば知ることができたときには，Aの意思表示は無効となる（民93）。

(2) 虚偽表示

相手方と通謀してする虚偽の意思表示を，虚偽表示または通謀虚偽表示という。

例えば、Aが債権者Dから借りている資金の返済を免れるために、友人Bと相談して自分が所有する土地をBに売ったように見せかけ、登記名義もB

法図1　虚偽表示

のものとする場合、A・B双方が表示と真意との不一致を知っているので、この意思表示は無効である（民94Ⅰ）。AはBに対して、その無効を主張し、登記名義をAに戻すように請求できる。しかし、Bがこの土地を善意のCに売却した場合には、Cを保護するために、AはCに対して意思表示の無効を主張できないとされている（民94Ⅱ）。この場合は、AはBに対して損害賠償の請求ができる。

(3) 錯誤

意思表示をする者（表意者）が真意と表示の不一致を知らないことを錯誤という。錯誤には、いくつかの種類がある。

(a) 表示の錯誤

契約書に10万円と書くところを、思い違いして100万円と書いた場合である。

(b) 内容の錯誤

保証債務と連帯債務が同じと思い連帯債務を承諾した場合である。

(c) 動機の錯誤

近所に鉄道が敷かれるものと誤解し、土地を高い価格で購入した場合である。

意思表示の重要な部分（要素）に錯誤があった場合（要素の錯誤）には、表意者を保護するために、意思表示は無効とされる（民95）。ただし、従来は、表意者に重大な過失（重過失）があった場合には、表意者から無効を主張することはできない（民95ただし書）とされていたが、電子消費者契約＊の要素に錯誤があった場合には、その意思表示は常に無効となる。

　＊　消費者と事業者との間で電磁的方法により、電子計算機の映像面を介して締結される契約。当該画像面に表示される手続に従って電子計算機を用いて送信することによって、申込みと承諾の

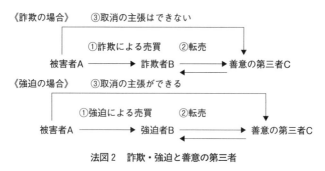

法図2　詐欺・強迫と善意の第三者

意思表示を行う（電子消費者契約及び電子承諾通知に関する民法の特例に関する法律）。

なお，過失とは，通常期待される程度の注意に欠け，錯誤をした場合をいい，重大な過失とは，不注意の度合いが著しく大きいことをいう。

3.2　瑕疵ある意思表示

表意者の意思の決定が，本人の自由な判断によるのではなく，他人の干渉による場合を瑕疵（欠陥があり完全な条件を備えていないこと）ある意思表示という。民法では，詐欺や強迫によりなされた意思表示をいい，表意者は，これを取消すことができる（民96Ⅰ・Ⅱ）。

(1)　詐欺

相手方に欺かれてなした意思表示を，詐欺による意思表示という。例えば，A所有の絵画をBが偽作だと欺いたために，Aがその絵画をBに安く売った場合，Aはこの意思表示を取消すことができる。しかし，Bがこの絵画を善意の第三者Cに譲渡していた場合には，Cに対しては，この取消を主張できない（民96Ⅲ）。この場合Aは，絵画を取りもどすことはできないので，Bに対して損害賠償の請求ができる。また，相手方以外の者の詐欺によって相手方に意思表示をした場合には，相手方がこの事情を知っている場合にのみ，意思表示を取消すことができる（民96Ⅱ）。

(2)　強迫

脅かされて，恐怖心を抱いてなした意思表示を，強迫による意思表示とい

う。例えば，脅かされて無理に金を貸す約束をさせられた場合である。強迫の場合には，詐欺の場合と異なり，善意の第三者に対しても，取消を主張することができる（民96Ⅰ）。ただし，借金を返さなければ訴える，というように，違法性のないものは強迫には当たらない。

3.3 無効と取消

　無効な法律行為の場合には，無効を主張しなくても，初めから無効であることが確定している（民119）。仮に無効な契約によって不当利得があれば，返還義務（原状回復義務）が生じる。これに対して，取消可能な法律行為の場合には，法律行為は取消されるまでは有効であり，取消されると，はじめから無効だったことになり，原状回復義務が生じる（取消の遡及効・民121）。取消すことができる期間には制限があり，取消可能なときから5年間を過ぎて取消さずにいると，法律行為は有効なものとして確定する（民126）。また，取消可能な法律行為を取消さずに，そのまま有効と認めることもできる（追認）。追認すれば，法律行為ははじめから有効であったことに確定する（民122）。

3.4 意思表示の効力発生時期

　意思表示の効力発生時期は，その意思表示の相手方への到達時とするのが原則である（到達主義・民97Ⅰ）。従って，契約の申込みの意思表示は相手方に到達した時にその効力が生じる。契約の申込みに対する承諾の意思表示については，取引の迅速を図るために，発信時にその効力が発生するものとされている（発信主義・民526Ⅰ）。ただし，インターネット等を利用する隔地間の契約において，電子承諾通知＊を行う場合は，意思表示の効力は通知の到達時に成立する（到達主義・電子消費者契約及び電子承諾通知に関する民法の特例に関する法律）。

　＊　契約の申込みに対する承諾の通知であって，電磁的方法のうち電子計算機を接続する電気通信回線を通して送信する方法で行うものをいう。

3.5　条件・期限・期間

(1)　条件と期限

　法律行為の効果の発生が，将来のある事実が生じるか否かに依存する場合がある。発生するか否かが不確定な事実を条件（民127〜134）といい，到来することが確定した事実を期限（民135〜137）という。

　条件には，条件の成就まで契約の効力の発生が停止されている停止条件（民127Ⅰ）と条件の成就によって契約の効力が消滅する解除条件（民127Ⅱ）がある。

（例）　停止条件　「試験に合格したら，万年筆を贈る」
　　　　解除条件　「奨学金を出すが，卒業できなければ，それを打ち切る」

　期限には，その到来する時期が確定している場合と，到来することは確定しているが，その時期が不確定な場合とがある。前者を確定期限，後者を不確定期限という。期限の到来によって法律行為の効力が生じるものを始期，期限の到来によって法律行為の効力が消滅するものを終期という。

（例）　確定期限　「12月末日までに支払う」
　　　　不確定期限「父が死亡したら借金を支払う」

(2)　期間

　ある時点から他の時点までの継続した時間のことを，期間という。民法上は，日・週・月・年で期間を定めた場合には，その翌日から起算し，初日（当日）は算入されない（初日不算入の原則・民140）。また，期間の満了点は，末日の終了時とされている（民141）。例えば，1月10日から5日間という場合，1月15日午後12時が期間の満了点となる。週や月や年で期間を定めた場合には，暦に従って計算する（暦法的計算方法・民143）。満了点は定められた期間が終了した週・月・年の起算日に相当する日（応当日）の前日をさす。なお，時，秒を単位とする期間の計算方法は，即時に計算をはじめる（自然的計算方法・民139）。

4 代 理

4.1 代理の意義

　代理とは，代理人が本人のために相手方と契約を結ぶとその効果が直接に本人に生じることである。

　取引が発達し，多様化してくると，事業を営む者は，自分自身ですべての取引をすることが不可能となるので，ほかの人に代わってそれをしてもらう必要がある。そこで，民法は，CがAに代わって契約をする権限（代理権）を有すれば，これに基づきCがBと契約をすると，この契約はAとBの間で締結されたことになるとする代理を認めている（民99）。

4.2 任意代理と法定代理

　代理には，任意代理と法定代理がある。任意代理は，本人の意思により代理人に代理権を与えることによって成立する。代理権を与える表示方法は，書面でも口頭でもよく，一般には，本人と代理人との間で委任契約がなされ，本人から代理人に対して委任状が交付される。委任契約とは，当事者の一方が相手方に法律行為をすることを依頼し，相手方がこれを引受けるという契約である（民643）。委任状には，代理人と代理権の範囲が記載されるが，本人が代理権の範囲を記載せずに，代理人に記載を任せる白紙委任状も存在する。

　これに対して法定代理は，本人の意思によらず，法律の規定によって成立する。例えば，子に対する父母（民818），成年被後見人に対する成年後見人（民8）などは，法律上当然に代理権をもつ。

　代理人が代理行為をするには，本人のために行うことを明示しなければならない（顕名主義・民99・100）。ただし，商行為の代理をするには，顕名の必要はない（商504）。

4.3 無権代理と表見代理

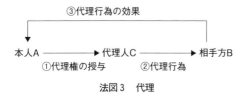

法図3　代理

代理権がないにもかかわらず，代理人と称して行われた代理行為を，無権代理という。無権代理は，本人が追認しない限り，本人に対して効力を生ぜず，無権代理人と取引した相手方は，無権代理人の責任を追及できる（民113〜117）。無権代理行為が本人にとって必ずしも不利益になるとは限らず，本人の追認によって有効となることもある。この場合は，代理行為となる（民116）。

ただ，本人と無権代理人の間に一定の緊密な関係があり，相手方が代理権の存在を信じても不思議でない場合には，相手方（善意無過失）の信頼を保護し，本人との間に有効な代理があったのと同じ効果が認められるものがあり，これを表見代理という。これに対して，本人と無権代理人の間に特別な関係がない代理を特に狭義の無権代理という。

表見代理には，次の3つの場合がある。

①本人がある人に代理権を与えたと見せ掛けて，実は与えていない場合（民109）。

（例）　A自動車会社の営業部長CがBにその肩書入りの名刺を示して自動車を売ったが，実際は，その代理権がなかった。

②代理権の範囲を超えて代理行為をする場合（民110）。

（例）　Aから100万円までの商品を買い入れる代理権を与えられたCが200万円の商品をBから買い入れた。

③過去に存在した代理権が消滅した場合（民112）。

（例）　A銀行の行員Cが，会社から解雇された後も，会社の契約書などを見せ，依然，契約する代理権があるかのように見せ掛け，Bとの間で定期預金契約を締結した。

第3章 契　約　　271

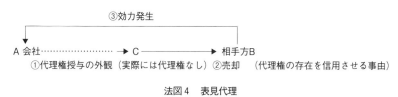

法図4　表見代理

5　売買契約

5.1　売買の成立

　売買契約とは，売主が，目的物の財産権を買主に移転することを約束し，買主がその代金を支払うことを約束することによって成立する契約である（民555）。所有権の移転を目的とする場合が多いが，債権，知的財産権などの移転を目的とする場合もある。売買契約が成立した場合，買主が売主に手付を交付することがある。手付は，契約の履行を保証するものであるが，一般には，契約を解除する権利を留保するために交付されたもの（解約手付）と推定される。すなわち，契約の履行に着手する前であれば，買主は，交付した手付を放棄して契約を解除することができ，売主は，手付の倍額を返還して契約を解除することができる（民557）。

（例）　A・B間で土地の売買契約が成立した際，買主Bが手付10万円を売主Aに交付した場合，Bが契約を解除するには，10万円放棄し，Aが契約を解除するには，手付の倍額である20万円を返還しなければならない。

　手付には，これ以外に契約が成立したことを明確にするために授受される証約手付と，売買の当事者のいずれかが一方的に契約を破棄したときに違約の責任として没収される違約手付がある。なお，契約成立のとき支払うことのある内金は代金の一部前払いであり，一般的には，手付金の効力はもたない。

5.2　売買による所有権の移転と対抗要件

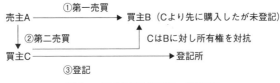

法図5　不動産所有権移転の対抗要件

　売買の目的物である不動産や動産の所有権は，当事者の特約がないかぎり，売買契約が成立した時に移転する（民176）。売主が同じ物を二重に売却した場合，民法は，いずれの買主も，自分が所有者であることを他の買主，第三者に対して主張（対抗）するためには，不動産については登記（民177），動産については引渡しが必要であるとしている（民178）。登記や引渡しは，権利関係が他の人にみえるような外形を備えるために必要であり（公示の原則），これを所有権移転の対抗要件という。対抗要件とは第三者に主張することである。

(1) 不動産所有権移転の対抗要件

　不動産所有権移転の第三者に対する対抗要件（自分に所有権があることを第三者に主張すること）は登記である。登記とは，不動産に対する所有権・抵当権などの権利の存在や移転を登記所（法務局・地方法務局その支局・出張所（不動産登記法6））に備え付けられた登記簿に記載して，人々に公示する制度である。登記の種類には，建物を新築した場合に所有者がはじめて登記する保存登記，土地・建物の売買・贈与等が行われた場合に権利の移転を公示する移転登記などがある。

(2) 動産所有権移転の対抗要件

　動産所有権移転の対抗要件は，目的物の引渡しである。引渡しの方法には，次の四つがある。

①目的物を売主から買主に直接引渡す（現実の引渡・民182Ⅰ）。

②売主が既に目的物を買主に貸してある場合，買主に譲渡した旨の意思表示をする（簡易の引渡・民182Ⅱ）。

③売主が売却物をそのまま買主から借りている場合，売主が買主のために占有する意思表示をする（占有改定・民183）。

第3章 契　約

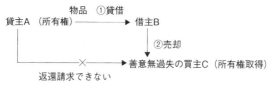

法図6　動産の即時取得

④売主が目的物を第三者に預けている場合には，第三者に対して，今後は買主のために保管するよう依頼し，買主が承諾すればよい（指図による占有移転・民184）。

(3) 動産の即時取得と公信の原則

AがBに動産を貸す，あるいは預ける場合には，Bは動産の所有者ではないため，CがBからこの動産を買っても，その所有権を取得することはない。しかし，動産には登記制度がないため，だれが所有者であるかを調べるのは容易ではなく，これを買主に調べさせるのは，動産取引の円滑を著しく害する。そこで，民法は，Cが他人の動産を所持しているBに所有権があると信じて（善意），Bからこの動産を買い，そのことについて過失がない（無過失）場合には，Cがその動産の所有権を取得するものとしている（民192・動産の即時取得または善意取得）。動産の占有という外観を信じた善意取得者を保護する制度である。これを動産の公信の原則ともいう。

（例）　所有権を失った貸主Aは，借主Bに対して損害賠償の請求ができる。

ただし，動産が盗品または遺失物である場合には，自分の意思によらずに動産の占有を失った真の所有者を保護するために，被害者または遺失主は，その盗難または遺失の時から2年間は，その動産の占有者に対して，返還請求することができる（民193）。

5.3　債権譲渡

Aは，2000万円の事業資金を必要としており，他方，Bに対し2000万円の貸金債権をもつとする。今，弁済期（支払期日）が到来していないため，返済を請求できない場合，Aは投下した資本を回収し流動化するためには，

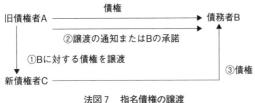

法図7　指名債権の譲渡

この貸金債権を第三者Cに譲渡することができる（民466）。債権譲渡は，このように投下資本の回収と流動化をはかるためになされる。

(1) 指名債権の譲渡

指名債権とは，売買による売掛債権や金銭消費貸借による貸金債権のように，債権者が特定しているものである。指名債権の譲渡は，債権の譲渡人（旧債権者）と譲受人（新債権者）との合意だけで成立する。

債権の譲渡を債務者その他の第三者に主張するためには，譲渡した旨の通知を譲渡人から債務者に対して行うか，または債務者の承諾が必要である（民467Ⅰ）。

(例)　AがBに対する債権をCに譲渡した場合，Bは，譲渡の通知がくるか，自ら承諾するまでは，Aに対して弁済すればよく，Cに対する弁済は拒むことができる。債務者以外の第三者に対抗するためには，この通知・承諾は，内容証明郵便や公正証書（公証人の厳格な手続きによって作成された証明力の強い証書）のような確定日付のある証書によらなければならない（民467Ⅱ）。AがBに対する債権をCに譲渡したのち，Dにも譲渡した場合（二重譲渡）には，CとDのうち確定日付ある証書を先に得たほうが他に優先して，完全に債権を取得する。CとDのどちらにも確定日付がある場合には，日付の順序ではなく通知の到達の順序，または承諾の順序によって優劣をきめる。

(2) 債権譲渡登記制度

2004（平成16）年債権譲渡特例法改正により，法人がする債権の譲渡について登記を対抗要件とする制度を設けている。

債権譲渡登記の存在期間は，債務者全てが特定している場合は，原則として50年以内，債務者が特定していない将来債権の譲渡をする場合は，原則として10年以内となる（債権譲渡特例法8Ⅲ）。

(3) 指図債権の譲渡

　振出された手形や小切手のように，特定の人またはその人から指図された人を債権者とする債権を指図債権という。指図債権は，取引の円滑と安全を図るために，証券に裏書（小切手，手形の裏面に一定の事項を記載し，署名したものを他人に交付すること）をして譲受人に引渡すことによって譲渡の効力が生じ，通知・承諾がなくても，債務者その他の第三者に対抗することができるものとされている（民469）。裏書によって小切手，手形の権利が移転する。（参照　法律・第5章）

(4) 債務者の抗弁

　債権譲渡の通知を受けた場合，債務者はその通知を受けるまでに譲渡人に対して生じた事由をもって譲受人に対抗することができる。（民468Ⅱ）

5.4　売主の担保責任

　購入した目的物に買主の十分に使用しえないような欠陥がある場合，売主は，一定の責任を負うべきである。その理由は売買は有償契約であり，目的物に不完全な点があるときには，当事者の公平をはかる上で，また，取引に対する信用を維持する上で，売主が責任を負うことが妥当と考えられるからである。この売主の責任を売主の担保責任という。売主の担保責任は，売主に故意・過失がなくても負わなければならない無過失責任である。売主の担保責任は，権利の瑕疵（欠陥）に対する担保責任と，物の瑕疵に対する担保責任（瑕疵担保責任）に分けることができる。

(1) 権利の瑕疵に対する担保責任

　購入した土地に売主の所有でない部分が含まれていた場合，実測面積が契約書と一致しない場合，購入した土地に地上権などの第三者の権利が設定されており，買主が目的物を十分に使用できない場合などの問題が生じることがある。民法は，買主の救済の必要に応じて，損害賠償，代金減額，契約の解除の権利を認めている（民560～567）。ただし，購入した土地が全て売主の所有でない（全て他人のものである）場合を除き，これらの権利は，買主がその瑕疵の存在を知ってから1年以内に行使しなければならない（民

564・566Ⅲ)。

(2) 物の瑕疵に対する担保責任（瑕疵担保責任）

売買の目的物自体に隠れた瑕疵，容易に発見できないような欠陥があった場合には，買主は，損害賠償の請求または契約の解除ができる（民570・566Ⅰ)。

（例） 購入した家の土台が損傷していた場合。

これらの権利も，買主がその瑕疵を知ってから1年以内に行使しなければならない（民571・566Ⅲ)。民法の瑕疵担保責任の規定は，土地・建物など特定物（当事者によって特に指定されたもの）についてのみ，適用される。これに対し，不特定物（種類と数量のみが決められたもの）の売買の場合には，不完全履行責任が適用される。不完全履行とは，債務者（売主）の故意または過失によって，目的物が不完全であることをいう。

（例） 新刊書を買ったところ，落丁があった場合。

不特定物の場合には，同じ種類の他の物をもって履行できるから，その効果として，債権者は完全な物と取り替えてもらうことができるからである。

なお，商人間の売買では，信用を重視し，取引の迅速な決済を図るために，買主は受領した商品をすぐに検査し，もし瑕疵があることを発見した場合には，直ちにこの事実を売主に通知しないと，瑕疵の責任を追及できないものとされている（商526Ⅰ)。

5.5 同時履行の抗弁権

売買のような双務契約において，契約当事者間に何ら特別の約束（特約）がないにもかかわらず，一方のみ先に履行すべきことを認めると，相手方との関係で公平性を欠く。そこで，双務契約では，特約のない限り，当事者の一方は，履行期が到来しても，相手がその債務を履行するまでは，自分の債務の履行を拒むことができるとされている（民533)。これを同時履行の抗弁権という。相手方の債務が弁済期にないときは，自分の債務の履行を拒むことはでき

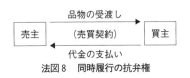

法図8　同時履行の抗弁権

ない。

5.6　危険負担

　双務契約から生ずる両債務のうちの一方の債務が不可抗力など債務者に責任のない原因によって消滅し，履行できなくなった場合，危険負担の問題が生じる。すなわち，売主（債務者）の家屋を引渡す債務は履行不能となって消滅するが，買主（債権者）の代金債務もまた消滅するのか否か，損害（危険）はだれが負担するのかという問題である。

（例）　特定の家屋の売買で，契約成立後にこの家屋が近所からの出火で類焼した場合。

　特定物に関する物権の設定または移転を目的とする双務契約の場合には，民法は，特約のないかぎり，売主（債務者）が家屋の引渡しができなくなったことの損害（危険）は買主（債権者）が負うべきであるとして，買主に代金支払義務を負わせている（危険負担における債権者主義・民534Ⅰ）。

　これに対して，特定物の物権の設定または移転以外の目的を有する双務契約の場合には，契約当事者双方の債務が消滅することになり（民536），借家人（債権者）は家賃支払債務を免れる（危険負担における債務者主義）。

（例）　賃借物である家屋が類焼した場合，債務者である家主は家屋を貸す債務を免れ，債権者である借家人は家賃支払債務を免れる。

5.7　特殊な売買

　売買には，特殊な販売方法として，割賦のほかに，訪問，展示，通信，電話勧誘など多様な販売方法があり，消費者にとって便利である反面，契約に伴う種々の問題も生じている。

　(1)　割賦販売

　代金を長期間にわたり分割して支払う約束のある売買を，割賦販売という。割賦販売法による割賦販売とは，「購入者から代金を2か月以上の期間にわたり，かつ，3回以上に分割して受領することを条件として指定商品を販売すること」をいう（割2）。買主にとっては，購入の時点で代金の全額

を用意しなくても商品を取得できて便利であるが，反面，売主としては，債権の回収が長期にわたるため，全額を回収できない危険も生ずる。実際の割賦販売においては，売主は代金債権を確保するために不当な違約金を取りきめるなど自己に有利な契約を買主に強いることが多い。そこで，買主を保護するために，割賦販売法（1961（昭和36）年）が制定され，一定の指定商品などについて販売方法，提供方法，契約内容についての規制を行っている。なお，割賦販売においては，商品の所有権は代金の完済までは売主にあるものとされる（割7）。

(2) 訪問販売など

割賦販売，訪問販売など常設店舗をもたない販売方法によって生じる問題を防ぎ，消費者を保護し，その利益を確保する目的をもって，特定商取引に関する法律（特定商取引法2000（平成12）年），(旧訪問販売等に関する法律1976（昭和51）年），無限連鎖講の防止に関する法律（1978（昭和53）年）などが制定された。

特定商取引法では，訪問販売や通信販売等，以下に挙げる消費者トラブルを生じやすい取引類型を対象に，事業者が守るべき行政規定と，クーリング・オフ等の消費者を守る民事規定を定めている。これにより，事業者による違法・悪質な勧誘行為等を防止するとともに，消費者の利益を守るための法律である。

特定商取引法の対象となる取引類型を示している。それは以下の通りである。

①訪問販売（自宅へ訪問して行う取引，キャッチセールス（路上等で呼び止めた後，営業所等に同行させて行う取引），アポイントメントセールス（電話等で販売目的を告げずに事務所等に呼び出して行う取引）等のこと），②通信販売（新聞，雑誌，インターネット等で広告し，郵便，電話等の通信手段により申し込みを受ける取引），③電話勧誘販売（電話で勧誘し，申し込みを受ける取引），④連鎖販売取引＊（個人を販売員として勧誘し，さらに次の販売員を勧誘させるというかたちで，販売組織を連鎖的に拡大して行う商品・役務（サービス）の取引），⑤特定継続的役務提供（長期・継続的

な役務の提供と，これに対する高額の対価を約する取引。現在，エステティックサロン，語学教室，家庭教師，学習塾，結婚相手紹介サービス，パソコン教室の6つの役務），⑥業務提供誘引販売取引（高収入が得られる等の口実で消費者を誘引し，高価な機器や材料を購入させ金銭負担を伴う取引），⑦訪問購入（事業者が一般消費者の自宅等へ訪問して，物品の購入を行う取引／押し買い）がある。

　特定商取引法では，事業者に対して，消費者への適正な情報提供等の観点から，各取引類型の特性に応じて，氏名等の明示の義務づけ（特定商取引法3），契約内容を記載した書面の交付義務（同法4・5），不当な勧誘行為の禁止（同法6）の規制を行っている。また，消費者と事業者との間のトラブルを防止し，その救済を容易にするなどの機能を強化するため，消費者による契約の解除（クーリング・オフ cooling-off），意思表示の取り消しなどを認め（同法9），事業者による損害賠償請求額の制限（同法10）などの規定を定めている。

　クーリング・オフとは，申し込みまたは契約後に法律で決められた書面を受け取ってから一定の期間，消費者が冷静に再考して，無条件で解約することである。一定の期間とは，訪問販売・電話勧誘販売・特定継続的役務提供の場合は8日間，連鎖販売取引・業務提供誘引販売取引の場合は20日間としている。そして，事業者が不実告知や重要事項の故意の不告知等の違法行為を行った結果，消費者が誤認し，契約の申し込み，またはその承諾の意思表示をしたときには，消費者は，その意思表示を取り消すことを認められる。

　特定商取引法の違反行為は，業務改善の指示や業務停止命令の行政処分，または罰則の対象となる。

　＊　マルチレベル・マーケティング・システム（multilevel marketing system 多段階販売方式）の略称で，一般には，マルチ商法という。上部の会員から商品を仕入れ，再販売する方式である。なお，類似のものに，いわゆる，ねずみ講（無限連鎖講）がある。これは，会員（出資者）を増やすことによって，金品の配当を行うことを目的とする組織であるが，無限に会員を増やし続けることは，実際にはありえず，必ず破綻すべき性質のもので，大部分の会員に損害を与えることから，無限連鎖講の防止に関する法律により厳しく禁止されている。

6 消費貸借

6.1 金銭の消費貸借

金銭，米，酒，灯油などの消費物を借りて，借主は貸主から目的物の所有権を移転され借りた物自体は消費し，それと同種・同等・同量の物を返す契約を，消費貸借という（民587）。実際の消費貸借のほとんどは，金銭の消費貸借である。

金銭の消費貸借には，利息を支払うべきもの（有償契約）と，支払わなくてもよいもの（無償契約）とがある。民法上は，無利息が原則であり，貸主と借主との間で利息の特約をした場合にのみ，利息付きとなる。しかし，サラリーマン金融（主としてサラリーマン及び主婦などを顧客とし，小口の金銭を，高金利で，多くの場合，無担保，無保証，即決にて貸付ける事業）にみられるように，実際上は，利息つき消費貸借が行われることが多い。また，商人間で金銭の消費貸借をするときには，特約がなくても，当然に利息付きとされる（商513）。

6.2 利息の制限

利息は，通常，貸主と借主との間できめた約定利率によって支払われる。利率の定めがない場合には，法定利率によることになる。法定利率は，民法上は年5分（民404），商法上は年6分（商514）である。約定利率については，貸主が高利をとることを防ぐため，利息制限法によって利息の最高限度が定められている。これを超える部分の利息は無効とされる（利息制限法1Ⅰ）。ただし，借主が任意にそれを支払った場合には，その返還を請求できないとされている（利息制限法1Ⅱ）。貸主が借主に交付すべき金銭のうちから，利息の前払いとして予め一定の金銭を控除することを，利息の天引という。天引については，借主が受取った額を元本として制限利息を計算し，天引額が制限利息を超えた場合には，その部分は元本の支払にあてたものとみなされる（利息制限法2）。

なお，1983（昭和58）年には，初めていわゆる，サラリーマン金融業者に対処するために，「出資の受入，預り金及び金利等の取締りに関する法律」（出資法）の中の上限金利が引き下げられ，さらに，同年「貸金業の規制等に関する法律」（貸金業規制法）が新たに制定された。

7 賃貸借

7.1 賃貸借の意義

所有者に賃料を支払って目的物を借り，これを利用することを，賃貸借という（民601）。賃貸借は，貸主と借主との契約によって成立する。なお，所有者から無償で目的物を借り，これを利用することを，使用貸借という（民593）。賃貸借の目的物は，動産でも不動産でもよい。動産を目的物とする賃貸借には，1年以上の長期にわたるリース，レンタルなどがある。不動産を目的物とするものには，不動産賃貸借，すなわち，建物の所有を目的とする土地の賃貸借及び居住用・営業用を問わない建物の賃貸借（借地借家法），田畑などの賃貸借（農地法）がある。これらについては，それぞれの法律によって，賃借人を保護するために賃借権の強化がはかられている。

賃貸借に関する民法の規定は，主として，動産の賃貸借や，借地借家法の適用を受けない土地の賃貸借などに適用される（民601～621）。これらの場合には，賃貸借の条件を，原則として，当事者間の特約で自由に決めることができる（契約自由の原則）。特に処分の能力や権限のない者がなす賃貸借は，その対象物によって各々一定の期間を超えることができない。これを短期賃貸借という（民602）。対象物と有効期間は①山林10年 ②①以外の土地5年 ③建物3年 ④動産6ヶ月である。今日，民法の相当部分はこの特別法によって代替されている。

以下では，借地借家法によって借地と借家の場合を中心に述べる。

7.2 借地

所有する建物が他人の土地の上に建てられている場合に設定される借地権

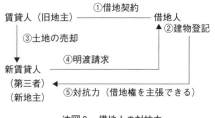

法図9　借地人の対抗力

は，通常，賃借権である。賃借権は地上権と違って弱い権利である。すなわち，賃借権は債権であるため，賃借権者たる借地人は地主に対してのみ土地の利用を請求できるにすぎない。これに対して，地上権は物権であるため，地上権者たる借地人は，所有者と同じように全ての人に対して土地の利用権を主張することが保障されている。そのため，賃借権については転貸・譲渡は原則とし許されていないが（民612Ⅰ），地上権はその転貸・譲渡の自由が保障されている。

(1) 対抗力

賃借権は債権として構成されているから，目的物の売買によって賃貸人がかわると，賃貸借契約が終了することになる。しかし，民法は，賃借権を登記すれば，第三者（新賃貸人）に対抗できるとしている（民605）。

従来，短期賃借権では抵当権の登記簿に登録したものであっても，抵当権者に対抗することができる（短期賃貸借の保護）としていたが，不動産競売を阻害し濫用の弊害が指摘されていたことから，2003（平成15）年度より，短期賃借権は，抵当権者，買受人に対抗できないこととなった。

ところで，借地においては，地主に登記義務がないため，地主が賃借権登記に協力してくれないのが実情である。そこで，借地借家法は，借地人を保護するために借地人がその土地の上に建てた建物について登記をすると，借地の賃借権を新地主に対抗できるとしている（借10）。ただ，不動産賃貸借の活性化を図るため，従来，借主保護を目的とした借地法（大正10年），借家法（大正10年），建物保護に関する法律（明治42年）の法律は改廃され，1992（平成4）年，借地借家法として一本化された。

(2) 存続期間

民法では，賃貸借の存続期間は，20年を超えることができない（民604）。しかし，借地の場合，この期間は短かすぎ，借地人の居住が不安定になるため，借地借家法は，建物の所有を目的とする地上権または土地の賃借権を，

法図10　借地権の譲渡・目的物の転貸

一括して借地権といい（借2①），借地権の存続期間は原則として30年とされ（借3），更新後は，最初の更新は20年，その後の更新については10年とされている（借4）。借地契約の更新後，建物が滅失した場合は，原則として土地所有者の承諾がなければ再築することはできない。ただし，いずれの場合も，当事者がこれより長い期間を定めたときは，その期間とする（借3ただし書・4ただし書）。なお，期間が満了しても，借地上に建物が存在するときには，借地権設定者が遅滞なく異議を述べないと，借地権は更新され，存続することになる（借5）。更新拒絶するには，その正当な事由の判断基準として，借地権設定者・借地人の双方が土地の使用を必要とする事情のほか，「借地に関する従前の経過」や「土地の利用状況」「明渡しと引換えに財産上の給付を申出た場合」が考慮される（借6）。財産上の給付とは，立退料や代替地の提供のことである。

　このほか借地借家法には，契約の更新や建物の築造にともなう借地権の更新をしないことを定めることができる定期借地権がある（借22）。定期借地権には，一般定期借地権（存続期間50年以上），建物譲渡特約付借地権（同30年以上），事業用借地権（同10年以上50年未満）の3種がある。これらの特約は公正証書による書面で行わねばならない。

(3)　借地権の譲渡・目的物の転貸

　民法上賃借人は，賃貸人の承諾がないと，賃借権を譲渡し，あるいは目的物を転貸することができない（民612Ⅰ）。賃借人が，無断で賃借権の譲渡・転貸をしたときには，賃貸人は賃貸借契約を解除することができる（民612Ⅱ）。これに対して，借地借家法では，借地権者が，その借地上の建物を第三者に譲渡しようとするときに，地主が，自分に不利になるおそれがないの

に，借地権の譲渡または転貸を承諾しないときには，借地人は，裁判所に申し立てて，地主の承諾にかわる許可を受けることができる（借19Ⅰ）。

また，競売などによって借地上の建物を取得した第三者が，借地権の譲渡または転貸につき地主の承諾を得られない場合には，地主に対して，その建物を時価で買取るよう請求することができる（建物買取請求権・借14）。

7.3 借　家

借家の場合にも，借家人を保護するために借地借家法によって借家人の地位の強化が図られている。

借家権の対抗力については，借家人は，建物の引渡しさえ受けていれば，借家権の登記がなくても，その後に建物の所有権を取得した第三者（新家主）に対しても，借家権を対抗することができるとされる（借31Ⅰ）。

なお，借家権の存続期間が満了した場合における更新拒絶の要件も借地権の場合と同じである（借28）。賃借権は，本来は債権であるが，借地や借家の場合には，特別法によって賃借権が強化され，物権と同じような効果をもつ傾向がみられる（賃借権の物権化）。また，借家でも，期間の定めがある場合，期間満了とともに契約の更新がないと決めることが出来る定期建物賃貸借（定期借家権）制度（借38）がある。これらの特約は公正証書による書面で行わねばならない。

借地や借家においては，借主から貸主に対して，敷金や権利金が交付されることが多い。

敷金とは，地代・家賃の滞納や，借家の破損による損害などに備えて，借主から貸主に対してあらかじめ交付される金銭である。借主は，契約終了のさいに，地代・家賃の滞納分などを差し引いてなお，残りがある場合には，貸主に対してその返還を請求することができる。敷金は，賃貸借の終了のときに精算

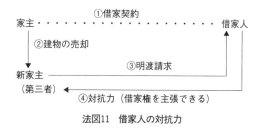

法図11　借家人の対抗力

されるものなので，賃貸借の継続中は敷金で賃料にあてることはできない。また，特約のない限り，利息はつけない。一方，権利金も，借主から貸主に対して交付される金銭であるが，その性質としては，賃借を認めたことに対する対価（礼金），場所的利益に対する対価などの意味をもつものと解されている。権利金は，敷金と異なり，その返還を請求することができない。

8 契約によらない財産権の変動

8.1 時　効

　時効制度は，ある一定の事実状態が一定期間継続した場合，それが，真実の権利関係であるか否かを問わず，その事実状態を法律上の権利関係として認める制度である。債権者が相当の期間（例えば10年以上）自己の権利を行使しなかった場合は保護されない（権利の上に眠る者）。

　(1) 取得時効

　占有者が一定期間占有を継続することにより，その物についての権利を取得することを，取得時効という（民162）。

（例）　A所有の山林を自己の所有物と思ってBが10数年間占有を継続した場合，Bは時効により山林の所有権を取得できる。所有権の取得時効は，一定の期間，所有の意思をもって，他人の物を占有することによって完成する。この期間は，占有者が善意無過失であった場合は10年（民162Ⅱ），占有者が悪意であったか，善意であっても過失があった場合には20年である（民162Ⅰ）。所有権以外の財産権の場合も，同様に取得時効が認められる（民163）。

　民法は時効取得者が時効による利益を受ける意思のある場合だけ時効による取得を認めている。時効による利益を受ける意思表示（時効の援用・民145），時効による利益を受けない意思の表示（時効利益の放棄・民146）がある。

　なお，時効の援用がなされ，裁判所がこれを認めたときには，時効の効力は，時効期間の起算日に遡って発生する（民144）。

(2) 消滅時効

債権者が一定期間権利を行使しないことによって，その権利を失うことを，消滅時効という。

債権の消滅時効は，債権を行使することができるときから進行し（民166Ⅰ），通常の債権では10年で時効が完成するが（民167Ⅰ），商行為による債権の消滅時効期間は5年とされ（商522），そのほか，医者の治療・投薬に関する代金は3年，商品の代金は2年，飲食代金は1年などの短期消滅時効が定められている（民169～174）。労働基準法の適用を受ける給料債権については2年とされる（労基115）。債権または所有権以外の財産権の消滅時効は，20年とされているが，所有権には消滅事項はない（民167Ⅱ）。

時効が完成するためには，一定の事実状態が継続していることが必要であるから，その継続を妨げる事情があれば，時効は改めて，最初から計算しなければならない。これを時効の中断という（民147～157）。その例としては，債務者が債権回収のため裁判上の請求を行った場合，債務者が債務の承認をした場合などがある。なお，時効が完成する間際に，権利者が中断しようとしてもできない場合には，時効の完成が一定期間猶予されることがある。これを時効の停止という（民158～161）。天災や債権者が未成年または成年被後見人であるのに法定代理人がいない場合などがこれにあたる。

8.2 所有権取得の特則

契約や相続によらず，所有権を取得する場合には，取得時効の場合のほかに，以下のものがある。

(1) 無主物先占

所有者のない動産（無主物）を所有の意思をもって占有した者は，その物の所有権を取得する（民239）。これを無主物先占という。狩猟・水産動植物の採捕は，その例である。無主物先占は動産について認められ，所有者のない不動産は国の所有となる。

(2) 遺失物拾得

他人の忘れ物や落とし物（遺失物）を拾った者が，それを警察に届け出

て，警察で公告してから 6 ヶ月以内に所有者が明らかにならないときには，拾った者がその物の所有権を取得する（民240，遺失物法 1 ）。

(3) 埋蔵物発見

土地を掘っていたら小判が出てきた場合のように，土地その他の物の中に埋蔵されていて所有者がだれであるかを知ることができない物（埋蔵物）を発見した場合には，発見した者が，それを警察に届け出て，警察で公告してから 6 ヶ月以内に所有者が明らかにならないときには，発見者がその所有権を取得する（民241，遺失物法32）。ただし，他人の物の中で発見したときには，その他人と発見者が折半して所有権を取得する（民241ただし書，遺失物法13）。ただし，埋蔵物が学術技芸または考古の資料に供すべきものの場合は，所有者が判明しない時は国庫に帰属し，発見者には相当額の報償金が支給される（文化財保護法63）。

(4) 添付

所有者の異なる二個以上の物が結合して一個の物ができた場合，これを添付という。この場合，主たる物の所有者が一個の物として所有権を取得する（民242〜248）。所有権を失った者には，償金の請求が認められる（民248）。

添付には，付合，混和，加工がある。付合とは，数個の物が結合して，再び分離することが不可能または著しく困難となり一個の合成物となった場合をいう。例えば，借家人が増築すると，増築部分の所有権は借家の所有者に帰属する。又，他人の糸や生地を用いてドレスの修繕をすると，ドレスの所有者が他人の糸や生地の所有権を取得する。混和とは，固形物や流動物が交じりあい，所有権の区別が困難となったものをいう。加工とは，他人の動産（材料）に工作を加えて新たな加工物を作り出すことをいう。

第4章
財産権の保護

1 物権の保護

1.1 物権的請求権

物権をもつ者は，物権が他人によって侵害されたときには，その侵害者に対して，侵害の排除を請求することができ，これを物権的請求権（物上請求権）という。所有権にもとづく物権的請求権には次の3種類がある。

(a) 返還請求権
(例) Aが所有する物をBが盗んで所持している場合，その返還を求める権利。
(b) 妨害排除請求権
(例) Aが所有する土地にBが勝手に材木を搬入した場合，その材木を運び出すように求める権利。
(c) 妨害予防請求権
(例) Aの家にBの所有する建物が倒れる懸念がある場合，それを予防することを求める権利。

民法は，これらの請求権を占有権について規定しているが（民197～200），所有権などについても当然に認められる。

1.2 債務の履行と債権者の保護

(1) 債務の履行

債権・債務は，債務者が約束通り債務を履行することにより消滅する。
(例) 金銭の借主は借金を返済し，家の売主は家を引渡すことによって，その債務は消滅する（弁済・民474～504）。弁済はいつでも行うことが

でき，弁済期が到来していない債務でも弁済することができる。

債権・債務は，供託や代物弁済，相殺，更改，免除，混同によっても消滅する。

供託とは，例えば，家主が家賃の増額を要求して，借家人の支払う家賃を受取らない場合に，債務者（借家人）が家賃などを供託所に寄託して債務を消滅させることである（民494～498）。

代物弁済とは，200万円の債務の代わりに自動車を1台給付して債務を免れるような場合のように，債権者と債務者の契約により，本来の債務の給付の代わりに他の給付をすることによって債務を消滅させることである（民482）。

相殺とは，債務者がその債権者に対して自分もまた同種の債権をもつ場合に，その債権と債務とを同額だけ消滅させることである。

(例)　BがAに100万円の債務を有し，Bは一方でAに対して50万円の債権をもつ場合に，BからAに対して相殺の意思表示をすることにより，A・Bのともにもつ債権を50万円だけ消滅させる（民505～512）。

更改とは，100万円の債務を消滅させて自動車を給付する約束をする場合のように，新債務を成立させて旧債務を消滅させることである（民513～518）。

免除とは，債権者が債務者に対して債権を放棄して，債務を消滅させることである。免除は，債務者の意思に関係なく，債権者の一方的な意思表示で行うことができる（民519）。

混同とは，債権者が債務者を相続する場合のように，債権者と債務者が同一人になることによって債権が消滅することである（民520）。

(2)　債務不履行

民法は，債務者の故意・過失によって債務の本旨に従った履行がなされない場合に債権者を保護するために，債務不履行の制度を設けている。これには，次の3つの場合がある。

(a)　履行遅滞

売主が目的物を約束の時期がきても買主に引渡さない場合のように，債務

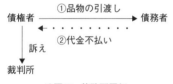

法図12　債務不履行

者が，履行期に故意または過失によって履行しないことを履行遅滞という。この場合，債務者は，履行が遅れたことによる責任を負うことになる。債権者は債務者に対して，損害賠償，遅延賠償＊の請求（民415）や契約の解除（民541）をすることができる。契約の解除とは，契約の成立後，当事者の一方の意思表示によって，その契約がはじめから存在しなかったのと同じ状態にすること（原状回復義務）である。

なお，金銭債務の場合には，その不履行が天災などの不可抗力による場合でも債務者は損害賠償責任を免れない。民法は，金銭債務の不履行に損害賠償請求について特則を定めた。つまり，金銭債務の不履行は常に履行遅滞となり，遅滞があれば法定利率または約定利率による利息相当額の損害があるものとしている（民419）。

　＊　債務の履行が遅れたために債権者に生じた損害を賠償すること。

(b) 履行不能

契約の成立後に，債務者の故意または過失によって履行ができなくなることを履行不能という。例えば，不動産の二重譲渡の場合には履行不能となる。売主が第二の買主に不動産を引渡し，移転登記すれば，第一の買主に対して履行できないからである。この場合，債権者は，本来の給付に代わる損害賠償（塡補賠償）を請求するか（民415），契約を解除することができる（民543）。なお，塡補賠償とは，債務が履行されれば債権者が得たと考えられる利益の全部を賠償することであり，履行に代わる損害の賠償といえる。

(c) 不完全履行

債務の履行はなされたが，それが不完全である場合を不完全履行という。この場合，債権者は債務者に完全な履行をするよう請求することができる。

ただし，完全な履行がなされたときにも，履行遅滞と同様の効果が生じ，また，完全な履行がなされないときには，履行不能と同様の効果が生ずることになる（民415・543）。

(例)　電子レンジの欠陥。六法全書の落丁。医者の医療事故。

法図13　債務不履行と責任

2　債権の保全と担保制度

2.1　債権の保全

　債務者が借金を弁済しないときは、債権者は債務者の財産に対して強制執行をして債権の回収をはかる。強制執行とは、債権者保護のため、国家機関の力で債務の履行を強制し実現することである（民414）。債権者が債権の目的を実現するためには、債務者の財産が基礎となる。そこで、債務者がその財産を減少させる行為を防ぎ、債権を保全するために、民法は2つの制度を設けている（債権の対外的効力）。

　(1)　債権者代位権

　債権者代位権とは、債権者が自己の債権を保全するために、債務者の権利を代わって行使する権利である（民423）。

(例)　AがBに対して100万円の債権をもち、BはCに対する200万円の債権のほかには、Aに対する100万円の債務を支払うだけの財産がないとする。この場合に、BがCからの取立てをしないでいると、Aは自己の債権の回収も困難になるので、AはBに代わって直接100万円の権利を行使することができる。

　ただし、わが国では、強制執行の方法に関する規定が整備されているので、この制度は金銭債権については、あまり効果を発揮していない。

　(2)　債権者取消権

　債権者取消権とは、債務者が、債権者に損害を与えることを知りながら、自分の財産を減少させる法律行為（詐害行為）をなした場合に、債権者がこの法律行為の取消しを裁判所に請求する権利である（民424）。請求する相手

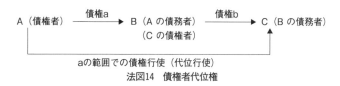
法図14　債権者代位権

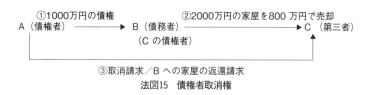
法図15　債権者取消権

方は，詐害行為によって利益をうけている悪意の第三者である。債権者取消権の消滅時効の期間は，取消原因を知ったときから2年，詐害行為のときから20年である（民426）。

(例)　BがAに1000万円の債務を負っていながら，この債務を支払うだけの他の財産がないのに，自分の所有する2000万円の家屋をCに800万円で売ってしまったような場合である。この場合，BとCとが，Aに損害を与えることを知っていたのであれば，Aは，B，C間の売買の取消しを裁判所に請求し，この家屋をBのもとに取り戻すことができる。　　　　　　　　　　　　　（参照　法律・第7章）

2.2　債権の担保

1人の債務者に対して複数の債権者がいる場合，債権の成立の前後や，債権の内容を問わず，債権者はみな平等に扱われ，債務者の財産のなかから，各債権者はその債権額に比例した弁済を受ける（債権者平等の原則）。

(例)　BがAに金銭を貸した当時は，Aに十分な資力があったとしても，その後に債権者がふえたために，Bが十分な弁済を受けられなくなることがある。この場合，Bが他の債権者に優先して自己の弁済を受けることを確保するために，種々の方法が講じられている。

債務の履行を確保することを債権の担保といい，この方法として，物による債権の担保（物的担保）と，人による債権の担保（人的担保）の制度があ

る。

2.3 物的担保

物による債権の担保とは，債権者が，債務者または第三者（物上保証人）の特定の財産の上に，優先的な権利をもつことによって，債務の履行を確保する制度である。ここ

法表7　担保の種類

担保	物的担保	約定担保物権	抵当権	典型
			質権	典型
			譲渡担保	非典型
			仮登記担保	非典型
			所有権留保	非典型
		法定担保物権	留置権	典型
			先取特権	典型
	人的担保	保証債務		
		連帯保証債務		
		連帯債務		

で物上保証人とは，他人の債務を担保するために，自己の所有物のうえに質権や抵当権などを設定した者のことである。このように，債権の担保のために債務者または第三者の財産そのものの上に設定する排他的な権利を担保物権という。担保物権には，抵当権・質権のように当事者の契約によって成立するもの（約定担保物権）と，留置権・先取特権のように法律の規定によって成立するもの（法定担保物権）とがある。これらの民法に規定されている担保物権を典型担保という。さらに，民法によっては規定されていないが，実際の取引の必要から認められた担保の方法として，譲渡担保，仮登記担保，所有権留保などの非典型担保がある。非典型担保は，典型担保のように物権法定主義（民175）により民法で定められたものではないものの，取引上の必要から，判例などにより典型担保と同様の機能を認められたものである。

(1) 典型担保

(a) 抵当権

抵当権（民369）は，債務者または第三者（物上保証人）が抵当不動産を占有・利用したままで設定できる担保物権であり，この点が抵当権の最大の利点である。

(例)　AがBから金銭を借りて，自分が所有する不動産に抵当権を設定したとすると，弁済期（支払期日）になってもAが債務を履行できなければ，Bは抵当権を実行し，競売代金から優先的に弁済を受けるこ

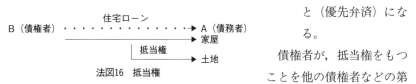

法図16 抵当権

と（優先弁済）になる。

債権者が、抵当権をもつことを他の債権者などの第三者に対抗するためには、登記を要する（民177）。登記がなく第三者に対抗できない抵当権は、他の債権者に優先弁済を主張できないが、競売権は認められている（民執181）。

抵当不動産を取得した第三者は、抵当権が実行されると所有権を失う。第三者が抵当不動産の所有権を確実に取得するには、売買価格が被担保債権額より大きければ債務を第三者弁済して求償債権と売買代金債務を相殺すればよい。しかし、売買価格が被担保債権額より小さければ、これは不能であるため、代価弁済と抵当権消滅請求（旧民法では滌除）を準備している。

抵当権を有する債権者は、債務者が債務を弁済しない時、裁判所に抵当不動産等の競売を請求し、競売代金から優先弁済を受けることができる（民執181以下）。2003（平成15）年からは、不動産の賃料等の収益から優先弁済を受ける担保不動産収益執行手続きがつくられ（民執180）、強制管理の規定が準用されている（民執188）。

抵当権は、同じ不動産の上に、複数設定することが可能であるが、この場合の優先弁済の順位は、登記の順序による（民373）。順位に従って、一番抵当、二番抵当とよばれる。

抵当権は、確定した債権を担保するために設定するのが一般である。しかし、継続的な取引においては、あらかじめ一定の限度額（極度額）を決めて抵当権を設定し、その範囲内で将来発生する債権を担保する抵当権が認められている。これを、根抵当権という（民398の2〜398の22）。当座借入の契約にともない、銀行と1000万円を限度として根抵当権を設定した場合、1000万円まではいつでも当座預金額を超えて小切手を振出すことができる。

(b) 質権

債務者が、その担保として自己または第三者（物上保証人）の所有する物を債権者に引渡し、弁済期が到来しても債務者が弁済しない場合には、その

法表8　約定担保物権の比較

	権利の対象	占有権の所在	所有権の所在	第三者への対抗要件
抵当権	不動産・地上権など 自動車など特別の動産	債務者	債務者	登記 登記・登録
質権	不動産 動産 債権	債権者	債務者	登記・引渡 引渡 裏書・証券交付など

物を競売して，競売代金から他の債権者に優先して弁済を受けることができる。この場合に債権者がもつ担保物権を，質権という（民342）。

質権の目的物は，動産，不動産のみでなく，債権や株主権などの財産権でもよい。今日では，銀行等の金融機関によって株券など有価証券の質入れ（権利質）が通常行われている。

質権は，当事者の契約によって成立する点では抵当権と同じであるが，目的物の占有・利用を設定者から奪う点で，抵当権と異なる。

なお，契約にあたり，設定者があらかじめ目的物をもって弁済にあてるというような契約（流質契約）をすることはできない（民349）。ただし，商法では，商取引によって生じた債権を担保するために設定した質権については，流質契約を認めている（商515）。

(c) 留置権

他人の物を占有している者が，その物に関して生じた債権の弁済を受けるまで，その物を留置することができる権利を，留置権という（民295）。留置権には，優先弁済権はなく，目的物を留置して，弁済を心理的に強制する点に意味がある。

(例)　時計屋が時計を修理した場合，その修理費の支払いを受けるまでは，その時計を留置（手元に置いておくこと）することができるし，靴を取り違えた場合は，自分の靴を返してもらうまで相手の靴を留置することができる。

留置権者は，目的物を競売することはできるが（民執195），競売代金から他の債権者に優先して弁済を受けることはできない。商法でも商事留置権が

認められている（商521，破93）。

(d) 先取特権

会社が倒産した場合に，その会社の従業員の給料債権についても，債権者平等の原則により債権額に比例した弁済を受けるものとすると，従業員は少額の弁済しか受けられず，給料生活をしている従業員には極めて不利となる。そこで民法は，この場合，給料債権者を保護するために給料債権者は他の債権者に優先して弁済を受けることを認めている（民306・308）。

このように，法律の定める特定の種類の債権者に与える他の債権者に優先して弁済を受けることができる担保物権を，先取特権という（民303）。日用品の販売をしているような商人などの債権も，他の債権者に優先して弁済が受けられる。ただし従来，先取特権の範囲は民法と商法の各々で異なっていたが，今日，それは統合された（旧商法259条削除）。

(2) 非典型担保

(a) 譲渡担保

担保目的物を設定者が債権者に譲渡し，債務が弁済されれば，所有権は設定者に復帰するが，弁済されない場合には，債権者は確定的に所有権を取得するという担保方法を，譲渡担保という。

(例) AがBから融資を受ける担保として，自己所有の営業用動産などの占有を自己にとどめたままで，債務の返済が完了するまでその所有権をBに移転する形式で設定される権利移転型の担保である。

民法には規定がなく，取引上の慣習によって確立された譲渡担保においては，一般に目的物は設定者の手元におかれて使用される。譲渡担保は動産，不動産，有価証券などについて利用される。最近では，在庫商品，店舗内の商品などの集合物，すなわち，営業用の集合動産についても行われている。
（参照　法律・第2章）

(b) 仮登記担保

債務者が融資を受ける担保として，弁済期に弁済できない場合には，自己所有の不動産を債権者に譲渡する所有権移転の仮登記を行う権利移転型の担保方法を，仮登記担保という。仮登記担保は，譲渡担保と異なり，設定の時

から担保目的物の所有権を債権者に移転するのではなく，債務の弁済がなされない場合にはじめて債権者が所有権を取得し，仮登記を本登記になおす担保方法である。判例によっ

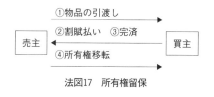

法図17　所有権留保

て発展してきた担保方法であるが，1978（昭和53）年に「仮登記担保契約に関する法律」（仮登記担保法）が成立し，法律による規律がつくられた。目的物の価額が債権額以上の場合，差額は債務者に返還される。

(c) 所有権留保

　割賦販売契約にみられるように，商品は買主に引き渡すが，代金を完済するまでその目的物の所有権を売主に留保することがある。この場合，売主が代金債権を担保するために，代金支払いが完了するまで所有権は買主に移転せず，完済されたときにはじめて移転する。このような場合を，所有権留保という。

2.4　人的担保

　人による債権の担保とは，AがBから借金をする際，Cを保証人にたてる場合のように，債務者が債務を履行できないときに，第三者が債務者に代わって履行することにしておき，その第三者の信用によって履行を確保する制度である。人による債権の担保は債権額が比較的少額の場合が多く，そのため，かなりひろく利用されている。人的担保は，保証人の個人の財産のみが担保の目的となっているので，資産状態の悪化などによる危険性があり，物的担保ほどの確実性はない。しかし，設定が簡単で費用も少なくてすむので広く利用されている。人による債権の担保には，保証債務・連帯保証債務・連帯債務がある。

(1) 保証債務

　保証債務とは，債務者（主たる債務者）が債務を履行しない場合に，債務者に代わって，第三者（保証人）が債務を履行する義務を負うことをいい，通常の保証ともいう（民446）。債務が履行されない場合に，保証人がこれと

同一の債務を履行することによって、債権者に債務の履行と同一の利益を与えようとするものであるから、人による債権の担保の典型的なものである。

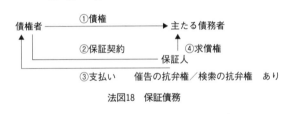

法図18　保証債務

　保証債務は、債権者と保証人との間の契約（保証契約）によって成立し、通常、書面でしなければならない。保証人は、主たる債務者の依頼を受けて保証するが、これは保証債務の要件ではなく、主たる債務者の意思に反して保証人になることもできる（民462Ⅱ）。

　保証債務は、もっぱら主たる債務を担保するためのものである。保証債務は、保証人の責任が主たる債務者の補充的な地位にあり、連帯していないため、債権者にとっては保証人に債務を履行させるまでに手数がかかる。そのため、実際にはあまり利用されていない。

　保証債務は、次の3つの性質をもつ。第1に、保証債務は、主たる債務より重くなってはならない。また、主たる債務が成立しなければ保証債務も成立せず、主たる債務が消滅すれば保証債務も消滅する（保証債務の付従性）。第2に、主たる債務者に対する債権が譲渡されれば、保証人に対する債権もこれに伴い移転する（保証債務の随伴性）。第3に、保証人は、債権者から先に支払いを請求されたときには、まず主たる債務者に対して請求するように抗弁することができる（催告の抗弁権・民452）。また、先に強制執行を求められた場合、主たる債務者に弁済の資力があり、強制執行も容易なことを証明し、まず主たる債務者に対して強制執行をすることを抗弁することができる（検索の抗弁権・民453）。この場合、保証債務は、主たる債務に対して補充的な地位にある（保証債務の補充性）。

　なお、主たる債務者に代わって保証人が支払った場合、主たる債務者に対してこの分を返すように請求することができる（保証人の求償権・民459～465）。

　(2)　連帯保証

保証人が主たる債務者と連帯して債務を負う保証のことを，連帯保証という。現実の保証は，多くが連帯保証である。連帯保証は，主たる債務に対して，付従性と随伴性をもつが，主たる債務者と連帯して債務を負うため補充性はなく，連帯保証人は，催告の抗弁権や検索の抗弁権をもたない（民454）。この点が，保証債務と異なる。

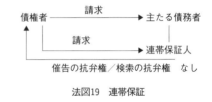

法図19　連帯保証

(3) 連帯債務

数人の債務者が，おのおの独立して全部の債務を履行する債務を負うことを，連帯債務という。連帯債務は，債権者と連帯債務者との契約によって生じる場合がふつうであるが，法律の規定によって生じる場合もある（民761，商580Ⅰ・511Ⅰ・14，会580など）。

(例)　Aから，B・C・Dがそれぞれ100万円，200万円，300万円を借りた場合，一般には，B・C・Dがそれぞれ借りた分だけを返せばよい。しかし，B・C・Dが連帯して600万円の債務を負担することにすると，Aは，B・C・Dのうちのだれに対しても，600万円全額を請求できるし，また，同時もしくは順次に，600万円のうち，支払い可能な金額を請求することもできる（民432）。ただし，B・C・Dのだれかが自分の借りた金額（負担部分）を超えて支払った場合，他の連帯債務者に対して求償することができる（民442）。

連帯債務は，債権者にとって非常に有利なものであり，人による債権の担保のひとつになる。

3　不法行為と被害者の保護

故意または過失によって，他人の権利または，法律上保護される利益を侵害する行為を不法行為という。

(例)　Aが自動車を運転中，前方の信号が赤信号であることを知りながら，

あるいは不注意によってこれに気づかずに，進行を続け，通行人のBを負傷させたというような場合である。

被害者は，加害者に対して，損害の賠償を請求することができる（民709）。民法は，原則的な不法行為責任として，一般的な不法行為をまず規定する。（参照　法律・第5章，第7章，経営・第3章，第5章）

3.1　過失責任の原則

民法は，この個人の自由な活動を保障するために，他人に損害を与えた場合でも，行為者に故意または過失がなければ，不法行為責任は発生しないという過失責任の原則をとる。過失責任の原則と契約自由の原則とは，表裏一体の関係に立つ。すなわち，契約自由の原則が個人の自由な活動（自由競争）を表から保障し，過失責任主義はこれを裏から保障するものである。

しかし，企業や交通が高度に発達した社会では，行為者がいくら注意をしても，不可避に他人に損害を加えることがある。このため，過失責任主義が反省され，過失がなくても企業に不法行為責任を認めるようになった（無過失責任主義）。無過失責任を認めた立法としては，鉱害賠償（鉱業法109～170），労働者災害補償（労基75～88），原子力損害賠償（原子力損害の賠償に関する法律3Ⅰ），大気汚染や水質汚濁による被害者の賠償（大気汚染防止法25，水質汚濁防止法19）などがある。

例えば工場から排出する規制内の廃液が田畑を汚染し，これによって人体や農作物などに被害が生じた場合，工場には無過失責任がある。

ただ，大気汚染のような公害の場合は，その原因が複合的であるため，不法行為責任を認めても，実際に賠償責任の対象が明らかではない。

無過失責任の考え方は，製造物責任に端的に現れている。生産者は，消費者の信頼に応えて，安全な製品を製造しなければならない。しかし，現実には製品の欠陥により，人の生命や身体または財産に被害を与える可能性も生じる。このような欠陥のある製品を購入した消費者が，被害を受けたとき，製造物責任法（1994（平成6）年）により製造業者に製造物責任（product liability：PL　製造物責任法3）が生じ，その補償を求めることができる。

製造物責任は，損害賠償責任の根拠を「企業の過失」から「製品の欠陥」にかえている。ただし，損害，欠陥，および両者の因果関係を消費者が立証しなければならない。

3.2 特殊な不法行為

一般的な不法行為のほかに，次のような特殊な不法行為があり，民法は，これについても被害者の救済方法を認めている。

(1) 責任無能力者の監督義務者の責任

子供や精神障害者などのように行為の責任を認識できる精神的能力（責任能力）をもたない者（責任無能力者）については，故意，過失は問題とならないため，不法行為責任を負わせることはできない。そこで，責任無能力者の行為については，親権者をはじめ広く幼稚園の園長，学校長，精神病院長などにも，監督義務が負わされている（民714）。ただし，監督の義務のある者がその義務を怠ったことにより損害を生じたという，相当因果関係が立証されなければならない。

(2) 使用者責任

他人を事業で使用する者は，被用者がその事業を行うにあたって第三者に損害を与えた場合には，その損害を賠償する責任を負う（使用者責任・民715）。なお，使用者が損害を賠償したときは，その後，被用者に対してその賠償額の相当部分について求償することができる。

(例) 運送会社のトラックの運転手が，不注意によって通行人を負傷させた場合に，運送会社が責任を負う。

(3) 工作物責任

家屋，その他の建造物などの土地の工作物の倒壊や破損によって第三者に損害を与えた場合には，その物の占有者が損害賠償責任を負う。ただし，占有者に管理上の不注意がないときには，所有者が賠償責任を負う（工作物責任・民717）。

(4) 動物占有者の責任

動物が他人に損害を与えた場合には，その動物の所有者や占有者が損害賠

償責任を負う（動物占有者の責任・民718）。ただし，動物の種類及び性質に従い相当の注意をして，保管していたことを証明した時は，責任を免れる。

(5) 共同不法行為者の責任

数人が共同して不法行為を行い，他人に損害を与えたときには，加害者が不明なときでも，各人が連帯して損害賠償責任を負う（共同不法行為者の責任・民719Ⅰ）。教唆者や幇助者も共同不法行為者とされる（民719Ⅱ）。教唆者とは他人をそそのかして不法行為の意思を決定させる者のことをいい，幇助者とは不法行為の補助的行為（見張りなど）をする者のことをいう。

（例）　A・B・Cが共同でDに暴行傷害を加えた場合である。

(6) 法人の不法行為責任

法人は，理事その他の代表者がその職務を行うについて，他人に損害を与えた場合には損害を賠償する責任を負う（民44）。

(7) 国または地方公共団体の賠償責任

国家公務員や地方公務員がその職務を行うにつき，故意または過失によって違法に他人に損害を与えた場合には，国または地方公共団体が賠償責任を負う。官公庁舎や公の道路・河川などの瑕疵によって他人に損害を与えた場合も同様である（国家賠償法1・2）。

(8) 自動車運行者の責任

自動車を運行する者が，その利用によって他人の生命または身体を侵害し，損害を与えたときは，自動車損害賠償保障法（自賠法1955（昭和30）年）によって，通常の不法行為より重い責任が課せられる（自動車運行者の責任）。なお，運行者が注意を怠らなかったこと，相手方に故意または過失があったこと，自動車の構造等に欠陥がなかったことを，全てを証明しなければその責任を免れない。

3.3　不当利得と不法原因給付

(1) 不当利得

法律上の原因がないのに他人の財産を自分の物にするなど，他人の損失により，自分が利益を得ることを不当利得という（民703）。

民法は，公平を保つために，不当利得を得た者に対して，利益の返還義務を負わせている。返還すべき利益の内容は，不当利得者の善意・悪意により異なるが，善意の場合は，現在もその残余利益があれば，その分だけを返還すればよく，悪意の場合は，残余利益の有無にかかわらず，受けた利益の全部とその利益に利息をつけ，さらに損害があればその損害も賠償しなければならない（民703・704）。

（例）　債務者Aが債権者Bに対する借金10万円をすでに弁済したにもかかわらず，そのことを忘れて二重に弁済し，Bもこれを知らずに受け取ったような場合，債権者Bは不当利得を得たことになる。

　(2)　不法原因給付

　不法な原因により，給付を行うことを不法原因給付という。

（例）　不法な行為である賭博（確実に予見しえない事実に対して，金銭等の財産を賭けて勝敗を決すること（刑185）。一時の娯楽に供する物を賭けた場合は賭博とはならない）に負けた者が，その賭け金を勝者に支払ったとすれば，その支払いは不法原因給付となる。

　しかし，敗者は，支払った賭け金を賭博が不法な行為であることを理由として，返還請求をすることはできない（民708）。不法な行為をした者を，一方で，法で保護することになるからである。（参照　法律・第3章）

3.4　損害賠償の方法

　(1)　損害賠償

　不法行為により，他人に損害を与えた者（加害者）は，その損害を賠償する義務を負う（民709）。これを損害賠償という。損害賠償の方法は特別の意思表示をしないときは，債務不履行による損害賠償の場合と同様に金銭によって賠償を行うことを原則とする（民417・722）。被害者の損害賠償請求が認められるためには，加害行為と損害の因果関係があることを要する。また，加害者の責任能力や被害者の立証責任も求められる。損害賠償は，損害を受けた者（被害者）に実際に支払いがなされて，はじめて救済されたことになる。従って，加害者に支払能力がないときは，裁判などによって損害賠

償額が確定していたとしても，被害者が救済されない場合が起こりうる。なお，名誉毀損（特定の人に対する社会的評価を低下させる行為）の場合，刑法上は名誉毀損罪（刑230）が成立するのに対して，民法上では不法行為が成立し，裁判所は被害者の請求によって，損害賠償に代えて，あるいは損害賠償とともに，名誉を回復するのに適当な処分（例えば，新聞紙上への謝罪公告の掲載など）を命ずることができる。

(2) 過失相殺

不法行為により，相手方に損害を与える場合でも，被害者たる相手方にも何らかの過失がある場合がある。相互に過失がある場合には，裁判所は損害賠償の額を決定するにあたり，双方の過失の度合いを考慮し，その額を減殺することができる（過失相殺・民722Ⅱ）。

(例) 二輪車がセンターラインを越えて走り，速度違反の対向車（自動車）と衝突し，二輪車の運転者が負傷したような場合である。この場合，自動車の運転者は速度違反という不法行為によって相手方に怪我をさせたので，当然，損害賠償の義務が生じる。しかし，二輪車がセンターラインを越えてこなければ，衝突しなかったとも考えられ，二輪車にもセンターラインオーバーという過失があることになる。

4 消費者の保護

4.1 消費者の保護

自由主義経済が発展し，取引が大量化・多様化すると，事業者と消費者との間に，情報量，知識，経験，交渉力に大きな格差が生じるに至った。民法が想定していた当事者の対等性は失われ，消費者に不利益な内容の契約が多く締結されるようになった。

科学技術の高度な発達は，新しい制度や商品を生みだし，社会生活を豊かなものにしてきた。しかし，反面，生活のあらゆる面で，従来にはない種々の危険や弊害も生じている。

(例) 従来，安全と思われていた商品が，健康上きわめて危険であったり，

制度に対する消費者の無知を利用した，訪問販売などをはじめとする各種の販売方法による被害などが相当する。

現代における消費者は，生活の便利さと引換えに多くの危険にさらされているといえる。消費者は，一般に商品に対する知識が乏しく，十分な知識と理解がないまま購入してしまう場合も多い。このような状況のなかでは，国家的レベルで消費者の保護を考えることが必要である。国は，消費者の利益を確保する目的から，トラブル防止などのため各種の法律を定め消費者保護につとめているが，消費者自身も正しい知識を身につける必要がある。

4．2　消費者保護の法律

消費者が安全で快適な日常生活を送ることができるよう，時代の変化にともなって，消費者保護のための法律が数多く制定されている。消費者保護の基本をなす法律には，以下のものがある。

(1)　消費者基本法（2004（平成16））

消費者の権利，事業主の責務，行政機関の責任を規定し，かつ消費者の自立のための支援を目的とする。消費者保護基本法（1968（昭和43）年）が改正されたものである。

(2)　割賦販売法（1961（昭和36）年）

割賦販売取引を公正にし，購入者などの利益を保護し，商品の流通および役務（サービス）を円滑にすることを目的とする。

(3)　家庭用品品質表示法（1962（昭和37）年）

家庭用品の品質に関する表示の適正化を図り，消費者の利益を保護することを目的とする。

(4)　消費生活用製品安全法（1973（昭和48）年）

消費生活用製品による消費者の生命または身体に対する危害の発生の防止を図るため，特定製品の製造・販売の規制や消費生活用製品の安全性の確保など消費者の利益を保護することを目的とする。

(5)　不当景品類及び不当表示防止法（1962（昭和37）年）

商品および役務の取引に関して，不当な景品類や表示による顧客の誘引を

防止し，公正な競争の確保と消費者の利益を保護することを目的とする。

(6) 消費者契約法（2000（平成12）年）

消費者と事業者の間に結ばれた消費者契約について，事業者の行為により消費者が誤認する，あるいは対処に支障をきたした契約は，クーリング・オフ期間が経過しても一定期間取消すことができる。消費者の利益の擁護を図ることを目的とする。

消費者契約法は，事業者と消費者との間に締結された消費者契約に適用される。事業者とは，法人その他団体，及び事業の当事者たる個人を指し，消費者とは個人を指す（消費者契約法2）。事業者が消費者契約の締結を勧誘する時，以下の事実があり，消費者が誤認し，契約の申込みまたは承諾をしてしまった場合は，それを取り消すことができる（同法4）。

①不実告知（事業者が消費者に重要事項につき事実と異なる説明をした）
②断定的判断の提供（契約の目的となるものに関して将来における不確実な事項につき断定的判断を提供した）
③不利益事実の不告知（事業者が消費者の不利益となる事実を故意に告げなかった）
④不退去・監禁（事業者に対し消費者が退去すべき意思を示したが従わない。また消費者が退去する旨の意思表示を示したが退去させなかった）

また，消費者に一方的に不利益となる契約条項は無効とし，消費者の保護を図っている（同法8・9・10）。

(参照　法律・第5章，経営・第3章，第5章)

(7) 電子消費者契約及び電子承諾通知に関する民法の特例に関する法律（2001（平成13）年）

消費者が行う電子消費者契約の要素に特定の錯誤があった場合および隔地者間の契約において電子承諾通知を発信する場合に民法の特例を定める。

ここで，電子消費者契約とは，消費者と事業者との間で電磁的方法により電子計算機の映像面を介して締結される契約である。当該映像面に表示される手続に従って電子計算機を用いて送信することによって，申込みと承諾の意思表示を行う。また，電子承諾通知とは，契約の申込みに対する承諾の通

知であって，電磁的方法のうち電子計算機を接続する電気通信回線を通して送信する方法で行うものをいう。

　このほか，消費者保護に関する法規には，無限連鎖講の防止に関する法律，国民生活安定緊急措置法，工業標準化法，農林物資の規格化及び品質表示の適正化に関する法律，食品衛生法，農薬取締法，私的独占の禁止及び公正取引の確保に関する法律など多数がある。

(8)　特定商取引法（2000（平成12）年）

　特定商取引法では，訪問販売や通信販売等，消費者トラブルを生じやすい取引類型を対象に，事業者が守るべき行政規定と，クーリング・オフ等の消費者を守る民事規定を定めている。これにより，事業者による違法・悪質な勧誘行為等を防止するとともに，消費者の利益を守るための法律である。

4.3　消費者庁と消費者委員会

　我が国では，食品に関する偽装などの消費者被害が深刻になり，行政の縦割り・不作為が問題視されるようになったことが背景となり，法律が整備され，2009（平成21）年に内閣府に消費者庁・消費者委員会が創設された。

　消費者庁の役割は，消費者の権利擁護と自立支援である。消費者の権利を正しく行使し，社会を向上させる行動力を持った消費者の育成と教育・啓発，消費者団体の支援と育成　である。消費者庁は，一元的に情報を集約・調査・分析し，消費者行政の司令塔として，各省庁に対する勧告，措置の要求，各省庁所管を超える事案への対応のほか，消費者に身近な諸法律を所管する。一方，消費者委員会は，独立した職権を担い，重要事項について建議し，内閣総理大臣に対し勧告・報告要求を行うほか，関係行政機関に対して資料要求を行う。

　なお，消費者の権利とは，①安全が確保される権利，②商品やサービスについて選択の機会が確保される権利，③必要な情報や教育の機会が提供される権利，④意見が消費者政策へ反映される権利，⑤被害が適切かつ迅速に救済される権利　等を指す。

第5章
企業経営と法

1 商人および商業使用人

1.1 商法と売買業

　経済上，一般に「商」とは生産者と消費者などの間に入って財貨が流通するように媒介する売買などの行為をさし，現代社会における種々の営業活動の基礎となる。商法という法律は　企業の私的利害の調整をはかる法であり，売買業を中心に規定を設けている。売買については民法にも規定はあるが，商法では営利を目的とする場合について，民法に優先する特別規定を定めている。売買と密接な関係にある補助的営業，例えば，売買契約の締結および履行の斡旋や取り次ぎを目的とする仲立業・代理業・問屋業，財貨の保管・場所的移動を目的とする倉庫業・運送業，金銭の融通交換を目的とする銀行業，商取引による危険の予防緩和を目的とする保険業などもその対象となる。また，動産・不動産の賃貸業，電気・ガスの供給業，請負業，出版印刷業，劇場や食堂などの集客を目的とする場屋サービス業などもその対象となる。

　商企業は，営利を目的として計画的に営業活動を継続していくひとつの統一性のある経済的生活体である。それは，一定の経済活動に向けられる資本と，それを動かすための最高経営者層（トップ・マネジメント）および中間・現場管理者層（ミドル，ロワー・マネジメント）の2つの要素から成り立つ。それが緊密に結びつけられ統一ある組織体として活動している。企業の目的である営利行為は一定の組織を基礎として初めて実現できるものである。従って，商企業を対象とする商法の規制も，企業活動の面と企業組織の面とにおいて現れる。商法は，企業活動を「商行為」といい，その活動の主

体を「商人」という。商法はこの２つの概念によって適用範囲を決定しているといえる。（参照　経営・第１章，第３章，第５章　以下同様）

　2005（平成17）年に，新たに会社に関する関係または事実を規律する会社法が定められた。これは，従来の「商法」の「第二編　会社」に定められた法規を独立させ，更に従来の「有限会社法」の内容を取り込む一方，新たな会社形態として創設された合同会社に関する規整も定められ，各種会社の組織・運営に関する基本法として，今日，形式的にも実質的にも中心的な存在となっている。

1.2　商行為

　営業活動に関する財産上の権利・義務関係を発生させる行為を商行為という。商行為には，基本的商行為と付属的商行為があり，基本的商行為は，更に絶対的商行為と営業的商行為に分けられる。

　基本的商行為は商法及び特別法上の一定の行為に限られる（商501・502，担保付社債信託法3・29Ⅱなど）。転売して利益を得る目的をもって，動産・不動産・有価証券を買い入れる行為または買い入れたものを売り渡すなどの行為は，たとえ１回限りの行為であっても，だれが行っても商行為とされている（商501）。

　売買は絶対的商行為である。斡旋，取次，代理など売買の補助的営業や運送業，倉庫業，場屋サービス業，電気・ガスの供給や銀行取引，保険などを営業として，継続的に行った場合も商行為とされ，営業的商行為という（商502）。このほか，付属的商行為といって，商人が営業をするにあたって行う営業資金の借り入れや店舗などの建築・購入，広告・宣伝など，本来の営業の目的以外の行為であって，営業に関連するものとして商行為とされるものもある（商503）。これは商法を適用する基準となるものである。

1.3　商　人

　商人の意義
　(a)　本来の商人

II 法律

法表9 商人と商行為の関係

商法	4条	501条	502条	503条	523条
商人の営業の目的である行為		絶対的商行為*	営業的商行為		準商行為
商人の意義	①固有の商人 ②擬制商人				
商人の営業のためにする行為				付属的商行為	

＊商人以外の商行為も含む。

　企業主はもとより，その中で働いている従業員を含めて，商業活動に携わる全ての人を一般に商人という。しかし，商法上は，自分がある行為から生ずる権利・義務の主体者となり，利益を得る目的をもって売買行為など（基本的商行為）を計画的・継続的に行う者を商人という（商4Ⅰ）。従って，会社の場合は会社自身が商人であり，店の従業員や会社の部長・課長・その他の従業員は商人ではなく，商業使用人である。

(b) 擬制商人

　商法は，商行為を業とする者ではないものも商人として扱う。例えば，果樹園で栽培した果物を店舗またはこれに類似する設備をもって販売する場合である。売買は，他から物を取得し，これを他に売るという財貨の流通・移転行為を意味するから，原始産業者のように自己の生産物を売る場合は売買すなわち商行為にはあたらない。しかし，店舗の設備で販売する点に着目して商人に準じて扱うとしたのである（設備商人・商4Ⅱ）。これは，本来の商人（固有の商人・商4Ⅰ）に対して擬制商人という。ただし，今日，移動性のあるコンピュータ端末で営業できる時代が到来しており，営業形態が拡大している。商法は，そのほか原料全部を自給する原始産業者のうち，鉱業を企業設備に着目して，商人に準じて扱う。

1.4 商業使用人と代理商

　商人が商業活動を広範囲にわたり効率的に行うためには，商人が自ら全ての活動を行うことは困難である。そこで，他人の労力を補助的に利用するこ

とが必要となり，これを行う者が商業使用人である。商業使用人とは，契約によって商人と雇用関係などをつくり，その商人の指示に従い，対外的な営業上の業務に従事する者をいう。一方，独立した営業者（商人）でありながら，他の商人を補助することを営業目的としている者がある。これを行う者には代理商，仲立人，問屋・運送取扱人などがある。代理商とは，特定の商人のために，継続して営業の部類に属する取引を代理し，媒介する者をいう。仲立人とは，不特定の商人のためにその取引を斡旋する者をいい，問屋・運送取扱人とは取引の取り次ぎを行う者をいう。このような営業活動の補助者を企業補助者という。

1.5　企業補助者の種類

(a)　支配人

支配人とは，営業主から営業全般に関する一切の行為を行う包括的な代理権を与えられた商業使用人である（商21Ⅰ）。一般には，支店長・支社長などと呼ばれる。営業主から代理権を与えられる商業使用人はいかなる名称も使用することができる。支配人は，上のような広くて強い代理権をもつため選任及び代理権の消滅については登記を必要とし（商22），また，営業主を保護する意味で営業主の許可がない場合，自分が営業主となって営業を行ったりすることなどはできないなどの義務を負わせている（商23）。

(b)　その他の使用人

特定の事項，例えば販売，購入，貸付など包括的な代理権を与えられている商業使用人に番頭・手代がある。現代の会社の職制では，部長・課長・係長・主任などと呼ばれ，委任を受けた範囲内の事項に関する全ての代理権を付与される（商25Ⅰ）。この他に，通常，社員・従業員などの名称でよばれ

法図20　企業補助者の種類

る商業使用人が存在する。これらは原則として代理権をもたないものの，店舗における物品の販売については代理権をもつものとされる（商26）。

2　株式会社

2.1　株式会社の意義
(1)　会社の意義
(a)　会社の経済的作用と種類

既に経営・第1章でも述べたように，会社の起源は特定の事業目的を持った個人を中心とする小規模な団体にある。今日では，多数の人々が共同で事業を営む場合は資本，労働力を結合させて大規模な事業を営み，企業の代表者を交替させることにより，半ば永続的に会社を維持・存続することができるのである。

共同企業形態の典型的なものが会社である。会社には，株式会社，合名会社，合資会社，合同会社の4種類がある。これらは会社法の規定によって設立される。

会社の種類は，社員（社団の構成員，株式会社の場合は出資者をいう）の法的責任（会社の債務について，直接，無限，連帯して責任を負うか否か）および社員間の信頼関係に基づく相違による。

(b)　会社の法律的な性質

会社は，営利社団法人である。ここで営利とは，会社が営業活動によって会社自身の利益を得ることだけではなく，その利益を構成員に分配するという意味である。社団というのは人の集団（団体）を意味し，社団法人とは，その団体自体が自然人と同様に権利・義務の主体として活動することを認められているものである。また，法人とは，自然人以外で権利義務の主体になれるものをいう。（参照　法律・第2章）

(2)　社員の責任

社団の構成員を社員といい，会社にあっては社員は会社の基礎となる財産の出資者である。株式会社では社員を株主という。一般に会社の従業員は社

員とも呼ばれるが，従業員は会社に雇われている使用人であり，法律上の社員ではない。

社員の責任には会社の種類により相違がある。合名会社の社員と合資会社の無限責任社員は，会社に対して出資をするほかに，会社債権者に対しても会社の債務全部について責任を負う（会580Ⅰ・無限責任）。株式会社の株主・合資会社の有限責任社員と合同会社の社員は，会社に対して一定額の出資をするのみであり，会社債権者に対しては未履行の出資額以上の責任を負わず，会社に対する有限の出資義務を負うにすぎない（会104・580Ⅱ）。

なお，合名会社，合資会社，合同会社を持分会社といい（会575Ⅰ），持分会社は定款に特に定めがある場合を除き，社員が業務執行にあたる（会590）。特に合同会社は，今般の会社法によって導入され，有限責任事業会社（米国の Limited Liability Company：LLC に由来する）といわれる。これは出資者が有限責任しか負わない組合形態であり，強行規定が少なく，広く定款自治に委ねられる点に特徴がある。(参照　経営・第1章)

(3)　株式会社の特色

株式会社では株主数に制限はなく，また株式の形で小さくかつ少額の出資単位で自由に株式を譲渡できるようにしている。また，株式会社においては出資者の責任は出資額を限度とする有限責任であるため，危険を伴わずに不特定多数の出資者から巨額の資本を集めることができる。更には，取締役の資格を株主にのみ依存せずに（会331Ⅱ），企業経営の専門知識と能力をもつ専門経営者に経営を委ねることができる（所有と経営の分離）。(参照　経営・第1章)

(4)　資本の制度

株式会社の社員である株主の責任が限定され（株主有限責任の原則・会104），会社の信用の基礎に置かれる財産の維持に関して，株式会社では「資本」の制度が定められる。この点は，合同会社の場合でも共通である。会社財産を確保するための基準となる一定の金額を計算上定めた上，この額を公示するとともに，この額に見合うだけの会社財産が現実に保有されていなければならない。この計算上の金額が資本金である（会445）。資本金は，原則

として，振込金額の総額であるとされている（会445Ⅰ）。ただし，2分の1を超えない額までは，資本準備金に組み入れることができる。（会445Ⅱ・Ⅲ）。

　従来資本に関し，いわゆる「資本に関する3原則」が認められてきた。それは，「資本充実・維持の原則」，「資本不変の原則」，「資本確定の原則」である。

　まず，資本充実・維持の原則とは，会社は定められた資本額に相当する財産を常に保有していなければならず，特別の場合を除き，会社は出資金を払い戻せない。資本は，配当原資としての剰余金の算定基準となっている（会446）。

　次に，資本不変の原則とは，一度定められた資本額は任意に減少することはできないとする原則である。資本金の減少を株主総会の普通決議で行うことも認められる（会447Ⅰ）等，手続が合理化されている。

　最後に，資本確定の原則とは，資本額に相当する金額について，株式の引受けが確定していなければならないとする原則である（総額引受主義）。しかし，この原則は現行法では会社設立の場合にとどまり，設立以後の増資の場合には授権資本制（設立時に発行される株式以外の残部は会社設立後に順次発行される）を用いるため，一貫していない。

法表10　株式会社設立手続

【発起設立】
発起人による定款の作成→公証人の認証→発起人による全部の株式の引受→発起人による出資の履行→発起人による取締役及び監査役の選任→現物出資などに関する検査役の調査→設立登記→設立完了

【募集設立】
発起人による定款の作成→公証人の認証→発起人による一部の株式の引受→発起人が引受けた残りの株式について株主を募集（株式申込証の作成）→株式の申込（申込証拠金の払込）→株式の割当・引受→出資の履行→現物出資などに関する検査役の調査→創立総会（取締役及び監査役の選任）→設立登記→設立完了

2.2　株式会社の設立
(1)　設立の手続き

　株式会社の設立は，発起人による定款の作成から始まる。発起人とは，会社設立の企画者として定款に署名した者である。会社を設立する方法には，設立の際に発行する株式の全部を発起人だけで引受けて出資する発起設立と，株主を募集して資本を調達する募集設立とがある。以下，特に募集設立について述べる。

(a)　定款の作成

　発起人は，まず会社の組織と活動に関する根本原則である定款を作成する。設立のときに作成される定款は特に原始定款と呼ばれ，原始定款は，発起人の総意で作成し（会26），公証人の認証を受けなければならない（会30）。株式会社は1人の発起人だけでも設立することができる（会26）。

　定款に記載される事項には，絶対的記載事項，相対的記載事項，任意的記載事項の3種類がある。

(i)　絶対的記載事項　定款に必ず記載しなければならず，これがひとつでも欠けると定款全体が無効となる事項である。記載事項には，①目的，②商号（商人が営業活動の時に用いる名称），③本店の所在地，④設立に際して出資される財産の価額またはその最低額，⑤発起人の氏名または名称および住所　がある（会27）。

(ii)　相対的記載事項　記載しなくても定款全体が無効とはならないが，記載したときに限り，その効力が生ずる事項である。例えば，①金銭以外の財産を出資する者の氏名・名称，当該財産，その価格ならびにその者に割当てる設立時発行株式数（現物出資），②会社の成立後に譲受けることを約した財産，価額や出資される財産・価格，設立費用，発起人が受けるべき報酬や特別の利益などが相当する（会28・変態設立事項）。現物出資とは金銭による出資でなく，機械・原料・商品などの動産，土地・工場などの不動産，債権，有価証券などを出資することである。また，変態設立事項については，原則，裁判所が選任する検査役による検査を必要とする。

(iii)　任意的記載事項　記載しなくてもその事項の効力に関係はないが，こ

れを記載すれば，その効力が生じ，その変更には定款変更手続きを要する事項である。例えば，取締役・監査役の人数，決算期などである。

(b) 株式の引受け・払込み

定款作成後，株式の発行価額，株式の申込期間，払込期日などを決定し，一部を発起人が引受け，残部について株主が募集される（会25Ⅰ・57）。各発起人は株式会社の設立に際し，設立時発行株式を1株以上引受けなければならない（会25Ⅱ）。募集に応ずる者は氏名または名称および住所，引受けようとする設立時募集株式の数を記載した書面を発起人に交付しなければならない（会59Ⅲ）。申込みに対して発起人が株式の割当てを行うと申込人は株式引受人となる（会60・62）。設立時募集株式の引受人は，払込期日までに金銭出資により各々の募集株式の払込金額全額の払込みを行わなければならない（会63Ⅰ）。払込みは銀行または信託会社等に限って取扱うことが出来る（会34Ⅱ）。

(c) 創立総会

出資が完了した後，発起人は遅滞なく設立時株主の創立総会を招集し，創立総会において設立時取締役等の役員を選任する（会65・88）。

(d) 設立の登記

会社は定められた日から2週間以内に設立登記を行うことにより成立する（会911Ⅰ）。法が定めた要件をみたせば，行政官庁の許可等を必要とせず法人格を得ることになる（準則主義）。

なお，設立登記は商業登記のひとつであり，商業登記は商人（企業）がその営業に関する重要事項を一般大衆に公示するための制度であり，登記所にある商業登記簿に記載することである（商9）。また，会社の設立登記の申請に必要な書類としては，①設立登記申請書　②登録免許税納付用台紙　③定款　④取締役等の調査書　⑤払込を証明する書面　⑥取締役等の就任承諾書　⑦株式の引受を証明する書面　⑧取締役の選任書　⑨OCR＊用申請用紙　⑩印鑑届出書　等がある。

＊　光学式文字読取装置

(2) 株式の仮装払込み

募集設立の場合、株式引受人の保護に配慮し、払込取扱銀行による払込金保管証明書が必要とされ、証明書を交付した銀行等は証明書の記載が事実と異なること、払込まれた金銭の返還に制限があることをもって成立後の株式会社に対抗することができないとされる（会64）。しかし、実際には資金をもたない者が仮装払込みにより会社を設立することがあり、払込みの効力や設立の無効が問題となる。会社設立後2年以内ならば、設立の無効を訴えられる。

(a) 預合い

預合いとは、払込取扱銀行から金銭を借入れ、これを株式払込金として会社の預金に振替えて借入金を返済するまでは預金を引出さないことを約束するものである。これは会社の預金を自由に使用することができず、会社債権者および他の引受人を保護する必要から預合いによる払込みは無効と解される。また預合いを防止するために、募集設立の場合には払込金保管証明書を求めるとともに、預合いを行った者には刑罰を科す（会965）。

(b) 見せ金

払込取扱銀行以外の第三者から資金を借入れ、この銀行に払込み、払込みを証明する書面をもって会社設立の登記を行い、直ちに払込取扱銀行から引き出して借入先に返済する方法を見せ金による会社設立という。多数説、判例とも払込みとして無効とされる。

2.3 株　式

(1) 株式と株主の権利

(a) 株式の意義

株式とは法律的には株式会社の社員としての地位のことであり、株主とはこの株式をもつ者をいう。株券は、株主がその株式を売買する上で、会社から株主に交付されるものである。株主は会社から出資金の払戻しを受けることは許されず、代わりに株式を他人に売却して出資金を回収することにより、資本の安定を図る。

(b) 株主の権利

法表11 株主の主な権利

共益権	単独株主権	株主総会議決権（会308） 会社組織に関する行為無効の訴提起権（会828Ⅱ） 責任追求等の訴提起権（会847） 取締役違法行為差止請求権（会360）
	少数株主権	株主提案権（会303） 株主総会招集請求権（会297） 役員解任の訴提起権（会854） 会社解散命令申立請求権（会824） 計算書類等閲覧請求権（会442Ⅲ） 募集株式発行等差止請求権（会210） 募集新株予約権発行差止請求権（会247） 業務執行に関する検査役選任請求権（会358） 取締役会招集請求権（会367）
自益権		剰余金配当請求権（会105Ⅰ①） 残余財産分配請求権（会105Ⅰ②） 募集株式引受権（会202） 株式買取請求権（会116） 株券交付請求権（会215） 株券不所持措置請求権（会217Ⅰ） 株券再発行請求権（会217Ⅵ） 名義書換え請求権（会133）

　株主は，株式に基づいて，会社に対して種々の権利をもつ。これを，株主権という。株主権には，会社の経営に参加する共益権と，剰余金の配当を受ける権利，残余財産の分配を受ける権利（会105Ⅰ）など株主自身が会社から財産上の利益を受ける自益権とに分かれる。共益権には，1株の株主でも行使できる単独株主権と総議決権の一定割合または一定数以上をもつ株主のみが行使できる少数株主権とがある。株主の主な権利を表に示すと，次の通りである。一方，株主の義務は，株式の引受価額を限度とする出資義務のみである（会104）。

　(c)　株主平等の原則

　会社は原則として株主をその持株数に比例して，平等に取り扱わなければならない。これを株主平等の原則という（会308Ⅰ・454）。

　(2)　株式の単位

　1株の出資単位は会社に一任されている。1981（昭和56）年の旧商法で

は，株式会社の設立に際して発行する額面株式の最低発行価額を5万円としていた（旧商168ノ3）。しかし，2001（平成13）年の商法改正により，出資単位の最低価額を法で強制することは廃止され，単元株制度が創設された。単元株とは，株式の一定数をまとめたものを一単元とし，株主の議決権は一単元につき一個とするものである（会188）。定款で単元株を採用する会社の場合，単元未満株式の株主には議決権が認められない（会308）。

(3) 株式の種類

商法は，株主平等の原則の例外として，一定の事項について，一定の条件のもとに，権利内容の異なる種類の株式を発行することを認めている。これを種類株式制度という。

定款の定めにより異なる種類の株式とすることのできる事項は，①剰余金の配当（優先株式・劣後株式），②残余財産の分配（優先株式・劣後株式），③株主総会において議決権を行使できる事項（議決権制限株式），④譲渡による種類株式の取得について会社の承認を要すること（譲渡制限株式），⑤種類株式について株主が会社に対して取得を請求することができること（取得請求権付株式），⑥種類株式について，会社が一定事由を条件としてこれを取得することができること（取得条項付株式），⑦種類株式について，会社が株主総会の決議によりその全部を取得すること（全部取得条項付種類株式），⑧株主総会において種類株式の株主を構成員とする種類株主総会の決議があることを要するもの（拒否権付株式），⑨非公開会社の場合，種類株式の株主を構成員とする種類株主総会において取締役または監査役を選任すること（役員選挙権付株式）に限られる（会108Ⅰ・Ⅱ）。

(4) 株券

定款に株券を発行する旨を定めた株式会社を株券発行会社という（会214）。株券発行会社は，株式を発行した日以降遅滞なく株券を発行しなければならない（会215Ⅰ）。会社法では，株券を発行しないことも可能となった。株式は，意思表示と株券の交

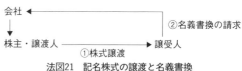

法図21　記名株式の譲渡と名義書換

付により移転される（会128Ⅰ）。紛失や盗難を予防するために株券の所持を希望しない株主には，株券不所持制度がある（会217）。また，株券には，公示催告・除権判決が適用されず（会233），株券を喪失した場合は，株券失効制度により喪失株券の無効，株券の再発行を請求できる（会221）。

(5) 株式の譲渡

(a) 株券発行会社および株券不発行会社の場合

会社法は，原則として株式譲渡の自由を認めている（会127）。株券発行会社の株式の譲渡は，株券を譲受人に交付して行う（会128Ⅰ）。株券の引渡しは権利移転の要件であるから，株券の占有者は適法の所持人と推定される（会131Ⅰ）。また，株券を占有者から譲受けた者は，悪意または重大な過失がない限り善意取得する（会社131Ⅱ）。株式の譲受人が会社に対して株主の地位を主張するためには，会社に対して株券の呈示，株主名簿の名義書換を行わなければならない（会130Ⅱ・147Ⅱ）。一方，株券不発行会社における株式の譲渡は，意思表示のみによって行う。その際，株主名簿の名義書換が対抗要件となる（会130Ⅰ・147Ⅰ）。

(b) 定款による株式の譲渡制限

会社法は，譲渡による株式の取得について，会社の承認を要する旨を定款で定めることができるものとしており，このような株式を譲渡制限株式という（会2⑰）。株式会社は，発行する全部または一部の株式の内容について，譲渡による株式の取得について会社の承認を要する旨を定款で定めることができる（会107Ⅰ・Ⅱ・108Ⅰ）。定款に譲渡制限株式が定められている場合には，登記しなければならず（会911），また，株券にもこれを記載しなければならない（会216）。登記を怠った場合，善意の第三者に対抗することができない（会908Ⅰ）。

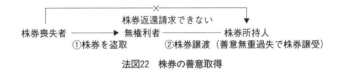

法図22　株券の善意取得

(c) 時期による株式の譲渡制限

株主となる権利の譲渡は、当事者間では有効であっても、会社に対しては効力を生じない（会35・50Ⅱ・63Ⅱ・208Ⅳ）。株券発行会社の場合、株券発行前の株式譲渡も同様に効力を生じない（会128）。

(d) 子会社による親会社株式取得の制限

子会社は親会社（子会社の総株主の議決権の過半数をもつ会社）の株式を取得できない。例外として、①株式交換、株式移転、会社合併・分割、事業譲受の場合　②会社の権利実行にあたり目的を達するため必要な場合　③子会社の組織再編成にあたり親会社株式の割当てを行うために取得する場合は許される（会135Ⅰ・800）。

(e) 自己株式取得の制限

2001（平成13）年以前の旧商法では、会社が自己株式を取得することを禁止していた。自己株式の取得は資本充実の原則に反すると考えられていたからである。しかし、2001年の商法改正以降、取得のための手続き、方法、財源につき定められた条件をみたせば、自己株式の取得は可能となった（会156）。一般に「金庫株の解禁」ともいわれる。ただ、会社が無制限に自己株式を買受け、資本維持の原則に反しないように財源が規制され、一定の自己株式の有償取得は、剰余金の配当と同様に、株主に対して交付する金銭等の帳簿価格の総額は、取得の効力発生日における分配可能額を超えてはならないとされている（会461Ⅰ②）。

2.4　株式会社の機関

会社は法人であり、会社自身で権利をもち義務を負う。ただ、実際には組織の上で一定の地位にある自然人およびその集合体の行為により権利を取得し義務を負う。これらを会社の機関という。

(1) 株式会社の機関

株式譲渡制限をしていない株式会社（公開会社・会2⑤）では、全ての株主で構成される機関である株主総会は、基本的事項のみを決定する機関とされ、業務執行に関する事項の意思決定は、株主総会が選任した取締役（会326Ⅰ・329Ⅰ）で構成する取締役会が行う（会327Ⅰ・362Ⅱ・Ⅳ）。更に、

合議体である取締役会が業務執行や代表行為を行うことは適当でないため，取締役会が選任した代表取締役がこれにあたり（会362Ⅲ・363Ⅰ），業務執行の監査機関として株主総会が選任した監査役が置かれる（会327）。ただし，委員会設置会社では，株主総会のほか，業務の決定と監督を行う取締役会（会327Ⅰ・416Ⅰ），業務執行を行う執行役（会402）が機関として設置される。

株式譲渡制限をしている株式会社（非公開会社）は，取締役会の設置は任意とされ（会326Ⅱ），取締役会を設置しなければ各取締役が会社を代表する。

委員会設置会社を除き，取締役会設置会社は監査役を置かねばならない（会327Ⅱ）が，非公開会社は取締役会を設置しなくてもよいため，その場合には会計参与を設置する会社について監査役も置く必要がない。今般の会社法では，株式会社の機関が細かく分化していることに特徴がある。

なお，我が国の機関構成に関しては，コーポレート・ガバナンス（企業統治）の議論が活発である。企業統治は，経営者の任免および管理機能，取締役の義務と責任の問題である。経営者の地位を担う取締役の任免権は株主総会に委ねられるが，取締役の目指すべき利益が株主の利益か，会社自体の利益か，が論じられている。（参照　経営・第3章）

(2)　株主総会

株主総会は，会社法に規定する事項および株式会社の組織，運営，管理その他株式会社に関する一切の事項について決議する。取締役会設置会社の株主総会は，会社法に規定する事項および定款に定められた事項についてのみ決議する（会295Ⅰ・Ⅱ）。会社法の規定により，株主総会の決議を必要とする事項について，定款で株主総会以外の機関が決定できると定めても無効である（会295Ⅲ）。

(a)　株主総会の招集

株主総会の招集権者は，原則として，取締役である（会296Ⅲ・297Ⅳ・307Ⅰ）。招集の決定は，招集権者が行う。ただし，取締役会設置会社では，取締役会が招集の決定を行う（298Ⅳ）。この決定に際しては，株主総会の日

時および場所，目的である事項，株主総会に出席しない株主が書面または電磁的方法によって議決権を行使することができるときは，その旨，法務省令で定める事項，が定められなければならない（会298Ⅰ）。

　株主総会には，定時総会と臨時総会とがある。前者は，毎年事業年度の終了後一定の時期に招集しなければならない。（会296Ⅰ）。一方，後者は，必要に応じて臨時招集・開催される（会296Ⅱ）。開催場所については，招集権者によって，適した場所を自由に選定できる。取締役は，株主総会の日の2週間前までに，株主に対して招集通知を発しなければならない（会299Ⅰ）。取締役は，法務省令で定めるところにより，株主に対し，議決権の行使について参考となるべき事項を記載した書類（株主総会参考書類），および株主が議決権を行使するための書面（議決権行使書面）を交付しなければならない（会301Ⅰ・Ⅱ）。

　(b)　議事進行

　株主総会は，議長の開会宣言によって開始され，閉会宣言によって終了する。議長は，定款に規定のないときは，株主総会によって選任される。ただし，実際には多くの会社の定款において，社長を議長とする旨の規定がおかれている。議長は総会の秩序を維持し，議事を整理する権限をもち（会315Ⅰ），また命令にしたがわない者その他総会の秩序を乱す者を退場させることができる（会315Ⅱ）。

　総会では，各議案が審議され，決議がなされる。議案は，通常，会社側から提起されるが，株主が提案することも認められている。（会303・304・305）。株主提案権は，①議題追加権ないし議題提案権（会303），②議案提出権（会304），③議案の要領の通知請求権（会305）とに区分される。これらの権利は株主の意思と会社側の利益との均衡の上に制度化されたものである。また，取締役，監査役，会計参与，執行役は総会において株主の求めた事項について説明をしなければならない（会314）。

　総会の議事については，議事録が作成され（会318Ⅰ），本店には10年間，支店には5年間その写しが備置かれ（会318Ⅱ・Ⅲ），株主・会社債権者の閲覧に供される（会318Ⅳ・Ⅴ）。

(c) 株主総会の決議

総会において各株主は共益権である議決権を行使する。各株主は，株主総会において，株式1株につき1個の議決権をもつ（一株一議決権の原則・会308Ⅰ）。また，単元株式数が定款で定められている場合には，前記の議決権の数は，1単元の株式に1個となり（会308Ⅰただし書），単元未満株式には議決権は認められない。さらに，自己株式についても，議決権は認められない（会308Ⅱ）。それ以外にも，議決権制限株式（会108Ⅰ・115）の株主は，その議決権を制限された事項について，議決権行使が認められないし，その他，特別利害関係をもつ場合等，個別の株主による議決権行使が認められない場合がある（会140Ⅲ・160Ⅳ・175Ⅱ・230Ⅲ）。

株主は代理人によって議決権を行使することができる（会310Ⅰ）。これにより，総会に出席できない株主も代理人をたてることによって，議決権を行使することができる。ただ，会社は，総会荒らし（総会屋）を防ぐため，株主総会に出席することのできる代理人の数を制限することができる（会310Ⅴ）。

株主が代理人によって議決権を行使しようとする場合，この株主または代理人は代理権を証する書面（委任状）を会社に提出しなければならない（会310Ⅰ）。この書面の提出を電磁的方法による情報提供に代えることもできる（会310Ⅲ・Ⅳ）。この代理権の授与は総会ごとにしなければならない（会310Ⅱ）。

株主総会に出席しない株主が，書面や電磁的方法（電子メールやインターネットを利用したウェブサイトなど）によって議決権を行使することができる旨の定めがなされた場合（会298Ⅰ），それぞれの方法によって議決権を行使することができる。株主が2個以上の議決権をもつ場合に，一部について賛成し，残りについて反対するというように，その議決権を統一的でなく行使すること，すなわち議決権の不統一行使が認められている（会313）。

(i) 普通決議

株主総会が機関としてもつ権限に基づき決議することができる事項については法表12の通りである。すなわち，株主総会の決議は，法律または定款に

法表12　株主総会の主な決議事項

普通決議	自己株式の取得（会156） 株主総会に提出された資料等の調査者の選任（会316） 株主総会の延期または続行（会317） 取締役の選任・解任（会329・339・341） 会計参与の選任・解任（会329・339・341） 監査役の選任（会329） 会計監査人の選任・解任（会329・339・341） 取締役の報酬（会361） 監査役の報酬（会387） 責任軽減後の取締役等に対する退職慰労金支払等（会425IV・426VI） 計算書類の定時総会での承認（会438） 剰余金分配（会454 I） 現物配当（会454IV） 法定準備金の減少（会448）
特別決議	特定の株主との合意による自己株式の取得（会309 II ②・160 I） 株式併合（会309 II ②・180） 募集株式の募集事項の決定および割当等（会309 II ⑤・199・200・202・204） 新株予約権の募集事項の決定および割当等（会309 II ⑥・238・239・241） 監査役の解任（会309 II ⑦） 取締役・監査役・会計監査人等の責任軽減（会309 II ⑧・425） 資本金額の減少（会309 II ⑨・447） 金銭以外による現物配当（会309 II ⑩・454IV） 定款変更（会309 II ⑪・466） 事業譲渡等の承認（会309 II ⑪・467） 会社の解散（会309 II ⑪・471） 合併・会社分割・株式交換・株式移転の承認（会309 II ⑪・783・795・804）
特殊決議	定款変更による非公開会社への移行（会309III） 消滅株式会社等による吸収合併契約の承認（会309III・783） 消滅株式会社等による新設合併契約の承認（会309III・804） 配当，残余財産を受ける権利等の取扱についての定款変更（会309IV・109 II）

　別段の定めがある場合を除き，議決権を行使することができる株主の議決権の過半数をもつ株主が出席し（定足数。意思決定を行う最小限度の出席数），出席したこの株主の議決権の過半数をもって行う（会309 I）。

(ii)　特別決議

　会社法で別途，定められた事項についての株主総会の決議は，この株主総会において議決権を行使することができる株主の議決権の過半数（3分の1以上の割合を定款で定めた場合にあっては，その割合以上）をもつ株主が出

席し，出席したこの株主の議決権の3分の2（これを上回る割合を定款で定めた場合にあっては，その割合）以上に当たる多数をもって行わなければならない（会309Ⅱ）。この場合においては，決議の要件に加えて，一定数以上の株主の賛成を要する旨その他の要件を定款で定めることを妨げない（会309Ⅱ）。

(iii) 特殊決議

特別決議よりもさらに厳格な決議要件を伴う。会社法で定められた事項は株主総会において議決権を行使することができる株主の半数以上（これを上回る割合を定款で定めた場合にあっては，その割合以上）であって，この株主の議決権の3分の2（これを上回る割合を定款で定めた場合にあっては，その割合）以上に当たる多数をもって行わなければならない（会309Ⅲ）。また，公開会社でない株式会社で，剰余金の配当を受ける権利，残余財産の分配を受ける権利，株主総会における議決権に関する事項について，株主ごとに異なる取扱いを行う旨（会109Ⅱ）の定款の定めについて，定款の変更を行う株主総会の決議は，総株主の半数以上（これを上回る割合を定款で定めた場合にあっては，その割合以上）であって，総株主の議決権の4分の3（これを上回る割合を定款で定めた場合にあっては，その割合）以上に当たる多数をもって行わなければならない（会309Ⅳ）。

(3) 取締役

(a) 意義

取締役は，原則として，会社の業務を執行し，会社を代表する機関として位置付けられる（会348Ⅰ・349Ⅰ）。株式会社において，株主は会社に出資をするとともに社団たる会社の構成員となるが，会社の経営には直接関与するものではない。株式会社の経営は株主の範囲を超えて専門の経営者に委ねられるべきものとされている。この専門の経営者としての立場にあるのが取締役である。株式会社には，1人または2人以上の取締役が置かれなければならない（会326Ⅰ）。ただし，取締役会設置会社においては，3人以上でなければならない（会331Ⅳ）。

取締役が2人以上ある場合，業務の決定は，定款に別段の定めがある場合

を除き，取締役の過半数による（会348Ⅱ）。支配人の選任および解任など一定の事項は，必ずこの方法で決定されなければならない（会348Ⅲ）。また大会社では内部統制システム構築に関する決定が義務づけられている（会348Ⅳ）。（参照　経営・第3章）

(b)　選任・解任

取締役は株主総会の普通決議で選任される（会329Ⅰ）。同一の総会において2人以上の取締役を選任する場合，累積投票の方法を採ることができる（会342）。しかし，実際にはほとんどの会社が定款規定で，累積投票を排除している。選任資格について，法人であること等，一定の欠格事由が定められている（会331Ⅰ）。また，公開会社では，取締役が株主でなければならない旨を定款で定めることができない（会331Ⅱ）。委員会設置会社の取締役は，委員会設置会社の支配人その他の使用人を兼ねることができない（会331Ⅲ）。さらに，監査役との兼任も禁止されている（会335Ⅱ）。

取締役と会社との関係は，委任または準委任の規定による（会330）。このことから，取締役は，受任者として，善良な管理者としての注意をもって委任事務を処理する義務，いわゆる「善管注意義務」を負う（民644）。また，取締役には，会社のために忠実にその職務を遂行する義務，いわゆる「忠実義務」が課せられている（会355）。

取締役はいつでも辞任することができる（民651）。また，取締役の死亡，破産開始の決定を受けたこと，後見開始の審判を受けたこと，会社が破産開始の決定を受けたこと，解散もその終任事由とされている（民653）。さらに，その解任は，株主総会の普通決議による場合（会339Ⅰ），裁判所の判決による場合（会854）などにより行われる。ただし，累積投票取締役の解任は特別決議（会309Ⅱ⑦）によらなければならない。

(c)　取締役の責任

(i)　会社に対する損害賠償責任

取締役（役員等）が，そ

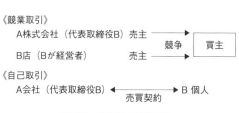

法図23　取締役の競業取引

の任務を怠ったときは，会社に対し，これによって生じた損害を賠償する責任を負わなければならない（会423Ⅰ）。例えば，取締役が事前に取締役会の承認を得るべき競業取引について，競業避止義務（会356Ⅰ）に違反して取引をしたときは，これにより取締役，執行役または第三者が得た利益の額は，前記損害の額と推定される（会356Ⅱ）。また，利益相反取引（会356Ⅰ）によって会社に損害が生じたときは，これに関連する取締役または執行役は，その任務を怠ったものと推定される（会423Ⅲ，違法配当・会462，利益供与・会120Ⅳ）。該当者は自己が任務を怠っていなかったことを立証しなければならない。

なお，損害賠償責任は，原則として，総株主の同意がなければ，免除することができないが（会424），この役員等が職務を行うについて善意でかつ重大な過失がないときは，賠償の責任を負う額から所定の最低責任限度額を控除した額を限度として，株主総会の決議によって免除することができる（会425）。同様に，監査役設置会社（取締役が2人以上ある場合に限る），または指名委員会等設置会社等の役員の責任については，職務を行うにつき善意でかつ重大な過失がない場合等には，あらかじめ定められた額を限度として取締役の過半数の同意（取締役会設置会社にあっては，取締役会の決議）によって免除することができる旨を定款で定めることができる（会426）。

更に業務執行取締役等でない取締役，会計参与，監査役，または会計監査人については職務を行うにつき善意でかつ重大な過失がないときは，あらかじめ定めた範囲内の額に責任を限定する契約を締結することができる旨を定款で定めることができる（会427）。

(ii) 第三者に対する損害賠償責任

役員等がその職務を行うについて悪意または重大な過失があったときは，この役員等は，これによって第三者に生じた損害を賠償する責任を負う（会429Ⅰ）。また，取締役および執行役が株式，新株予約権，社債もしくは新株予約権付社債を引受ける者の募集をする際に通知しなければならない重要な事項についての虚偽の通知，またはこの募集のための株式会社の事業，その他の事項に関する説明に用いた資料についての虚偽の記載もしくは記録をし

た場合，計算書類および事業報告ならびにこれらの附属明細書ならびに臨時計算書類に記載し，または記録すべき重要な事項についての虚偽の記載もしくは記録をした場合，虚偽の登記をした場合もしくは虚偽の公告をした場合，会計参与が計算書類およびその附属明細書，臨時計算書類ならびに会計参与報告に記載し，または記録すべき重要な事項についての虚偽の記載もしくは記録をした場合，監査役および監査委員が監査報告に記載し，もしくは記録すべき重要な事項についての虚偽の記載もしくは記録をした場合，または会計監査人が会計監査報告に記載し，もしくは記録すべき重要な事項についての虚偽の記載や記録をした場合も，同様とし，その者が当該行為をするに際し，注意を怠らなかったことを証明したときは，この限りではない（会429Ⅱ）。

(ⅲ) 株主代表訴訟（責任追及等の訴え）

株主代表訴訟の制度は，1950（昭和25）年商法改正に際して，株主地位の強化策の一環として，米国の法制度にならって採用された。本来，取締役の責任を追及するのは会社であるが，会社がそれを怠っている場合に，株主が会社に代わって責任を追及することを認めたものである。

従来の株主代表訴訟に相当する規定は，会社法では，「責任追及等の訴え」に係る規定として定められている。すなわち，6ヶ月（これを下回る期間を定款で定めた場合にあっては，その期間）前から引続き株式をもつ株主（その権利を行使することができない単元未満株主を除く）は，株式会社に対し，書面その他の法務省令で定める方法により，発起人，その他役員等もしくは清算人の責任を追及する訴え（責任追及等の訴え）の提起を請求することができる（会847Ⅰ）。ただし，責任追及等の訴えがこの株主もしくは第三者の不正な利益を図り，または株式会社に損害を加えることを目的とする場合には株主の請求を認めない（会847Ⅰただし書）。

(4) 取締役会

(a) 取締役会設置会社

取締役会は，取締役全員によって構成され，合議制をもって業務執行に関する会社の意思を決定するとともに，取締役の職務執行の監督を行う株式会

法表13　株式会社の機関設計

公開\規模		非大会社	大会社
非公開会社	取締役会非設置会社	取締役 取締役＋監査役 取締役＋監査役会＋会計監査	取締役＋監査役＋会計監査人
	取締役会設置会社	取締役会＋会計参与 取締役会＋監査役 取締役会＋監査役会 取締役会＋監査役＋会計監査人 取締役会＋監査役会＋会計監査人 取締役会＋監査委員会＋会計監査人	取締役会＋監査役＋会計監査人 取締役会＋監査役会＋会計監査人 取締役会＋監査委員会＋会計監査人
公開会社		取締役会＋監査役 取締役会＋監査役会 取締役会＋監査役＋会計監査人 取締役会＋監査役会＋会計監査人 取締役会＋監査委員会＋会計監査人	取締役会＋監査役会＋会計監査人 取締役会＋監査委員会＋会計監査人

（注）　公開会社：株式譲渡制限をしていない会社（会2⑤）
　　　　大会社：最終事業年度の貸借対照表の資本金が5億円以上または負債が200億円以上ある会社（会2⑥）
　　　　取締役会設置会社：取締役会を置く株式会社（会2⑦）

社の機関である。取締役会制度は，1950（昭和25）年改正によって，米国法上の取締役会制度（board of directors）にならい採入れられたものである。会社法では，取締役会を設置するか否かは，原則として，それぞれの会社に委ねられる。ただ，①公開会社，②監査役会設置会社，③委員会設置会社では，取締役会を置かなければならない（会327Ⅰ）。このように義務として取締役会を置いた会社および任意に取締役会を置いた会社を「取締役会設置会社」という（会327Ⅱ）。

(b)　取締役会の権限

会社法で取締役会の職務事項として掲げられているものは，①取締役会設置会社の業務執行の決定，②取締役の職務執行の監督，③代表取締役の選定および解職，である（会362Ⅱ）。（参照　経営・第3章）

①取締役会は，(ⅰ)重要な財産の処分および譲受け，(ⅱ)多額の借財，(ⅲ)支配人その他の重要な使用人の選任および解任，(ⅳ)支店その他の重要な組織の設置，変更および廃止，(ⅴ)会社法676条１号に掲げる事項その他の社債を引受ける者の募集に関する重要な事項として法務省令で定める事項，(ⅵ)取締役の職務執行が法令および定款に適合することを確保するための体制，その他株式会社の業務適正を確保するために必要なものとして法務省令で定める体制の整備，(ⅶ)会社法426条１項の規定による定款の定めに基づく役員等の会社に対する損害賠償責任（会423Ⅰ）の免除，その他の重要な業務執行の決定を取締役に委任することができない（会362Ⅳ）。

②取締役会設置会社で業務を執行するのは，代表取締役等の「業務執行取締役」である。取締役会は，その業務執行行為が適正に行われているか否かを監督しなければならない。この監督機能を実効あるものにするためには，取締役会に対して取締役の活動に関する情報が十分でなければならない。

内部統制システムの構築について，取締役会は，「取締役の職務の執行が法令及び定款に適合することを確保するための体制，その他株式会社の業務の適正を確保するために必要なものとして法務省令で定める体制の整備」（会362Ⅳ）に関する決定を自ら行わなければならず，大会社である取締役会設置会社は，この決定をなすべき義務を負う（会362Ⅴ）。内部統制システムの構築は，委員会設置会社（会416Ⅰ）だけでなく，大会社にも拡大された。

(c)　取締役会の運営

取締役会が，取締役会設置会社の機関として，業務執行に関する事項その他取締役会の専決事項とされる事柄について決議し取締役会としての意思決定を行うためには，会議体としての取締役会が開催されなければならない。この会議体としての取締役会での審議は，経営の専門家としての取締役によって実質的にかつ公正に行われなければならない。一方で，経営に関する意思決定は，時機を得て迅速に行われなければならない。このようなことから，会議体としての取締役会の運営に関する規制は，同じ会議体である株主総会に関する規制とは異なった面をもつことに注意しなければならない。

取締役会は，原則として各取締役により招集できるが，取締役会で招集を

すべき取締役を定めた場合には，その者が招集する（会366 I）。招集の必要があれば，招集権者以外の取締役は会議の目的事項を示して，取締役会の開催を請求することができ（会366 I），請求にもかかわらず5日以内に，請求の日から2週間内の日を会日とする取締役会の招集通知が発せられなかった場合には，請求をした取締役自らが取締役会を招集できる（会366Ⅲ）。

招集にあたっては，会日より1週間（これを下回る期間を定款で定めた場合にあっては，その期間）前に各取締役（監査役設置会社にあっては，各取締役および各監査役）に対して招集の通知を発することが必要である（会368 I）。さらに，取締役（監査役設置会社にあっては，取締役および各監査役）全員の同意があるときは招集手続を経なくても取締役会を開催し得る（会368Ⅱ）。取締役会における経営に関する意思決定の迅速性を考慮したといえる。株主総会の場合のような決議取消しの問題は生ぜず，取締役会における決議の瑕疵は，全て一般原則により無効となる。ただし，無効な取締役会決議に基づいてなされた行為の効力については個別事例に応じて別個に考えなければならない。

取締役会の決議は，議決に加わることができる取締役の過半数（これを上回る割合を定款で定めた場合には，その割合以上）が出席し，その過半数（これを上回る割合を定款で定めた場合，その割合以上）をもって行う（会369 I）。この決議について特別の利害関係をもつ取締役は，議決に加わることができない（会369Ⅱ）。

取締役会の議事については，法務省令で定めるところにより，議事録を作成し，議事録が書面をもって作成されているときは，出席した取締役および監査役は，これに署名・記名押印（またはこれに代わる措置）しなければならない（会369Ⅲ・Ⅳ，会371・議事録の備置き，閲覧・謄写）。取締役会の決議に参加した取締役であって前記議事録に異議をとどめないものは，その決議に賛成したものと推定される（会369Ⅴ）。

取締役会設置会社は，取締役が取締役会の決議の目的事項について提案をした場合に，この提案につき取締役の全員が書面または電磁的記録により同意の意思表示をしたとき（監査役設置会社にあっては，監査役がこの提案に

ついて異議を述べたときを除く）は，この提案を可決する旨の取締役会の決議があったものとみなす旨を定款で定めることができる（会370）。
(5) 代表取締役
(a) 意義

代表取締役は，会社を代表し，かつ業務執行を行う機関である。会社の代表権は，原則として，各取締役がもち（会349Ⅰ），当然に代表取締役が設置されるわけではない。しかし，定款の定めに基づく取締役の互選または株主総会の決議によって，取締役のうちから代表取締役を定めることができ（会439Ⅲ），この場合には，代表取締役とされた者が代表権をもつことになる（会349Ⅰただし書）。また，取締役会設置会社であれば，取締役会で代表取締役が選定される（会362Ⅱ・Ⅲ）。

代表取締役の地位は，取締役としての地位を前提としているため，取締役としての地位を失えば当然に代表取締役としての地位も失う。代表取締役の選任・終任の場合には，会社はその旨の登記をしなければならない（会911Ⅲ・915Ⅰ）。

(b) 代表取締役の権限

代表取締役は，対外的に会社を代表する権限（代表権）をもつだけでなく，株式会社の業務に関する一切の裁判上または裁判外の行為をする包括的権限をもち（包括性・会349Ⅸ），これに制限を加えても善意の第三者に対抗することはできない（不可制限性・会349Ⅴ）。代表取締役が選定された場合，代表取締役以外の取締役は代表権をもたない（会349Ⅰただし書）。しかし，社長・副社長など通常代表権をもつと認められるべき名称を付した取締役（表見代表取締役）のなした行為については，会社は，たとえその取締役が代表権をもたない場合であっても，代表権のないことを知らない善意の第三者に対して，その取締役に代表権があったと同様のものとして，責任を負わなければならない（会354）。

(6) 指名委員会等設置会社

指名委員会等設置会社，すなわち，指名委員会，監査委員会および報酬委員会を置く株式会社（会2⑫）は，取締役会設置会社でもあるが，取締役会

の決議によって執行役・代表執行役が選任され（会402Ⅱ・420Ⅰ），業務執行・代表の任にあたる（会418・420）。なお，従来，旧商法では，大会社およびみなし大会社に限定されていたが，会社法の指名委員会等設置会社では，そのような限定はない。従って，大会社に該当しない会社であっても，指名委員会等設置会社となることが可能である。

また、2014（平成26）年の会社法改正により監査等委員会設置会社が新設された。監査等委員会設置会社とは、指名委員会、報酬委員会を置かず、取締役会と監査等委員会を置く会社である。また指名委員会等設置会社と異なり執行役は置かず、代表取締役等の業務執行取締役が業務を執行し、非業務執行者である取締役3名以上（社外取締役が過半数）からなる監査等委員会が取締役の業務を監査する。

(a) 指名委員会等設置会社の取締役

指名委員会等設置会社の取締役は原則として，業務執行を行うことができない（会415）。また，監査委員会を組織する取締役（監査委員）は，使用人・業務執行者たる取締役であってはならない（会400Ⅳ）。このように，業務執行と監督・監査の分離，従業員地位からの独立の方向性は，従来よりも適用範囲が拡大された指名委員会等設置会社において継続されているのである。

(b) 指名委員会等設置会社の取締役会

指名委員会等設置会社の取締役会の権限は，指名委員会等設置会社でない会社の場合（会362）とは異なる。すなわち，まず，指名委員会等設置会社の取締役会は，指名委員会等設置会社の業務執行の決定を行う権限をもつが，具体的な決定事項として掲げられているのは，(i)経営の基本方針，(ii)監査委員会の職務執行のため必要なものとして法務省令で定める事項，(iii)執行役が2人以上ある場合における執行役の職務の分掌，および指揮命令の関係，その他の執行役相互の関係に関する事項，(iv)執行役からの取締役会の招集の請求（会417Ⅱ）を受ける取締役，(v)執行役の職務の執行が法令および定款に適合することを確保するための体制，その他株式会社の業務の適正を確保するために必要なものとして法務省令で定める体制の整備，である（会

416Ⅰ)。(vi)は，内部統制システムの構築に関するものである。指名委員会等設置会社の取締役会は，前記(i)～(v)の事項の決定をしなければならない（会416Ⅱ)。また，執行役等の職務執行の監督も行うべき職務である（会416Ⅰ)。これらの職務の執行を取締役に委任することはできない（会416Ⅲ)。

　次に，指名委員会等設置会社の取締役会は，一定の事項を除き，その決議によって，指名委員会等設置会社の業務執行の決定を執行役に委任することができる（会416Ⅳ)。執行役に委任することができない一定の事項として，執行役の選任，代表執行役の選定，会社の組織の変動に関する契約内容の決定等がある（会416Ⅳ)。

（c）委員会（指名委員会・監査委員会・報酬委員会）

　指名委員会等設置会社では，指名委員会，監査委員会および報酬委員会が置かれる（会2)。各委員会は3人以上の委員から構成され（会400Ⅰ)，各委員は，取締役の中から，取締役会の決議によって選定される（会400Ⅱ)。その過半数は社外取締役でなければならない（会400Ⅲ)。

（i）指名委員会

　指名委員会は，株主総会に提出する取締役（会計参与設置会社にあっては，取締役および会計参与）の選任，および解任に関する議案の内容を決定する権限をもつ（会404Ⅰ)。指名委員会では，人事案件の内容は同委員会で決定され，しかも，委員の過半数は，社外取締役であることから，従来よりも経営者の影響から離れて，人事の決定がなされることを期待される。

（ii）監査委員会

　監査委員会の職務は，①執行役等（執行役および取締役，会計参与設置会社にあっては，執行役，取締役および会計参与）の職務執行の監査および監査報告の作成，②株主総会に提出する会計監査人の選任および解任，ならびに会計監査人を再任しないことに関する議案の内容の決定，である（会404Ⅱ)。

　特に，①に関し，監査委員会は，監査役会設置会社における監査役会に替わる機能をもつものと解される。しかし，監査役会と監査委員会とを同一視することはできない。監査役会による業務監査は適法性の監査に限定される

のに対し，監査委員会による業務監査は妥当性の監査にまで及ぶと考えられる（多数説）。他方，監査役会による業務監査は，その会員である監査役の固有の業務監査権（会381）を制限するものではない（会390Ⅱただし書）。これに対し，監査委員会の委員である取締役，すなわち「監査委員」は固有の業務監査権をもつ訳ではない。

監査委員会による監査権限を実効あるものにするために，「監査委員」は，指名委員会等設置会社もしくはその子会社の執行役もしくは業務執行取締役，または指名委員会等設置会社の子会社の会計参与（会計参与が法人であるときは，その職務を行うべき社員）もしくは支配人その他の使用人を兼ねることができない（会400Ⅳ）。

また，監査委員会が選定する監査委員は，いつでも他の執行役等および支配人その他使用人に対し，その職務執行に関する事項の報告を求め，または指名委員会等設置会社の業務および財産の状況を調査することができる（会405Ⅰ）。そして，監査委員は，監査委員会の職務を執行するために必要があるときは，子会社に対して，事業の報告を求め，またはその子会社の業務および財産の状況を調査することができる（会405Ⅱ）。

　(iii)　報酬委員会

報酬委員会は，執行役等が受ける個人別の報酬の内容を決定する権限をもち（会404Ⅲ），その方針が定められる（会409Ⅰ）。そして，方針に従って報酬の内容の決定権限が行使される（会409Ⅱ）。その際決定されるのは，報酬のそれぞれの種類に相応し，①確定金額を報酬とする場合には個人別の額，②不確定金額を報酬とする場合には個人別の具体的な算定方法，③金銭以外のものを報酬とする場合には個人別の具体的な内容，である（会409Ⅲ）。他の委員会，すなわち監査委員会および指名委員会が決定できることは，それぞれ監査または人事に関する「議案の内容」であるが（会404Ⅰ・Ⅱ），報酬委員会の場合は，「報酬の内容」を決定することができる（会404Ⅲ）。このことから，報酬委員会で決定された報酬の内容は，改めて株主総会に議案として提出し，決定する必要はないものと解される。

　(d)　委員会の運営

各委員会の運営等に関し，執行役等の出席・説明義務（会411Ⅲ），委員会により選定された委員による取締役会招集権（会417Ⅰ），委員会により選定された委員による取締役会報告義務（会417Ⅲ），委員への委員会関連費用の前払い等に関する指名委員会等設置会社の義務（会404Ⅳ），取締役の委員会議事録の閲覧謄写権（会413Ⅲ），等が定められている。

(7)　執行役・代表執行役

執行役の制度は，2002（平成14）年商法改正によって，委員会等設置会社と同様に導入され，会社法に引き継がれている。

指名委員会等設置会社には，1人または2人以上の執行役を置かなければならない（会402Ⅰ）。執行役は，取締役会の決議によって委託を受けた指名委員会等設置会社の業務の執行を決定するとともに，指名委員会等設置会社における業務を執行する権限をもつ（会418）。執行役の選任・解任権は，取締役会がもつ（会402Ⅱ・403Ⅰ）。また指名委員会等設置会社を代表する代表執行役の選定解職権も，同様に取締役会がもつ（会420Ⅰ・Ⅱ）。

執行役と指名委員会等設置会社との間の関係は，委任に関する規定に従う（会402Ⅲ）。その義務や責任について，「役員等」として，取締役に課せられるものと同様の多くの規制がなされている（会419Ⅱ・356・365Ⅱ・423・429）。

指名委員会等設置会社において委員会制度と執行役制度が組み合わされることによって，取締役会および監査委員会が業務執行を監督監視し，執行役が業務執行を行う米国型の経営機構を選択することができるようになった。

(8)　会計参与

会計参与の制度は会社法によって新たに制度化されたものである。会計参与は，定款により設置される機関であり（会326Ⅱ），取締役と共同して，計算書類等を作成する権限をもつ（会374Ⅰ）。会計参与は，公認会計士もしくは監査法人または税理士もしくは税理士法人でなければならない（会333Ⅰ・Ⅲ）。その他，会計参与の任期は，取締役の任期に準じる（会334Ⅰ・332）。

会計参与が計算書類等を作成する場合，法務省令で定めるところにより，

会計参与報告を作成しなければならない（会374Ⅰ・Ⅳ）。会計参与は，いつでも，会計帳簿またはこれに関する資料を閲覧・謄写をし，または取締役および支配人その他の使用人に対して会計に関する報告を求めることができる（会374Ⅱ・Ⅵ）。会計参与は，その職務を行うため必要があるときは，会計参与設置会社の子会社に対して会計に関する報告を求め，または会計参与設置会社もしくはその子会社の業務および財産の状況の調査をすることができる（会374Ⅲ）。これに対して，子会社は，正当な理由があるときは，報告・調査を拒むことができる（会374Ⅳ）。これと並んで，会計参与の職務に関して，報告義務（会375），取締役会への出席・意見陳述義務（会376），株主総会での意見陳述権（会377），計算書類等の備置（会378）に関する規定が置かれている。

また，報酬・職務関連費用の前払い等に関して，監査役に準じた規制がなされる（会379・380）。更に責任については，会計参与も「役員等」として，取締役に課せられると同様の責任が課せられている（会423・429）。

(9) 監査役

監査役は，定款により設置される機関であり（会326Ⅱ），取締役（会計参与設置会社では，取締役および会計参与）の職務執行を監査する（会381Ⅰ）。

監査役は株主総会の普通決議によって選任される（会329Ⅰ）。一方，役員の解任は，原則として総会の普通決議でよいが（会339Ⅰ・341），監査役の解任は特別決議（会309Ⅱ）によらなければならない。また，取締役による監査役の選任議案には監査役の同意が必要であり（会343Ⅰ），自ら監査役の選任の議題・議案提出を求めることもできる（会343Ⅱ）。

監査役が取締役の職務の執行を監査する場合，監査役は，法務省令で定めるところにより，監査報告を作成しなければならない（会381Ⅰ）。

監査役は，いつでも，取締役および会計参与ならびに支配人その他の使用人に対して事業の報告を求め，または監査役設置会社の業務および財産の状況の調査をすることができる（会381Ⅱ）。監査役は，その職務を行うため必要があるときは，監査役設置会社の子会社に対して事業の報告を求め，また

はその子会社の業務および財産の状況の調査をすることができる（会381Ⅲ）。ただし，子会社は，正当な理由があるときは，この報告や調査を拒むことができる（会381Ⅳ）。

また，監査役の職務に関して，取締役の不正行為等の取締役（取締役会設置会社では取締役会）への報告義務（会382），取締役会への出席・意見陳述義務（会383），株主総会への報告義務（会384），取締役の違法行為の差止め（会385）に関する規定が置かれている。監査役も会社および第三者に対して責任を負うことは取締役と同様である。

なお，公開会社でない株式会社は，その監査役の監査範囲を会計に限定する旨を定款で定めることができる（会389Ⅰ）。さらに，当該定款で定めた株式会社はその旨を登記しなければならない（会911Ⅲ）。なお，監査役は，法務省令に従って監査報告を作成しなければならない（会381Ⅱ）。ただし，会計に関する監査に限定されるため，業務監査を前提とした規定（会381～386）は，適用されない（会389Ⅶ）。

⑽　監査役会

監査役会は，すべての監査役で組織され（会390Ⅰ），①監査報告の作成，②常勤の監査役の選定および解職，③監査の方針，監査役会設置会社の業務および財産状況の調査方法その他の監査役の職務の執行に関する事項の決定を行う株式会社の機関である（会390Ⅱ）。ただし，③の決定は，構成員である個別監査役の権限の行使を妨げることはできない（会390Ⅱただし書）。また，取締役による監査役の選任議案には監査役会の同意が必要であり，監査役の選任の議題・議案提出を求めることもできる（会343Ⅰ・Ⅱ・Ⅲ）。

監査役会は，監査役の中から常勤の監査役を選定しなければならない（会390Ⅲ）。監査役は，監査役会の求めがあるときは，いつでもその職務の執行の状況を監査役会に報告しなければならない（会343Ⅳ）。

会議体としての監査役会は，各監査役によって招集される（会391）。監査役会を招集するには，監査役は，監査役会の日の１週間（これを下回る期間を定款で定めた場合にあっては，その期間）前までに，各監査役に対してその通知を発しなければならない（会392Ⅰ）。ただし，監査役の全員の同意が

あるときは，招集の手続を要せずに監査役会を開催することができる（会392Ⅱ）。

監査役会の決議は，監査役の過半数をもって行われる（会393Ⅰ）。議事については議事録が作成される（会393Ⅱ・Ⅲ・394）。監査役会の決議に参加した監査役であって，この議事録に異議をとどめないものは，その決議に賛成したものと推定される（会393Ⅳ）。

(11) 会計監査人

会計監査人の設置は，原則として自由であるが（会326Ⅱ），指名委員会等設置会社には設置義務がある（会327Ⅴ）。会計監査人を設置した会社が会計監査人設置会社である（会2⑪）。

会計監査人の選任・解任権は，原則として，株主総会にある（会329Ⅰ・339Ⅰ）。ただし，監査役（監査役会設置会社では，監査役会，指名委員会等設置会社では監査委員会）によって解任される場合がある（会340）。なお，総会への会計監査人の選任議案の提出，解任・不再任の議題提出および議案の内容について監査役または監査役会が決定権をもつ（会344Ⅱ）。

会計監査人は，公認会計士または監査法人でなければならない（会337Ⅰ・Ⅲ）。会計監査人の任期は，1年である（会338）。

会計監査人の権限は，株式会社の計算書類およびその附属明細書，臨時計算書類ならびに連結計算書類を監査し，会計監査報告を作成することである

法表14 会社法が定める罰則

①取締役等の背信行為	取締役等の特別背任罪（会960）
	代表社債権者等の特別背任罪（会961）
②会社財産に対する罪	会社財産を危うくする罪（会963）
	預合いの罪（会965）
③株式等に関する罪	虚偽文章行使等の罪（会964）
	株式の超過発行の罪（会966）
④汚職・不正な利益供与の罪	取締役等の贈収賄罪（会967）
	株主等の権利行使に係る贈収賄罪（会968）
	株主の権利行使に係る利益供与罪（会970）
⑤情報開示を怠った罪	情報開示を怠った罪（会976）
⑥その他	業務停止命令違反の罪（会973）
	虚偽届出等の罪（会974）

（会396Ⅰ）。

(12) 罰則規定

会社法では，取締役，会計参与，監査役，執行役などの経営に関わる者に罰則規定が定められている。

2.5 株式会社の計算
(1) 計算規定

会社法では企業の財産関係を明らかにするための計算に関する規定が，個人企業，会社の各形態に応じて定められている。

計算規定の第1は，企業の営業活動により生じた利益を確定することである。これは特に企業に対し自己の財産を出資した者に重要な意味をもつ。

計算規定の第2は，企業の財産関係を明らかにすることにある。これは企業に対する債権者にとって重要な意味を持っている。利益を確定し，企業財産を明らかにすべきこれらの要請は，特に株式会社という法形態により密接に結びつけられる。株式会社が会社としてもつ営利性は，営業活動によって生じた利益を社員たる株主に分配することにある。これは通常株主に対する剰余金の配当という形で実現される。また，株式会社は物的会社の典型であり，会社債権者にとって唯一の担保となる会社財産は確保されなければならず，この財産を不当に流出することは許されない。財産の評価が会社の営業活動の成果を適正に反映するために，株式会社の計算に関する規定が存在するといえる。

計算書類には，貸借対照表，損益計算書，株主資本等変動計算書（貸借対照表における「資本の部」の期中変動を表す）があり，その他に事業報告（その年度の営業状態を表す），附属明細書（計算書類と事業報告を補充する）がある（会435）。

会社法上の計算規定に対し，財務諸表に基づく企業会計では，企業活動の国際化の状況を反映して，時価会計・連結ベース主体の開示制度が強化されている。会社法および省令においても，これに連動した規制改革が実施されている。

まず，計算に関する一般規定として株式会社の会計は，一般に公正妥当と省令で定めるところにより，各事業年度に係る連結計算書類を作成しなければならない（会435）。また，事業年度の末日において有価証券報告書を内閣総理大臣に提出しなければならない（金取24Ⅰ）大会社では，この事業年度に係る連結計算書類は，法務省例で定めるところにより，監査役（指名委員会等設置会社にあっては，監査委員会）および会計監査人の監査を受けなければならず（金取24Ⅴ），承認を受けた連結計算書類は，定時株主総会の召集の通知に際して，法務省令で定めるところにより，取締役によって株主に提供されると共に（金取24Ⅵ），この総会に提出（提供）され，内容および監査結果が報告される（金取24Ⅶ）。（参照　経営・第9章）

(2)　資本金・準備金

(a)　意義

会社法では最低資本金制度が廃止された。しかし，「資本」ないし「資本金」の制度そのものがなくなったわけではない。ただ，資本ないし資本金については，従来とは異なり，配当の財源規制としての機能が強調されている。配当原資としての剰余金の算定基準となっていること（会446Ⅰ）は従来と同様である。また，配当規制に関して，株式会社の純資産額が300万円を下回る場合には配当は認められず（会458），実質的に，有限会社の最低資本金制度がなお，機能しているといえる。

資本金の額は会社法に別段の定めがある場合を除き，設立または株式の発行に際して株主となる者が株式会社に対して払込みまたは給付をした財産の額となる（会445Ⅰ）。ただし，払込みまたは給付に係る額の2分の1を超えない額を，資本金として計上しないことができ（会445Ⅱ），この額が，資本準備金として計上される（会445Ⅲ）。

剰余金の配当をする場合には，会社は，法務省令で定めるところにより，剰余金の配当により減少する剰余金の額に10分の1を乗じて得た額を資本準備金または利益準備金として計上しなければならない（会445Ⅳ）。この資本準備金・利益準備金を総称して「準備金」という。なお，合併，吸収分割，新設分割，株式交換または株式移転に際して資本金または準備金として計上

すべき額については，法務省令に定めるものとされている（会445Ⅴ）。
　(b)　資本金・準備金の減額
　会社は，株主総会の特別決議（会309Ⅱ）によって，資本金を減少することができる。（会447Ⅰ）。その際に定めなければならない事項は，①減少する資本金，②減少する資本金の全部または一部を準備金とするときは，その旨および準備金とする額，③資本金の減少がその効力を生じる日，である（会447Ⅰ）。前記①の額は③の期日における資本金の額を超えてはならない（会447Ⅱ）。
　ただし，株式会社が株式発行と同時に資本金の額を減少する場合で，資本金の減少の効力が生ずる日後の資本金の額がこの日前の資本金の額を下回らない場合には，株主総会の決議ではなく，取締役の決定（取締役会設置会社にあっては，取締役会の決議）によって資本金の額を減少することができる（会447Ⅲ）。
　資本金の額・準備金の額の減少に対して，一定の場合を除いて，債権者は異議を述べることができる（会449Ⅰ・Ⅱ・Ⅲ）。
　(c)　資本金・準備金の増加
　剰余金が減少することによる資本金・準備金の増加は，いずれも株主総会の普通決議（会309Ⅰ）によって行うことができる（会450Ⅰ・451Ⅰ）。いずれについても，減少する剰余金の額は，資本金の額・準備金の額の増加が効力を生じる日における剰余金の額を超えてはならない（会450Ⅲ・451Ⅲ）。
　(d)　剰余金の処分
　会社は，株主総会の普通決議（会309Ⅰ）によって，損失の処理，任意積立金の積立てその他，剰余金の処分をすることができる。この場合においては，この剰余金の処分の額，その他の法務省令で定める事項を定めなければならない（会452）。
　(3)　剰余金の配当
　(a)　意義
　従来の商法では，利益は配当可能利益に等しいものであったが，会社法では，「剰余金」と「分配可能額」とは別個の概念となっている。会社法では，

期間損益計算に基づく利益だけでなく，資本金および法定準備金の減少額，自己株式の取得等を合わせて，統一的な規制を行っており，そこで剰余金には自己株式を含むことになる一方，分配可能額にはこれは含まれず，逆に，分配配当額には，資本金減少額，準備金減少額が含まれる。その意味で，分配可能額は，損益計算の結果ではないことになる。これは，従来とは異なり，利益配当と言うよりも会社による財産の社外流失を統一的に規制すること，会社法では，配当が取締役会決議によって何時でも行うことが可能になったことと表裏の関係にある。従来の期末に確定する「利益」概念から，配当時に確定する「剰余金」概念に移行したともいえる。

(b) 剰余金額

会社の剰余金の額は，①～④の合計額から⑤～⑦の合計額を減算して得た金額とする。すなわち，(①＋②＋③＋④)－(⑤＋⑥＋⑦) である（会446）。①～⑦は以下の通りである。

最終事業年度の末日での金額

① (資産の額＋自己株式の帳簿価額)－(負債の額＋資本金＋準備金＋法務省令で定める額)

最終事業年度末日後の変動額

② 自己株式処分差額（自己株式処分対価－自己株式帳簿価額）

③ 資本金減少差額

④ 準備金減少差額

⑤ 消却した自己株式の帳簿価額

⑥ 剰余金の配当および金銭の交付等

⑦ 法務省令で定める額

(c) 株主に対する剰余金の配当

会社は，その株主に対し，剰余金の配当をすることができる（会453）。従来は，期末と中間期となっていた配当の時期や回数の制限は撤廃され，四半期配当も可能とされる。

一方，取締役の任期が1年の会計監査人設置会社では，定款に基づき，取締役会決議によって何時でも配当を行うことができる（会459Ⅰ）。

2.6 募集株式，新株予約権，社債

(1) 募集株式の発行

募集株式の発行とは，設立段階で消化された残りの部分（発行予定株式総数－設立時発行株式総数）について株式が発行されることをいう。従来，新株発行と呼ばれていたが，会社法上，「募集株式」とは，従来の新株発行（会社が新たに株式の割当てを受ける者を募集し，その株式引受人に対して新たに発行する株式を割当てる新株）だけでなく，株式引受人に対して新株を発行する替わりに会社が保有する自己株式を割当てる場合との両方を含む概念である。従って，募集株式の発行は，従来の新株発行と自己株式の割当てという，会社の自己資金調達にあたる。（参照　経営・第9章）

(a) 発行手続

募集新株の発行は，第1に，株主総会の特別決議により募集事項を決定する。会社は株主に優先的に株式を割当てることができる（会202）。第三者に特に有利な金額で募集株式を発行する（有利発行）場合，手続きが簡素化され，取締役は株主総会でその理由を説明すれば足りる（会201・199）。第2に，株式申込人は必要事項を記載した書面を会社に交付する。会社は申込者の中から割当てる者を決める。株式申込人は株式引受人となる。第3に，新株引受人は，払込期日までに引受けた株式の発行価格全額を払込む（会208）。金銭以外に現物出資，会社からの相殺による払込みが可能である。引受人は払込完了日から株主となる（会209）。出資の履行をしない引受人は株主となる権利を失う。

(b) 変更登記

会社は，発行済み株式総数等の変更登記を行う（会911）。

(2) 新株予約権

新株予約権とは，株式会社に対して行使することにより当該株式会社の株式の交付を受けることができる権利である（会2㉑）。新株予約権を行使し，払込みをなすことによって，会社から新たな株式の発行を受けまたは会社が保有する自己株式が交付され，新株予約権の行使者は，新たに株主たる地位をもつことになる。

新株予約権が行使されると，新たな株主が生じるため，従前の株主関係に変動が生じることになる。また，新株予約権を社債に付すこともできる（新株予約権付社債）。

(a) 発行手続

新株予約権の発行手続は，募集新株の発行手続とほぼ同様である。まず，①新株予約権の発行の決定　②募集事項の決定・募集　③募集新株予約権の申込み　④募集新株予約権の割当て　⑤募集新株予約権の新株予約権者の確定　⑥募集新株予約権に係る払込み

なお，⑥は，新株予約権が有償で発行された場合の手続である。

(b) 新株予約権原簿

新株予約権原簿とは，新株予約権者および新株予約権証券・新株予約権付社債券に関する事項を明かにするため作成される帳簿である。新株予約権者等に関わる事務処理を効率よく進めて行くために制度化されたものである。

(c) 新株予約権原簿の名義書換え

新株予約権の譲渡について，その新株予約権を取得した者の氏名または名称および住所を新株予約権原簿に記載（記録）すること，すなわち新株予約権原簿の名義書換えが，当該株式会社のみならず第三者への対抗要件となる（会257Ⅰ）。

(d) 新株予約権の譲渡

新株予約権の譲渡は，原則として自由である（会254Ⅰ）。ただし，譲渡制限新株予約権を会社以外の者に譲渡するには，会社の承認を求めることになる（会262以下）。

新株予約権付社債については，社債・新株予約権のいずれかが消滅しなければ，それぞれを単独で譲渡することはできない（会254Ⅱ・Ⅲ）。

新株予約権の譲渡方法については，証券発行新株予約権の譲渡は，この証券発行新株予約権に係る新株予約権証券を交付しなければ，その効力を生じない（会255Ⅰ）。

(3) 社債

社債とは，会社法の規定により会社が行う割当てにより発生する当該会社

を債務者とする金銭債権であり，会社法676条に掲げる事項についての定めに従い償還されるものをいう（会2㉓）。社債は長期にわたり，一般公衆から資金を集めるのに適した方法である。会社法では，取締役会を置かない機関設計が可能となったため，株式会社以外の会社でも自由に社債を発行できるようになった。特に，新株予約権付社債は新株予約権がついた社債のことであり（会2㉒），社債の堅実性と株式の投機性の両方をあわせもつ。

　社債は，一般公衆からの資金調達により生じた会社に対する債権であり，法律関係を画一的に処理する必要があるとともに，また社債権者の保護と会社債権者の利益に配慮する必要がある。会社は，社債を発行する場合，社債管理者を定め，社債権者のために弁済の受領，債権の保全その他社債の管理を行うことを委託しなければならない（会702）。社債管理者は，銀行，信託会社，これらに準ずる者として法務省令で定める者でなければならない。

　社債権者集会は，この社債権者の間に共同の利益を確保・維持するために定められている。社債権者の利害に重大な関係のある事項について，社債権者の総意を決めるために社債権者により構成される臨時的な会議である。社債権者集会は，この法律に規定する事項および社債権者の利害に関する事項について決議することができる（会716）。（参照　経営・第9章）

2.7　定款の変更

　定款の変更とは，会社の組織と活動に関する根本原則である定款の内容を変更することである。株式会社の場合，変更を行うことによって，強行法規違反，株式会社の本質に反したり，株式平等の原則（会109Ⅰ）に反したりすることになってはならない。定款を変更するには，株主総会の特別決議が必要である（会466・309Ⅱ）。

　ただし，発行する株式の内容として，譲渡による株式の取得について株式会社の承認を要する旨の定款の定めを設けるような定款の変更の場合，株主総会において議決権を行使できる株主の半数以上（これを上回る割合を定款で定めた場合にあっては，その割合以上）であり，かつ，当該株主の議決権の3分の2（これを上回る割合を定款で定めた場合にあっては，その割合）

以上に当たる多数をもって行わなければならない（会309Ⅲ）。

2.8 組織変更，合併，会社分割等
(1) 組織変更

組織変更とは，株式会社が持分会社にまたは持分会社が株式会社になることをいう（会2㉖）。会社はいつでも他の組織に変更することができる。一方，株主，債権者には組織変更計画書の閲覧権，異議を述べる権利が与えられる。(参照　経営・第4章)

(2) 合併

合併とは，2つ以上の会社が法定の手続によって合体し1つの会社となることをいう。合併には，吸収合併と新設合併とがある。前者は会社が他の会社とする合併であって，合併により消滅する会社の権利義務の全部を合併後存続する会社に承継させるものであり（会2㉗），後者は，2つ以上の会社がする合併であって，合併により消滅する会社の権利義務の全部を合併により設立する会社に承継させるものをいう（会2㉘）。

合併は，事業譲渡（会467）と同様，企業合同の重要な手段である。しかし，合併は団体法上の契約であり，取引法上の契約である事業譲渡とは異なる。合併の効果として，全財産の包括的な移転がなされるが（会750・752・754・756），事業譲渡では譲渡会社の財産が譲受会社に個別的に移転される。したがって，合併では，債務は継承され，それに対応して債権者保護手続が必要とされるが，事業譲渡ではそのようなことはない。また，合併は当事会社の少なくとも一方の解散をもたらすが，事業譲渡によって（たとえ譲渡会社の事業がすべて譲渡された場合であっても）譲渡会社は解散しない。合併は，原則として自由に行える（会748）。

(3) 株式交換

株式交換とは，株式会社がその発行済株式（株式会社が発行している株式をいう）の全部を他の株式会社または合同会社に取得させることである（会2㉛）。

株式交換の制度は，1999（平成11）年商法改正によって新たに制度化さ

れ，会社法に受継がれている。制度発足の契機は，1997（平成9）年の独占禁止法の改正とそれに伴う持株会社の解禁であった。

持株会社とは，自らは事業を営まず，専ら傘下となる複数の会社の株式を所有し，それらの会社の親会社となって，企業グループの中核となる会社のことである。持株会社の設立は，財閥復活のおそれがあることから，独占禁止法によって，終戦直後から禁止されていた。しかし，1997（平成9）年の独占禁止法の改正により，事業支配力が過度に集中する場合以外の持株会社の設立が解禁された。従来は，子会社となる会社の少数株主が，自己の持株を手放すことに同意しなければ，完全子会社化は不可能であり，子会社に対する経営戦略は困難であった。この状況を打破し，完全子会社化を可能にするため「株式交換」が制度化された。

なお，会社法では，合同会社制度が創設されたことに伴い，合同会社に発行済み株式を取得させる株式交換についても規定を置いた（会770）。この場合は，合同会社が株式交換完全親会社となる（会771Ⅰ）。他方，合名会社・合資会社は，株式交換完全親会社となることはできない。

(4) 株式移転

株式移転とは，1つまたは2つ以上の株式会社がその発行済株式の全部を新たに設立する株式会社に取得させることである（会2㉜）。株式移転の制度は，株式交換とともに1999（平成11）年商法改正によって導入され，会社法に引き継がれた（旧商法364）。

株式移転によって，例えば，既存のB会社が株式移転完全子会社（株式移転によって発行株式の100％を設立される親会社に所有される子会社）となり，その完全親会社となるA会社（株式移転完全親会社）が設立される。その際，B会社株主の持つB会社株式は，新たに設立されるA会社に移転し，他方，A会社の設立に際して発行される株式は，B会社の株主に直接割当てられる（会774Ⅰ・Ⅱ）。この方法は，株式交換とともに，企業再編のための有効な手段として利用されることが望まれている。

(5) 会社分割

会社分割とは，1つの会社を2つ以上の会社に分けることをいう。会社分

割の制度は，2000（平成12）年商法改正によって創設された。従来，我が国の商法上，会社分割を直接定めた法規定はなかった。しかし，会社分割に対する社会的要求（例えば，会社が不振部門を分離する，あるいは，新たな事業分野に進出する場合）が存在した。実際に行われてきたのは，既存の商法上の制度（現物出資・財産引受け・事後設立，営業譲渡（または事業譲渡）を利用した「事実上の会社分割」であった。しかし，事実上の会社分割は，分割に伴い権利義務の包括的権利移転という効果を伴わず，単に営業ないし財産譲渡の実施に伴う個別的な権利移転が生じるに過ぎなかった。また，実際に上記を伴う場合は，原則として裁判所の選任した検査役による調査手続が必要とされた。この問題を解決するために会社分割が制度化された。

　会社分割の方式として，「吸収分割」と「新設分割」がある。前者は，株式会社または合同会社がその事業に関してもつ権利義務の全部または一部を分割後他の会社に承継させるものである（会2㉙）。後者は，1つまたは2つの株式会社または合同会社が，その事業に関してもつ権利義務の全部または一部を分割により設立する会社に承継させるものである（会2㉚）。吸収分割・新設分割を行えるのは，株式会社と合同会社である（会757・762）。他方，事業に関してもつ権利義務の全部または一部を承継する会社（吸収分割承継会社）または新設分割により設立する会社（新設分割設立会社）は，株式会社に限らず持分会社の場合もある（会760・765）。

　吸収分割の場合，株式会社である吸収分割承継会社（吸収分割承継株式会社）は，吸収分割がその効力を生ずる日（効力発生日・会758Ⅰ）に，吸収分割契約の定めに従い，吸収分割をする会社（吸収分割会社）の権利義務を承継する（会759Ⅰ）。新設分割の場合も，新設分割設立会社が株式会社であるときに，当該株式会社（新設分割設立株式会社）は，その成立の日に，新設分割計画の定めに従い，新設分割をする会社（新設分割会社）の権利義務を承継する（会764Ⅰ）。いずれも，承継されるのは事業に関してもつ権利義務の全部または一部である。

　吸収分割承継株式会社または新設分割設立株式会社が分割に際して発行する株式（吸収合併の場合は自己株式も含む）は，吸収分割会社または新設分

割会社に割当てられる（「物的分割」，会758・763）。従来は，前記株式を分割会社の株主に割り当てる「人的分割」も認められていたが，会社法は，「物的分割」のみを認め，従来の「人的分割」は，「物的分割」を行い剰余金の配当を行うことで対処している（会758）。

2.9 会社の解散と清算
(1) 解散

解散とは，会社の法人格の消滅をきたす原因たる法律上の事実である。ただ，合併による解散が生じる場合を除いて，会社の法人格は直ちに消滅することはなく，清算によって既存の法律関係の最終処理をしなければならない。この意味で，解散後の会社は，清算の目的の範囲内において存続し，清算の終了によって，会社の法人格は消滅することになる。株式会社の解散理由は，以下の通りである（会471）。

①定款で定めた存続時期の満了　②定款で定めた解散の事由の発生　③株主総会の決議　④合併（合併により当該株式会社が消滅する場合に限る）⑤破産手続開始の決定　⑥解散を命ずる裁判（会824Ⅰ・833Ⅰ）

上記①〜⑥の他に，⑦休眠会社は，法務大臣が休眠会社に対し2ヶ月以内に法務省令により，その本店の所在地を管轄する登記所に事業を廃止していない旨の届出を要する旨が官報に公告された場合，その届出をしないと2ヶ月の期間満了の時に，解散したものとみなされる（会472Ⅰ）。

(2) 清算

会社が解散した場合に清算の手続に入る。これは解散した会社について既存の法律関係の最終処理をするための手続である。

株式会社では，会社債権者の利益を保護するために法定清算の手続のみが認められている。この法定清算には，通常清算と特別清算との区別がある。本項では，通常清算についてのみ説明することとし，特別清算については，「2.10　会社の再建と倒産処理」に述べる。

(a) 通常清算

通常清算の原因は，(i)解散，(ii)設立無効，(iii)株式移転の無効，である（会

475)。これらの原因によって清算する会社（清算株式会社）は，清算の目的の範囲内で，清算が終了するまでは存続するものとみなされる（会476）。通常清算では，清算人が清算株式会社の業務を執行するとともに（会482Ⅰ），代表権をもつ（会483Ⅰ）。ただし，清算人会設置会社では，清算人会が，業務執行の決定を行い（会482Ⅰ括弧書），選定された代表清算人が業務を執行するとともに，代表権をもち（会481ただし書），清算人会が，職務執行を監督する。また，清算人会設置会社でなくとも，代表清算人その他清算株式会社を代表する者を定めた場合には，その者が清算株式会社を代表する（会481）。

　清算人には，①法定清算人（＝取締役），②定款の規定による清算人，③総会の選任による清算人，④裁判所の選任による清算人，の4種類が認められる（会478）。これらの清算人の選任・解任は登記事項である（会928・915）。

　清算人の員数について，会社法では，1人または2人以上としている（会477Ⅰ）。清算人の職務は，(i)現務の終了，(ii)債権の取立ておよび債務の弁済，(iii)残余財産の分配（会481Ⅰ），(iv)会社財産の現況の調査・財産目録等の作成（会492Ⅰ），(v)貸借対照表，事務報告書等の監査役（監査役設置会社の場合）および清算人会（清算人会設置会社の場合）への提出（会495），(vi)帳簿資料の保存（会508Ⅰ）等，である。株主は金銭分配請求権を行使することにより金銭のみを分配してもらうことになる。

　清算事務が終了したときは，清算人は，遅滞なく決算報告を作成し，清算人会の承認を受けた後（清算人会設置会社の場合），これを株主総会に提出（提供）して承認を得なければならない（会507Ⅰ～Ⅲ）。承認によって清算が終了したときは，前記承認の日から2週間以内に，本店所在地で清算終了の登記がなされなければならない（会929Ⅰ）。会社の帳簿ならびにその事業および清算に関する重要な資料（帳簿資料）は，清算終了の登記後10年間本店の所在地においてこれを保存しなければならない（会508Ⅰ）。利害関係人の請求によって裁判所は，清算人に代わる前記帳簿資料の保存者を選任することができる（会508Ⅱ）。

2.10　会社の再建と倒産処理

　会社が経済的に破綻し，従来通りの経済活動を維持することができなくなる事態を一般に「倒産」という。倒産の原因は，経営者の責任は勿論のこと，それだけでなく予想困難な経済状態の急変が関係する場合，信用が膨張した取引社会での倒産の連鎖も関係している。ただし，法的には倒産の厳密な定義はなく，手形・小切手の不渡り，破産手続き，再生手続き，更生手続き，特別清算の各開始の申立て，などが倒産に相当すると考えられる。

　今日，債務者の経済的破綻を公正に処理するために，法制度の集合体である倒産処理法が用意されている。倒産処理法の主な目的としては，①債権者間での平等な弁済を確保する　②債務者の経済的更生の機会を確保する　③社会経済上の利益を確保する，があげられる。

　倒産処理法には，倒産の実態にあわせて，再建型手続法と清算型手続法がある。前者は，債務者に再建の見込みがある場合に再建案を作成させ，利害関係人の協力により事業の再建を図るもので，民事再生法（民事再生）と会社更生法（会社更正）が相当する。一方，後者は，債務者に再建の見込みがない場合に債務者の財産を換価して債務の弁済にあて，債権者に公平な満足を与え債務者の残債務を免除するもので，破産法（破産）と会社法（特別清算）が相当する。なお，倒産処理法に基づかない手続きとしては，私的整理手続きがある。

　現行の倒産処理法では，清算型より再建型を優先させており，再建型手続きが進行する限り，破産法はいわば最後の担保と位置づけられる。以下，簡単に概要を整理する。

　(1)　民事再生

　民事再生は，経済的に窮地にある債務者（個人，法人）について，債権者の多数の同意を得て，裁判所が認可した再生計画などにより当該債務者とその債権者との間にある民事上の権利関係を調整して債務者の事業，経済生活の再生を図ることを目的とする裁判上の手続きである（民再1）。個人・法人の両者を対象とする再建型手続きとして従来，和議（和議法）が存在した。しかし，申立要件が破産手続き開始原因と同じであるため，再建時期が

遅れ，履行確保の手段がなかった。民事再生法はこうした問題に応えるものとして登場した。

債務者が再生手続き開始を申立て，裁判所が要件を確認した上でこれを認めると，手続開始が決定される（民再33・21・25）開始決定により，再生債権者は再生計画によらなければ弁済を受けられないこととなる（民再85）。再生債務者の業務執行権・財産管理処分権は影響を受けないことが原則である（民再38）。

手続き開始決定後は，再生債務者の負の財産を確定するため再生債権の届出，調査，確定，正の財産を確定するための財産状況の調査が行われる。裁判所の定める期間内に再生計画案が再生債務者に提出され，債権者集会において法定上の多数の同意を得て可決され，裁判所の認可決定が確定すると，計画に定めのない更生債権は原則として失権し，定めのある更生債権は計画通りに変更される。認可決定の確定時に監督委員，管財人が選任されていなければ手続きは直ちに終結する。一方，監督委員，管財人が選任されていれば，その後3年を経過するまで計画が遂行され，あるいは，遂行確実と認められるまで手続きは継続する（民再186・188）。

(2) 会社更生

会社更生は，窮地にある再建の見込みがある株式会社について，更生計画の策定および遂行に関する手続きを定める等により，債権者，株主，その他利害関係人の利害を調整し，その株式会社の事業の維持更生を図ることを目的とする再建型の倒産処理手続きである（会更1）。

会社更生手続きは，弁済期にある債務を弁済すると事業の継続に著しい支障を生じるおそれがある，または破産手続き開始の原因となる事実の生じるおそれがある場合に会社または一定の資格のある債権者もしくは株主の申立てにより開始される（会更17・18）。開始決定までの間，会社財産を保全するために保全処分がなされる場合がある（会更24～40）。開始決定があると，管財人が選任され，管財人に会社財産の管理処分権，会社の事業経営権が専属する。担保権の付いたまたは租税の債権に対しても債務の弁済は全て禁止となり（会更47），強制執行，担保権の実行としての競売，滞納処分等も禁

止または中止となる（会更50）。管財人は事業の経営を続けながら会社の資産を評価する。他方，会社に対する権利は全て届出の上，調査された結果，確定され，これに基づき管財人は組織変更や債務弁済の方針を盛り込んだ更生計画案を作成する（会更184）。更生計画案は債権者，担保権者，株主の利害関係人で構成される関係人集会で審理される。計画案が法定上の多数の同意で可決され，裁判所の認可を得れば，計画案は利害関係人全員に対して効力を生じ（会更199），更生計画に沿って会社の組織変更や弁済がなされる。計画の実行に関しても裁判所の監督はあるが，計画遂行の見込みが確実になってからは手続きの終結決定を行い，会社更生手続きは終了する。

(3) 特別清算

特別清算は，清算株式会社について清算の遂行に著しい支障をきたすべき事情があるとき，また債務超過の疑いがあるときに開始される裁判上の特別の清算手続きである（会510～574）。財産状況が健全な場合に行われる通常清算に対して，特別清算では債権者，株主の利益を保護するために手続きを厳格にし，清算人に対する裁判所の監督を強化していることに特徴がある。

特別清算手続きは，清算中の株式会社について清算を行うにあたり著しい支障または債務超過の疑いが生じた場合，債権者，清算人，監査役または株主の申立てまたは職権により，裁判所の命令によって開始される（会510・514）。特別清算開始命令が出されると，清算人は債権者，清算株式会社および株主に対して公平かつ誠実に清算事務を行う義務を負う（会523）。裁判所は清算人に対する監督を強化するとともに，調査委員を任命して業務および財産について検査させなければならず（会533），また会社財産について保全処分その他の必要な処分を行う権限をもつ（会540）。清算は，通常は協定の実行によってなされる。清算株式会社は協定の申出を債権者集会に対して行う（会563）。法定上の多数の賛成を経て裁判所の認可決定を得ると協定が成立し，清算人はこの協定に基づいて弁済を行う。協定に従って，特別清算の終結決定がなされ，清算の手続きは終了するとともに清算会社は消滅する（会573）。

(4) 破産

破産手続きは、債務者（個人，法人）の財産等が支払い不能または債務超過など経済的に破綻した場合に，債権者間の公平な満足を目的として債務者の総財産を清算し，一定条件のもとに債務者に対する免責を行い，債務者に経済的再起の機会を与える清算型の倒産処理手続きである（破1）。

破産手続きは，厳格かつ慎重な手続きであるため，適正な処理が確保でき，広く，自然人・法人を対象に倒産手続きの基本に位置する。破産手続きは主に次の4つの段階から成り立つ。

①手続き開始の申立てから破産手続開始決定に至る手続き：破産手続きは，原則として債権者または債務者の破産手続開始の申立てによって始まる（破18）。裁判所は，必要に応じて保全処分，他の手続きの中止・取消命令，包括的禁止命令，保全管理命令などを発し，破産手続き開始の原因や開始に必要な要件を審理する。必要な要件が備わっていると認めるときは，裁判所は破産手続開始決定を行う（破15・16）。なお，債務者自らが破産手続開始を申立てることを自己破産といい，免責許可の決定を得ることが最重要な課題となる。

②債務者の正の財産を確定する手続き：裁判所は，破産手続開始決定と同時に破産管財人を選任し，破産債権を届け出る期間を定める（破31）。破産者の財産状況を報告するため債権者集会を招集する場所，期日を定めなければならない。破産は破産手続開始決定から効力を生じ，開始決定時に債務者がもつ財産は，差押え禁止のものを除き，全て破産財団となる（破34）。破産者はこれ以降，自分の財産に関する管理処分権を失い，代わって破産管財人が破産財団を取得し，占有・管理を行う。破産管財人は，破産手続開始前に債務者を害することを知って行った法律行為について否認権を行使し，破産財団を当初の状態に戻すことができる（破160）。一方，第三者側は，破産管財人の管理に置かれる破産財団の中から自分の財産について，取戻権を行使して管財人の支配を排除することができる（破62）。

③債務者の負債である負の財産を確定する手続き：破産者に対して破産手続開始前の原因に基づく財産上の請求権は，原則として破産債権とされる（破2）。破産債権は破産手続きによってのみ行使することが認められる。破

産財団に属する財産に対して特別の先取特権，質権，抵当権，商事留置権をもつ者は破産手続きによらずに権利を行使し，個別に満足を受ける別除権が認められる（破65）。破産債権は全て金銭債権として評価され，労働債権など一般に先取特権が認められているものは優先的破産債権として一般の破産債権より先に配当を受けることができる（破98）。給料請求権および退職手当請求権について生活の維持に困難を生じるおそれがある場合には裁判所は弁済を許可できる（破101）。逆に，破産手続開始決定後の利息・損害金は劣後的破産債権とされ，一般の破産債権が配当を受けた後でなければ配当を受けることができない（破99）。また，租税債権や破産手続きの費用など，法が保護すべき一定の債権は財団債権とされ，破産債権に優先して破産財団から破産手続きによらずに随時弁済される（破148）。破産債権者は，破産手続開始決定と同時に定められた債権届出期間内にその債権の額，原因，優劣の区分を裁判所に届け出る（破31・111）。裁判所は債権者または破産管財人から異議が出た場合，彼らに審尋を行った上で破産財団の査定を決定する（破125Ⅲ・Ⅳ）。

④両者をつき合わせて各債権者に配当を行い裁判所による破産手続終結決定：破産者の正，負の財産が確定すると，管財人は両者を突き合わせ配当を行う。配当は厳格な手続きにより，中間配当（破209），簡易配当，同意配当，そして最後の配当を行う。管財人の申立てにより招集された計算報告のための債権者集会で異議がなければ，あるいは異議を述べる期間が経過したならば，裁判所は破産手続きの終結決定を行い，破産手続きは終了する。

(5) 私的整理

倒産処理法の規定はないものの，会社が倒産の危機にあるとき，債権者，債務者が任意に協議し債務者の財産関係を処理する方法に，私的整理がある。

なお，私的整理手続きの円滑な運用を支援するものとして2003（平成15）年，株式会社・産業再生機構法が成立・施行された。産業再生機構は，経営難にある会社が主力銀行の支援を受けて再建をめざす場合，主力銀行以外の

金融機関のもつ債権を産業再生機構が買取って債権者となり融資等の支援を行う組織である。金融機関の不良債権問題や会社再建に成果をあげている。

3 小切手および手形

3.1 小切手・手形の意義

商人間で商品の仕入や設備購入などの代金の支払方法が現金のみでは不便であるだけでなく，危険である。そこで現金に代わるものとして小切手，約束手形，為替手形が用いられる。（参照 経営・第9章）

(1) 小切手・手形の意義

小切手は受取人に対して振出人が支払人（銀行）に，一定金額を支払うよう委託する証券である。

約束手形は振出人（手形の発行者）が受取人に対して，一定の金額を一定の期日（満期）に自ら支払うことを約束する有価証券である。為替手形は，振出人が受取人に対して，自分で支払うことを約束するのではなく，一定の金額を一定期日に支払うことを支払人に委託する証券である。

手形・小切手は主に①支払手段，②送金・取立手段，③信用手段として利用される。

まず，支払の手段としては，現金授受にともなう危険と手数を避けるため用いられる。次に，送金・取立の手段としては現金送付にともなう危険や不便を避けるため，国内送金には小切手，海外送金には為替手形が用いられる。また，信用の手段，代金決済の手段として受取った手形の満期まで支払いを待つことによって生じる資金の固定化を避けるため，銀行に満期前に手形金額から割引料を差引いて，手形を買取ってもらい（手形割引），代金を入手する。手形割引は，振出人に銀行の信用があることによって可能となる。手形割引は商取引のために利用される手形（商業手形），金融のために利用される手形（融通手形）にも用いられる。

(2) 小切手・手形と銀行取引

小切手の支払人は法律上銀行に限られ（小3），小切手は銀行と無関係に

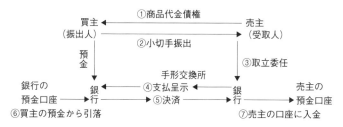

法図24　小切手利用の仕組み

振出すことはできない。手形の場合も，振出人は取引銀行を支払担当者としておけばそこで支払いを完了させることができ，また，手形の所持人も手形の支払いを受けるため自ら振出人に呈示せずとも取引銀行が手形交換を経て取立てる。手形交換とは取引先から小切手金額・手形金額の取立てを依頼された各銀行が，相互に取立てるべき小切手・手形を「手形交換所」に持ち寄って相互に呈示交換し，受取小切手・手形の総額と支払小切手・手形の総額との交換差額を授受して，小切手・手形の取立てと支払いを一挙に完了させる制度である。さらに，銀行取引の取引停止処分（不渡処分）という制裁によっても支払いを確保する。手形交換所を通じて支払いのため呈示した小切手・手形が，支払銀行で支払いを拒絶された場合（不渡），交換所が取引停止処分（不渡処分）をする。この処分がとられると，不渡小切手や不渡手形を出した振出人は，それ以後，すべての銀行から取引を禁止される。実際に流通する手形の大部分は銀行を仲介して行われるのはこの理由による。

　小切手を振出したり，銀行を支払担当者とする手形を振出したりするには，銀行と当座勘定取引契約（小切手契約）を締結しなければならない。小切手契約とは，小切手の振出人が銀行に持つ資金から小切手金額の支払いを行うように振出人が銀行に委託する契約である。この場合に使用される小切手・手形の用紙は銀行から交付される統一小切手用紙・統一手形用紙を使用する。小切手・手形の用紙については，法律上制限はないが，実際上は，銀行の交付した統一小切手用紙・統一手形用紙以外では銀行は支払わないことになっている。

　(3)　小切手行為・手形行為

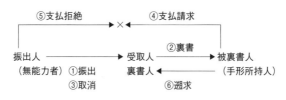

法図25　手形行為独立の原則

(3-1)　小切手行為・手形行為の定義と種類

　小切手や手形で受払いをするには，まず振出しを行う必要があり，また譲渡するためには小切手や手形の裏面に裏書がなされる必要がある。これらの振出しや裏書は小切手用紙・手形用紙の表面または裏面に小切手法・手形法が定める一定の事項を記載して署名し，相手方に渡すことが必要である。小切手・手形が有効であるためには，形式的には小切手・手形上に法定事項の記載と行為者の署名が必要であるが，更に実質的には有効な意思表示によって小切手（手形）行為がなされていなければならない。小切手・手形上の法律関係を生じさせる行為を，小切手行為・手形行為という。小切手では振出し，裏書のほか支払保証などがあり，手形では上記のほか，為替手形に特有の引受けがある。

(3-2)　小切手行為・手形行為の一般原則

(a)　小切手行為・手形行為と民法の一般的規定

　小切手行為・手形行為も法律行為であるから，法律行為に関する民法の一般的な規定が適用される。小切手行為・手形行為をすることができる能力（小切手行為能力・手形行為能力）は，行為能力に関する民法の一般的な規定が適用され，事理弁識能力の欠如を理由に小切手行為や手形行為が取消されたり，無効になったとき，制限能力者は，小切手上または手形上の債務を負わない。しかし，小切手法と手形法は，小切手や手形の支払いを確実に，かつ円滑にするため，小切手・手形の性質と関連して，特別な規定を設けている。

(b)　小切手・手形の性質

　小切手と手形は，証券と権利との結びつきが最も強く，権利の移転や行使

だけでなく，権利の発生にも証券が必要とされている。小切手と手形はまた，法律で定めた事項が記載されていなければ無効とされる要式証券であり，権利の内容が証券に記載された文言によってきまる文言証券でもある。

(c) 小切手行為・手形行為独立の原則

小切手や手形に署名した者は，自分より前になされた小切手行為・手形行為の取消，無効にかかわらず，独立して自分の小切手行為・手形行為による責任を負う（小切手行為・手形行為独立の原則）。

(例) 未成年者Aが法定代理人の同意を得ずに約束手形を振出してこれをBに交付し，BがこれをCに裏書譲渡した場合，Aが無能力を理由に手形行為を取消すと，B・CはAに対して支払いを求めることはできないが，CはBに対しては支払いを求めること（遡求）はできる（手77Ⅰ・7，小10）。

(d) 小切手行為・手形行為の代理

小切手行為と手形行為は，一般の法律行為の場合と同様に，本人でなくても代理が認められている。小切手や手形を振出す場合，「A代理人B」というように，「本人A」を示すとともに，「その代理人」であることを表示して，B自ら署名しなければならない。会社などの法人が小切手行為や手形行為をする場合は，例えば，「A株式会社代表取締役B」というように法人名，代表資格を記載して代表者Bが署名しなければならない。代表者ではなくとも，会社の経理部長，支店長なども代理権を有すると解釈され，「A株式会社経理部長C」と署名されている場合，会社が責任を負う。代理人であることを示さずに，代理人が自分の署名だけをしたときは，それは代理人自身の小切手（手形）行為となり，代理人が小切手（手形）上の責任を負う。また，代理権を与えられていないXが「A代理人X」というように表示して自ら署名した場合も，Xは無権代理人として，X自身が小切手（手形）上の責任を負う（手8・77Ⅱ，小11）。

(e) 小切手・手形の偽造・変造

(i) 偽造　小切手行為や手形行為は，他人に権限を与えて本人名義の小切手（手形）行為を行わせることができる（小切手行為・手形行為の代行）。

出所:田辺康平『現代手形法・小切手法』文眞堂,1988年より。
法図26 小切手

これに対して,代行権限のない者が本人の名を勝手に使って小切手行為や手形行為をする小切手・手形の偽造の場合,偽造された本人は自分で署名したわけではないので,小切手上・手形上の責任は負わない。偽造者は,無権代理人(手8・77Ⅱ)に準じて,責任を負うと解される。

(ⅱ) 変造　小切手や手形の署名以外の内容を勝手に変更した小切手・手形の変造の場合は,変造前に手形に署名した者は変造前の文言によって責任を負い,また,変造後の署名者は変造された文言によって責任を負う(手69・77Ⅰ⑦,小50)。

(例)　手形金額を所持人が勝手に書換えても本来の金額により責任を負う。

(4) 小切手・手形と原因関係

小切手・手形の授受の理由や原因となる法律関係を原因関係という。法律は小切手行為・手形行為とその原因関係とを分離して,小切手上・手形上の権利は原因関係の有効・無効によって影響を受けることがないものとしている(小切手行為・手形行為の無因性)。これは善意の小切手(手形)取得者を保護し小切手(手形)が円滑に流通するためである。

3.2　小切手

(1) 小切手の振出し

振出人が,必要的記載事項(小1)を記載した小切手を作成し,これに署

名をして受取人に交付することを，小切手の振出しという。これによって，受取人に銀行から支払いを受ける権利が与えられる。小切手の記載事項には必要的記載事項（小切手要件）と有益的記載事項がある。

(a) 必要的記載事項（小切手要件）

小切手の内容を明確にするため，小切手法1条は，小切手の振出しにあたり，記載すべき必要最小限度の事項，必要的記載事項を定めている。この事項のいずれが欠けていても小切手は原則として無効となる（小2Ⅰ）。(i)小切手文句（小1①）　(ii)小切手金額　(iii)支払委託文句（小1②）　(iv)支払人の名称（小1③）　(v)支払地（小1④・2Ⅱ）　(vi)振出日（小1⑤）　先日付（将来の日で振出される），後日付（過去の日で振出される）　(vii)振出地（小1⑤・2Ⅳ）　(viii)振出人の署名（小1⑥）

(b) 有益的記載事項

必要的記載事項以外の事項で，小切手に書いた場合には，その効力が認められるものを有益的記載事項という。(i)受取人の表示　これには持参人を受取人とする持参人式払（無記名式・小5Ⅰ③）または選択無記名式（小5Ⅱ）がある。(ii)線引の記載（小37・38）

(c) 無益的記載事項

小切手に記載しても，記載通りの効力は生じないが，小切手は無効にならない事項を無益的記載事項という。満期のほか，統一小切手用紙の「小切手と引換えに」という「受戻文句」もこれにあたる。

(2) 小切手の譲渡

小切手は，持参人払式（無記名式）のものが多い。この場合は小切手を単に引渡すだけで譲渡することができる。「Aまたは持参人に」という選択無記名式の小切手の場合も同様である。このほか，指図式または「Aに」という記名式の小切手の場合は手形と同様に裏書によって譲渡することができる（小14Ⅰ）。また，小切手を譲渡するについては，手形の場合と同様に，善意取得（小21）と人的抗弁の切断（小22）（後述）とが認められている。

(3) 支払保証

小切手の支払いを確実にするために，支払保証の制度が定められている。

支払保証は，支払人（支払銀行）が，小切手の表面に「支払保証」などと書いて，日付を付し，署名することが必要である（小53）。支払保証をした支払人は，支払呈示期間内に所持人から小切手の呈示があった場合にだけ，支払義務を負う（小55）。しかし，実際には，支払保証制度は，ほとんど利用されず，その代わりに，銀行振出しの自己宛小切手を用いていることが多い（当座勘定規定13）。自己宛小切手とは，振出人（銀行）が自分を支払人として振出した小切手のことである。銀行の振出した自己宛小切手を銀行小切手または預手（預金小切手の略称）ともいう。

(4) 小切手の支払い

(a) 支払いのための呈示

小切手は，単なる引渡しまたは裏書によって流通するため，小切手の所持人すなわち権利者から，支払いを求めて小切手を呈示する必要がある（支払のための呈示）。

小切手は，つねに一覧払いとされているので（小28Ⅰ），小切手を受け取ったときからすぐに支払いを求めて呈示することができる。先日付小切手の呈示は，小切手上に書かれた振出日以前でも呈示ができるので実質的に支払呈示期間が延びることになる（小28Ⅱ）。

小切手は，支払いの用具として短期間で金銭に換える必要があるため，支払呈示期間は国内で振出されて支払われる小切手については，振出の日付から10日以内である（小29Ⅰ）。また，期間の末日が日曜日・祝日などの休日に当たる場合は，これに次ぐ最初の取引日まで支払呈示期間が伸長される（小60Ⅱ・75）。呈示期間は，実際の振出日ではなく，小切手に記載されている振出日付の翌日から起算される（小29Ⅳ・61）。期間の計算については，小切手法では振出日を計算に含めない（小61）。

支払呈示の場所は，支払人である銀行の店舗（本店・支店）であるが，実務上は，所持人が自分で呈示しないで取引銀行に小切手の取立を依頼して，手形交換所を通じて，支払いのための呈示が行われている（小31）。

(b) 支払の方法と効果

支払人は，小切手所持人に対し，小切手に受取りの記載をして小切手を引

法図27　一般線引小切手の取立委任と支払い

渡すことを請求でき，また，小切手金額の一部支払いも認められている（小34）。一部支払いの場合，所持人は残額については遡求義務者に対し遡求することができる。

持参人払式小切手では，小切手の所持人が権利者として取り扱われるため，支払人はその者に対し小切手と引換えに支払えば，たとえ所持人が無権利者であっても，無権利者であることを支払人が知り（悪意），または知らないことにつき重大な過失がない限り，支払人はその責任を免れる（小35）。

(c) 支払委託の取消

小切手は一覧払いで，その大部分が持参人払いであるから，紛失，盗難等の危険を防止するため，「支払委託の取消」と「線引小切手」という制度を設けている。

小切手の振出人が支払人である銀行に対し委託した支払委託を撤回するのが支払委託の取消である（小32）。たとえ取消しても支払呈示期間が過ぎなければ，その効力は生じない（小32Ⅰ）。また，呈示期間の経過後でも，支払委託の取消がないかぎり，支払人（銀行）は，振出人の資金から支払いをしてよいとされている（小32Ⅱ）。

(d) 線引小切手

小切手の表面に2本の平行線を引いた小切手を線引（横線）小切手という。

銀行Yは，その取引先Bまたは他の銀行Xからでなければ，線引小切手を取得したり，取立委任を受けたりすることができない（小38Ⅲ）。したがって，線引小切手の取得者は，これを現金化するためには，銀行との取引関係を前提とするので，線引小切手は不正な所持人が小切手の支払を受ける

法図28　遡求金額

こ␣とも，譲渡や取立ての委託をすることもできなくなり，盗難・紛失の事故防止が図られる。線引小切手には，一般線引小切手と特定線引小切手の二種類がある（小37Ⅱ・Ⅲ）。

一般線引小切手は，小切手の表面に2本の平行線を引くか，平行線の間に「銀行」またはこれと同じ意味の「銀行渡し」「Bank」などを記載したもので，支払人は，他の銀行に対して，または支払人の取引先に対してでなければ支払うことができない（小38Ⅰ）。

特定線引小切手は，平行線内に，特定の銀行名を記載したもので，支払人は，指定された銀行に対してのみ支払い，もし指定された銀行が支払人であれば，自分の取引先に対してのみ支払うことができる（小38Ⅱ）。線引ができるのは振出人と所持人だけである（小37Ⅰ）。特定線引を一般線引にかえることはできない（小37Ⅳ）。線引は抹消されても有効である（小37Ⅴ）。

(5) 小切手の不渡による遡求

(a) 遡求の意義

所持人が支払呈示をしたのに，支払いが拒絶されて，小切手が不渡となったときには，所持人は，振出人や裏書人などに対して，小切手金額やそのほかの費用の支払いを請求することができ，これを遡求（償還請求），その権利を遡求権という（小39・40）。遡求は，所持人から前の裏書人へと遡っていくことであり，裏書の順序に従って遡求し，順序を飛ばしても，また裏書人全員に同時に遡求してもよい。遡求権利者は，小切手の所持人であり（小39），遡求義務者は，遡求権利者の前者である小切手の裏書人と振出人及びその保証人である。

(b) 遡求の条件

遡求をするためには，①所持人が，支払呈示期間内に小切手を支払呈示したにもかかわらず，支払いが拒絶されたこと，②支払拒絶の事実を証明する

```
         ┌──────── 小切手金額の支払請求権（1年）────────┐
         │                                                │
         ↓     支払保証      振出人   振出    裏書      裏書
        支払人 ←──────  振出人 ────→ 裏書人 ────→ 所持人
                小切手
                           遡求権（6ヶ月）  遡求権（6ヶ月）
```

法図29　小切手の消滅時効

ために，一定期間内に支払拒絶証書などを作成すること，の2つが要件となる（小39・40）。小切手の場合，支払拒絶証書によらず，支払人である銀行の支払拒絶宣言や，手形交換所の支払拒絶宣言による方法もある。この支払拒絶証書は，小切手上の権利を行使したこと及びその結果を証明する文書で，公証人などが作成する（小70，拒絶証書令1）。

　ただし，拒絶事実が公表されることや証書作成費用の負担を避けるために，遡求義務者は所持人に対して，拒絶証書や上記の宣言の作成を免除することができる。統一小切手用紙には「拒絶証書不要」の文字が印刷されている。手形の場合も同様である。

(c)　遡求義務の履行

　小切手の所持人は，遡求義務者に対して，小切手金額，年6％の率による呈示の日以後の利息，拒絶証書（または拒絶宣言）作成や通知などに要した費用を請求することができる（小44）。

　遡求義務者は，小切手・拒絶証書（または拒絶宣言）及び受取計算書と引換でなければ，償還の請求に応じる必要はない（小46）。

(6)　小切手上の権利の消滅と小切手の喪失

(a)　消滅時効と利得償還請求権

　小切手上の権利の消滅時効期間は，支払保証をした支払人に対する権利では1年（小58），振出人・裏書人などに対する遡求権では6か月（小51Ⅰ）であり，しかも遡求権利者は一定期間内に厳重な手続きをとって遡求権を行使しなければならない。小切手上の権利者は，過失などで失権することもあるため，利得した者に対して，受けた利益の限度で償還するよう請求する利得償還請求権を有する（小72）。

(b)　小切手の喪失

小切手は権利をあらわす証券であり，権利そのものではないため，小切手を紛失しても，小切手上の権利は消滅しない。

　そこで，小切手を喪失したときは，簡易裁判所に公示催告の申立てを行い，除権判決を受け，紛失した小切手を無効にすることによって，小切手上の権利を主張することができる（非訟事件手続法141～160）。ここで，公示催告とは，小切手を喪失した者の申立てによって，簡易裁判所が，裁判所の掲示板と官報に，その小切手の利害関係人に，失権のおそれがあることを警告することをいう。また，除権判決とは，公示催告期日までに，現在の所持人から小切手を裁判所に提出して権利の届出がないときは，裁判所ががその小切手の無効を宣言する判決をいう（同法141～160）。

3.3 約束手形

(1) 約束手形の振出し

(a) 必要的記載事項（約束手形要件）

　約束手形の必要的記載事項は，手形法75条に規定されており，そのいずれを欠いても約束手形は原則として無効である（手76Ⅰ）(i)約束手形文句（手75①）(ii)手形金額 (iii)支払約束文句（手75②）(iv)満期（支払期日）（手75③）満期には確定日払，日付後定期払，一覧払，一覧後定期払（手77Ⅰ②・33Ⅰ）の4つの種類がある。満期の記載がない場合は一覧払手形とみなされる（手76Ⅱ）(v)支払地（手75④）(vi)受取人（手75⑤）(vii)振出日・振出地（手75⑥）(viii)振出人の署名（手75⑦）

(b) 有益的記載事項

　有益的記載事項には，振出人の住所（手76Ⅲ）・利息文句（手77Ⅱ・5Ⅰ）・裏書禁止文句（手77Ⅰ・11Ⅱ）などがあるが，特に重要なのは第三者方払文句（支払場所）の記載である。振出人の住所は，この記載は実務上は，振出地の記載と一本化されている。利息文句は，手形に満期までの利息をつける旨の記載であっても一覧払手形及び一覧後定期払手形についてのみ認められる。裏書禁止文句とは，「裏書禁止」「他人に譲渡を禁ずる」など，手形の裏書譲渡を禁止する旨の記載で，これが記載された手形は「裏書禁止

第5章　企業経営と法

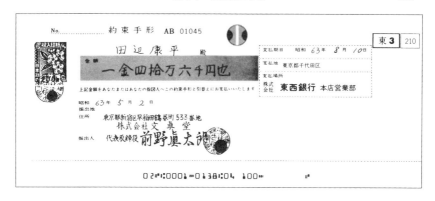

出所：田辺康平『現代手形法・小切手法』文眞堂，1988年より。
法図30　約束手形

手形（指図禁止手形）」となる。

　約束手形の支払は，振出人の営業所または住所で行うのが原則であるが（商516Ⅱ），第三者の住所で支払うこともできる（手77Ⅱ・4）。第三者の住所で支払う旨の記載を第三者方払文句という。統一手形用紙では支払場所として銀行の店舗名が印刷されている。振出人としては取引銀行を支払場所とすれば，現金の保管にともなう危険を避けるため便利であり，また，不渡に伴う取引停止処分が課されることから，支払いを確実にさせる効果がある。

　なお，一定金額（現行10万円）以上の約束手形には収入印紙を貼付しなければならない。収入印紙を貼付しない場合，印紙税法違反で3万円以下の罰金となる。なお，小切手には収入印紙の貼付は必要ない。

(c) 白地手形

必要的記載事項を欠いて振出された約束手形は無効になるのが原則であるが，例外的に無効にならない白地手形がある。

白地手形とは約束手形を振出すにあたって，未定の満期・手形金額・受取人などの要件を記載せずに，手形を取得した者に空白となっている要件を補充する権利（補充権）を与え，未完成のままで手形に署名し交付する手形である（手77Ⅱ・10）。未完成の手形が要件が欠けているのか，白地手形として振出されたのかの区別は，補充権を与える意思があったか否かによる。なお，統一手形用紙を使用した場合は白地手形と推定される。

白地手形は白地のまま，裏書によって譲渡することができ，それに伴って補充権も移転する。未完成の手形であるため，白地手形を受け取った者は，欠けている要件を補充し，完全な手形にしてはじめて支払いを求めることができる。ただし，白地手形の不当補充について譲受人が善意かつ重過失がなかったとき振出人は支払いをしなければならない（手77Ⅱ・10）。

(2) 約束手形の裏書

(a) 裏書の意義

受取人は受取った約束手形を満期前に，支払いや手形割引を受けて現金化することができる。手形の譲渡，手形の割引は手形の裏書によって行われる。裏書とは，手形の所持人が，手形の裏面または補箋（添付した用紙）に一定の事項を記載して署名し，かつ手形を他人に交付する行為である。この場合，手形の所持人を裏書人，交付を受けた者を被裏書人という。

手形上の権利は裏書された手形の交付により簡単に移転でき，また裏書人は，担保責任を負うので，裏書された手形は信用を増し，支払いが確実になり，流通力も増大する。

手形は指図文句がなくても，裏書によって譲渡できる（手77Ⅰ①・11Ⅰ）。振出人が「指図禁止」「裏書禁止」などの指図禁止文句を記載したときは，裏書によって流通させることはできず，指名債権譲渡の方法（民467）によるほかはない（手77Ⅰ①・11Ⅱ）。

(b) 裏書の方式

裏書には記名式裏書と白地式裏書の2つの方式がある。記名式裏書とは，被裏書人（譲受人）の名称を記載した裏書であり，白地式裏書とは，それを記載しない裏書である。白地式裏書を受けた所持人は，自分自身の名称または自分が交付

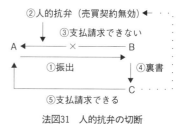

法図31　人的抗弁の切断

しようとする相手方の名称を直接被裏書人として記入して譲渡する，または，いずれも記載せずにそのまま相手方に手形を交付することにより譲渡することができる（手77Ⅰ①・13）。

(c)　裏書の効力

裏書によって，次の3つの効力が生じる。

(i)　権利移転の効力　　裏書によって，振出人から支払いを受ける権利や裏書する権利など，手形上の一切の権利が裏書人から被裏書人に移転することになる（裏書の権利移転的効力・手77Ⅰ①・14Ⅰ）。

(例)　Aが，Bから買入れた商品の代金支払いのために約束手形を振出したが，その後A・B間で契約の解除が行われた。この場合，Bから手形金額の支払いを請求されても，Aは売買契約が解除されたことを理由に手形金額の支払いを拒絶できる（人的抗弁）。

手形の所持人から支払いを求められた手形債務者が，その請求を拒絶できる理由となる事実を，手形抗弁という。これには人的抗弁と物的抗弁とがある。人的抗弁には，原因関係となった売買の無効とか，詐欺にかかってした振出しの取消しなどがある。これに対し，物的抗弁は，すべての手形所持人に対して主張できる抗弁で，これは裏書によっても切断されない。これは代理人の署名だけで本人名の無表示，制限能力者による行為（民5Ⅱ・9・13・16Ⅳ），偽造・変造，手形要件が欠けていることによる手形の無効，満期の未到来などの重大な理由にもとづく抗弁である。

しかし，善意のCがこの手形をBから裏書によって譲受けて，Aに対しその支払いを請求する場合には，AはBに対する人的抗弁により，手形金額の支払いを拒絶することはできない。

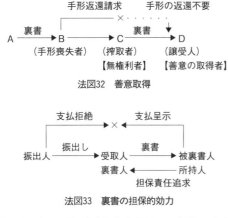

法図32 善意取得

法図33 裏書の担保的効力

このように，裏書には，原則として，振出人Aなどの手形上の債務者が受取人Bに対して主張できる支払拒絶の理由となる事実（人的抗弁）を，主張できなくする効力がある（人的抗弁の切断・手77Ⅰ①・17本文）。しかし，もしCがAの利益を害することを知っていて（悪意）手形を取得したのであれば，AはCの悪意を主張して支払いを拒絶できる（悪意の抗弁・手77Ⅰ①・17但書）。

(ⅱ) 資格授与的効力　資格授与的効力は，手形の記載だけで，受取人Bから現在の所持人Dにいたるまで裏書の連続（手形面での裏書が最初から最後まで切れ目なく続いていること）があれば，その手形の最後の被裏書人である所持人Dを，手形上の権利者と推定し，Dに手形上の権利を行使する資格を与えることである（裏書の資格授与的効力・手77Ⅰ①・16Ⅰ前段）。

この結果，裏書の連続した手形の被裏書人（所持人）は正当な権利者であることを証明しなくても権利を行使（例えば，満期に手形金額の支払いを請求したり，裏書をしたりする資格が与えられること）できる。また，振出人もこの者に支払いをすればその責任を免れる（手77Ⅰ③・40Ⅲ）。更に，裏書の連続する手形を取得した者は，たとえ裏書人（譲渡人）が無権利者であったとしても，善意かつ無重過失（知らないことにつき，重大な過失がないこと）であれば，その手形が盗難にあったり，遺失されたものであっても，返還する必要はない（手形の善意取得・手77Ⅰ①・16Ⅱ）。手形の善意取得は，動産の即時取得（民192）よりも取得者の注意義務が軽減され，盗品・遺失物であっても返還の義務は負わない。

(ⅲ) 担保的効力　手形の裏書人は，もし振出人が手形の支払いをしないときは，自分より後者の全ての被裏書人と手形所持人に対して，償還金額を

支払う義務（遡求義務）がある（裏書の担保的効力・手77Ⅰ①・15Ⅰ）。

(d) 取立委任裏書

手形上の権利を行使する代理権を，被裏書人（銀行など）に与える裏書を取立委任裏書といい，この裏書は通常の裏書とは方式も効力も異なる。

この裏書によるときは「取立てのため」「取立委任」など，その趣旨の文字を裏書の目的欄に付記する。この裏書には資格授与的効力しかない（手77Ⅰ①・18）。

(3) 約束手形の支払い

(a) 支払いのための呈示

約束手形の支払いを受けるには，手形の所持人から，振出人に支払いを求め，手形を呈示しなければならない（支払のための呈示・手77Ⅰ③・38Ⅰ）。この呈示を怠ると，遡求権を失う（手77Ⅰ④・53Ⅰ）。

支払いのための呈示は，確定日払手形，日付後定期払手形，一覧後定期払手形などでは支払うべき日とこれに続く2取引日内に（手77Ⅰ③・38Ⅰ），一覧払手形では振出日から1年以内に（手77Ⅰ②・34Ⅰ）する必要がある。

呈示の場所は，支払地内における呈示を受ける者（振出人）の営業所または住所であるが（商516Ⅱ），統一約束手形用紙には，支払場所として記載されている銀行で呈示される。手形の所持人が取引銀行に取立てを依頼すれば，手形交換所を通じて支払場所である銀行に呈示される（手77Ⅰ③・38Ⅱ）。

(b) 支払いの方法と効果

満期に振出人が支払いをする場合は，裏書が連続しているか否かのみを調査して支払えばよく，たとえ呈示した者が無権利者であっても，支払いは有効と

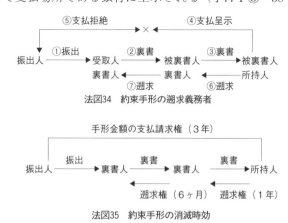

法図34　約束手形の遡求義務者

法図35　約束手形の消滅時効

される。ただし，無権利者であることについて振出人に悪意または重大な過失があれば支払は無効となり，真の権利者に対して支払い責任を負う（手77Ⅰ③・40Ⅲ）。

手形の支払いは満期以後に行われるのが原則であり，手形所持人は満期前には，支払いを請求できない。振出人は支払いの際，所持人に対して，手形上に手形金額の受取りの記載をして引渡すよう請求することができる（手77Ⅰ③・39Ⅰ）。また，所持人は，振出人が手形金額の一部のみの支払いをしようとする場合，これを拒むことはできない（手77Ⅰ③・39Ⅱ）。また，手形所持人は，満期以後でも手形上の権利が時効で消滅するまでの3年間は支払いを請求することができる（手70Ⅰ）。

(c) 手形保証

手形の支払いを確実にするために手形保証という制度が認められている。これは，振出人や裏書人の手形債務を担保するため，手形保証人がこれらの者と同じ内容の債務を負う手形行為である（手77Ⅱ・30～32）。一般には，手形保証の代わりに，裏書により償還義務を負う方法により保証の目的を果たすことが多い（隠れた手形保証）。

(4) 約束手形の不渡による遡求

約束手形の所持人には，支払呈示期間内に手形を支払いのために呈示したのに，支払いが拒絶された場合，遡求が認められ，この権利を遡求権という。遡求義務者は，遡求権利者の前者である全ての裏書人と保証人である（手77Ⅰ④・47Ⅰ）。約束手形の振出人は，小切手の振出人と異なり手形の主たる債務者であり，遡求義務者ではない。しかし，振出人も遡求義務者とともに遡求権利者（所持人）に対して合同して責任を負う（手77Ⅰ④・47Ⅰ）。手形所持人の遡求権行使の方法や遡求義務の履行などは，小切手の場合と同様である。

(5) 約束手形上の権利の消滅と約束手形の喪失

(a) 消滅時効と利得償還請求権

手形上の権利の消滅時効期間は，主たる債務者である約束手形の振出人に対する支払請求権は満期から3年と定められている（手77Ⅰ⑧・70Ⅰ）ほ

か，1年または6ヶ月の消滅時効が定められている（手77Ⅰ⑧・70ⅡⅢ）。所持人が裏書人に対する場合は1年，裏書人が他の裏書人に対するときは，その裏書人が手形を受戻した日から6ヶ月で各々，時効となる。利得償還請求権が認められることも小切手の場合と同様である。

(b) 約束手形の喪失

約束手形を喪失した場合にも，小切手の場合と同様に，公示催告の手続きを経て除権判決を受ける制度がある。

3.4 為替手形

為替手形は振出人が支払人に手形金の支払いを委託する手形である。支払人は手形が振出されただけでなく，引受けという手形行為をしてはじめて手形上の債務者となる。

為替手形には，振出人と受取人及び支払人の記載が必要であり，引受呈示，引受け，引受拒絶とそれにともなう満期前の遡求など，約束手形にはない制度がある。

為替手形の引受人の責任は，約束手形の振出人と同様であり（手78Ⅰ），裏書・保証・満期・支払いなど為替手形に関する規定の多くが約束手形に準用される（手77）。

(1) 為替手形の振出し

為替手形を振出す際の必要的記載事項（為替手形要件）は，手形法1条に規定されており，いずれが欠けても為替手形は原則として無効である。

(i)為替手形文句（手1①）　(ii)支払委託文句（手1②）　(iii)支払人（手1③）　(iv)満期（手1④）　(v)支払地（手1⑤）　(vi)受取人（手1⑥）　(vii)振出日・振出地（手1⑦）　(viii)振出人の署名（手1⑧）

(2) 為替手形の引受け

(a) 引受けのための呈示

引受けは，為替手形の支払人が，満期において手形金額を支払うことを表示する手形行為である。為替手形の所持人が支払人に対して支払いを請求するにはまず引受けのための呈示を行うことが必要である。

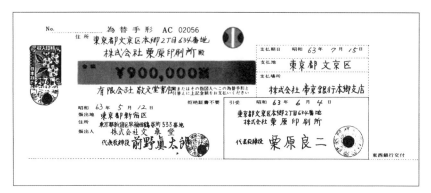

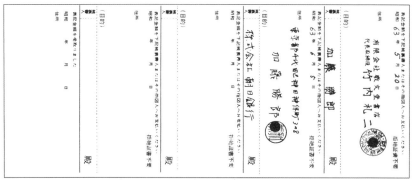

出所：田辺康平『現代手形法・小切手法』文眞堂，1988年より。
法図36　為替手形

　所持人が引受呈示をする場合，満期までの呈示期間内であれば，いつでも支払人の住所に引受呈示をすることができる（引受呈示自由の原則・手21）。国内取引の実務では振出人が事前に支払人の引受けを得て，振出すのが一般的である。

(b)　引受けの方法と効果

　引受けには，手形上に「引受」またはこれと同様の引受文句を記載し，支払人が署名することにより行う正式引受（手25Ⅰ前段），手形の表面に支払人が単に署名しただけでも引受けとみなされる略式引受（手25Ⅰ後段）がある。

　支払人は，引受けによって引受人となり，以後主たる債務者として満期に手形の支払いをする義務を負う（手28Ⅰ）。引受けは単純でなければならず，

満期や支払地に変更を加えての不単純引受は，引受拒絶の効力をもつ（手26）。手形金額の一部についてだけの一部引受がなされたときは，引受けのない金額については，引受拒絶があったものとされる（手26・43①・51）。支払人が引受けを拒絶したとき（引受拒絶）は，為替手形の所持人は満期前でも遡求することができる（手43①）。

4　企業活動規制

4.1　営業の自由とその制限
　現代の社会では，原則として営業の内容や方法について自由であり，憲法でも営業自由の原則を記している（憲22）。しかし，営業の自由も無制限には認められておらず，公共の福祉に反しない範囲で認められ，営業を開始すること，および営業活動の方法・手段について制限がある。

4.2　営業をすることの制限
　公益性または公共性の見地から，営業を開始することが制限されることがある。これは営業行為者に向けられる制限である。例えば，売買業に関しては，麻薬の輸入・製造・販売は禁止されている（刑136・137）。また，事業の健全な運営の確保と独占にもとづく不公正の防止のため，銀行業・保険業・ガス事業などは，その企業形態・資本金・運営方法などについて制限され，その営業について行政官庁の免許または許可を必要とする（銀行法2・4，保険業法1，ガス事業法3）。

4.3　営業活動の方法・手段の制限
　法の禁止または制限が行為自体に向けられていることがある。企業は法令や公共の福祉に反しない限り，営業の自由，公正競争の自由が保障されているため，これに反する不公正な手段によってなされる競業行為を防止するため，商法の規定その他の法律が定められている。
　(1)　営業の侵害を予防する制限

経済のサービス化や高度情報化社会の進展により，産業構造に著しい変化が生じた。特許紛争，コンピュータ・プログラムの複製，CDレンタルなどによる著作権の侵害，偽ブランド商品の流通，新しい技術の保護，発明，デザイン，小説，音楽など人間の精神的創作の保護など知的財産権（知的所有権，無体財産権）に関する諸問題である。

不正な競争は，営業財産に損害を与え，営業活動を侵害する結果となる。そこで，特許権や著作権，商標権などの侵害に対しては不法行為を理由とする損害賠償請求（民709）や違反者に対する使用差止請求（特許法100，著作権法112，商標法36）などが認められ，商号について会社法は，不正目的で他の営業と誤認される商号の使用を禁じ，違反者に対する商号使用の差止め・損害賠償の請求を認め，かつ過料の制裁を課している（会8・978）。また，不正競争防止法は，他人の商品や営業活動と混同誤認を生じさせる行為や信用を害する行為に対し使用差止や賠償の請求を認めている（不正競争防止法3・4）。（参照　法律・第2章，第4章，経営・第4章）

(2)　営業における公正な競争の確保

私的独占の禁止及び公正取引の確保に関する法律（独占禁止法）は，公正かつ自由な競争を促進し，経済秩序の維持を図りながら事業活動を活発にするとともに消費者の利益を確保することを目的とし，これを達成するために①事業者が単独または他の事業者と結合したり通謀して，他の事業者の事業活動を排除または支配すること（私的独占），②契約・協定などの方法で他の事業者と共同してその事業活動を拘束し，公共の福祉に反して一定の取引分野における競争を実質的に制限すること（不当な取引制限），③公正な競争を阻害する恐れがあり，公正取引委員会（独占禁止法の目的を達成するために設置された行政委員）が指定する他事業者に対する不当に差別的な取扱い，不当な対価での取引行為（不公正な取引方法）を禁止している（独占禁止法1～3・19）。これらに違反した場合，公正取引委員会の排除措置や違反者に対する損害賠償責任の規定などが定められている。

また，国民経済生活の健全な発展に寄与する法律がある。ここでは3つの代表的な法律をあげる。不当景品類及び不当表示防止法（1962（昭和37）

年）は商品およびサービスの取引に不当な景品を付けて販売したり，不当な表示をして客を勧誘することを防止し，消費者の利益を保護することを目的とする。大規模小売店舗立地法（1998（平成10）年）はデパートやスーパーマーケットなどの大規模な小売店舗における小売業の立地について，その周辺地域の生活環境を保護するため，配置及び運営方法について適正な配慮を求めることを目的とする。また，小売商業調整特別措置法（1959（昭和34）年）は小売商の事業活動の機会を確保することを目的とする。（参照　法律・第4章，経営・第7章）

4.4　内部告発者の保護

　内部告発者を保護する法律は米国，英国等では既に制定されている。内部告発者を保護する目的は，広く，公衆に危険を知らせる警告，警鐘を鳴らすことである。米国では内部告発者保護法（Whistleblower Protection Act, 1989年），企業会計改革法（サーベンス・オクスリー法／Sarbanes-Oxley Act, 2002年），英国では，公益開示法（Public Interest Disclosure Act : PIDA, 1998年）などが存在する。いずれも告発対象行為，正当な告発の要件などを明記している。我が国では，個別法として制定された「核原料物質，核燃料物質及び原子炉の規制に関する法律」（原子炉等規制法，1957（昭和32）年）の改正によって，内部告発者の保護が盛り込まれた。

　公益に資するような告発者を保護する制度が導入されれば，組織の不正が質される点で有益である反面，告発者が密告者として，社会的に制裁を受ける危険性も懸念される。そこで，我が国では2006（平成18）年，公益通報者保護法が施行され，企業等の法令違反行為を通報した内部告発者（労働者）が解雇等の不利益な取扱いを受けずに保護されることとなった。

　また，行政の説明責任を明らかにした「行政機関の保有する情報の公開に関する法律」（情報公開法，1999（平成11）年）や個人情報を用いる事業者の漏洩等に告知義務違反の罰則を課した個人情報保護法（2005年施行）も，注目される。（参照　経営・第3章，第5章）

第6章

労働と法

1 労働三法

　憲法は労働者の地位を確保し，対等な立場にたって雇用契約を締結させるため，労働基本権として，労働権（憲27），団結権，団体交渉権及び争議権（憲28）を保障した。

　これを具体化するため制定されたのが，労働基準法（1947（昭和22）年），労働組合法（1949（昭和24）年），労働関係調整法（1946（昭和21）年），職業安定法（1947（昭和22）年），労働者災害補償保険法（労災保険法 1947（昭和22）年），最低賃金法（1959（昭和34）年），労働安全衛生法（1972（昭和47）年）などの特別法であり，一般に労働法と呼ばれる。このうち，労働基準法，労働組合法，労働関係調整法の三つは特に，労働三法と呼ばれ，労働者の保護や労使関係の調整法として重要である。（参照　経営・第6章）

(1) 労働基準法

　この法律は，労働に関する最も基本的なことを定めたものである。その内容は，労働条件に関する原則をはじめとして，労働契約，賃金，労働時間，休日および年次有給休暇，年少者，女子，災害補償，就業規則，罰則等によって構成される。使用者は労働者の国籍，信条または社会的身分を理由として，賃金，労働時間その他の労働条件について，差別的取扱いをしてはならない（労基3）などの規定が定められている。なお，雇用に関する男女差別の撤廃と待遇の確保，女子労働者の出産前後の健康の確保などを目的とした法律として「雇用の分野における男女の均等な機会及び待遇の確保等女子労働者の福祉の増進に関する法律」（男女雇用機会均等法）（1972（昭和47）

年公布，1985（昭和60）年法律名改称）が制定されている。この法律で定める基準に達しない労働条件を定める労働契約は，その部分についてのみ無効とされ，無効となった部分は，この法律で定める基準によらなければならない（労基13）。また，年少者や女子については，原則，深夜業についての禁止など，特に安全の確保や保護が図られている。更に，労働者が業務上負傷したり疾病にかかった場合は，使用者は，その費用で必要な療養を行うか，療養の費用を負担しなければならない（労基75）ばかりでなく，休業補償，障害，補償，遺族補償などの補償の義務を負わなければならない（労基76～82）など，労働者の保護と地位の向上をはかっている。なお，経営・第6章「経営と人材」では労働者に代わり従業員の名称を用いている。

(2) 労働組合法

この法律は，労働者が使用者との交渉において対等の立場に立つことを促進することにより，労働者の地位を向上させることを目的として制定された法である。この目的を達成するため，具体的には，交渉のための代表者を選出すること，団体行動を行うために労働組合を組織すること，団結することを擁護すること，使用者と労働者との関係を規制する労働協約を締結するために団体交渉を行うことを認めている（労組1）。また，使用者は，労働者が組合員であることや労働組合の正当な行為をしたことなどを理由として，その労働者を解雇したり不利益な取扱いをしたりするなどの不当労働行為を禁止されている（労組7）。不当労働行為に対しては罰則があり，労働組合法27条の規定による労働委員会の命令の全部または一部が確定判決によって支持された場合に，その行為をした者に対して禁固刑または罰金刑が科せられる（労組28）。

(3) 労働関係調整法

この法律は，労働組合法とともに労働関係の公正な調整をはかり，労働争議を予防し，解決させることを目的として制定されたものである。

例えば，労働関係の当事者間において，労働関係に関する主張が一致せず，争議行為が発生した場合，労働関係の当事者だけでなく，社会一般に対しても大きな影響を与える場合がある。争議行為とは同盟罷業（ストライ

キ), 怠業 (サボタージュ), 作業所閉鎖 (ロックアウト) などで, 業務の正常な運営を阻害する行為を指す。

　争議行為の解決は当事者の自主的な解決が期待されているが, 当事者双方の主張に大きな相違があり, 相互に譲歩できないような事情があるときは, 当事者だけで解決することは難しい。このようなときは, 公的機関, 労働委員会, 例えば中央労働委員会 (労働大臣所轄), 船員中央労働委員会, 地方労働委員会, 船員地方労働委員会等による側面的な援助をうけ, 解決を図ることができる。これには, 斡旋, 調停, 仲裁の3つの方法がある。斡旋とは, 第三者が争議両当事者の間に入って助言をし, 当事者の妥協によって解決をはかる方法であり (労調10〜16), 調停とは, 労・使・公益を代表する各委員で構成される調停委員会によって当事者の主張にもとづいた調停案を示し, その受諾を勧告することによって解決を図る方法であり (労調17〜28), 仲裁とは, 公益委員または特別調整委員で構成する仲裁委員会によって, 法的な拘束力をもつ仲裁裁定を示し解決を図る方法である (労調29〜35)。しかし, 労働争議の当事者が, 双方の合意または労働協約の定めに従い, 別の斡旋, 調停仲裁方法によって争議行為の解決を図ることもできる (労調16・28・35)。

2　雇用と契約

　雇用とは, 企業などが従業員を雇うことをいう。これは, 当事者の一方 (従業員) が労働を提供することを約束し, 相手方 (使用者) がこれに対して報酬を支払うことを約束することによって成立する契約である (民623)。このことから, 使用者と労働者とは, 各々自由な立場で契約の内容をどのようなものにするかを決めることができる (契約自由の原則)。しかし, 使用者と労働者とは対等な立場ではなく, 労働者が使用者の示す一方的な条件を認めて契約するなど, 不平等な契約関係が生じる場合が多い。現実社会での労働関係は, 生産手段を所有する使用者と労働力を提供するだけの労働者との間で成立している。従って, 使用者と労働者は, 必ずしも対等な立場で賃

金や労働時間などの労働条件や労働内容について交渉するのではなく，社会的経済的力関係の格差を反映して，労働者は，個別的労働関係の交渉では弱い立場に立たされる。このため，民法の雇用に関する規定は労働法によって全面的に修正されている。

3 組織と労働

(1) 会社の組織と職務分担規程

会社は，営業活動を行うために経営組織を定め，本社，工場，支店，営業所，研究所といった企業組織を設けて，それぞれ従業員を配置して経営活動を展開している。これを「組織規程」という。「組織規程」によって設けられた各組織に，その担当者の職務を定め，職制に権限を委任して行使させる。これを「職務分掌規程」と呼ぶ。職務分掌規程は，通常，取締役会で決定される。

職制とは，企業を経営していくために定められた組織であり，労働者を指揮監督し業務目的遂行のために統率・管理する権限と責任を有する地位を指す。通常，会社存立の基礎である定款を頂点とする企業の組織法規をもって企業（経営）組織と職制が定められている。この職制の意義は「企業の経営権の分担行使者としての地位」，「労働契約上の労働力の使用処分権限の分担行使者としての権限」の2つである。ここで経営権とは，会社を設立し，運営していく一切の権限をいう。

(2) 使用者

労働基準法上の使用者とはその会社の労働者について会社のために労働関係に関する行為を行うすべての者が該当する。労働者に関して会社のために指揮命令する職制，例えば係長，課長，部長，支店長等の者であっても「使用者」となる（労基10）。

(3) 労働契約

労働基準法では，労働契約について規定を設けている。

①労働契約期間の制限：労働基準法では労働契約の期間を一定の事業の完

了に必要な期間を定めるほか，原則として上限を3年に制限している。ただし，専門的知識，技術や経験について厚生労働大臣が定める基準に該当する専門的知識等をもつ労働者との労働契約や満60歳以上の労働者との労働契約は，上限を5年とする（労基14）。

②労働条件の明示：使用者は労働契約の締結の際，労働者に対して賃金，労働時間ほかの労働条件を明示しなければならない。万一，労働条件に事実との相違があれば，労働者は労働契約を解除することができる（労基15Ⅰ・Ⅱ）。

③賠償予定の禁止：使用者は労働契約の不履行について違約金を定める，あるいは損害賠償額を予定する契約をしてはならない（労基16）。

④前借金相殺の禁止：使用者は，前借金その他労働することを条件に前貸しの債権と賃金を相殺することが禁止されている（労基17）。

⑤強制貯金の禁止：使用者は，労働契約に付随して貯蓄の契約をさせ，また，貯蓄金を管理する契約をしてはならない（労基18Ⅰ）。

⑥労働契約の終了：労働契約に期間の定めがある場合には，期間満了によって終了する。期間の定めがない場合は，労使の合意によって終了するほか，当事者の一方の解約告知によって終了する。使用者が行う解約告知を解雇といい，労働者が行う解約告知を辞職という。解雇は客観的に合理的な理由を欠き，社会通念上，相当であると認められない場合は，無効である（労基18）。また，労働者が業務上負傷し疾病療養のため休業する期間およびその後30日間は，解雇が禁止されている。産前産後の女性の休業期間（労基65）およびその後30日間も，解雇が禁止されている（労基19）。なお，企業が新規学卒者に対して，その卒業前に人材を確保するために行う採用内定も，労働契約の成立または予約とみなされる。勿論，正当な事由（未卒業，書類・面接における虚偽など）が生じれば，内定取消となる。

(4) 労働慣行

使用者と労働者または組合との間の慣行を，労働慣行とよぶ。日本の労働法規には労働慣行の法的定義や効力は定められていない。

一般に，慣習とは社会生活上，反復して行われ，ある程度まで一般人また

は一定職業，階級に属する人を規律するようになった一つの社会規範，慣習法または「事実たる慣習」（民92）であると考えられる。

法律上，「労働慣行」として認められるためには，①ある事実上の取扱いが，②長期的に反復継続して行われ，③取扱いを広く一般従業員が認識し，④経営者もそれを承認して取扱い，⑤労使ともに取扱いに異議なく企業内で規範化し，制度化している。この5つの要件が全て充足する職場における事実上の取扱いや制度が成立していれば「労働慣行」と認められる。

(5) 就業規則

労働契約の成立は，両当事者の合意のみでよく，契約書や記名捺印を必要としない。それは売買・貸借条件，取引条件，支払期限等は当事者間で具体的に決める通常の契約の場合とは異なる。これに代わって常時10人以上の労働者を使用する会社では労働条件等について統一的かつ画一的に定めた就業規則を作成している。従業員と会社は就業規則に定めた労働条件に従って労働契約を締結したことになる（労基89〜93, 106）。

(6) 労働協約

労働組合と使用者が団体交渉をした結果，合意の結果を書面にして両当事者が署名，記名捺印したものを「労働協約」という（労組14）。労働協約は会社の従業員によって労働組合がつくられている場合のみ成立する。また労働協約の適用を受けるのは，原則として，締結当事者たる労働組合の組合員である従業員に限られ，組合員以外の従業員，例えば管理監督者，機密事項取扱者，臨時・パートタイム労働者，試用期間中の者など非組合員とされる従業員には適用されない。

労働協約は，労働者が憲法に定める団結権に基づいて団結し（憲28），真に使用者と対等の立場に立って争議権を背景にして交渉した結果合意をみたものであるため，個々の労働者（組合員）が使用者と結んだ労働契約に優先する（労組16）。

(7) 労働契約・就業規則・労働協約の関係

管理・監督者等の職制にある者が部下を指揮監督して業務を遂行するには，会社と労働者との間の労働契約，就業規則，労働協約に定める労働条件

や職場秩序を守って行わなければならない。関係法令に違反した業務命令をしてはならない。労働条件や服務規律および企業秩序等について定められている法令，労働協約，就業規則，労働慣行，労働契約の優先的効力の順位は法令（強制法規）が，すべてに優先し，次いで労働協約，就業規則，そして企業内規範として明白に使用者が承認している労働慣行，各個別の労働契約の順序になる。

(8) 請負

労務を提供し，報酬を得るという点で雇用に似ている契約に請負がある。請負とは，当事者の一方（請負人）がある仕事を完成することを約束し，相手方（注文者）がその仕事の結果に対して報酬を与えることを約束することにより成立する契約である（民632〜642）。この契約で最も身近な例は，建物などの建築請負契約である。

請負はある仕事が完成することが条件であるから，仕事の完成までの間に発生する損害や，仕事の目的物が不完全であった場合については，請負人がその責任を負わなければならない（民634）。これを請負人の担保責任という。従って，請負人は相手方に完全なものを引渡さない限り報酬の支払いを受けることができない。また，注文した目的物に瑕疵があり，これが原因で契約の目的を達することができない場合は，注文者は契約を解除することができる。ただし，目的物が建物，その他土地の工作物の場合には，契約の解除をすることができない（民635）。注文者は請負人に対して，損害賠償の請求をすることができる。これを注文者の解除権という。

(9) 委任

委任とは，当事者の一方（委任者）が法律行為をすることを相手方（受任者）に委託し，相手方がこれを承諾することによって成立する契約である（民643〜656）。この契約で最も身近な例は，弁護士に弁護を依頼したり，医師に病気の治療を依頼するなどである。

民法上受任者は特約がなければ委任者に対して報酬を請求することができない（民648）が，実際には弁護士や医師に委任に対する報酬を支払うのが普通である。ただし，受任者が商人であるときは，報酬を請求することがで

きる（商512）。委任は各当事者においていつでも解除することができる（民651Ⅰ）。ただし，その解除が，やむを得ない事情である場合を除き，相手方に不利となる時期に行われたときは，その損害を賠償しなければならない（民651Ⅱ）。

4　賃　　金

　賃金は，労働者の生活維持に不可欠であるから，最低賃金法で最低額が設定されているほか，労働基準法でも原則を定めている。労働基準法では，名称を問わず労働の対償として使用者が労働者に支払う全てのものを賃金という（労基11）。
①通貨払いの原則：賃金は，通貨で支払わなければならない（労基24Ⅰ）。
②直接払いの原則：賃金は，直接労働者に支払わなければならない（労基24Ⅰ）。
③全額払いの原則：賃金は，全額を支払わなければならない（労基24Ⅰ）。
④毎月1回以上の一定期日払いの原則：使用者は毎月1回以上，一定の期日を定めて賃金を支払わなければならない（労基24Ⅱ）。

5　労　働　時　間

(1)　労働時間の定義
　所属長等職制は，部下の労働時間等の勤務管理の権限と義務を負っている。労働基準法では，原則として1週40時間，1日8時間を超える労働を制限しているが，労働時間とは「労働者が使用者に労務を提供しその指揮命令に現実に服している時間」をいう。労務を提供し，実際に指揮命令に服していれば現実に作業をしていない待ち時間も労働時間になる。しかし，使用者の拘束下にある時間（拘束時間）であっても労働から解放されている休憩時間や，始終業時刻前後の自由時間，交通機関に乗って出張旅行中の時間等は労働時間にはならない。

(2) 労働基準法上の労働時間の規制

　労働基準法上の労働時間については，1週40時間（特例事業は労働基準法第40条で46時間）制を規定するとともに，使用者は1週間の各日については，労働者に休憩時間を除き1日について8時間を超えて労働させてはならない（労基32Ⅰ・Ⅱ）。「1週間」とは，就業規則その他に別段の定めがない限り，日曜日から土曜日までの暦週をいい，「1日」とは，午前0時から午後12時までの暦日をいう。

(3) 労働基準法上の労働時間制度

　労働基準法は，第三次産業の占める比重の増大等の社会経済情勢の変化に対応し，また，労働時間の短縮に資するため労使協定の締結等一定の要件の下に，①1ヶ月単位の変形労働時間制　②フレックスタイム制　③1年単位の変形労働時間制　④1週間単位の非定型的変形労働時間制　⑤みなし労働時間制を労働基準法上の法定労働時間制度として認めている。

(a) 法定労働時間と所定労働時間

　法定労働時間とは，法律に定められている原則として，1週40時間（特例事業場46時間），1日8時間の定めをいい，所定労働時間とは各企業において就業規則等で定めるその企業の始業時刻から終業時刻までの労働時間（休憩時間と定められている時間を除く）をいう。ただし，法定労働時間と企業の就業規則や労働契約で定める所定労働時間とが異なることもあるので注意を必要とする。

(b) 変形労働時間制の運用

　所定労働時間が1ヶ月平均では一週40時間以内であっても，①1週40時間（特例事業場46時間）を超える週がある場合　②1日8時間を超える日がある場合には，必ず変形労働時間制によらなければならない。この変形労働時間制をとらない限り，所定外の労働時間は全て時間外労働になる。

(c) フレックスタイム制の運用

　フレックスタイム（flextime）制とは，清算期間（最長1ヶ月）における総労働時間のみが定められ，各日の労働時間については自主決定により自由に労働するものなので，1日単位の時間外労働は発生しない。フレックスタ

イムには通常，①コアタイム（core time），②フレキシブルタイム（flexible time）の時間帯がある。①のコアタイムは必ず勤務しなければならない時間帯であるが，②のフレキシブルタイムは，労働者が自由に出勤・退勤時刻を選択できる時間であるのが原則，使用者の時間指定の勤務命令はできない。

(4) 時間外・休日労働命令

(a) 時間外・休日労働命令の要件

使用者が労働者に時間外労働を業務命令として命じるには，次の要件を満たさなければならない。

①法内残業（1週40時間1日8時間以内）の場合　民事法（私法）上の要件のみ

②法定残業（1週40時間1日8時間超過）の場合　労働基準法（公法）上の要件および民事法上の要件

法定労働時間を超える残業を命じる場合には，労働基準法上の要件（公法上の要件）と，民事上の要件（私法上の要件）の双方を充足することが必要で，休日労働についても同じである。休日は週休制の「法定休日」とそれ以外の「会社休日」に区分され，会社休日の労働については民事法上の要件のみでよいが，法定休日の労働については，民事法上と労働基準法上の要件の両方が必要とされる。

労働基準法上の要件とは，労働基準法36条で定める時間外・休日労働に関する協定（いわゆる三六協定）を締結し，これを所轄労基署長へ届け出ることである。民事法上の要件とは，労働契約上の時間外労働義務のことをいう。

(b) 時間外労働の協定時間の制限

労働基準法上の時間外労働時間や休日労働日数については，労使間協定の定めるところに任され，規制はない。しかし，政府は労働時間の短縮の行政指導の一環として「恒常的長時間労働の排除」を掲げ，労使当事者間の三六協定時間の適正化の目安として，指針を定め，三六協定による延長時間の指針（ガイドライン）を設けている。1993（平成5）年1月以降の協定につい

て行政指導している。

ただし，これには2つの適用除外がある。第1は業種または業務による除外であり，建設業，自動車運転者，新技術・新商品の研究開発業務等，第2は，特別条項付協定（エスケープescape条項）による除外であり，その除外方法は，①右の目安時間を超えて延長すべき特別事由（随時繁忙等），②特別延長の手続き（労使間で協議，通知，承認等一切自由），③特別延長時間（制限なし）の3項目について協定し，労基署長に届け出た場合にあたる。

(c) 女性・年少者の労働時間の制限

労働基準法では女性および16歳未満の者について「時間外労働」「休日労働」「深夜労働」について特別な規制や禁止をしている（労基61Ⅰ）。女性の労働時間の制限については，非工業的事業の場合には「4週間について36時間」となっている。また，18歳未満の者については従来どおり深夜業（午後10時から翌日午前5時まで）を禁止しているが，男女均等法の改正に伴い満18歳以上の女性について，時間外，休日労働並びに深夜業の規制が廃止された。

6 休　　暇

(1) 法定有給休暇と会社休暇

休暇とは労働義務のある労働日について労働者が使用者から就労義務の免除を得た日のことである。休暇をとることができる法的根拠については，法律の定めによって発生する法定休暇と就業規則や労働協約の定めにより発生するその会社独自の会社休暇の2種類がある。その法的性質には法律上の取扱い等に関して大きな差異がある。特に年次有給休暇は法的な効力が異なる。労働者，会社の両者とも年休の指定をしなかった場合には，法定休暇が優先となる。法定年次有給休暇については厳格な規制があり，原則として労働者の休暇取得の意思表示によって成立するが，会社休暇は労働者の請求を使用者が承認してはじめて成立する旨定めてもよく，その発生要件は自由に就業規則などで定められる。

(2) 年次有給休暇の発生要件

年休の発生要件は，①6ヶ月間継続勤務し，②全労働日の8割以上出勤することの前提にたち（労基39Ⅰ），10日間の有給休暇が与えられる。労働基準法は「有給」の「休暇」であるため，その企業への勤続に付する報奨ないし功労という面も加味し，使用者は1年6ヶ月以上継続勤務した労働者に対しては，6ヶ月を超える継続勤務年数1年ごとに，前項の日数に1労働日を加算した有給休暇を与えなければならないとし，「ただし，総日数が20日を超える場合においては，その超える日数については有給休暇を与えることを要しない」（労基39Ⅱ）と，勤続加算を改正した。

継続勤務とは，労働契約の存続期間，すなわち在籍期間をいう。継続勤務は，勤務の実態に即し実質的に判断する。従って，パートタイム労働者等の期間雇用者であっても，雇用契約が更新され，事実上中断なく雇用関係が継続している場合には，継続勤務に該当する。

(3) 時季変更権の行使

法定年休は，「事業の正常な運営を妨げる事由」（労基39Ⅳ）のない限り，その指定された日に休暇を与えなければならない。ただし，最近の判例では「事業の正常な運営を妨げる事由」があるとき，使用者の時季変更権の行使を正当と認めている。

(4) 生理休暇

生理休暇については，男女雇用機会均等法制定の検討を経て「生理日の就業が著しく困難な女子に対する措置」として使用者は，「生理日の就業が著しく困難な女性が休暇を請求したときは，その者を生理日に就業させてはならない」と規定している（労基68）。ただし，生理休暇を目的外で請求することは偽りであり，事情調査を行って事実が判明したときには，使用者は休暇を取消して欠勤としてもさしつかえない。

7 男女雇用機会均等法

雇用の分野における男女の均等な機会及び待遇の確保等に関する法律（男

女雇用機会均等法）は，従来の勤労婦人福祉法（1972（昭和47）年）を改変し，1985（昭和60）年に制定された。同法の制定は日本社会で画期的なことであったが，不十分な点も多く，度々改正された。

(1) 女性労働者に対する差別の禁止

① 募集および採用

事業主は，労働者の募集および採用について，女性に対して男性と均等な機会を与えられなければならない（均等5）。この禁止規定に反する場合は，労働者は使用者に対して損害賠償や慰謝料の請求が認められる（民709・710）。

② 配置，昇進および教育訓練

事業主は，労働者の配置，昇進および教育訓練について，労働者が女性であることを理由に男性と差別的取扱いをしてはならない（均等6）。この禁止規定に反して女性であることを理由に昇進を遅延させる差別的取扱いは違法となる。

③ 福利厚生

事業主は，厚生労働省令で定める住宅資金の貸付その他の福利厚生の措置について，労働者が女性であることを理由に男性と差別的取扱いをしてはならない（均等6②）。

④ 定年，退職および解雇

事業主は，労働者の定年および解雇について，労働者が女性であることを理由として，男性と差別的取扱いをしてはならない（均等6④）。

⑤ 公表

以上の違反について，厚生労働大臣が事業主に勧告したにもかかわらず，事業主が従わなかったときは，その旨を公表することができる（均等30）。

(2) 女性労働者の就業に関して配慮すべき措置

事業主は，職場における性的言動に起因する問題（セクシャルハラスメント）に関して雇用管理上必要な配慮をしなければならず（均等11），女性労働者の妊娠中および出産後の健康管理に関して必要な措置を講じなければな

らない（均等12・13）。

8 人事考課

(1) 使用者の公正考課義務

人事考課とは，従業員の能力・勤務成績・適性等労務提供に関する諸要素を評価記録する人事管理上の行為をいい，これを計画的・組織的・継続的に行い制度化したものを「人事考課制度」と呼ぶ。

使用者には「公正査定義務」が労働契約上の信義則（民1Ⅱ），権利濫用の禁止（民1Ⅲ），公序良俗（民90）等の趣旨から発生する。

考課査定項目には，欠勤，遅刻，早退，生産高，販売実績，契約件数等のように明白に回数，金額，時間等数字で算定されるいわゆる客観的評価項目と，協調度，執務態度，責任感，積極性，職務専念度，指導性，将来性，正確性，迅速性，規律性，判断力，企画力，均衡力等々の人物，行動，能産，能力等の数字で算定できない主観的評価項目がある。特に主観的評価項目については慎重な考課が行われなければならない。主観的項目の公平さの確保については，その性質上査定が人間の判断であり，その限りにおいて主観性が混入することは不可避であるが，できるだけ査定者が公正・客観的に実施するように工夫をした客観的・合理的制度を設定し，考課基準を明確にし，かつこれを公正に運用することによって，このような不公平を極力防止するよう努力することが必要で，これは使用者の考課権限に内在する公正考課義務である。公正な人事考課の実施には次の要件を充足すべきである。

①考課項目（要素）の決定　②評定方法（観察方法）の確立　③考課評定基準の明確化　④考課査定者の適正な決定　⑤査定の基準通りの公正な運営　⑥考課基準の考課者間の意思統一　⑦査定結果の不偏

(2) 年休，生理休暇，産休等の人事考課上の取扱い

従来の判例や労働基準法などの趣旨から考えると，年次休暇，生理休暇，産前産後休暇，育児休業，労災休業，適法な同盟罷業（ストライキ）等は労働基準法または労働組合法上等法令上の権利に基づき，正当な権利の行使で

あるため，これを労働者の不就労として不利益に考課することは許されない。

9 不当労働行為

憲法28条には，勤労者の団結権，団体交渉権，団体行動権の，いわゆる労働三権と呼ばれる労働基本権の保障が定められている。労働組合法ではこれを具体化し，使用者に対して，労働基本権の侵害行為である不当労働行為の禁止を定め，労働組合活動の自由に対する使用者からの不当な干渉や妨害を防ぎ，労働組合の自主的な活動を確保しようとする制度を確立した。この不当労働行為にあたるのは，労働組合法7条に定められた次の4つの類型の行為である。

(1) 不利益取扱い

不当労働行為の第1の類型（労組7①）の不利益取扱いとは，労働者が，
①労働組合の組合員であること
②労働組合に加入し，もしくはこれを結成しようとしたこと
③労働組合の正当な行為をしたこと

上記のいずれかを理由に，解雇，配置転換，転勤，本採用拒否等の従業員としての身分上の不利益取扱い，昇給停止，賞与減額等の経済上の不利益取扱い，出勤停止，夫婦別居転勤等の精神上，生活上，組合活動上の不利益取扱い等をすることである。

なお，次の場合も同様に不利益取扱いとして禁止されている。
④労働者が労働組合に加入せず，もしくは労働組合から脱退することを雇用条件とすること
⑤少数組合とのユニオン・ショップ協定（union shop労働協約により被雇用者の組合加入を義務づける規定）やクローズド・ショップ協定（closed shop労働協約により被雇用者は組合員のみを採用できるとする規定）の締結労働組合が特定の工場事業場に雇用される労働者の過半数を代表していない場合に，これらの少数組合とその労働組合の組合員であることを雇用条件とする

労働協約を結ぶこと

(2) 団交拒否

不当労働行為の第2の類型（労組7②）は，使用者が，その雇用する労働者の代表者と団体交渉を行うことを正当な理由がないのに拒否し，誠実な団体交渉を行わないことである。

(3) 労働組合に対する支配介入・経理上の援助

不当労働行為の第3の類型（労組7③）は，使用者が，労働組合の結成または運営に対し，各種干渉行為をすること，およびその手段としてよく利用される経理上の援助をすることである。

「組合結成」に対する「支配介入」とは，使用者の意を受けたものが中心になって組合をつくったり，組合結成を思いとどまるよう説得したりすることがこれに該当する。

「組合運営」に対する「支配介入」とは，組合活動に対する干渉をいい，例えば組合大会などの行事への干渉，争議行為の切り崩し，第一組合と第二組合の理由のない差別待遇などがこれに該当する。

「経理上の援助」の禁止とは，財政面から労働組合の自主性を喪失させるおそれのあることに備えたものであり，例えば，組合専従者に対する給料の支給，組合大会出席者の旅費の支給，会議に要する費用の支出，ストライキ参加者のスト中の賃金の支給などがこれに該当する。

(4) 申立報復行為

不当労働行為の第4の類型（労組7④）は，労働者が，労働委員会や中央労働委員会に対して，申立てをしたり，挙証，発言等そこにおける各種の行為をしたことを理由に，使用者がその労働者を解雇したりその他の不利益な取扱いをすることである。

10　労働者派遣

自己の雇用する労働者を，雇用関係を維持しながら他の事業主（派遣先）のもとに派遣し，派遣先の指揮命令を受けて労働に従事させることを，労働

者派遣という。出向の場合，出向先と労働者との間に雇用関係が認められる。これに対して，派遣の場合，派遣先と労働者との間に雇用関係がない点に相違がある。

　労働者派遣は，指揮命令を受けて労働に従事する派遣先との間に雇用関係がないことから，職業安定法は労働者供給事業を禁止している（職業安定法44・45）。しかし，労働者派遣は派遣労働者にとって自己の望む日または時間に就業できる利点があり，派遣先にとっても必要な人材をその度合いに応じて派遣してもらえる利点があり，今日，多様な業種で労働者派遣事業が増加している。1985（昭和60）年，労働者派遣事業の適正な運用の確保および派遣労働者の就業条件の整備に関する法律「労働者派遣事業法」が制定され，一定の要件のもとで労働者派遣事業が認められた。

　①適用対象業務：当初は，26業務に限定して労働者派遣事業が認められていた。しかし，1999（平成11）年の改正により，港湾運送業務，建設業務，警備業務その他政令で定める業務以外は，自由に労働者派遣事業を行うことができるようになった（派遣4）。

　②労働者派遣事業の種類と要件：労働者派遣事業には，派遣労働者が常時雇用される労働者のみである特定労働者派遣事業（常用型），それ以外の一般労働者派遣事業（登録型）とがある（派遣5）。労働者派遣事業を行おうとする者は，厚生労働大臣に届出をしなければならない（派遣16）。

　③労働者派遣契約：派遣元事業主と派遣先は，労働者派遣契約を締結し，派遣労働者の人数，事業内容，就業場所，指揮命令者，派遣期間，就業日，就業の開始・終了時刻，休憩時間，安全・衛生，苦情処理，解除にあたり講ずる措置に関する事項を定めなければならない（派遣26）。派遣期間は専門的業務等を除き，原則として同一業務について継続して1年を超えることができず，1年を超え3年以内の期間を継続して労働者派遣の役務の提供を受けようとするときは，予めその期間を定めなければならない（派遣40）。

11 失業と労働災害

　労働者は失業した場合，雇用保険により失業保険の給付を受けられ，失業予防，能力開発や教育訓練給付による再就職の促進が図られる。これは失業保険法（1947(昭和22)年）が1974年に改正，制定された雇用保険法に基づく。

　一方，業務災害や通勤災害を，一般に労働災害と呼ぶ。業務災害とは，労働者が仕事中や通勤の途中で負傷したり，病気にかかったり，あるいは死亡する事故をいう。通勤とは労働者が就業に関し，住居と就業の場所との間を，合理的な経路および方法により往復することをいい，業務の性質を有するものを除く（労働者災害補償保険法7 II）。長時間の労働や不規則な勤務が継続した結果，疲労が蓄積して過労死に至ることがある。過労死は，従来，業務災害とは認められないことが多かった。しかし，最近は本人の勤務の実態を正確に把握することにより，勤務の内容と死亡との因果関係が明らかになり，その死を業務災害として認定するケースが増えた。

　労働災害は使用者，労働者の双方に多大な損害が生じるため，労使は絶えず注意を払い，労働災害の発生防止に努めなければならない。そこで，使用者には，労働者の生命，健康などに対する安全配慮義務を課すため，労働安全衛生法によって，労働者の安全衛生や災害予防のための一定の措置をとることを命じている。また，労働基準法では業務災害に関して使用者に各種の補償責任を課している。

　労働者に災害が生じたときは，その災害に対して迅速かつ公正な保護をするため，労働者災害補償保険法（労災保険法）によって，必要な保険給付を行ったり，労働者の社会復帰の促進や，労働者自身及び遺族の援護や適正な労働条件の確保をするなど，労働者の福祉の増進を図ったりしている。例えば，業務災害給付の内容には，療養補償給付，休業補償給付，障害補償給付，遺族補償給付葬祭料，傷病補償年金，介護補償給付がある（労働者災害補償保険法12の8）。通勤災害給付の内容には，療養給付，休業給付，障害給付，遺族給付，葬祭給付傷病年金，介護給付がある（労働者災害補償保険

法21)。

12 労働と福祉

(1) 人間尊重

労働者の報酬は次の労働力を再生産するために十分でなければならない。また，労働条件や労働環境などが劣悪であれば，人間らしい生活を保障することにはならず，全ての人々を人間として平等に扱うことが重要である。

憲法も11条で国民に保障する基本的人権につき，侵すことのできない永久の権利として与え，14条では，いかなる差別も認めないことを宣言し，人間尊重の大切さを説く（憲11～14）。人間尊重の精神は，近代民主国家の原点をなすものであり，全てはこの原点からはじめなければならない。

(例) 「いじめ」や差別的取扱，セクシュアル・ハラスメント（性的いやがらせ）などは，人間尊重の精神を侵すものである。

(2) 公害などの環境問題とその防止

産業の発展は，豊かな社会生活をもたらしたものの，環境破壊や公害問題を拡大させ，地球規模で悪化が進行している。大気汚染，水質汚濁をはじめとする公害は，地域社会にだけでなく，工場内で働く労働者の健康にも悪影響を与える。公害，環境問題に対する解決策が全世界共通の問題である。

現在，我が国では，環境の保全について，その基本理念や国などの責務，施策の基本事項を定め，国民の健康で文化的な生活を確保することなどを目的とした環境基本法（1993（平成5）年），大気の汚染に関し，工場などの事業活動や建築物の解体などによって発生するばい煙・粉じんの排出規制や自動車の排出ガスの許容限度を定めることとした大気汚染防止法（1968（昭和43）年），工場などが公共用水域に排出する汚水や地下水の汚濁を防止することなどを目的とした水質汚濁防止法（1970（昭和45）年）など公害の防止に関して数多くの法令を制定し，その対策を図っている。このほか，公害防止に関する法規として，自然環境保全法，騒音規制法，悪臭防止法，振動規制法，特定工場における公害防止組織の整備に関する法律などがある。

(3) 社会保障制度と社会福祉

　人々が安心して，療養や治療にあたることができ，障害のため労働を放棄せざるを得なくなったときにも，老後についても安心して生活できるようにすることは近代国家の使命であるともいえる。このように社会的，経済的弱者に国家が手を差しのべ，生活を保障することを社会保障制度という。社会保障は制度的には，公的扶助，社会保険，社会福祉，公衆衛生の4部門となっている。しかし，給付内容からは所得保障（現金給付），医療保障（医療サービス給付），社会福祉サービス保障の3つから構成されている。

　また，我が国では，社会福祉事業の全分野における共通的基本事項を定めている。福祉サービスの利用者の利益の保護を図り，社会福祉事業が公明かつ適正に行われることを確保することによって，社会福祉の増進に寄与することを目的とした社会福祉法（2000（平成12）年），生活に困窮するすべての国民に対し，必要な保護を行い，その最低限度の生活を保障することなどを目的とした生活保護法（1950（昭和25）年），児童が心身ともに健やかに生まれ，育成されるよう，等しくその生活を保障され，愛護されなければならないとの理念に基づいて制定された児童福祉法（1947（昭和22）年），老人は多年にわたって社会の発展に貢献してきた者として敬愛され，健全で安定した生活を保障されるとの理念に基づいて制定された老人福祉法（1963（昭和38）年）など各種の社会保障や福祉に関連する法律があり，人々の医療や生活等の保障をしているが，まだ，十分といいきれない。今後の社会は，産業の発展とともに，人々が心の豊かさを持てるような社会福祉の一層の充実が必要である。このほか，社会保障に関する法規としては，母子及び寡婦福祉法，身体障害者福祉法，精神薄弱者福祉法などがある。

　最後に，労働者の職業生活や福祉の実現を図るために用意されている法律の中で，その主なものを述べる。

① 勤労者財産形成促進法（1971（昭和46）年）

　この法律は勤労者が金融機関等と契約して財産形成，年金，住宅資金など目的に応じて一定期間，定期的に賃金から天引で事業主を通して行う貯蓄制度を設けている。課税上の優遇措置のもとで，労働者の計画的な財産形成を

促進し，生活の安定と国民経済の発展に寄与することを目的としている。

② 育児休業，介護休業等育児又は家族介護を行う労働者の福祉に関する法律「育児・介護休業法」(1991 (平成3) 年)

この法律は男女労働者に育児のための休暇を確保し，家族を介護する労働者を援助することを目的としている。なお，育児休業とは法律に基づき取得できる休業制度である。

③ 短時間労働者の雇用管理の改善等に関する法律「パートタイム労働法」(1993 (平成5) 年)

この法律はパートタイム労働者の適正な労働条件の確保，教育訓練の実施，福利厚生の充実などの措置を講ずることによって，パート労働者が能力を発揮でき，人々の福祉の増進を図ることを目的としている。

④ 高齢者・障害者等の移動等の円滑化に関する法律「バリアフリー法」(2006 (平成18) 年)

本格的な高齢化社会の到来を迎えて，高齢者・障害者の自立と積極的な社会参加を促すため，公共性のある建物を高齢者・障害者が円滑に，安全に利用出来るような整備の促進を目的として，「高齢者，身体障害者等が円滑に利用できる特定建築物の建築の促進に関する法律」(ハートビル法) が1994 (平成6) 年に制定された。その後，ハートビル法の主旨を更に積極的に進めるため，法改正等を経て，「高齢者・障害者等の移動等の円滑化に関する法律」(バリアフリー法) が，2006 (平成18) 年に施行された。

バリアフリー法ではハートビル法になかった特定道路や特定公園のバリアフリー化についての規定が新たに追加され，高齢者および身体障害者等が円滑に利用できるようにすべき建築物として，特定建築物 (不特定多数が利用する学校，病院，劇場など20項目以上に例示された施設) では，バリアフリー化のための利用円滑化基準への適合努力に留まるものの，特別特定建築物 (規模が2000平方メートル以上の建物等) では，同基準への適合義務が求められる。また，適合義務対象は，地方公共団体の条例によって拡大できるものとされている。今後は，全面的にユニバーサルデザインが求められる。

第7章
訴訟と執行

1　紛争の予防

　通常，正しい行動をしていれば，他人との間に紛争を引き起こすこともなく，法律に違反することもない。しかし，思いがけない事故にあったり，他人の紛争に巻き込まれりすることもある。従って平素から法律知識を身につけ，紛争を予防することが必要である。

　取引にあたり，事後，紛争が生じることを防ぐために当事者が契約書を交わし，借用証書を受取る。ただし，そのような書面が真正に作成されたものか否かについて争いが生じることもあるので，重要な行為については，公正証書を作成しておくことが望ましい。

　公正証書は，公証人によって厳格な手続きに従って作成され，真正な公文書と推定される（民訴228）。公証人とは，法務大臣によって任命され，当事者その他の関係者の依頼により，社会生活に関して生じる種々の事項を公に証明する人である。公正証書があれば，相手方はその記載についてほとんど争うことができない。また，私人が作成した文書（私署証書）でも，公証人の認証を得ると，真正に成立した文書として取扱われるので，公正証書の場合と同程度に，紛争の予防に役立つ。

2　和解・調停・仲裁

　紛争が生じた場合には，裁判所に訴えて裁判により解決を得る方法もあるが，訴えによらずに，次の和解，調停，仲裁によって解決してもよい。
　(1)　和解

民法上，当事者の双方が互いに譲歩し合い，その間に存在する争いをやめることを約束する契約が認められている（民法上の和解・民695）。一般には示談ともいう。ただし，和解が成立すると，後にこれと異なった確証が出現しても，変更することはできない。

一方，裁判所において行われる和解もある（裁判上の和解）。これには，訴訟手続き中に行われる訴訟上の和解と訴訟提起前に行われる起訴前の和解とがある。どちらの場合も，和解が成立した場合には，和解の内容が裁判の調書に記載され，その記載が済めば，確定判決と同じ効力を生じる（民訴267）。

(2) 調停

調停とは調停委員会という国家機関が仲に入り，当事者に譲歩させて紛争を解決するものである（民事調停法1）。調停が成立し，その内容が調停調書に記載されると裁判上の和解と同じ効力をもつ（民事調停法16）。

(3) 仲裁

仲裁とは，紛争を解決する手続として当事者が裁判所以外の仲裁人の判断に従うことである。当事者双方が仲裁契約を結び，仲裁人が仲裁判断書を作成し，その写しを当事者に送付する。仲裁合意は，当事者が和解をすることのできる民事上の紛争を対象とする場合に限り，その効力をもつ。仲裁合意は，書面または電子媒体等に契約内容が記録されなければ効力をもたない。（仲裁法13）。仲裁手続は，原則として当事者が定め，当事者間の合意がない場合の仲裁人は3人である（仲裁法16）。

仲裁法は，裁判所外紛争処理制度（Alternative Dispute Resolution：ADR）の拡充・活性化の一環として，国際商事仲裁模範法に沿って制定され，2004（平成16）年に施行された。これに伴い，従来の「公示催告手続及ビ仲裁手続ニ関スル法律」は，「第八編　仲裁手続」が削除され，「公示催告手続ニ関スル法律」に改められた（ただし，同法は2004年12月廃止）。また，「裁判外紛争解決手続の利用の促進に関する法律」（通称ADR法）が2004（平成16）年に成立し，2007（平成19）年に施行された。裁判外紛争解決としての仲裁，調停，斡旋などを促進することにより，国民が司法制度を

法表15　民事訴訟の流れ

> 訴状の提出→訴状の送達→答弁書の提出→第1回口頭弁論→
> 第2回口頭弁論→証拠調べ→最終口頭弁論→判決の言渡し

利用しやすくすることを目的とする。また本法における認証制度により弁護士以外の法律に携わる専門家が和解等の仲介を行うことを認めている。

3　民事訴訟

　以上のような方法を用いても紛争が解決できないときには，民事訴訟により解決を図るほかはない。民事訴訟とは，民事上の紛争を裁判所によって解決するための制度であり，債権の回収や権利の保護を図る役割も担う。なお，刑事上の紛争のうち特定事件については，2004（平成16）年に公布された「裁判員の参加する刑事裁判に関する法律」（裁判員法）によって国民の司法参加が導入された。

(1)　民事紛争と対応する法律

　民事上の紛争の局面としては大きく分けて担保権の実行・執行，民事訴訟，破産申立て，そして民事保全における確保があり，それぞれに対応する法律が用意されている。担保権の実行としての競売や強制執行については民事執行法，民事訴訟については民事訴訟法，破産の申立てについては民事再生法，会社更生法，破産法などの倒産処理法，そして民事保全による確保としての仮差押や仮処分に関しては民事保全法が相当する。（参照　法律・第5章）

(2)　民事訴訟および裁判所の構成員

　民事訴訟および裁判所の構成員には法律家（裁判官，検察官，弁護士＝法曹三者），調査官，書記官，執行官，速記官，通訳官，廷吏がある。

(3)　民事訴訟の手続き

　民事訴訟において訴えを起こす者を原告，その訴えの相手方を被告という。訴えは訴状を裁判所に提出することによって始まる（民訴133）。

　訴状が提出されると裁判所は訴状の副本を相手方に送達し相手方は答弁書

を提出する。

次に，裁判長は，口頭弁論の期日を指定して当事者を呼び出す。口頭弁論は争点や証拠について，裁判官の面前で口頭により公開して行われる。

裁判で判決を下すには原則として必ず口頭弁論を経なければならない（口頭弁論主義）。

当事者は，各々の主張を立証するために，証拠を提出しなければならない。証拠調べの方法には第三者を証人として呼んで事情を聴く証人尋問，特別の知識や経験をもつ第三者に意見を聴く鑑定，契約書などの書面を証拠とする書証などがある。

証拠調べが終わると裁判官はどちらの主張が正しいか否かを自分の自由な判断によって決め，判決書を作成して，公開の法廷で判決を言渡す（民訴247）。これを自由心証主義という。

(4) 裁判所

裁判所には最高裁判所，高等裁判所，地方裁判所，家庭裁判所，簡易裁判所があり（裁判所法1・2），各々上下の関係をなし，異なった権限を与えられている。

最高裁判所は最上級の裁判所であって，長官と14人の判事の合計15人の裁判官で構成されている。最高裁判所の審理および裁判は大法廷または小法廷で行われる。大法廷は15人の裁判官全員による合議制（定足数は9人）であり，小法廷は5人の裁判官による合議制（定足数は3人）である。なお，定足数とは審理および裁判を行うために必要とされる最小限の出席者数をいう。最高裁判所は東京におかれている。なお，合議の成立は全員一致である必要はない。判決では，多数意見と少数意見の両方が示される。

高等裁判所は最高裁判所の次に位置する下級裁判所であって，原則として3人，例外的に5人の裁判官の合議制により事件を取扱う。高等裁判所は，札幌・仙台・東京・名古屋・大阪・広島・高松・福岡の8都市におかれている。

地方裁判所は高等裁判所の次に位置する下級裁判所であって，原則として1人の裁判官が事件を取扱うが，一定の事件については合議制をとる。地方

裁判所は，北海道に4つ，各都府県にひとつずつおかれている。

　家庭裁判所は地方裁判所と同格の裁判所であり，主として，家事調停・家事審判および少年保護事件の審判を扱う。1人の裁判官で事件を取扱うのが原則であるが，特別の場合には合議制をとる。なお，家庭裁判所で行われる審判は原則として非公開で行われる。

　簡易裁判所は最下級の裁判所であり，民事事件については訴訟の目的の価額が140万円を超えない請求の事件を扱う。簡易裁判所においては常に1人の裁判官が事件を取扱う。簡易裁判所はひとつの地方裁判所の区域内に，いくつかおかれている。

　判決とは裁判所が口頭弁論に基づいて一定の形式によって作成し，常に言渡しによって効力を生ずる裁判所の判断の表示をいう。決定・命令とは判決に比べてより簡易な形式で行うもので，口頭弁論または書面審理に基づいて，決定は裁判所が，命令は裁判所ではなく裁判長または裁判長に指名された裁判官がする判断の表示である。

　判決に不服がある当事者は上級の裁判所に対して不服を申立てることができる。こうした判決・決定・命令に対する不服申立を上訴という。判決以外の裁判である決定・命令に対する独立の上訴を抗告という。民事訴訟法では口頭弁論を経ないで訴訟手続に関する申立てを却下した決定・命令に対してのみ抗告することができる（民訴328）。また不服の申立てができない決定・命令に対する，違憲などを理由とした最高裁判所への抗告を特別抗告という。

　上訴には第一審の判決に対する不服の申立てである控訴と第二審の判決に対する不服の申立てである上告とがある。一審と二審では事実について調べる（事実審）が，上告審では法律の適用に誤りがないかどうかだけを調べる（法律審）。三審まで裁判を求めることが保障される制度を三審制という。

4　判決の言渡しと判決の効力

(1)　判決の言渡し

判決は判決書の原本に基づいて，判決言渡期日に言渡し，その正本を当事者に送達する。従って言渡期日までに判決原本が完成されていなければならない。なお，言渡期日は口頭弁論終結日から2ヶ月以内とされている（訓示規定・民訴250～255）。

民事訴訟法は言渡方式について，原本作成抜きの言渡しを認め，その場合は調書で判決書の代用にした（民訴254）。

判決が正式に成立するのは言渡しのときからであるが，不服申立が許される期間は当事者に送達されたときからである。

(2) 判決の効力

判決が言渡しによって成立し，効力が発生すると，裁判所自体これに拘束されて，任意に取消・変更は許されない。これを自己拘束力という。また，上級審が下級審の認定判断を拘束すること（民訴325），または原判決が適法に確定した事実認定が上告審裁判所を拘束すること（民訴321）を拘束力という。

一般に，判決には確定判決（権利の確認），給付判決（被告に対する行為命令），形成判決（新たに形成されるべき法律関係の宣言）の3つの種類があり，これに対応する形で効力も存在する。すなわち，形式的確定力，実体的確定力（既判力），その他の効力（執行力・形成力），随伴的効力（参加的効力など・民訴46），反射的効力，拘束力（民訴321・325など）が生まれる。以下，順に述べる。

(a) 形式的確定力

言渡された判決が手続きの中で取消・変更できない状態（判決の確定）になったときの効果を形式的確定力という。

(b) 実体的確定力（既判力）

実体的確定力（既判力）とは裁判所の言渡した判決が確定し，訴訟対象となった権利や法律関係の存在・不存在について裁判所の示した判断が不動のものになり，以後，法律上もつようになる拘束力をいう。既判力は判決の執行力や形成力の源泉となる。

(c) 執行力

執行力とは，例えば土地または建物の所有権確認の判決に関して，当該判決に基づいて所有権保存登記を実行することが認められるように，給付判決が有する強制執行の効力をいう。

(d) 形成力

形成力とは，例えば短期賃貸借契約の解除請求で賃貸借契約が解除となり，詐害行為取消判決によって債務者と受益者の契約が消滅するように，形成判決にみられる従前の権利関係，法律関係を判決によって別の形に変更・消滅させる効力をいう。

(e) 随伴的効力

随伴的効力として参加的効力とは判決が言渡されて確定した場合に，補助参加人が原則として被参加人の敗訴の理由に異議を主張できない効力をもつことをいう。

(f) 反射的効力

反射的効力とは訴訟当事者の実体法上の権利関係の上に第三者が依存している場合，訴訟の結果が第三者に及ぼす効力をいう。

5 強制執行

債権者が貸金の支払請求訴訟で勝訴したとしても，敗訴した債務者がこの判決に従って支払ってくれなければ，債権者は満足を得ることができない。そこで，このような場合には，国家機関の助力を得て，債務の履行を強制する方法が認められており，これを強制執行という。

(1) 債務名義

強制執行を行うためには，それを申立てる者に権利があることが確定されていなければならない。このような権利の存在を証明し，強制執行を行う基礎となる書面を債務名義という。債務名義の代表的なものが判決である。そのほかに，裁判上の和解や調停調書なども債務名義となる。

(2) 強制執行の方法

強制執行には，次のような方法がある。

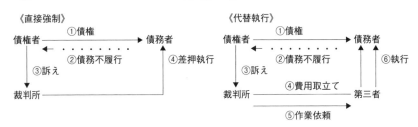

法図37　強制執行

(a) 直接強制

　金銭を支払うとか，物を引渡すというような債務について，裁判所が強制的に，直接に履行があったのと同じ状態をつくり出す方法である（民414Ⅰ）。金銭の支払いの場合には，債務者の財産を差押えて，これを競売して金銭にかえ，債権者に交付する。物の引渡しの場合には，それを債務者から取上げて，債権者に交付することになる。

　なお，裁判所は債権者の申立てにより，支払いに代えて券面額で金銭債権を差押債権者に転付する，転付命令を発することができる（民執159）。

(b) 代替執行

　建物を取除く義務を負う債務者がその債務を履行しない場合には，裁判所が債務者から費用を取立てて，その費用で第三者に取除かせる方法である（民414Ⅱ，民執171）。

(c) 間接強制

　債務者を心理的に圧迫して，給付の実現をはかる方法である。これは，第三者が債務者に代わって行うことができないような債務についてのみ認められる（民執172）。

（例）　絵画モデルがモデルとしての債務を履行しない場合，罰金を命ずる。

　ただし，債務の履行を強制したのでは，債権の真の目的を達成できないような場合には，以上のような強制執行の方法をとることはできず，債務不履行に基づく損害賠償の請求によるほかはない。

（例）　画家に絵を描かせる債務

（参照　法律・第4章）

6　民事保全

　権利の強制的実現には時間がかかるため，その間に財産が減少したり，権利の目的物が消滅して実現できなくなる恐れがある。その場合に将来取得する判決内容を先取りして，実現可能な状態においたり，仮に実現しておくことが必要となる。

　A社がB社に対して支払いを求める金銭債権を有する場合，強制執行ができなくなる恐れがあるか，それを著しく困難にする恐れが生じるとき，B社の不動産または動産について保全命令を発することができる。これを仮差押えという（民保20）。

　一方，A社は，B社に売却されて先に移転登記をされるならば，所有権を取得できない場合がある。このとき，不動産（係争物）に対して所有権に基づく処分禁止の保全命令，または占有移転禁止の保全命令が発せられる。また，解雇に正当な理由がないと考えているA氏は，B社に対して，従業員たる地位を仮に認め（仮の地位），かつ給与の仮払いを命じる保全命令を申立てることが考えられる。これを仮処分という（民保23 I II）。

　仮差押えや仮処分は本案（訴訟の対象となる権利，法律関係に関する請求）手続と密接に関係する。仮差押えは差押え，本執行へ移行することができるし，仮処分は，本案の内容を先取して実現させるだけに，既成事実化しやすく，本案判決と同様の効果を暫定的にせよ当事者に与える。

7　国際民事訴訟

　インターネットなどの電子商取引の拡大に伴い，異なる国家に所属する企業や個人など私人間の国際取引に関して国際民事訴訟が急増すると予想される。国際民事訴訟の場合，当事者はいずれの国の法（裁判所）に従うか，国際裁判管轄を予め相互に合意しておかなければならない。今後，各国共通となる国際裁判管轄の統一規律が必要となるのである。

我が国の訴訟制度は，長く多大な時間と費用がかかる弊害を指摘され，訴訟の迅速化を図るための法案，司法取引や証拠収集手続，法の違反者に対する課徴金や民事制裁金の強化が検討されてきた。また，裁判所とは別に，裁判所外紛争処理制度（ADR）を拡充・活性化することも推進されている。ADRは，建築，コンピュータ，不動産などの専門的知識が不可欠となる紛争の場合，専門家の助言を活用した調停手続による適正，迅速な紛争解決の制度である。裁判所に設営されたADRの場合，調停主任である裁判官と，専門家委員・法律家委員とが協力して事件の解決を行うことができる。

　ちなみに，欧米では商事取引等の分野で，中立的な第三者による紛争処理のシステムが利用されてきた。それは，ファシリテーション（facilitation 促進，介在），メディエーション（mediation 調停），アービトレーション（arbitration 仲裁）であり，その運営を担う者がファシリテーター（facilitator），メディエーター（mediator），アービトレーター（arbitrator）である。ファシリテーターは，会議の場で，発言の内容を当事者の関心に置き換え，議論に介在する。一方，メディエーターは，会議の設置や開催の決定に関与し，内部交渉や合意の原案づくりを行う。アービトレーターは，契約に基づき仲裁案を作成し関係者に強制することができる。（参照　経営・第2章，第5章，第6章，第11章）。

8　裁判員制度

　我が国の刑事訴訟手続に関して，2004（平成16）年に「裁判員の参加する刑事裁判に関する法律」が成立し，専門家である裁判官と一般の国民である裁判員が協働しながら，知識・経験，社会常識を共有し，その成果を裁判内容に反映できる裁判員制度が2009（平成21）年5月に施行された。裁判員は，1年ごとに作成される裁判員候補者名簿の中から事件ごとに無作為に選ばれ，裁判官とともに評決し，有罪・無罪の決定および刑の量定を行う。合議体は，裁判官3人，裁判員6人で構成され（同法2条2項），評決は構成員の過半数の意見で行われる（同法67条1項）。

〈参考資料〉　判例

《判例1》建物明渡請求事件（平成8年（オ）第1697号）
上告審判決・最高裁大法廷1999（平成11）年11月24日

[事案概要]
　XがAに対する債権の担保のためA所有の土地・建物に根抵当権の設定を受け，担保権を実行するため競売を申立てた。一方，Yらがその4ヶ月前から係争建物を権原*なく占有していたことから，買受けを希望する者が買受申出を躊躇し，入札がなく，その後も競売手続は進行しなかった。Xは，Yらを被告として訴訟を提起し，債権者代位に基づく根抵当権の被担保債権を保全するため，AのYらに対する係争建物の所有権に基づく妨害排除請求権を代位行使し，建物のXに対する明渡しを求めた。

　上告人：Y（2名）　被上告人：X

[判決]
　原判決を容認。Yらの上告を破棄。

[判決要旨]
　第三者が抵当不動産を不法占有することにより，競売手続の進行が害され適正な価額よりも売却価額が下落するおそれがある等，抵当不動産の交換価値の実現が妨げられ抵当権者の優先弁済請求権の行使が困難となるときは，抵当権者は，所有者の不法占有者に対する妨害排除請求権を代位行使することができる。また，建物を目的とする抵当権を有する者が抵当権の実行として競売を申立てたが，第三者が建物を権原なく占有したことにより競売手続が進行せず，抵当権者の優先弁済請求権の行使が困難となる場合は，所有者の不法占有者に対する妨害排除請求権を代位行使し，所有者のために建物を管理することを目的として，不法占有者に対し，直接抵当権者に建物の明渡しを求めることができる。

　1審判決・名古屋地裁1995（平成7）年10月17日

妨害排除請求を代位行使して，建物の明渡しを容認する。
2審判決（原判決）・名古屋高裁1996（平成8）年5月29日
妨害排除請求を代位行使して，建物の明渡しを容認する。

[参照条文]
民法369条，423条。

[留意点]
当該判例は，社会的な背景の変化から，短期賃貸借契約解除等請求事件（上告審・最高裁第二小法廷1991（平成3）年3月22日）の判例を変更したものである。

* 権原とは，ある法律行為，出来事，またはこれによって得られた法的地位を正当とする法律上の根拠，原因をさす。

《判例2》 特許権持分確認等請求事件（平成13年（ワ）第17772号）
一審判決・東京地裁2004（平成16）年1月30日
（中間判決の口頭弁論終結日　2002（平成14）年6月27日）
（終局判決の口頭弁論終結日　2003（平成15）年10月24日）

[事案概要]
X（原告）は，電子工業製品等のメーカーであるY会社（被告）で半導体発光素子等の研究・開発に従事したが，在職中の平成2年9月ころ，「窒素化合物半導体結晶膜の成長方法」に関する本件発明を発明した。Yは，同年10月25日，本件発明につき，Xを発明者，Yを出願人として特許出願をし，平成9年4月18日，Yを特許権者として設定登録を受けた。Xは本件発明については，Yの社長の業務命令に反して行った研究から生み出された発明であるから，自由発明に属するものであって，職務発明ではなく，特許を受ける権利は，発明の完成と同時に発明者であるXに原始的に帰属し，現在に至るまでYに承継されていないと主張して，主位的に，特許権の一部（共有持分）の移転登録手続を求めるとともに，Yが本件特許権を過去に使用して得た利益につき不当利得返還を請求し，予備的に，本件発明

が職務発明として，その特許を受ける権利がYに承継されている場合には特許法35条3項に基づき相当の対価の支払いを求めた。

Yは，本件発明はXが職務に関して行った職務発明であり，Yにおいては，従業員の発明・考案に関して定めた昭和60年改正社規第17号が存在するので，その適用があるほか，会社と従業員の間で，従業員が発明をした場合に，当該発明についての特許を受ける権利は発明の完成と同時にYに移転するとの黙示的停止条件付き譲渡契約が存在した上，本件発明の特許出願に際しては，Xは，譲渡証書に署名しており，特許を受ける権利の譲渡行為が存在すると主張した。

Xは，Yの主張に対し，心裡留保（民法93条ただし書），錯誤（民法95条），公序良俗違反（民法90条），労働基準法15条1項の違反を理由とする譲渡契約の無効や債務不履行による契約解除などを主張した。

原告：X　被告：Y会社

[判決]

①被告は原告に200億円及び遅延金の支払いを命ずる。

②原告のその他の請求棄却。

[判決要旨]

職務発明の権利承継等に関して明示の契約，勤務規則等が存在しない場合であっても，一定の期間継続して職務発明について，従業者等が使用者等を出願人として特許出願をする取扱を前提とした行動をしているような場合には，従業者等との間での黙示の合意の成立を認め得る。

従業者等が勤務時間中に，使用者等の施設内において，その設備を用い，その従業員である補助者の労力等も用いて発明したものは，職務発明に該当する。

特許出願に先立って，従業者自ら出願依頼書（裏面は譲渡証書）及び明細書作成用紙に署名していれば譲渡する旨の契約が成立したものと認められる。

従って，原告の主位的請求及び予備的請求（の一部）は，いずれも認められないが，本件特許の権利譲渡に対する相当対価の額は，被告会社の独占利益1208億6012万円（算定した実施料合計額）と評価できる。さらに原告が，十

分とは言えない研究環境のもとで個人的能力と独創的な発想により，産業界待望の世界的発明をなしとげたことから，発明者の貢献度は50％と評価できる。その結果，これを乗じた604億3006万円が相当対価となり，この一部として200億円及びその遅延損害金の支払を求める予備的請求は認められる。

[参照条文]

特許法35条

[留意点]

　Y会社は当該判決を不服として即日控訴した。その後，特許の効力に関する問題点が，法律家や研究者，同業者等から指摘され，また，当該発明に対するその他の研究者，貢献者からの言動も寄せられ，東京高裁は2004（平成16）年12月24日，控訴審の結審日に和解勧告を行った。その結果，東京高裁で2005（平成17）年1月11日，Y会社がXに8億4391万円を支払うことにより和解が成立した。和解金額の内訳は発明対価が6億857万円で，遅延損害金が2億3534万円である。企業は，今後，雇用契約のなかに特許発明に対する処遇を明らかにすることを避けられない結果となった。

　なお，知的財産高等裁判所設置法（2004（平成16）年）に基づき，2005年（平成17年）4月，知的財産高等裁判所が知的財産に関する事件を専門に取り扱う東京高等裁判所の「特別の支部」として設立された。特に，民事控訴事件（民事事件の控訴審）のうち，技術型事件の控訴事件は，東京高等裁判所の専属管轄に属し，知的財産高等裁判所が全国の事件を全て取り扱うこととなった。

[出典]

（参考文献）

最高裁判所民事判例集第53巻8号1899頁，『判例時報』1695号（2000.2.11），『判例タイムズ』No. 1019（2000.3.15）

(Web-site)　裁判所判例検索システム　http://www.courts.go.jp/search/

付記：中村修二氏（上記Y，米国カリフォルニア大学サンタバーバラ校教授）は2014年10月，高輝度で省電力の白色光源を可能にした青色発光ダイオード（LED）の発明により，名城大学教授・赤崎勇氏，名古屋大学教授・天野浩氏とともにノーベル物理学賞を受賞した。

（参照　法律・第4章）

〈別添〉経営・法律　関連図表

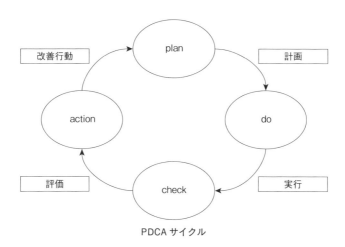

PDCA サイクル

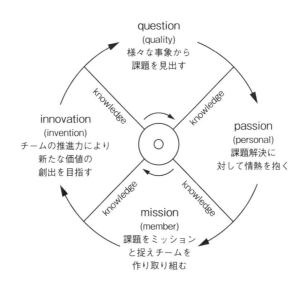

QPMI サイクル

利害関係者と関係法規

利害関係者	関係法規	対象事例
株主・投資家	商法，証券取引法	株主代表訴訟，利益供与罪
取締役	民法，商法，刑法	善管注意義務，忠実義務
		取締役の汚職罪，特別背任罪
従業員	労働法	セクシャルハラスメント
		安全配慮義務違反
取引業者	独占禁止法	不公正取引
下請会社	下請代金支払遅延防止法	下請代金遅延
競争会社	知的財産法，独占禁止法	談合罪
	不正競争防止法	
消費者	景表法，製造物責任法	誇大広告，欠陥商品
	消費者契約法	不当契約
	特定商取引法	
国／地方公共団体	斡旋利得処罰法，刑法	贈賄罪
地域社会	外国為替及び外国貿易法，	不正輸出
外国取引	関税法，不正競争防止法	

（注）当該表では，法律の正式名称に代えて略称も用いている。

2017年度　民法改正の概要

1　民法改正の経緯と概要

　現行の民法（以下，現行民法と略す）は1896（明治29）年に制定されたものであるが，今日に至るまで市民生活や経済環境は大きく変化したにもかかわらず，財産法の分野については部分的な改正がなされただけで，債権法に至っては改正がほとんど行われなかった。そこで，現在の社会・経済状況に適合するべく，現行民法が制定されて以来約120年ぶりの大改正が行われることになった。

　2017（平成29）年度の改正の大きな趣旨としては，①時代に対応すること②国民一般に分かりやすいものとすることである。①の内容としては，大きな変化を遂げた社会・経済の現状に対応させること，並びに国際的な取引ルールとの整合性をもたせることである。②の内容としては，判例法理を明文化して明確にすること，並びに難解であった用語を平易化することである。

　改正の経緯としては，2009年10月に法務大臣が民法改正を法制審議会に諮問し，同年11月から法制審議会民法（債権関係）部会において，民法のうち債権関係の規定の契約に関する規定を中心として見直しが開始された。その後，2013年2月26日開催の同部会第71回会議で「民法（債権関係）改正に関する中間試案」が決定され，パブリック・コメントの手続きを経てさらなる審議が行われ，2014年8月26日に開催された同部会第96回会議において，「民法（債権関係）の改正に関する要綱仮案」が決定され，同年9月8日に法務省から発表された。そして2015年中に通常国会への法案提出が予定されている。

　現段階における要綱仮案に掲げられた民法の改正点は約200項目にも及ぶが，中でも企業法務における主要な事項について以下に掲げる。

2 主な改正点

(1) 時効期間の統一

現行民法は債権の消滅時効について権利を行使できるときから10年で債権は消滅するとしているが、それ以外に職業別に短期消滅時効が定められている。例えば、飲食店の料金の時効は1年間、小売業の商品代金の時効は2年間、弁護士報酬の時効は2年間、医師の診察料の時効は3年間などと規定されている。これらの職業別の短期消滅時効については、同じ金銭債権であるにもかかわらず業種や職業により差異を設ける合理的根拠が見出せないという問題があった。そこで、今回改正により職業別の短期消滅時効が廃止される。

また消滅時効期間は、「権利行使できる時から10年」という従来の一般原則に加えて、「権利行使できると知った時から5年」の時効期間が追加され、この時効期間で統一されることになった。

なお、今回改正が成立すると、商行為により生じた債権の消滅時効の期間を5年としていた商法第522条の廃止が予定されている。

(2) 事業目的の借り入れ等についての個人保証の制限

これまでは保証人になることについては特に制限がなかった。そのため事業主が金融機関から借り入れをする際に、第三者による（連帯）保証を求め、（連帯）保証をした第三者が後日保証債務の履行の請求を受けて自己破産を余儀なくされるなどの問題が指摘されていた。そこで、今回改正では、主たる債務者が事業の為に負担する借り入れ等に第三者である個人が保証人になることを禁止し、原則として無効としている。

ただし、以下の場合を例外として認めた。

①第三者が保証契約前に公証役場で公証人に対し保証債務を履行する意思を表示し、公正証書を作成した場合

②主たる債務者が会社等の法人で、その法人の役員等（会社の場合は取締役等）が保証人になる場合。

上記の場合には、第三者は保証人となることができる。

(3) 法定利率

現行民法は，法定利率は年5％かつ固定制としていた。これを低金利時代に対応し，3％へと引き下げることになる。またこれに加え，3年ごとに市場金利に応じて1％刻みで改定できる変動制を導入する。

さらに現行民法の6％の商事法定利率も廃止し，改正後は3％で統一される予定である。

(4) 敷金および原状回復義務

賃貸借契約における敷金については，これまで民法上の規定がなく，その扱いをめぐり紛争の原因ともなっていた。改正案では敷金を家賃などの担保と定義し，賃貸借契約終了後に，賃貸物の引き渡しを受けた場合，貸主には未払い賃料等を控除した残額について返還義務が発生することを明記する。

賃貸借契約終了に伴う，借主の原状回復義務については，借主は通常の使用による傷みや経年変化を修理しなくてよいことも明記される。これにより借主はこれまで原状回復の費用として経年変化による劣化の結果生じる壁紙や畳の交換等も敷金から控除されることがあり，それが紛争の原因となっていた。今回，上記の明文化がなされることにより原状回復義務の内容が明確化される。

(5) 約款

約款とは，企業が不特定多数の消費者との契約を効率的に処理するため，あらかじめ画一的に定めた契約条項であり，インターネットを介しての売買や交通機関の利用，ホテル宿泊など広く普及している。しかし，内容は多岐にわたり，利用者側が十分に理解しないまま契約し紛争となる場合も少なくなかったにもかかわらず，現行民法には約款についての規定は存在しなかった。改正後は，約款についても規定を設け，消費者の利益を一方的に害する内容の約款は認めないものとし，契約後の約款に関わる変更条件も示す。

(6) その他

売買における瑕疵担保責任の内容を平易に分かりやすくすることや，意思能力の無い法律行為は無効であることを明文化するなどの改正がなされる。

III
経営と法律

粉飾決算と企業価値に関する実証研究
―「法と経営学」の分析枠組みを通して―

1 はじめに

　21世紀に入り，我が国は種々の面で様々な転機を迎えている。社会の基礎概念が変容し，社会構造，社会秩序，企業の行動原理，法意識などに様々な変化がみられる。それは，我が国の社会において長年蓄積されてきた価値観が大きく転換しようとしていることも意味する。企業の社会的責任は，利害関係者（ステークホルダー stakeholder）に対する責任の内容を明確にして果たすことが義務付けられる時代となり，遵守されているか否かはともかく経営倫理，法令遵守（コンプライアンス compliance）の認識も急速に浸透している。

　現在の日本企業では，かつてのメインバンク（取引第一順位銀行）に代わって個々の株主による経営監視が強化され，経営革新を実現する企業も登場している。安定的，持続的な成長を求める企業は，長期的な企業価値の増大を標榜する一方，不可避となるリスクにいかに対処するか，企業のリスクマネジメントが課題となる。

　ITベンチャーの企業として，我が国に広く知られ，期待と注目を集め続けたライブドアの堀江貴文・元社長ら経営トップ4人が，2006年1月，東京地検特捜部によって証券取引法違反の疑いで逮捕された[1]。更に，2006年6月，村上ファンド（中核となるのは投資顧問会社「MACアセットマネジメント」）の村上世彰・元代表が証券取引法（2007年より，金融商品取引法に改称）違反・インサイダー取引の疑いで逮捕・起訴された[2]。これは，我が国の企業経営の現状に警鐘を鳴らすものといえよう。

　本章は，最近10年以内に起こった日本長期信用銀行（現，新生銀行），カ

ネボウ,ライブドアの3社の事例をもとに,企業の粉飾決算および違法行為の実態を踏まえて,企業のリスクマネジメントと企業価値との関係について,「法と経営学」の視点から検証するものである。折しも商法から会社法への展開のなかで,新たな時代の経営と法律,実態と制度の在り方が模索されるにあたり[3],今後,企業価値をいかに増大させるべきかを展望する。

2 「法と経営学」の分析枠組み

2.1 経営とリスク

元来,リスク(risk)の概念とは,事故,事故発生の不確実性・可能性,見込みと結果の齟齬,危機,脅威,不測事態,突発事故,危険状態,損失など多様で複雑な意味をもつ。勿論,実際にリスクを分析する場合には,各領域でその具体的な事象の範囲や内容を絞込んで確定させなければならないことはいうまでもない。

リスクマネジメントの起源には諸説が存在する。そのひとつはドイツの1920年代のインフレーション下における企業防衛のための経営管理の方法としての危険政策,他のひとつは米国の1930年代の大不況下における企業防衛のための保険管理といえる経営合理化政策であった。リスクマネジメントとは,リスクに対する具体的な対処の仕方,対策,政策,管理,戦略などを意味することになる。その目的は企業の維持発展や持続的成長を阻む経営危機,倒産危機からの防衛または回避の科学的管理である。それは適正な利益と適正な費用の均衡の上に成立つ。従業員の意識と情報システム等の技術,そして組織,基準・規程等を支える企業文化についても検討する必要がある。

企業は,独自の技術やノウハウ,価値ある情報,ブランドという各種の知的財産について,その価値またはリスクを適正に評価することが必要である。そして,識別・評価された知的財産を適切に管理するための仕組みがマネジメントサイクル(management cycle)に組込まれ,全社的なシステムとして構築されることが求められる。

2.2 法律とリスク

　法律の思考を経営に活かすことは重要である。法律の目指すものは，公平，公正，そして平等である。企業経営において法律上のリスク（法的リスク）を予想し，これに対する解決と対応について提示し経営戦略に組込んでいくことであろう。

　企業は常時，目に見えない，新たなリスクにさらされている。リスクは，企業の設立以前から発生し，成長とともに増大する。競争は激化し，リスクも拡大する。起業活動の範囲が拡大すれば，リスクも複雑化する。海外市場やベンチャー市場に焦点をあてる国際企業では，リスクがより大きくなる。

　各局面にしたがって法律の活用基準を変え，リスクに対する対処方法も変える。紛争処理を主眼とする臨床法務では，法律は裁判基準を第一義とする。一方，紛争回避を目的とする予防法務では，法律は裁判を避けるための判断基準として捉えられ，意思決定のために規範化される。更に，戦略法務では，法律は企業の意思決定のための基準として経営戦略ないし意思決定へ参画する。

　臨床法務は経営と法律を分離したまま個別に戦略判断するが，予防法務は両者を緊密化し，戦略法務において，両者は一体化され意思決定システムに組込まれる。

2.3 法と経営学の分析枠組み

　以上より，経営と法律の機能は，企業が不正や犯罪により打撃を受けることを未然に防ぐことへの貢献と理解されよう。経営においては，企業価値を高める上で，経営上のリスクを適切に管理することが求められる。一方，法律においては，紛争処理を主眼とする臨床法務，紛争回避を目的とする予防法務，さらに企業の意思決定のための基準として経営戦略ないし意思決定へ参画するための戦略法務が要請される[4]。

　「法と経営学」の分析枠組みは「法と経済学」にみられるような，法学の概念を経済学の概念で代替するということを想定していない。個々の学問領域を基礎に，個人が企業社会において，経営と法律という複眼的な視座で処

していることに注目したいのである。いわば，法的思考を織り込んだ経営学を提起することに意義がある。法律が経営に影響を与え，経営が法律に影響を与える。また，経営および法律の目指す利益，特に公益（社会・業界全体の不特定多数の利益で，企業の範囲を超える一般市民としての利益）と私益（自己の特定の利益で，特定企業の範囲内の，利害関係者をも含む利益）の追求，およびそれらの均衡を検討することになる。本章でとりあげる粉飾決算と企業価値の問題は，リスクマネジメントに関わると同時に，法と経営学の分析を必要とするのである。そして法と経営学の目指す目標は，企業価値の増大，そして究極の公益（公共善 common good）の実現であろう。

3　粉飾決算の定義と法律規定

3.1　粉飾決算の意味

　粉飾決算（window-dressing settlement）とは，会社の経営状況が赤字や債務超過等悪化しているにもかかわらず，売上を水増ししたり，あるいは経費を圧縮したりして不正な経理操作を行い黒字決算にすることをいう[5]。

　粉飾決算をして銀行から不正に融資を受け，本来できない利益配当や役員への賞与の支給を行えば会社の財産の減少をもたらし，債権者へも影響する。さらに上場会社にあっては，投資家への偽りの開示となり証券市場での投資家を裏切ることもある。従って，粉飾決算は多大な弊害をもたらし会社経営者としては決して行ってはならない行為である。法令遵守（コンプライアンス）の見地からは当然に許されない。

　一方，逆粉飾決算とは，実際は黒字決算にもかかわらず，赤字決算とするような場合であり，この場合には脱税が問題となる。

3.2　粉飾決算の法律規定

　ここでは，合法・脱法・違法の区別，民事法（民法，商法，会社法）と民事責任を中心に，刑事責任もあわせて整理する[6]。

　(1) 合法，脱法，違法

経営者の行為と法令遵守との関係を分類すると，合法（legal），脱法（law-evading），違法（illegal）のいずれかに相当する。合法のみが当該法律の範囲内であり，違法は当該法律の範囲外である。このうち，脱法は不明確な部分すなわちグレーゾーンであり，合法にも違法にもなりうる部分である。言換えれば，社会状況により合法か違法か変動する部分ともいえよう。従って，合法と違法の相違は明らかであるが，合法と脱法，および，脱法と違法の相違は必ずしも明らかではない。

(2) 民事責任

(a) 「役員等の株式会社に対する損害賠償」および「役員等の連帯責任」

取締役が粉飾決算により違法に利益配当を行ったときは，取締役は連帯してこの違法に配当した利益を会社に賠償すべき責任を負う。「役員等の株式会社に対する損害賠償」は会社法423条に，「役員等の連帯責任」は会社法430条に相当する。

(b) 「役員等の第三者に対する損害賠償責任」

取締役が粉飾決算により計算書類等の重要事項に虚偽の記載をし，そのために第三者に損害を生じたときは，取締役はこの第三者に対して連帯してその損害を賠償すべき責任を負う。「役員等の第三者に対する損害賠償責任」は会社法429条2項に相当する。

(c) 「不実の報告書に関する関係者の責任」

上場会社の取締役が有価証券報告書の重要な事項に虚偽の記載等をし，これを知らないで有価証券を取得した者にこれにより損害を生じたときは，この損害を賠償すべき責任を生ずる。「不実の報告書に関する関係者の責任」は金融商品取引法24条の4に相当する。

(3) 刑事責任

(a) 「会社財産を危うくする罪」および「違法配当罪」

粉飾決算を行って本来はすることができない違法配当を行った場合には，「会社財産を危うくする罪」ないし「違法配当罪」（会社法963条）として，これを行った取締役は「5年以下の懲役又は500万円以下の罰金」に相当する。

(b) 「取締役等の特別背任罪」

取締役が粉飾決算により自己又は第三者の利益を図り、その任務に違背して会社に損害を与えたときは「取締役の特別背任罪」（会社法960条）として「10年以下の懲役又は1000万円以下の罰金」に相当する。

(c) 「不実の書類、公告・不正取引行為等の罪」

上場企業の取締役が有価証券報告書の重要な事項に虚偽の記載をして提出したときは、「不実の書類、公告・不正取引行為等の罪」（金融商品取引法197条）すなわち有価証券報告書虚偽記載罪となり、「5年以下の懲役・500万円以下の罰金」に相当する。

4　粉飾決算の手法

本節では、粉飾決算の方法、および、違法ではないものの決算の数値を外観上よく見せる（一般にこれは"決算の化粧"と呼ばれる）ために使われる手法について述べる[7]。

(1) 売上を前倒して計上する、または、売上を架空に計上する。

(2) 売上債権を架空に計上する。売掛で計上するため、債権が回収できない危険性を有する。上記(1)と組合わせて用いる。

(3) 仕入債務を過少に計上することにより、利益を増大させる。

(4) 棚卸資産（在庫）を過大に計上する。架空計上と、真に在庫が倉庫にあるケースと2通りある。在庫が実際にあっても、売上なければ損失が計上される。カネボウの例では、これを「低稼働」として正当化していた。

(5) 繰延税金資産を過大に計上する。

(6) その他の費用を資産に計上する。これは、全て違法というわけではない。売掛金が回収できず「長期滞留営業債権」にしたにもかかわらず、引当金を十分積まないこともある。建物が5年も使用に耐えないにもかかわらず、30年償却とし、急遽除却にするような例である。自社ブランド製品を開発するための費用を原価にせずに、「ソフトウェア仮勘定」という項目で資産計上するケースもあろう。

(7) 連結すべき会社をグループから除外する。これは、カネボウおよび興

洋染織の事例が相当する．

(8) 簿外に保証債務を移す．

(9) 転換価格修正条項付き転換社債型新株予約権付社債（moving strike convertible bond : MSCB）を用いる．

転換価格（下方）修正条項付き転換社債型新株予約権付社債は，米国では一般に MSCB と呼ばれる[8]．MSCB の発行企業は，社債の発行額全部が株式に転換されることにより資金を得ることができる．MSCB は，増資と同じ資金調達方法の一種であるが，増資は「新株発行数が固定」の資金調達法であるのに対して，MSCB は「調達金額が固定」の資金調達法である．増資は株価によって調達金額が変わるため，企業にとっては安定しない資金調達方法といえる．一方，MSCB は「調達金額が固定」の資金調達法である．MSCB は，発行後一定の期間経過後に，転換価格をその時の時価で算定し直す条項が付されている社債である．株価に応じて転換価格を修正し社債から新株に転換することができる．真の成長企業を前提とした金融手法である．

粉飾では，MSCB で資金を調達し当該額を新規事業のために支出したように見せかけて，実際には MSCB の出資者に多額の利益を付与して返戻する，架空の増資である．この例としてはライブドアによるフジテレビジョン株式買占めが相当する．

(10) 監査法人が会計期中に交代する．これは，企業経営の内部における潜在的リスクを象徴する場合が多い．

実際の粉飾決算では，上記(1)(2)(4)(5)(7)などの手法をいくつか組合わせて使用することが多い．

5　企業価値の意味と評価方法

企業価値とは，利害関係者（ステークホルダー），すなわち株主，経営者，従業員，債権者，顧客，地域社会によって想定される企業の価値であり，それらは皆異なると考えられる．一般に，株式会社の場合，企業価値とは，株

主や投資家にとって企業の投資価値を指すことが多い。特に，M&A（企業の合併・買収）では市場での株価で測定される価値が中心となる。株式公開企業の株価に発行済株式総数を乗じた株式の時価総額も株価で測定された企業価値となる[9]。

　M&Aや敵対的買収が日常化しつつある現在，企業価値を高めようとする経営目標が意思決定と深く関わる。理論上では，付加価値または価値創造の視点から投下資本以上に企業価値を高める必要があるのである。この考えに基づく指標がMVA（market value added 市場付加価値）[*1]である。ただ，企業価値を保証するものは，企業の株式市場における価値，時価総額ではなく，調達した資金の使途とその意思決定に依存する。調達資金の使用方法は株式市場において企業が将来生み出す経済的利益，すなわちEVA（economic value added 経済付加価値）[*2]の視点から評価され，この指標は米国のスターンスチュワート社によって開発された[10]。将来にわたるEVAの現在価値の合計は，MVAに一致することになり，投資家の将来に対する期待MVAと当期EVAの関係を業種別に考える必要がある。

　今後，更にEVAを高めるためには，価値を創造する投資（資本コストを上回るリターンを生むNPV＝正味現在価値がプラスである投資）を継続的に行っていく必要があろう。

　日本は長らく不況にあり，企業の合理化局面で，企業は規模を小さくすることにより価値創造を達成できた。しかし，今後は好調な業績にともない増大する内部留保をいかに活用し将来の利益につなげるかが価値創造の要因となろう。自社の強みを認識し最適な資源配分を行うことにより，単なる規模の拡大ではない真の成長戦略の実現が可能となり，企業のMVAの増大，企業の価値創造がなされるのである。

　ただし，留意すべきことは，MVA，EVAはいずれも財務諸表の会計数値に基づく定量的な評価という点である。むしろ近年は企業の無形資産，知的財産に注目が集まっており，定性的な評価も重視されている。米国のダウ・ジョーンズ社（Dow Jones）によって開発されたsustainability index（持続可能性指標）は持続的な成長の見込まれる企業を選定し，指標を公表

している[11]。また，SRI（social responsibility investment 社会責任投資）の概念も知られている[12]。いずれにせよ，企業価値には，定量的な指標，定性的な指標が存在し，目的に適した指標が使用されることになる[13]。

* 1　MVA＝市場価値－投下資本。ただし，市場価値＝株式時価総額＋負債時価
　　　投下資本＝株主資本（評価・換算差額等を含む）＋有利子負債
* 2　EVA＝NOPAT－投下資本×資本コスト
　　　ただし，NOPAT（支払利息控除前税引後営業利益）＝営業利益＋営業外損益±調整項目－調整後税金
　　　資本コスト＝株主資本コスト×株主資本比率＋税引後負債コスト×（1－株主資本比率）

6　粉飾決算の実証研究

　本節では，粉飾決算事件に関する，最近10年の主な事例について述べる。とりあげるのは，日本長期信用銀行，カネボウ，ライブドアの3社の事例である。

6.1　日本長期信用銀行

　旧大蔵省は1997年7月に，不良債権処理のルールとなる「決算経理基準」を改正した。それ以前は関連ノンバンクを継続支援する場合，不良債権処理をしなくても問題なかったが，新基準では実態に即した処理が求められるように変化した。こうした背景の中，戦後の産業復興を支えるべく，1952年に設立された日本長期信用銀行（長銀）が1998年10月に経営破綻した[14]。

　旧長銀（現，新生銀行）の大野木克信・元頭取（被告）らは1998年3月期決算で，関連会社向け融資を独自の基準で甘く査定し，貸倒れ引当金を約3130億円少なく計上した虚偽の有価証券報告書を旧大蔵省に提出した。また，配当可能利益がなかったにもかかわらず，1株あたり3円，総額約71億円を違法に配当した。この粉飾額は，旧山一證券粉飾事件の約2700億円を上回り過去最高であった。整理回収機構では，太田昭和と当時の監査役は，甘い自己査定を黙認し，その結果違法配当が行われて同行に損害を与えた，と査定した。

新生銀行と整理回収機構が，大野木元頭取ら旧経営陣8人に対し，1997年9月期と1998年3月期に計約142億円を違法配当したとして提訴し，東京地裁は2002年9月，有罪判決を言渡している。しかしこのうち，計10億円の損害賠償を求めた民事訴訟の判決が2005年10月，東京地裁であり西岡清一郎裁判長（市村陽典裁判長代読）は「旧経営陣が意図的に違法な会計処理をしようとしたとは認められない」と述べ，請求を棄却した。刑事と民事で反対の判断が示されたのである。

　不良債権処理のルールについて大幅な変更があったにもかかわらず，旧長銀では新基準の周知徹底が図られていなかった。しかし，大野木元頭取らが従来の基準に基づき，関連ノンバンク向けの不良債権を処理しなかったことについて，民事訴訟では，商法違反の行為をする意図があったとするには無理があると認定した。また，経営者として企業の維持・存続のため，銀行にとって有利な資産査定をしたこと自体はやむを得ず，当時の監査法人も許容範囲と認めていた。

　更に，この控訴審判決が2005年6月，東京高裁であった。仙波厚裁判長は「公正な会計慣行を大きく逸脱し，必要な不良債権処理を怠った」と述べ，3人を執行猶予付きの有罪とした1審・東京地裁判決を支持し，被告側の控訴を棄却した。

　焦点となった1998年3月期から導入された新たな会計基準について，「自己査定による厳格な不良債権処理を求めており，当時の唯一の公正な会計慣行といえる」と判断し，「周知期間も十分あり，新基準から逸脱した決算は許されない」と退けた。また，「被告は刑事責任を問われるとは考えていな

表1　日本長期信用銀行　企業業績〈連結〉

(単位：百万円)

年月	総資産	株主資本	経常収益	経常利益	税引利益	時価総額
1995. 3	31,720,185	1,075,991	2,393,051	18,146	20,080	1,805,793
1996. 3	29,515,431	943,880	2,781,515	▲110,476	▲112,968	2,139,256
1997. 3	29,164,608	951,574	2,331,398	18,081	19,659	1,005,019
1998. 3	26,190,005	787,167	1,354,072	▲320,005	▲280,049	560,761

＊1997年，1998年の業績が粉飾されている。
（時価総額の基礎となる株価は決算期末日の終値である。以下同）

かったが，甘い自己査定で不良債権を少なく見積もっており，虚偽の決算であることを認識していた」と指摘した。

旧長銀の粉飾決算を巡っては，先の東京地裁が「違法な会計処理ではない」として請求を棄却し，刑事裁判の控訴審の判断が注目された。［表１］

6.2 カネボウ

カネボウは，1944年2月に設立され，化粧品，繊維，薬品，食品，ホームプロダクツ（生活用品）などの5つの主力事業部門を抱え，多角経営で知られていた。

①粉飾決算

多角化で知られるカネボウにとって，粉飾はひとつの企業体質であったといえよう。カネボウは，その各部門ごとに，売上の数字を操作するなどの粉飾のノウハウを持っていた。中でも，繊維部門では，第1次石油危機のあおりを受けた1974年頃から，不正な経理操作が存在した。また，化粧品部門でも1985年前後から押込み販売などが行われていた。すなわち，歴代6人の社長全員に責任があるともいえよう。

粉飾のノウハウは各部門の経理担当者がそれぞれ継承した。他の部門と情報交換して，お互いの手法を取入れ，複数の部門の手法を組合わせることにより，粉飾の方法を改良することも行われていたという[15]。

主な粉飾の手法は，(a)決算期末に売残った商品を，返品を条件に小売店などに引取ってもらい，売上を水増しする「押込み販売」 (b)不良在庫となった毛布を販売したように装い，架空の売上を計上する「宇宙遊泳」などであった。いずれも，粉飾額は各年の業績に応じて増減させていた。

こうした背景の中で，帆足隆・元社長，宮原卓・元副社長が，中央青山監査法人に所属していた公認会計士3人と共謀し，カネボウの2002年，2003年の各3月期の連結決算で，最大で約829億円を粉飾した有価証券報告書を関東財務局に提出した。社長に就任後，経営が悪化した実質子会社を連結決算の対象から除外したのは，対外的に会社の破綻を示すことによって，従業員や株主らへの影響を考慮しての決定であった。3人の公認会計士は，カネボ

表2　カネボウ　企業業績〈連結〉

(単位：百万円)

年月	総資産	株主資本	売上高	経常利益	税引利益	時価総額
2000. 3	684,351	▲11,644	568,369	19,239	3,102	98,977
2001. 3	712,610	808	555,494	23,808	11,620	166,158
2002. 3	723,175	927	528,816	11,811	70	111,798
2003. 3	687,073	502	518,240	14,133	518	60,514
2004. 3	635,500	▲630	437,714	▲56,395	▲357,666	60,001

＊2004年までの業績が粉飾されている。

ウの損失を抱えた関連会社を連結決算の対象から除外するようアドバイスするなどし，債務超過を資産超過と偽った有価証券報告書に「適正」の意見を付け，粉飾に加担した点に問題があった。［表2］

②裏金作り

　同社の経営浄化調査委員会によると，裏金は，子会社や下請け会社への支払いを装うなどし，2002年3月期までの3年間に，化粧品事業部門で約2億円，ホームプロダクツ（生活用品）事業部門で約5000万円が捻出された。帆足元社長と宮原元副社長が裏金作りを主導していた。

　主な裏金の使途は，(a)粉飾への協力に対するリベート　(b)販売対策費であった。同社では決算期末，「押込み販売」を繰り返していたが，その際，小売店に支払うリベートに裏金が充てられていた。また，売り場などでカネボウ製品を他社の製品より優先的に取扱ってもらうため，小売店に販売対策費を払っていたが，これにも裏金が使われた[16]。

　裏金作りは数十年以上前から慣例として行われており，裏金の支出は，1回あたり10万円から数百万円程度まで，細分化されて各部門に渡されていた。また，数千万円は総務担当の宮原容疑者が，数回に分けて帆足容疑者から受領し，その後リベートや販売対策費に充当するほか，総会屋対策や政治家へのヤミ献金としても使用されていた。

③興洋染織への過剰支援

　興洋染織は1958年，大阪で創業した老舗の毛布メーカーであった。カネボウは原料のアクリルを販売していたが，興洋が経営難に陥っていたため，金銭面の支援を実施した。同社が国内の毛布市場の5割を超す占有率を持って

いたことなどから，1998年4月，子会社化に踏み切った。

カネボウから興洋への貸付金などは，1998年3月時点ですでに1000億円に上っており，買収によってその全額を肩代わりすることになった[17]。

その後も，当時の首脳らが一部の反対を押し切って，同社が解散する2004年1月までの5年間に，運転資金などとして，同社に500億円余りを投入した。それにもかかわらず，興洋が解散に追込まれたことで，カネボウは清算費用として，さらに250億円余りの支出を余儀なくされた。

興洋向けに支出された毎年の資金は，カネボウの最大の収益部門であった化粧品事業の年間利益に匹敵する額という。

採算を無視した興洋への資金投入は，帆足元社長と宮原元副社長がおもに決定した。経営浄化調査委員会の調べでは，2人はカネボウ本体の粉飾決算や裏金作りを主導していたとされるが，1998年度以降は興洋についても粉飾決算を指導し，60億円前後の赤字であった2003年3月期に，約1億円の経常利益を装わせていた。

以上，①～③を受けて，所属公認会計士が起訴された中央青山監査法人は，2006年2月，提携先の米大手会計事務所プライスウォーターハウスクーパース（PricewaterhouseCoopers：PwC）の支援を受け，監査の品質管理体制を強化することを柱とした業務改善策を正式に発表した[18]。

2006年5月，中央青山は，金融庁より業務停止命令を受け，同年9月にみすず監査法人に改名し，信頼回復を図った[19]。組織改革については，4大監査法人（中央青山，新日本，トーマツ，あずさ）では初めて監査部門を業種別に再編することを打ち出した。業種ごとの特徴に合わせて公認会計士の専門性を高めることによって，監査の品質向上を図る。企業監査の手法の見直しや，監査法人内での審査強化について助言を求め，厳しい内部チェック体制を確立し，組織改革を実施する。

6.3　ライブドア

ライブドアは堀江貴文によって1996年4月に設立されたインターネット

サービス，ポータルサイト育成を行うITベンチャーである。ライブドアの粉飾決算は，既に述べてきたどの事例とも対照的である。堀江貴文・元社長（2006年1月逮捕）らは2003年11月から2004年10月までに，続けて6件の企業買収を公表した。実際は現金買収であったにもかかわらず，「新株発行による株式交換」などと虚偽公表し，計1403万株のライブドア株と16万株の関連会社株を新たに発行した。

この際「買収によるシナジー（相乗）効果」を力説した。さらに，粉飾決算で立件対象とみられる2004年9月期の有価証券報告書の利益を大幅に積上げして好業績を装った。関連会社株の100分割という奇策まで絡ませて，株価を高騰させた後，新株を売抜けて約90億円を還流させた。粉飾の動機は積極的かつ悪質である[20]。

更に，2006年6月，村上ファンド（中核となるのは投資顧問会社は「MACアセットマネジメント」）の村上世彰・元代表が証券取引法違反・インサイダー取引の疑いで逮捕・起訴された。彼は，ライブドアにニッポン放送株式の大量取得を持ちかけ，2004年11月，大量買占めの情報を得て，株式のライブドアの取得公表（2005年1月）前に，同株を193万株取得し高値で売抜け，約30億円の利益を上げていた[21]。

宮内亮治・元取締役（被告）らが発案し，堀江・元社長が了承して作り上げたスキームは非常に巧妙である。ライブドア事件の核心は，公認会計士の荷担，粉飾決算，インサイダー取引，脱税の主に4つの問題があげられる。

①公認会計士の荷担

不正経理では，グループと深い関係のある会計・法律事務所「ゼネラル・コンサルティング・ファーム」（横浜市）の公認会計士が，架空取引や預金の付替えで，ライブドア側に約16億5000万円の不正送金を行ったことが判明している。なれ合い監査が問題となった過去の粉飾決算に比べ，公認会計士の関与が極めて強く，ライブドアと一体化している前例のない事例といえる。

問題の2004年9月期決算を担当した「港陽監査法人」（横浜市）にも厳しい目が向けられている。日本公認会計士協会（藤沼亜起・会長）は，個別に

公認会計士を厳正に処分する旨，言及した。協会の厳しい対応の背景には，有効な再発防止策を打ち出せない焦りがあると推定される[22]）。4人の公認会計士が逮捕されたカネボウ事件では，同じ公認会計士が12年にわたり会計監査を担当していたことが判明し，監査先との癒着が問題になった。同協会は，公認会計士が同一企業を継続して監査できる期間を法律の規定より2年短縮した5年にする自主ルールを決め，4大監査法人に実行を要請するなど，大手に重点を置いた対策を講じた。しかし，同社は公認会計士が十数人の小規模監査法人であり，対策の対象外であった。

東京地検特捜部は，2006年3月，証券取引法違反（有価証券報告書の虚偽記載）罪で同社監査を担当した港陽監査法人・代表社員の公認会計士および以前同監査法人に所属していた公認会計士の2人を在宅起訴した。一方，同監査法人は，上記起訴と多数の企業からの監査契約打切りを理由に，同年6月解散することを決定した[23]）。

②粉飾決算

ライブドアは2004年9月期決算で，子会社のロイヤル信販とキューズ・ネットの利益計14億円余を本体の経常利益に付替え，本来赤字であった決算を黒字と装った。また，2003～2004年に別の4社（1社は関連会社・ライブドアマーケティング分）を加えた計6社の偽装買収に伴い，新規発行した自社株の売却益を還流させ，企業会計上の原則に反して「利益」として計上し，決算を粉飾した。企業会計基準では，自社株の売却益は資本剰余金に計上すべきである。しかし，ライブドアはその売却益を実質的に支配していた投資事業組合からの投資収益の分配という形で売上に計上し，付け替えたのである。還流分のうち，粉飾に充てられた金額は数十億円となる。ライブドアは株式交換で企業の合併・買収を進めてきた企業であり，そのために株価の上昇が必要条件でもあった。そのために，経常利益の業績予想の修正を繰返し，株価のつり上げを図ったのである。時価総額主義の中で粉飾決算が起きたといえよう。［表3］

③インサイダー取引

堀江元社長らは2005年12月，グループ幹部が特捜部に事情聴取されたとの

表3　ライブドア　企業業績〈連結〉

(単位：百万円)

年月	総資産	株主資本	売上高	経常利益	税引利益	時価総額
2000. 9	6,380	6,118	1,207	▲180	▲104	24,700
2001. 9	7,755	6,263	3,601	302	121	12,675
2002. 9	9,332	6,608	5,890	1,137	452	10,920
2003. 9	16,640	11,942	10,824	1,314	488	29,560
2004. 9	100,220	53,556	30,868	5,034	3,577	252,842

＊2003年，2004年の業績が粉飾されている。

報告を受け，保有する自社株600万株を売却し，約40億円の利益を得たとされる。投資家の判断に影響を及ぼす情報を把握しながら取引に踏切った行為が，証券取引法で禁止されたインサイダー取引に当たる可能性があるとして，特捜部は証券取引等監視委員会と合同で捜査している。

④脱税

堀江元社長らは，租税回避地（タックスヘイブン tax haven）の英領バージン諸島に本拠地を置く海外ファンドに自社株を売却して得た数十億円を，スイスなどの金融機関に開設した複数の借名口座にプールしていたことが判明した。資金は税務申告されずに簿外で処理されており，脱税の疑いが浮上している。こうした蓄財のうち，違法行為に基づく収益については資金洗浄（マネーロンダリング money laundering）の疑いもある。この蓄財がライブドアと堀江元社長・個人のどちらに帰属するか，調査されている。

6.4　分析事例に関する考察

(1)　粉飾の動機

既に述べた3社の粉飾決算について，粉飾の手法を改めて総括したい。

第1に，長銀の場合は，関連会社向け融資を独自の基準で甘く査定し，貸倒れ引当金を過小計上した虚偽の有価証券報告書の提出，および，違法配当である。

第2に，カネボウの場合は，返品を条件に売上を水増しする押込み販売，および，不良在庫を偽装販売する架空売上計上である。

最後に，ライブドアの場合は，計6社の偽装買収に伴い新規発行した自社

株の売却益を資本剰余金でなく売上に付替え，利益に計上した粉飾である。
　以上の粉飾決算事件をみると，1999年の日本長期信用銀行，2005年8月のカネボウの各事件は，巨額の不良債権を明らかにすると破綻に直結するため，粉飾決算に走った，という構図であった。「負の遺産」を作ったのは旧経営陣であり，摘発当時，社内からは最後の経営陣だけに責任を取らせるのは不公平との指摘もあがった。また，山一證券（事例研究では言及していない）は長年に及ぶ不良債権の「飛ばし」で生じた巨額の簿外債務を隠しており，企業の存続危機を回避する為の粉飾決算であった。
　これに対して，ライブドアは，従来とは異なる高度な手法を複雑に組合わせ，企業買収と株式交換，株式分割と株価高騰，投資事業組合を究極まで活用した利益還流システムを構築していた点で特異である。
　なお，カネボウの事例では，取締役会が機能していなかったとされるが，監査役会は機能していたのか，疑問なしとしない。取締役会が十分機能していれば粉飾を防止できるとまでは断言できないが，内部統制システムに限界がある以上，企業のコンプライアンスを支えるのは監査役制度ということになろう。ただし，これを担う監査法人も，営利目的である以上，経営者の意向に沿った監査を行う誘惑にかられる。実際に，米国のエンロンやワールドコムにみられる問題が我が国でも発生する危険性は高い。事実，事例研究の3社は監査すべき公認会計士が粉飾に関して経営者と共犯関係となっており，その点は重大であろう。
(2) 粉飾決算と企業価値
　本節では，企業価値として時価総額を用いて分析を試みた。粉飾決算の存在は利害関係者を欺く犯罪そのものであり，それ自体弁解の余地はなく，真の企業業績の在り方を問うことになろう。ただ，当該3社の実証を通してみる限り，粉飾決算の有無にかかわらず，時価総額は，他の企業業績（本節では総資産，株主資本，売上高など）とは連動しておらず，独立して推移していることがわかる。本来であれば，企業価値が企業業績と結付いていることが理想である。しかし，時価総額は株式市場における当該企業の一時点における株価に基づくため不安定であり，流動的である。一方，その他の企業業

績は，過去から現在に至る一定期間につくられる企業の信用や財務諸表上の実績であり，安定的であり，固定的である。

従って，粉飾決算と企業価値の関係を考えることは，期せずして企業価値の特徴，すなわち過去から現在に至る期間における組織の顕在的な価値評価，および現時点での組織の潜在的な価値評価，その二面性を示すことになるといえよう。

(3) 企業価値に対する従業員の意識

経営者の担う社会的責任は当然として，ここでは一般従業員はいかなる意識をもって仕事に従事していたのか，興味深いところである。一般従業員も経営に対する高い意識をもち，財務会計に対する着眼点を持つことが重要であろう。会計上の利益（経営利益，税引後利益，当期利益など）と，キャッシュフロー計算書の数値との乖離が大きい場合は，注意が必要であろう。例えば，2，3期にわたり損益計算書が増収増益であっても，キャッシュフロー計算書の営業活動によるキャッシュフローが，「プラス」にならない企業は，「粉飾決算」の懸念がある。いくつかの財務諸表の数値を異なる角度から検証することにより，問題が発見されることは多い。

また，企業が不祥事を起こした際，経営者が社会への説明責任を全うするためには，内部調査のみならず，企業から独立している外部の専門家による状況調査が望ましい。内部調査のみならず，外部の専門家による調査を併用することは，対外的な説明責任だけでなく多くの利点があろう。

最終的には，企業の実態と形式の理解に横たわる乖離が縮まることが望ましいのである。2006年5月，新たな会社法の施行は，経営と法律に関する機動的な対応関係の構築，および当該乖離の縮小が期待されるところである[24]。それは，現在における企業価値の増大，財務上の価値として時価総額を増やすことに結付くのである[25]。経営者は，粉飾を経て時価総額の最大化を図ったとしても，むしろ逆に企業価値を回復困難なまでに下落させるだけである。

7 結　び

　粉飾決算を抑止出来ない企業は，自浄能力を失った組織であり，結果として多くの投資家や一般消費者を欺き続ける重大な罪を犯すことになり，最後は自壊の運命を辿る。

　経営者は，聖人君子を目指す必要こそないが，高い意識・こころざしをもち，財務や会計に対する知識，経営と法律の乖離に関する知見を持つことが重要であろう。粉飾でない，真の企業価値の増大を目指し，リスクマネジメントの在り方を問い，最終的に公益と私益の均衡を踏まえた公益（公共善）の実現に至ることが望まれる。

注・参考文献

1) 『日本経済新聞』2006年1月24日付。
2) 『日本経済新聞』2006年6月7日付。
3) 神田秀樹編『コーポレート・ガバナンスにおける商法の役割』中央経済社，2005年，同『会社法　第8版』弘文堂，2006年，同『会社法入門』岩波書店，2006年。
4) 境　新一『法と経営学序説－企業のリスクマネジメント研究－』文眞堂，2005年，同「特許訴訟問題をめぐる"法と経営学"の分析枠組み」『経営哲学』第2巻，26-36頁，2005年。
5) 野村総合研究所『経営用語の基礎知識・第2版』ダイヤモンド社，2004年，興津裕康編『現代会計用語辞典・第3版』税務経理協会，2005年，『現代用語の基礎知識』自由国民社，2006年。
6) 御器谷法律事務所 web-site，http://www.mikiya.gr.jp，2006.6。
7) 森岡孝二『粉飾決算』岩波書店（岩波ブックレット），2000年。
8) 『株式用語辞典第9版』日本経済新聞社，2003年。
9) 「EVAで見る企業の価値」『週刊東洋経済』118-123頁，2005.12.3号。
10) James L. Grant, "Foundations of Economic Value Added" 2nd, John Wiley & Sons Inc, 2002., http://www.sternstewart.co.jp/, 2006.
11) http://www.sustainability-index.com/, 2006.
12) 谷本寛治編『SRI 社会的責任投資入門－市場が企業に迫る新たな規律－』日本経済新聞社，2003年。
13) ティム・コラー，マーク・フーカート，デイビッド・ウェッセルズ／著，本田桂子／監訳，天野洋世，井上雅史，近藤将士，戸塚隆将／訳『企業価値評価　第4版－バリュエーション企業創造の理論と実践－』（上・下），ダイヤモンド社，2006年。
14) 『日本経済新聞』2002年9月11日付。
15) 『読売新聞』2005年8月19日付。
16) 『日本経済新聞』2005年8月8日付。

17) 『読売新聞』2004年10月31日付。
18) 『日本経済新聞』2006年2月22日付。
19) 『日本経済新聞』2006年5月11日付,『同』2006年9月2日付。
20) 『MSN 毎日インタラクティブ』2006年3月10日付。
21) 『朝日新聞』2006年6月7日付。
22) 『日本経済新聞』2006年3月3日付。
23) 『日本経済新聞』2006年3月28日付夕刊,『同』2006年4月1日付。
24) 前掲注(4)。
25) 遠藤彰郎編著『企業価値向上のためのIR経営戦略:Investor relations』東洋経済新報社,2004年,鈴木一功編著『企業価値評価 実践編』ダイヤモンド社,2004年,スチュアート・C・ギルソン『コーポレート・リストラクチャリングによる企業価値の創出-倒産と再建,バイアウト,企業分割のケーススタディー』パンローリング,2003年(ウィザードブックシリーズ)。

参考資料

『有価証券報告書』財務省,各年度。
『会社年鑑』日本経済新聞社,各年度。
『会社四季報』東洋経済新報社,各年度。

(付記)

　みすず監査法人は,2006年12月,日興コーディアルグループの不正会計処理の責任を問われ,2007年7月末で解散した。
　2007年3月16日,東京地裁においてライブドア事件(証券取引法違反)の被告・堀江貴文に対し,実刑判決(懲役)が下された。
　2008年7月18日,最高裁第二小法廷において,旧長銀被告に対して無罪判決が下された。経営判断の基準となる「公正な会計慣行」について,第1審ならびに控訴審では,故意に「新しい基準」に従わなかった粉飾の違法行為であるとしたのに対し,上告審では他行同様に「旧来の基準」に従った決算であり,違法ではないと結論した。

* 本章は,境　新一「粉飾決算と企業価値に関する実証研究-「法と経営学」の分析枠組みを通して-」『公益学研究』vol. 6, No. 1, pp. 33-41, 2006. より転載したものである(一部に修正を加えている)。

参考文献

Ⅰ　経営

松下幸之助『道をひらく』PHP 研究所，1968年
高田保馬『社会学概論』岩波書店，1971年。
大野耐一『トヨタ生産方式―脱規模の経営をめざして―』ダイヤモンド社，1978年。
稲葉元吉『経営行動論』丸善，1979年。
加藤勝康『財務分析入門』銀行研修社，1981年。
伊丹敬之『新・経営戦略の論理』日本経済新聞社，1984年。
植草　益『産業組織論』筑摩書房，1982年。
村田晴夫『管理の哲学―全体と個・その方法と意味―』文眞堂，1984年。
大塚久雄『株式会社発生史』（大塚久雄著作集第 1 巻）岩波書店，1985年。
大野耐一・三戸節雄『なぜ必要なものを，必要な分だけ，必要なときに提供しないのか―トヨタ生産方式から経営システムヘ―』ダイヤモンド社，1986年。
渋沢栄一『青淵百話』図書刊行会，1986年
廣松恒彦『経営科学とOR　改訂 2 版』オーム社，1986年。
加護野忠男『組織認識論　企業における創造と革新の研究』千倉書房，1988年。
奥村昭博『経営戦略』日本経済新聞社，1989年。
稲葉元吉『現代経営学の基礎』実教出版，1990年。
梅澤　正『企業文化の革新と創造』有斐閣，1990年。
片岡信之『日本経営学史序説』文眞堂，1990年。
佐々木利廣『現代組織の構図と戦略』中央経済社，1990年。
清水廣一郎『中世イタリアの都市と商人』洋泉社，1990年。
野中郁次郎『知識創造の経営』日本経済新聞社，1990年。
大澤　豊・小山昭雄『経営科学』放送大学教育振興会，1991年。
平松闊編『社会ネットワーク』福村出版，1990年。
三輪芳朗『日本の企業と産業組織』東京大学出版会，1990年。
小林淳一・木村邦博編『考える社会学』ミネルヴァ書房，1991年。
戸部良一・寺本義也・鎌田伸一・杉之尾孝生・村井友秀・野中郁次郎『失敗の本質　日本軍の組織論的研究』中央公論社，1991年。
門田安弘『新トヨタシステム』講談社，1991年。
榊原清則『企業ドメインの戦略論』中央公論新社，1992年。
竹田志郎『国際戦略提携』同文舘，1992年。
西山忠範『日本企業論』文眞堂，1992年
三戸　公『家の論理　1 日本的経営論序説』文眞堂，1992年。
金井壽宏『ニューウェーヴマネジメント』創元社，1993年。
富永健一『現代の社会科学者』講談社，1993年。
森　五郎『人事・労務管理の知識』日本経済新聞社，1993年。
安室憲一『国際経営』日本経済新聞社，1993年。

山倉健嗣『組織間関係』有斐閣，1993年。
稲葉元吉編『現代経営学の構築』同文館，1994年。
竹田志郎編著『国際経営論』中央経済社，1994年。
吉原英樹『外資系企業』同文館，1994年。
安保哲夫『日本的経営・生産システムとアメリカ　システムの国際移転とハイブリッド化』ミネルヴァ書房，1995年。
森　五郎編著『現代日本の人事労務管理』有斐閣，1995年。
高村直助『会社の誕生』吉川弘文館，1996年。
吉澤　正編『ISO14001入門　環境マネジメントシステムとその実際』日本規格協会，1996年。
石川　昭『戦略情報システム入門』日本経済新聞社，1997年。
末松千尋・千本倖生『ネットワーク型ベンチャー経営論』ダイヤモンド社，1997年。
富永健一『経済と組織の社会学理論』東京大学出版会，1997年。
藤本隆宏『生産システムの進化論－トヨタ自動車にみる組織能力と創発プロセス－』有斐閣，1997年。
吉原英樹『国際経営』有斐閣，1997年。
池上　惇・植木　浩・福原義春『文化経済学』有斐閣，1998年。
加古宜士『財務会計概論』中央経済社，1998年。
片貝孝夫『パソコン活用の手引き』日本経済新聞社，1998年。
細野康弘『資金繰りの手ほどき』日本経済新聞社，1998年。
小倉昌男『小倉昌男　経営学』日経ＢＰ社，1999年。
河合忠彦『複雑適応系リーダーシップ』有斐閣，1999年。
小島史彦『プロデューサーの仕事』日本能率協会マネジメントセンター，1999年。
鈴木幸毅『循環型社会の企業経営』税務経理協会，2000年。
小松隆二『公益学のすすめ』慶應義塾大学出版会，2000年。
宮坂純一『ステイクホルダー・マネジメント　現代企業とビジネス・エシックス』晃洋書房，2000年。
渡辺　峻『人的資源の組織と管理』中央経済社，2000年。
下川浩一・藤本隆宏編著『トヨタシステムの原点－キーパーソンが語る起源と進化－』文眞堂，2001年。
安田　雪『実践ネットワーク分析』新曜社，2001年。
金井壽宏『働くひとのためのキャリア・デザイン』PHP研究所，2002年。
花輪俊哉『現代流通経済』（高等学校・教科書）一橋出版，2002年。
古田龍助『ベンチャー起業の神話と現実－起業家教育のメッカ，米バブソン大学からのレポート－』文眞堂，2002年。
三戸　公『管理とは何か－テイラー，フォレット，バーナード，ドラッカーを超えて－』文眞堂，2002年。
金光　淳『社会ネットワーク分析の基礎－社会的関係資本論にむけて－』勁草書房，2003年。
境　新一『企業紐帯と業績の研究－組織間関係の理論と実証－』文眞堂，2003年。
稲葉元吉『経営　新訂版』（高等学校・教科書）実教出版，2004年。
河合忠彦『ダイナミック戦略論』有斐閣，2004年。
小松隆二『公益とは何か』論創社，2004年。
富永健一『戦後日本の社会学』東京大学出版会，2004年。
野中郁次郎・勝見　明『イノベーションの本質』日経BP社，2004年。
林　容子『進化するアートマネージメント』レイライン，2004年。

松下幸之助『素直な心になるために』PHP 研究所，2004 年。
境　新一『法と経営学序説―企業のリスクマネジメント研究―』文眞堂，2005 年。
小原啓渡『クリエーター50 人が語る創造の原点』論創社，2005 年。
岩崎雅美・神野由紀・玉田真紀・常見美紀子編『ファッションデザイン』（高等学校教科書）文部科学省，2006 年。
小林真理編著『指定管理者制度―文化的公共性を支えるのは誰か―』時事通信出版局，2006 年。
清水裕之・菊池誠編著『アーツ・マネジメント　新訂』放送大学教育振興会，2006 年。
高橋俊介『人材マネジメント論―儲かる仕組みの崩壊で変わる人材マネジメント―』東洋経済新報社，2006 年。
竹田志郎『多国籍企業の競争行動』文眞堂，2006 年。
延岡健太郎『MOT"技術経営"入門』日本経済新聞社，2006 年。
武藤高義監修・末松照敏・岩田幸作・小川　隆ほか編『生産システム技術』（高等学校教科書）コロナ社，2006 年。
門田安弘『トヨタプロダクションシステム―その理論と体系―』ダイヤモンド社，2006 年。
延岡健太郎『MOT"技術経営入門"入門』日本経済新聞社，2006 年。
若林直樹『日本企業のネットワークと信頼』有斐閣，2006 年。
白井一幸『メンタル・コーチング―潜在能力を最高に発揮させるたったひとつの方法』PHP 研究所，2007 年。
風見正三・山口浩平編著『コミュニティビジネス入門』学芸出版社，2009 年。
國貞克則『決算書がスラスラわかる　財務 3 表一体理解法』朝日新書，2009 年。
國貞克則『財務 3 表一体分析法　「経営」がわかる決算書の読み方』朝日新書，2009 年。
小林真理監修・編，伊藤裕夫ほか『アーツマネジメント概論　三改版』水曜社，2009 年。
境　新一『今日からあなたもプロデューサー――アート・プロデュース＆マネジメント入門』レッスンの友社，2009 年。
野村克也『野村ノート』小学館文庫，2009 年。
松下幸之助『リーダーになる人に知っておいてほしいこと』PHP 研究所，2009 年
久繁哲之介『地域再生の罠』ちくま新書，2010 年。
境　新一編『アート・プロデュースの現場』論創社，2010 年。
渋沢栄一『論語と算盤』筑摩書房，2010 年
中央大学ビジネススクール編，河合忠彦著『ホンダの戦略経営―新価値創造型リーダーシップ』中央経済社，2010 年。
原田晃樹・藤井敦史・松井真理子『ＮＰＯ再構築への道―パートナーシップを支える仕組み』勁草書房，2010 年。
渡辺峻・角野信夫・伊藤健市編著『やさしく学ぶマネジメントの学説と思想』ミネルヴァ書房，2010 年。
新　雅史『商店街はなぜ滅びるのか　社会・政治・経済史から探る再生の道』光文社，2012 年。
境　新一編『アート・プロデュースの仕事』論創社，2012 年。
稲盛和夫『燃える闘魂』毎日新聞社，2013 年
大西康之『稲盛和夫 最後の闘い ―JAL 再生にかけた経営者人生』日本経済新聞社，2013 年
公益研究センター編『東日本大震災後の公益法人・NPO・公益学　公益叢書第 1 輯』文眞堂，2013 年。
境　新一編著，齋藤保男・加藤寛昭・臼井真美・丸　幸弘著『アグリ・ベンチャー　新たな農業をプロデュースする』中央経済社，2013 年。
辻井啓作『なぜ繁栄している商店街は 1％しかないのか』阪急コミュニケーションズ，2013 年。

三谷宏治『経営戦略全史』ディスカヴァー・トゥエンティワン,2013年。
現代公益学会編『東日本大震災後の公益学と労働組合　公益叢書第2輯』文眞堂,2014年。
丸　幸弘『世界を変えるビジネスは、たった1人の「熱」から生まれる。』日本実業出版社,2014年。
山本純子『入門クラウドファンディング：スタートアップ,新規プロジェクト実現のための資金調達法』日本実業出版社,2014年。
境　新一編著『アート・プロデュースの未来』論創社,2015年。

『日経ビジネス』2001年〜2015年。
『週刊東京洋経済』2001年〜2015年。
『週刊ダイヤモンド』2001年〜2015年。
『Diamond ハーバードビジネスレビュー』2003年〜2015年。

(邦訳書)

レスリスバーガー,F. J.（野田一夫・川村欣也訳）『経営と勤労意欲』ダイヤモンド社,1954年。
バーリ,A. A. & ミーンズ,G. C.（北島忠男訳）『近代株式会社と私有財産』文雅堂書店,1958年。
バーナム,J.（長崎惣之助訳）『経営者革命』東洋経済新報社,1965年。
マズロー,A. H.（原　年広訳）『自己実現の経営　経営の心理的側面』産業能率短期大学出版部,1967年。
メイヨー,E.（村本栄一訳）『産業文明における人間問題　新訳版』日本能率協会,1967年。
バーナード,C. I.（山本安次郎・田杉　競・飯野春樹訳）『経営者の役割』ダイヤモンド社,1968年。
テイラー,F. W.（上野陽一訳編）『科学的管理法　新版』産業能率短期大学出版部,1969年。
マグレガー,D. M.（高橋達男訳）『企業の人間的側面　新版』産業能率短期大学出版部,1970年。
ウェーバー,M.（田中真晴・中村貞二ほか訳）『ウェーバー　政治・社会論集』（世界の大思想23）河出書房新社,1972年。
シュムペーター,J. A.（塩野谷祐一・中山伊知郎・東畑精一訳）『経済発展の理論－企業者利潤・資本・信用・利子および景気の回転に関する一研究』（上・下）岩波書店,1977年。
ハーズバーグ,F.（北野利信訳）『仕事と人間性』東洋経済新報社,1978年。
チャンドラー,A. D.（鳥羽欽一郎・小林袈裟治訳）『経営者の時代（上・下）』東洋経済新報社,1979年。
ウィリアムソン,O. E.（浅沼萬里・岩崎　晃訳）『市場と企業組織』日本評論社,1980年。
サイモン,H. A.（稲葉元吉・倉井武夫訳）『意思決定の科学』産業能率大学出版部,1980年。
ヘンダーソン,J. M. & クォント,R. E.（小宮隆太郎・兼光秀郎訳）『現代経済学―価格分析の理論』（増訂版）創文社,1980年。
ペンローズ,E. T.（末松玄六訳）『会社成長の理論』ダイヤモンド社,1980年。
ベイン,J. S.（宮沢健一訳）『産業組織論　第2版』丸善,1981年。
ホーファー,C. W. & シェンデル,D.（奥村昭博・榊原清則・野中郁次郎訳）『戦略策定』千倉書房,1981年。
ポーター,M. E.（土岐　坤・中辻萬治・服部照夫訳）『競争の戦略』ダイヤモンド社,1982年。
ルート,F. R.（中村元一監訳）『海外市場戦略』ホルスト・サウンダース・ジャパン,1984年。
ファイヨール,J. H.（山本安次郎訳）『産業ならびに一般の管理』ダイヤモンド社,1985年。
ポーター,M. E.（土岐　坤・中辻萬治・小野寺武夫訳）『競争優位の戦略』ダイヤモンド社,1985

年。
ピーターズ, T. & ウォーターマン, R. H.（大前研一訳）『エクセレント・カンパニー』講談社, 1988年。
ヤング, J. W.（今井茂雄訳）『アイデアのつくり方』TBSブリタニカ, 1988年。
サイモン, H. A.（松田武彦・高柳 暁・二村敏子訳）『経営行動』ダイヤモンド社, 1989年。
アンゾフ, H. I.（中村元一・黒田哲彦訳）『最新・戦略経営――戦略作成・実行の展開とプロセス――』産能大学出版部, 1990年。
バートレット, C. A. & ゴシャール, S.（吉原英樹監訳）『地球市場時代の企業戦略』日本経済新聞社, 1990年。
ピーターズ, T. & オースティン, N. K.（大前研一訳）『エクセレント・リーダー』講談社, 1990年。
シュミットハイニー, S. & BCSD（BCSD日本ワーキンググループ訳）『チェンジング・コース――持続可能な開発への挑戦』ダイヤモンド社, 1992年。
ドラッカー, P. F.（上田惇生・佐々木実智男・田代正美訳）『未来企業～生き残る組織の条件』ダイヤモンド社, 1992年。
ウォーターマン, R. H.（野中郁次郎訳）『エクセレント・マネジャー』クレスト社, 1994年。
コリンズ, J. C. & ポラス, J. I.（山岡洋一訳）『ビジョナリーカンパニー：時代を超える生存の原則』日経BP出版センター, 1995年。
ハメル, G. & プラハラード, C. K.（一條和生訳）『コア・コンピタンス経営』日本経済新聞社, 1995年。
キャプラン, R. S. & アトキンソン, A. A.（浅田孝幸・小倉 昇監訳）『キャプラン管理会計』中央経済社, 1996年。
ドラッカー, P. F.（上田惇生訳）『新訳 現代の経営』（上・下）ダイヤモンド社, 1996年。
キャプラン, R. S. & ノートン, D. P.（吉川武男訳）『バランス・スコアカード』生産性出版, 1997年。
シュンペーター, J. A.（清成忠男編訳）『企業家とは何か』東洋経済新報社, 1998年。
サイモン, H. A.（稲葉元吉・吉原英樹訳）『システムの科学』第3版, パーソナルメディア, 1999年。
ミンツバーグ, H., アルストランド, B. W. & ランペル, J.（齋藤嘉則監訳, 木村充・奥澤朋美・山口あけも訳）『戦略サファリ――戦略マネジメント・ガイドブック――』東洋経済新報社, 1999年。
アンソニー, M. & ビッグス, N.（石橋春男・関谷喜三郎訳）『経済・金融・経営のための数学入門』成文堂, 2000年。
ウェルチ, J. & バーン, J. A.（宮本喜一訳）『ジャック・ウェルチ わが経営』（上・下）日本経済新聞社, 2001年。
クリステンセン, C.（玉田俊平太監修, 伊豆原弓訳）『イノベーションのジレンマ――技術革新が巨大企業を滅ぼすとき』増補改訂版, 翔泳社, 2001年。
コトラー, P.（恩蔵直人訳）『コトラーのマーケティング・マネジメント ミレニアム版』ピアソン・エデュケーション, 2001年。
スペクター, R. & マッカーシー, P. D.（山中鏆監訳, 犬飼みずほ訳）『ノードストローム・ウェイ：絶対にノーとは言わない百貨店』日本経済新聞社, 2001年。
Harvard Business Review編（Diamondハーバード・ビジネス・レビュー編集部訳）『ブランド・マネジメント』ダイヤモンド社, 2001年。
エド・マイケルズ, ヘレン・ハンドフィールド＝ジョーンズ, ベス・アクセルロッド／マッキン

ゼー・アンド・カンパニー訳，渡会圭子訳『ウォー・フォー・タレント』翔泳社，2002年。
チウェ，M. S-Y.（安田 雪訳）『儀式は何の役に立つか－ゲーム理論のレッスン－』新曜社，2003年。
バーニー，J. B.（岡田正大訳）『企業戦略論：競争優位の構築と持続』ダイヤモンド社，2003年。
ピュー，D. S. & ヒクソン，D. J.（北野利信訳）『現代組織学説の偉人たち―組織パラダイムの生成と発展の軌跡』有斐閣，2003年。
ボイエット，J. H. & ボイエット，J. T.（蔵直人監訳，中川治子訳）『カリスマに学ぶマーケティング』日本経済新聞社，2004年。
ボルザガ，C. & ドゥフルニ，J.（内山哲朗・石塚秀雄・柳沢敏勝訳）『社会的企業（ソーシャルエンタープライズ）―雇用・福祉のEUサードセクター』日本経済評論社，2004年。
チャン・キム，W. & レネ・モボルニュ（有賀裕子訳）『ブルー・オーシャン戦略：競争のない世界を創造する』ランダムハウス講談社，2005年。
ヒューゴ・チルキー編（亀岡秋男監訳）『科学経営のための実践的MOT：技術主導型企業からイノベーション主導型企業へ』日経BP社，2005年。
スティグリッツ，J. E.（楡井浩一訳）『世界に格差をバラ撒いたグローバリズムを正す』徳間書店，2006年。
Diamondハーバード・ビジネス・レビュー編集部編訳『戦略的思考力を鍛える』ダイヤモンド社，2006年。
ドラッカー，P. F.（Diamondハーバード・ビジネス・レビュー編集部編訳）『P. F. ドラッカー経営論』ダイヤモンド社，2006年。
ドラッカー，P. F.（上田惇生訳）『イノベーションと企業家精神』ダイヤモンド社，2007年。
バイグレイブ，W. & ザカラキス，A.（高橋徳行・田代泰久・鈴木正明訳）『アントレプレナーシップ』日経BP社，2009年。
マッキーヴァー，R. M.（中久郎・松本通晴監訳）『コミュニティ』ミネルヴァ書房，2009年（原版，1975年）。
エリック・リース（伊藤穣一解説，井口耕二訳）『リーン・スタートアップ』日経BP社，2012年。
マイヤー＝ショーンベルガー，V. & クキエ，K.（斎藤栄一郎訳）『ビッグデータの正体：情報の産業革命が世界のすべてを変える』講談社，2013年。
トマ・ピケティ（山形浩生・守岡桜・森本正史訳）『21世紀の資本』みすず書房，2014年。

(学会誌)

組織学会編『組織科学』1997年～2015年。
国際ビジネス研究学会編『国際ビジネス研究学会年報』1997年～2015年。
日本ベンチャー学会編『ベンチャーズ・レビュー』2000年～2015年。
現代公益学会編『公益叢書』各輯。
経営学史学会編『経営学史学会年報』1994年～2015年。
日本アートマネジメント学会編『アートマネジメント研究』2000年～2015年。
経営哲学学会編『経営哲学』2004年～2015年。

(原書・原題)

Taylor, Frederick W., "A Piece Rate System, Being a Step Toward Partial Solution of the Labor Problem," *Transactions of the American Society of Mechanical Engineers,* Vol.

参考文献

16, 1895. "Shop Management," *Transactions of the American Society of Mechanical Engineers,* Vol. 24, 1903. *The Principles of Scientific Management,* Harper and Brothers Publishers, 1911. Taylors Testimony before the Special House Committee, 1912.

Weber, Max, *Parlament und Regierung im neugeordineted Deutschland,* Zurpolitischen Kritik des Beamtentums und Parteiwesen, 1918.

Berle, Adolph A. Jr. & Gardiner C. Means, *The Modern Corporation and Private Property,* Macmillan, 1932.

Mayo, Elton, *The Human Problems of an Industrial Civilization,* Macmillan, 1933.

Barnard, Chester I., *The Functions of the Executive,* Harvard University Press, 1938.

Burnham, J., *The Managerial Revolution,* John Day Company, 1941.

Roethlisberger, Fritz J., *Management and Morale,* Harvard University Press, 1941.

Simon, Herbert A., *Administrative Behavior -A Study of Decision-Making,* Macmillan, 1945.

Drucker, Peter F., The Practice of Management, Harper & Row, 1954.

McGregor, Douglas, *The Human Side of Enterprise,* McGraw-Hill, 1960.

Maslow, A. H., *Eupsychian Management,* Richard D. Irwin, 1965.

Herzberg, Frederick, *Work and the Nature of Man,* Crosby Lockwood Staples, 1966.

Henderson, James M. & Richard E. Quandt, *Microeconomic Theory : A Mathematical Approach,* Second ed., McGraw-Hill, 1971.

Williamson, Oliver E., *Markets and Hierarchies, Analysis and Antitrust Implications,* Simon & Schuster, 1975

Chandler, A. D., *The Visible Hand : The Managerial Revolution in American Business,* Harvard University Press, 1977.

Simon, Herbert A., *The New Science of Management Decision,* Prentice-Hall, 1977.

Hofer, Charles W. & Dan Schendel, *Strategy Formulation : Analytical Concepts,* West Publishing, 1978.

Pfeffer, J. and G. Salancik, *The External Control of Organizations,* Harper and Row, 1978.

Porter, M. E., *Competitive Strategy,* The Free Press, 1980.

Peters, T. J. & R. H. Waterman, *In Search of Excellence,* Harper & Row, 1982.

Root, Franklin R., *Foreign Market Entry Strategies,* AMACOM, 1982.

Harrigan Kathryn Rudie & Donald C. Hambrick, *Strategic Flexibility : A Management Guide for Changing Times,* Lexington Books, 1985.

Peters, T. J. & N. K. Austin, *A Passion for Excellence,* Random House, 1985.

Porter, M. E., *Competitive Advantage,* The Free Press, 1985.

Ansoff, H. Igor & Edward J. McDonnell, *The New Corporate Strategy,* John Wiley & Sons, 1988.

Bartlett, Christopher A. & Sumantra Ghoshal, *Managing across Borders : The Transnational Solution,* Harvard Business School Press, 1989.

Drucker, Peter F., *Managing for the Future,* Plume, 1992.

Schmidheiny, S. & BCDS, *Changing Course,* MIT Press, 1992.

Gerlach, M. L., *Alliance Capitalism,* Univ.of California Press, 1993.

Hamel, Gary & C. K. Prahalad, *Competing for the Future,* Harvard Business School Press, 1994.

Hammer, Michael & James Champy, *Reengineering the Corporation : A Manifesto for Business Revolution,* Harperbusiness, 1994.

Waterman, R. H., *What America Does Right*, Rafael Sagalyn, 1994.
Anthony Martin & Norman Biggs, *Mathematics for Economics and Finance : Methods and Modeling*, Cambrige University Press, 1996.
Hayes, Robert H., Gray P. Pisano & David M. Upton, *Strategic Operations : Competing Through Capabilities*, John Wiley & Sons Inc., 1996.
Kaplan, Robert S. & David P. Norton, *The Balanced Scorecard : Translating Strategy into Action*, Harvard Business School Press, 1996.
Christensen, C. M., *The Innovator's Dilemma : When New Technologies Cause Great Firms to Fail*, Harvard Business School Press, 1997.
Kaplan, Robert S. & Anthony A. Atkinson, *Advanced Management Accounting*, 3rd ed., Prentice-Hall, 1998.
Bolles, Richard Nelson & Howard Figler, *Career Counselor's Handbook*, Ten Speed Pr., 1999.
Montana, Patrick J. & Bruce H. Charnov, *Management* (Business Review Books), 3rd ed., Barron's, 2000.
Sandhusen, Richard L., *Marketing*, 3rd ed., Barron's, 2000.
Granovetter, Mark & Richard Swedberg ed., "Sociology of Economic Life", Westview Pr.; 2nd, 2001.
Michaels, Ed, Helen Handfield-Jones & Beth Axelrod, *The War for Talent*, Harvard Business School Pr., 2001.
Welch, Jack & John A. Byrne, *Jack : Straight from the Gut*, Warner Books, 2001.
Kotler, Philip, *Marketing Management*, US Imports & PHIPEs, 2002.
Collins, Jim & Jerry I. Porras, *Built to Last : Successful Habits of Visionary Companies* (Harper Business Essentials), Harper Paperbacks, 2002.
Borzaga, C. & J. Defourny, *The Emergence Of Social Enterprise* (Routledge Studies in the Management Ofvoluntary and Non-Profit Organizations), Routledge, 2004.
Kim, W. Chan & Renee Mauborgne, *Blue Ocean Strategy*, Harvard Business School Pr., 2005.
Smelser, Neil J. & Richard Swedberg ed., *The Handbook of Economic Sociology*, 2nd., Princeton Univ Pr., 2005.
Barney, Jay B., *Gaining and Sustaining Competitive Advantage*, Pearson Education (US) ; 3rd International ed., 2006.
MacIver, Robert Morrison, *Community, A Sociological Study: Being an Attempt to Set Out the Nature and Fundamental Laws of Social Life* (1920), Kessinger Publishing, 2008.
Bygrave, William D. & Andrew Zacharakis, *Entrepreneurship*, Wiley ; 2nd., 2010.
Ries, Eric, *The Lean Startup: How Today's Entrepreneurs Use Continuous Innovation to Create Radically Successful Businesses*, Crown Business, 2011.
Mayer-Schönberger, Viktor & Kenneth Cukier, *Big Data: A Revolution That Will Transform How We Live, Work and Think*, John Murray Publishers, 2013.
Piketty, Thomas, *Le capital au XXIème siècle*, Seuil, 2013.

II 法律

田村諄之輔・平出慶道『商法総則・商行為法』青林書院、1990年。
鈴木竹雄『新版　会社法　全訂第5版』弘文堂、1994年。
加藤勝郎・大澤　功編『会社法要説　第3版』青林書院、1997年。

クーター，R. D. & ユーレン，T. S.（太田勝造訳）『法と経済学　新版』商事法務研究会，1997年。
日本税理士会連合会編，桜井四郎・竹下重人・吉牟田勲共著『民・商法と税務判断　4訂』（債権・債務編，商事・金融編，資産・譲渡編　各分冊）六法出版社，1999年。
吉永順作・奈良次郎『判例に学ぶ　新民事訴訟法』青林書院，1999年。
鈴木竹雄・竹内昭夫『会社法　第三版』有斐閣，2001年。
鈴木竹雄・竹内昭夫『会社法　第3版オンデマンド版』有斐閣，2001年。
森泉　章・加藤勝郎『新商業法規』（高等学校・教科書）暁出版，2002年。
宍戸善一・常木　淳『法と経済学—企業関連法のミクロ経済学的考察—』有斐閣，2004年。
ボウン，R. G.（細野敦訳）『民事訴訟法の法と経済学』木鐸社，2004年。
高木多喜男『担保物権法　第4版』有斐閣，2005年。
平出慶道監修・あさひ狛法律事務所『新会社法のすべてQ&A』中央経済社，2005年。
平出慶道・山本忠弘編『企業法概論1（企業の活動・組織と法）改訂版』青林書院，2005年。
神田秀樹『会社法入門』（岩波新書）岩波書店，2006年。
高木新二郎『事業再生—会社が破綻する前に—』（岩波新書）岩波書店，2006年。
林屋礼二・吉村徳重・中島弘雅・松尾卓憲『民事訴訟法入門　第2版補訂版』有斐閣，2006年。
森泉　章・鎌野邦樹『債権総論　第3版』日本評論社，2006年。
森泉　章・武川幸嗣『物権法　第3版』日本評論社，2006年。
我妻　榮著，良永和隆・遠藤浩補訂『民法　第8版』勁草書房，2013年。
平出慶道・山本忠弘・田澤元章編『商法概論1（商法総則・商行為法・手形・小切手法）』青林書院，2007年。
安西　愈『管理職のための人事・労務の法律　第4版』日本経済新聞出版社，2008年。
伊藤　眞『破産法・民事再生法　第4版』有斐閣，2014年。
丸山秀平『やさしい会社法　第12版』法学書院，2012年。
弥永真生『リーガルマインド会社法　第13版』有斐閣，2012年。
加藤一郎『経済活動と法　新訂版』（高等学校・教科書）実教出版，2010年。
神田秀樹『会社法　第16版』弘文堂，2014年。
菅野和夫『労働法　第10版』弘文堂，2012年。
平出慶道・山本忠弘・田澤元章編『商法概論2（会社法）』青林書院，2010年。

「民法100年　新時代の民法を展望する」『ジュリスト』NO. 1126，1998年1月。
「商法100年　その軌跡と21世紀への展望」『ジュリスト』NO. 1155，1999年5月。
「電子化時代の情報と法」『ジュリスト』NO. 1215，2002年1月。
『判例時報』1980年〜2015年。
『判例タイムズ』1980年〜2015年。
『ジュリスト』2003年〜2015年。

(学会誌)

日本私法学会編『私法』2001年〜2014年。

(原書・原題)

Emerson, R. W. and Hardwicke, J. W., *Business Law*, 3rd ed., Barron's, 2000.

III 用語・資料

The Oxford English Dictionary, 2nd ed., Clarendon Press, Oxford University Press, 1989.
『言泉』小学館, 1988年。
Maurice G. Kendall & Willam R. Buckland(千葉大学統計グループ訳)『ケンドール統計学用語辞典』丸善, 1987年。
『広辞苑 第6版』岩波書店, 2008年。
『会社履歴総覧』東洋経済新報社, 1991年。
田中英夫編『英米法辞典』東京大学出版会, 2002年。
岡本康雄編著『現代経営学辞典 3訂版』同文舘, 2003年。
『コンピュータ用語辞典 9版』日本経済新聞社, 2000年。
経営学史学会編『経営学史事典 第2版』文眞堂, 2012年。
吉牟田勲・成道秀雄編『税務会計学辞典』中央経済社, 2002年。
『会社年鑑 上・下』(上場企業)日本経済新聞社, 2001年～2006年。
『会社総鑑 上・下』(非上場企業)日本経済新聞社, 2001年～2005年。
『日経市場占有率』日本経済新聞社, 1993年～2010年。
『流通会社年鑑』日本経済新聞社, 2001～2004年。
『日経小売・卸売企業年鑑』日本経済新聞社, 2005年～2006年。
Saul I. Gass & Carl M. Harris(森村英典・刀根薫・伊理正夫監訳)『経営科学OR用語大事典 普及版』朝倉書店, 2007年。
日外アソシエーツ編集部編『西洋人著者名レファレンス事典1(A-K) 新訂増補』日外アソシエーツ, 2009年。
日外アソシエーツ編集部編『西洋人著者名レファレンス事典2(L-Z) 新訂増補』日外アソシエーツ, 2009年。
日外アソシエーツ㈱編『現代外国人名録2012』日外アソシエーツ, 2012年。
『現代用語の基礎知識 2014』自由国民社, 2014年。

各社発行の会社案内・会社概要。
WWWインターネット・ホームページの各社概要・会社史。

経営事項索引

あ

アート　33
　——プロデュース　93
　——マネジメント　29, 93
　——マネジャー　29
ICカード　191
ICタグ　191
アウトソーシング　104
アウトプット　177
青色発光ダイオード　194, 414
アカウンタビリティ　37
空き店舗対策　149
アグリ・ベンチャー　20
新しい公共　15
アドホクラシー　88
アトラクション　104
アプリケーション・プログラム　178
アルバイト　104
安全在庫　127
安全性　185
安定化機能　7
アンテナショップ　147
アンドン方式　120
暗黙知　91, 175

い

意思決定　80
　——支援システム　182
一次卸売商　147
一時解雇　107
一般小売商　143
一般従業員層　69
イノベーション　35, 49
イベント　29
インセンティブ　113
インターネット　146, 185
　——・バンキング　191

インタプリタ　179
インテリアデザイン　137
イントラネット　186
インプット　177

う

ウェブサイト　187
Webデザイン　137
請負労働者　104
売上計画　165
売上債権　163, 170
売掛債権管理　169
運転資金管理　170
運輸　140

え

役務　3, 23
エクイティ・ファイナンス　174
エクセレントカンパニー　87
エコ・ビジネス　32
エコ・マーク　89
エコロジーデザイン　92
X理論　99
MPRシステム　135
エレクトロニクス　22
演繹　50
エンタテインメント・ビジネス　93
エンドユーザー・コンピューティング　180
エンパワーメント　102
エンプロイアビリティ　107

お

欧州連合　196
横断的組織　71
応用プログラム　178
オートメーション　133
オープン・イノベーション　194
オープン陳列　156

454　　　　　　　　　経営事項索引

オクシモロン　35
オフ・ザ・ジョブ・トレーニング　108
オブジェクト指向　179
オフライン　184
オペレーションズ・リサーチ　50, 81, 163
オペレーティング・システム　178
親業者　199
卸
　——売商　143
　——商業団地　150
　——総合センター　150
オン・ザ・ジョブ・トレーニング　108
オンライン　184
　——・受発注システム　191
　——・バッチ処理　184
　——・リアルタイム処理　184

か

海外
　——進出　197
　——撤退　206
買掛金　160
会社　8
外食　31
カイゼン　119
改善活動　119
買い物弱者　149
会同結社　9
開発業者　150
外部環境　20, 36, 45
買回品　143
カウンセリング　111
カオス　67
価格　154
革新　49, 56
確定給付型年金　116
確定拠出型年金　116
家計　3, 4
加工組立型産業　18
加重平均資本コスト　85
家政　3
仮想企業　30, 188
カタログ　138
価値　39

活動基準管理　132
活動基準原価計算　132
合併・買収　200, 437
株価　168
株式　10, 162
　——会社　10
　——公開買い付け　67
　——交換　439
　——発行　162
　——分割　439
株主
　——価値　85, 168
　——資本　85, 207
　——資本等変動計算書　171
貨幣的資源　86
加盟店　30, 149
環境事業　32
環境ラベル　89
環境マーケティング　32
間接費　128, 131
間接輸出　199, 202
完全子会社　200
環太平洋戦略的経済連携協定　20
ガントチャート　123
カンパニー　9
　——制組織　71
カンバン　120, 183
管理
　——会計　128, 159
　——情報システム　181
　——図　126
　——的意思決定　54, 81
　——費　128
管理過程　76
管理過程学派　76
官僚組織　70

き

キーワード　59
企業　3, 5
　——イメージ　40
　——会計原則　171
　——価値　84, 95, 423, 439
　——業績　83

経営事項索引 455

——拠出型 116
——形態 8
——戦略 62
——統治 37
——内組合 95
——年金 115
——買収 65
——文化 40
危険負担 140, 198
技術 87
——経営 193
——供与 199, 202
——資源 117
——知 33
希少性 64
帰納 50
機能 24
——別戦略 52
規模の経済性 15, 70
基本給 114
基本政策 77
基本ソフトウェア 178
基本年俸 116
キャッシュ 163
キャッシュフロー 167
——計算書 167, 171
キャリア 106
——デザイン 106
QCサークル 110
吸収合併 65
QPMIサイクル 77, 415
教育訓練 107
業種 143
強制撤退 206
業績年俸 116
競争戦略 62
競争優位 63
業態 143
協働 5
共同化 90
協同組合 12, 15
——原則 12
協働計画・需要予測・補充活動 120
共同仕入 153

協働体系 6, 68
業務支援 26
業務代行 26
業務的意思決定 54, 81
金融 140

く

組合 12
クライアント・サーバ 185
——システム 185
クラウド化 190
クラウドファンディング 188
グラフィックデザイン 137
クリティカル・マス 86
グループ・ダイナミックス 111
グローカリゼーション 195, 207
グローカル化 207
グローバリゼーション 67, 195
グローバル 195
——人材 208
——スタンダード 196
——戦略情報システム 182

け

経営 7
——管理 75
——計画 77
——資源 34, 66, 68, 86, 117, 204
——思想 39
——戦略 45, 107
——組織 68
——大学院 208
——哲学 39
——の透明性 37
——判断の原則 38
——目標 45, 56, 62, 77, 78
——理念 36, 45
——倫理 38, 41
——倫理の欠如 38
傾向 59
経国済民 3
経済 3
——価値 64
——協力開発機構 205

456　　　　　　　　　　経営事項索引

──循環　4
──のサービス化・ソフト化　17
──付加価値　85, 426
形式知　91, 175
携帯電話　189
ケイパビリティ　64
契約　199, 202
ケース・メソッド　82, 109
ケーブルテレビ　192
決算の化粧　424
原価　128
──管理　117, 129
──企画　128
──計算　129
限界費用　131
減価償却累計額　161
研究開発　61, 190
現業　13
現金　163
権限　73
健康
──管理　28
──関連施設　28
──産業　28
──食品　28
検証　177
現状打破　125
現地化　205
現地法人　201
現場管理者層　69

こ

コア・コンピタンス　63
公益　21, 39, 426
公企業　8, 13
公共善　21, 39, 426
工業デザイン　137
広告　154
合資会社　12
公式組織　97
公式リーダー　100
公私合同企業　8
公私混合企業　8, 14
公社　13, 14

工数　125
公団　14
コーチング　109
工程
──改善　125
──管理　117, 122
──計画　123
──設計　123
合同会社　12
行動科学研究　96, 98
合弁事業　199, 202
広報　40, 67, 156
──活動　40, 67
──戦略　64, 67
合名会社　10, 12
小売商　142, 143
コープ　13
コーポレーション　9
コーポレート・アイデンティティ　34, 64
コーポレート・ガバナンス　37
小型コンピュータ　176
顧客
──価値　157
──負担　157
──満足　75
国際
──化　195
──会計基準　173
──協同組合同盟　12
──経営管理　202
──経営戦略　201
──標準化機構　89
国立印刷局　14
心の豊かさ　22
互助組合　15
個人拠出型　116
コスト　117
──ダウン　19
──優位　63
──・リーダーシップ　63
固定資産　164
固定費　79, 131
個別
──原価計算　130

経営事項索引　　　457

　　――賃金額管理　114
　　――賃金制度　114
コミュニケーション　83, 101, 137
コミュニティ　13
　　――ビジネス　31
コミュニティビジネス　31
雇用管理　95
雇用ポートフォリオ　105
コラボレーション　87
コンティンジェンシー理論　73
コンテンツ　186
コンテンツ産業　186
コントロール　177
コンパイラ　179
コンパニーア　9
コンピテンシー　110
コンビニエンスストア　145
コンピュータ　175
　　――援用製造　183
　　――援用設計　183
　　――支援解析システム　134
　　――統合生産　134, 183
　　――ネットワーク　183
　　――犯罪　189
コンプライアンス　41, 423
コンメンダ　9

さ

サーチャー　27
サードセクター　8
サーバ　185
サービス　24
　　――化　17, 22
　　――産業　23
最高経営者層　68
最高経営責任者　69
最高執行責任者　69
在庫管理　127, 170
財政　6
再生可能エネルギー　32
財団　15
サイバービジネス　187
細分化　63, 92
財務

　　――会計　128, 159
　　――管理　159
　　――諸表　159, 171
材料費　128, 131
作業設計　123
作業別進捗管理表　125
サブシステム　177
サプライ・チェーン・マネジメント　151, 192
3S　119
産業
　　――構造　16, 18
　　――用品　142
3C　60
3PL　150

し

C言語　179
仕入
　　――計画　152
　　――原価　154
資格給　114
時価
　　――総額　439
　　――総額主義　437
　　――評価　173
時間　87
指揮　74, 82
私企業　8
事業
　　――価値　84
　　――計画　174
　　――再構築　53, 75
　　――譲渡　65
　　――戦略　52
　　――部制組織　70
　　――分野　52
　　――報告　171
資金　164
　　――移動表　167
　　――運用　159
　　――運用表　167
　　――管理　165
　　――繰り　164
　　――繰り表　166

458 経営事項索引

──計画　165
──洗浄　438
──調達　159, 174
資源配分機能　6
自己申告制度　112
自己組織化　73
事後保全　127
資産　162
市場
　──経済　5
　──原理　207
　──細分化　63
　──占有率　60, 77
　──調査　152
　──付加価値　85, 426
システム　177
システム運用　179
システム開発　179
執行役員　38
実際原価計算　130
実績資金表　166
支店　201
自動化（自働化）　119, 183
自動販売　146
シナジー効果　65
シナリオライティング　60
支払債務管理　170
支払手形　160
支払利息控除前税引後営業利益　85
四半期財務諸表　174
資本　162
　──財　23
　──主義経済　5
　──政策　174
　──の運用　162
　──の証券制　10
シミュレーション　177
社会
　──科学　93
　──監査　44
　──責任会計　44
　──責任投資　39, 431
　──的企業　15
　──的責任　36, 38

──的分業　16
社外取締役　38
社債　162
　──発行　162
ジャスト・イン・タイム　119, 123, 183
社是・社訓　41
集散卸売商　147
収集卸売商　147
集団力学　111
集中　63
　──処理　184
重要語　59
出資と経営の分離　11
出張所　201
出力　177
需要者　142
準固定費　131
準変動費　131
生涯現役社会　21
照会処理　184
少子化　20
商社　147
小集団活動　110
商店街　149
消費　139
　──生活協同組合　13, 146
商標　141, 157
商品
　──開発　137
　──管理　153
　──差別化　63
　──陳列　156
　──流通　139
商法　10
情報　86, 140, 175
　──意思決定　176
　──化・ソフト化　22
　──化投資　190
　──管理　175
　──技術　188, 190
　──システム　177
　──提供　40
　──リテラシー　175
正味現価法　164

経営事項索引　459

正味現在価値法　164
奨励給制度　119
賞与　115
ショーウィンドー　155
食育基本法　146
職能給　115
職能部門別組織　70
職場外教育訓練　108
職場内教育訓練　108
植物工場　20
職務給　115
ショッピングセンター　150
所得再分配機能　6
所有と経営の分離　11, 37, 313
処理　177
　——プログラム　179
新規株式公開　174
人件費　104
新興工業経済地域　196
人工知能　82
新公的経営管理　88
人事
　——考課　114
　——労務管理　95
新設合併　65
進捗管理　124
人的資源　86, 95, 117
　——管理　95
人文科学　93

す

垂直思考　112
水道哲学　39
水平思考　112
SWOT 分析　60
数値制御　121
スーパーストア　145
スーパーマーケット　144
数量・時間　117
スケジューリング　123
スタッフ　74
　——関係　74
ステークホルダー　37, 77, 423
スペースデザイン　137

スペシャリスト　106
スループット　125

せ

成果主義　110, 112, 116
生活用品　141
制御　177
　——・プログラム　178
生協　13, 146
成功要因　58
政策　157
生産　117
　——管理　117
　——計画　122
　——手配　124
　——量　125
　——緑地　20
正社員　103
製造
　——経費　128, 130
　——原価　128
　——小売業　148
　——三角図　125
　——費用削減　19
成長戦略　61
成長の時代　21
製品　137, 156
政府　3, 6
世界標準　196
セカンドセクター　8
責任　73
SECI モデル　91, 121
セキュリティ　185
ZD 運動　110
接着語法　35
設備投資管理　170
設備保全　127
説明責任　37, 40
ゼネラリスト　70, 106
セリング　152
セルフサービス　144
セルフマネジメント　106
セルフリライアンス　106
全社戦略　52, 62

経営事項索引

全社的生産革新活動　120
選択行為　45
専門
　——化　119
　——店　143
　——品　143
戦術　54
戦略　54
　——経営　66, 194
　——情報　175
　——的意思決定　54, 81
　——的情報システム　182
　——的提携　65

そ

総原価　128
総合
　——原価計算　130
　——スーパー　145
　——的品質管理　119, 120, 125
創造　49, 56
　——性開発　113
相続税　20
創発　66
ソーシャルビジネス　31
阻害要因　58
即時代金決済業　30
組織力　64
租税回避地　438
ソフトウェア　178
ソリューション　31
損益計算書　159, 171
損益分岐点　80, 122

た

ターンキー　199
耐久消費財　23, 145
貸借対照表　159, 171
退職金　115
大量仕入　153
ダイレクト・コミュニケーション　192
ダイレクトメール　155
第 6 次産業　19
タウンマネジメント　149

多角化戦略　61, 64
多国籍企業　200, 203
タスク・フォース　71
タックスヘイブン　438
棚卸資産　164
多様性　208
単位価格　154
短期
　——借入金　161, 162
　——計画　79
　——資金　160, 162, 169
単純化　119
単独事業　200, 202
単品管理　192

ち

チーム型組織　71
チーム・マーチャンダイジング　192
チェーンストア　149
知的財産　430
地方公営企業　14
中央演算処理装置　178
中間管理者層　69
注記表　171
駐在員事務所　201
忠誠心　158
紐帯　72, 73
長期
　——借入金　162
　——計画　78
　——資金　161, 162, 169
超優良企業　87
直接
　——原価計算　131
　——広告　155
　——投資　199, 202
　——費　128, 131
　——輸出　199, 202
賃金　113
　——額管理　114
　——管理　95
　——体系管理　114

経営事項索引　461

つ

通信販売　146
ツー・ボス・システム　71

て

提案制度　111
定期発注方式　128
提携戦略　65
定型的な意思決定　81
ディスカウント　168
　——ストア　145
定量発注方式　127
ディレクター　29
データ　175
　——ベース　27
手形・小切手法　10
適応行為　45
適正賃金総額　114
敵対的買収　67, 430
テクネー　33
デザイン　32
　——マネジメント　91, 138
デジタル　30, 186
　——加入者線　192
　——コンテンツ産業　186
　——・ビデオディスク　71
テナント　150
デパート　144
デバッグ　179
デビットカード　30, 191
デベロッパー　150
デマンドチェーン　151
転換価格修正条項付き転換社債型新株予約権付
　社債　429
電子
　——決済　192
　——商取引　30, 187
　——データ交換　187
　——データ処理システム　181
　——マネー　191
店頭広告　155
店舗設計　156

と

等級制度　103
統計的品質管理　126
投資事業組合　437, 439
統制　83
東南アジア諸国連合　196
当用仕入　153
トータルシステム　178
ドキュメンテーション　180
特別養護老人ホーム　28
匿名組合　9
特約店　148
独立業者　199
都市農業　20
特許使用料　199
トップダウン型　47
トップ・マネジメント　68
飛ばし　439
ドメイン　52
トヨタ生産方式　119, 183
ドラッグストア　145
トランザクション処理　184
トランスファーマシン　183
取引処理　184
トレンド　59

な

内食　31
内部告発　38
内部資源理論　63, 66
内部統制　43, 439
内面化　90
中食　31
中継卸売商　148
ナレッジ・マネジメント　90

に

二次卸売商　147
日程管理図　123
日程計画　123, 124
日本公認会計士協会　436
入力　177
任意撤退　206

人間関係研究 96, 97
人間関係論 112

ね

値入 154
ネーミング・ロゴ 138
ネットワーク 72
　——組織 72, 73
年俸制 113, 116

の

農業協同組合 20
納税猶予制度 20
能力開発 107
能力給 115
ノベルティ 155
　——広告 155
農商工連携 19

は

バーコード 192
パーソナルコミュニケーションメディア 29
パーソナルコンピュータ 188
ハードウェア 178
パートタイム労働者 104
パートナーシップ 9, 89
百度 186
売買 139
派遣労働者 104
パススルー 12
バックワード計画 124
パッケージ 138
　——・ソフトウェア 27
　——デザイン 137
発注点方式 127
パブリシティ 155
バラエティストア 145
パラダイム 47, 49
バランス・スコアカード 84
バリアフリー 28
バリュー 39
　——チェーン 151
パレート図 126
範囲の経済性 15

販売
　——員 155
　——会社 148
　——価格 154
　——計画 152
　——時点情報管理 191
　——促進 137, 156
　——費 128

ひ

PDCAサイクル 76, 125, 415
ヒートアイランド現象 20
非営利活動組織 13, 31
東インド会社 9
光ファイバー 192
非公式組織 97
非公式リーダー 100
ビジネス
　——・ゲーム 109
　——プラン 174
　——方法 188
　——モデル 188
ビジュアル・アイデンティティ 34
ビジョナリーカンパニー 39
ビジョン 39, 45
非政府組織 13
非定型的な意思決定 82
ビッグデータ 27, 67
百貨店 144
表出化 90
標準
　——化 119, 180, 205
　——原価計算 130
　——在庫 153
　——仕様 187
比率分析 83, 84
品質 117
　——管理 117, 125

ふ

ファーストセクター 8
ファクトリーオートメーション 133
ファシリティ 94
　——マネジメント 94

経営事項索引　463

ファシリテーター　100
　──型のリーダーシップ　100
フィージビリティ・スタディ　201
フィードバック　177
フォードシステム　119
フォワード計画　124
附属明細書　171
物的資源　86, 117
物流　157
　──管理　192
ブティック　146
プライスウォーターハウスクーパーズ　435
プラットフォーム　179
フランチャイザー　199
フランチャイジー　199
フランチャイズ供与　199, 202
　──チェーン　149
ブランド　34, 87
　──・アイデンティティ　34
　──・エクイティ　34, 158
　──・ビジネス　157
　──マネジメント　92
　──・ロイヤルティ　158
ブルー・オーシャン戦略　64
ブレーンストーミング　109, 113
フレキシブル
　──加工セル　133
　──生産システム　133
　──・マニュファクチャリング・システム　183
ブロードバンド　192
　──通信　192
プログラム言語　179
プロジェクト・チーム　71
プロセス　177
プロダクト・アイデンティティ　34
プロダクト・マネジャー　71
プロデューサー　20, 29, 87
プロデュース　87
プロデュース力　29
プロパテント政策　67
プロフェッショナル　106
プロモーション　154
分業　33

分散卸売商　147, 148
分散処理　185
文書化　180
粉飾決算　426
分類・併合プログラム　179

へ

並列関係　74
ペティ＝クラークの法則　18
変化の時代　21
ベンチャー　12, 86
　──企業　174
ベンチマーキング　75
変動費　79, 131

ほ

法科大学院　208
報酬管理　95, 113
法的思考力　41
法的リスク　425
法令遵守　37, 41, 423
ホーソン実験　97
ホーム
　──センター　146
　──ページ　187
　──・ミール・リプレースメント　31
簿外債務　439
保管　140
ポジショニング理論　63
POSシステム　192
ホスト・コンピュータ　184
ホスピタリティ　59
ポップ広告　155
ボトムアップ型　47
ボランタリーチェーン　149
ホワイトカラー　75
本部　149
翻訳プログラム　179

ま

マーケティング　17, 24, 151, 187, 197
　──の4C　157
　──の4P　157
　──・マネジメント　157

——・ミックス 156
マージン 154
マイクロ
　——・コンピュータ 176
　——・プロセッサ・ユニット 188
マクロ経済 7
マサチューセッツ工科大学 193
マトリックス 71
　——組織 71
マネーロンダリング 434
マネジメント・サイクル 46, 76, 424
マネジャー 20
マルチメディア 186
マルチブランド戦略 158

み

ミクロ経済 7
ミッション 39
見積
　——資金表 167
　——損益計算書 79
　——貸借対照表 79
ミドル・マネジメント 69
ミニスーパー 145

む

無形資産 430
無限責任 8
無店舗小売商 146

め

メイクスパン 125
メインバンク 423
メガコンペティション 195
メカトロニクス 22

も

目標管理 112
モティベーション 98, 109
元卸売商 147
モバイルコンピューティング 189
模倣困難性 64
最寄品 143
モラール 83, 98

ゆ

有価証券 164
有限会社 10, 12
有限責任 8
YouTube 186
ユーティリティー・プログラム 179
有店舗小売商 143
優良事例 75
輸出 199
ユニットプライシング 154
ユニットプライス 154
ユニバーサルデザイン 92, 400
ユビキタス 189
ユビキタス・ネットワーク 189

よ

予定原価 118
予防保全 127
予約共同購入 146
余力管理 124
世論 157
4C マーケティング 157
4P マーケティング 157

ら

ライフ・サイクル・アセスメント 89
ライフスタイル 144
ライン 74
　——・アンド・スタッフ 74
　——・アンド・スタッフ組織 74
　——関係 74

り

リーガルマインド 41
リース 26
リーダー 99
　——シップ 82, 99
リードタイム 125
リーン生産方式 120
利益計画 165
利益図表 79
リエンジニアリング 75
利害関係者 37, 77, 423

経営事項索引

リスク　198, 424
リストラクチャリング　53, 75
立会結社　9
リテンション　104
リノベーション　32
　　──・ビジネス　32
利幅　154
リフォーム　32
　　──・ビジネス　32
流通　156
　　──経路　142, 198
　　──センター　151
留保利益　161
利用者指向　179
林野庁　14

れ

レイオフ　107
レジ端末　30
連係・編集プログラム　179
連結
　　──化　90
　　──キャッシュフロー計算書　173
　　──財務諸表　172
　　──剰余金計算書　173
　　──損益計算書　173
　　──貸借対照表　173
連続商品自動補充　120

レンタル　26
連盟・連合・協会　15
連絡事務所　201

ろ

ロイヤリティ　royalty　199
ロイヤルティ　loyalty　34, 158
労使関係管理　95
労働
　　──生産性　23
　　──分割　33
　　──力　95
労務費　128, 130
ローカリゼーション　195
ローカル・エリア・ネットワーク　183, 184
ロードサイドショップ　146
ロジスティックス　157, 192
ロッチデール　13
ロワー・マネジメント　69

わ

ワールド・ワイド・ウェブ　185
ワイド・エリア・ネットワーク　184
Y理論　72, 99
割引計算　168
ワンストップショッピング　144
ワン・トゥ・ワン・マーケティング　187

法律事項索引

あ

アービトレーション　410
アービトレーター　410
青色発光ダイオード　194, 414
悪意　256
悪意の抗弁　372
預合い　317
斡旋　382
後日付　363

い

言渡　406
委員会　335
　──設置会社　322, 333
　──設置会社の取締役　334
　──設置会社の取締役会　334
育児休業　400
意思
　──能力　247, 248
　──の欠けつ　264
　──の不存在　264
　──表示　262
遺失物拾得　286
意匠権　259
一物一権主義　255
一般
　──財団法人　249, 250, 251
　──社団法人　249, 250, 251
　──定期借地権　283
　──破産債権　356
　──法　240
　──法人　249, 250
　──法人法　249
移転登記　272
委任　386
　──契約　269
　──状　324

違法　423
　──配当　328
入会権　257, 256
医療法人　251
印紙税　369

う

請負　386
内金　271
裏書　370, 371
　──き　370
　──禁止手形　368
　──人　370, 371
　──の権利移転的効力　371
　──の資格授与的効力　372
　──の担保的効力　373
　──の連続　372
売主の担保責任　275

え

営業
　──自由の原則　377
　──譲渡　350
　──的商行為　309
永小作権　257
英米法　262
営利社団法人　312
営利法人　250, 251
役務　259, 305
エスケープ条項　390
閲覧権　347

お

押し買い　279
親会社　321

か

会計監査人　340

法律事項索引　467

会計参与　322, 337
解雇　384
介護保険制度　28
介在　410
解散　351
開始決定　353
会社
　——合併　348
　——休暇　390
　——更正　353, 354
　——の機関　321
　——分割　349
解除条件　268
解約手付　271
拡張解釈　241
確定
　——期限　268
　——判決　406
　——日付　274
額面株式　319
瑕疵　266
　——ある意思表示　266
　——担保責任　275
過失　241, 299
　——責任　300
　——責任主義　300
　——相殺　304
果実　253
仮装払込み　316
学校法人　251
割賦販売　277
合併　348
家庭裁判所　405
株券　319
　——の善意取得　320
　——発行会社　319
　——不所持制度　320
　——不発行会社　320
株式　317
　——移転　349
　——会社　312
　——会社の機関　321
　——交換　348
　——の種類　319

　——の譲渡　320
　——の払込み　316
　——の引受け　316
　——の仮装払込み　316
株主　317
　——権　318
　——資本等変動計算書　341
　——総会　252, 322
　——代表訴訟　329
　——平等の原則　318
　——の名義書換　320
　——有限責任の原則　313
　——総会の招集　322
仮差押え　409
仮処分　409
仮登記担保　293, 297
過労死　397
為替手形　358, 375
　——の引受　375
　——の振出　375
簡易裁判所　404, 405
簡易の引渡　272
監査
　——委員　336
　——委員会　333, 335
　——等委員会設置会社　334
　——法人　340
　——役　251, 322, 338
　——役会　339
　——役設置会社　328
監事　251
慣習法　239
間接強制　408
完全親会社　349
完全子会社　349
鑑定　404
元物　253
官報　238

き

機関　251
期間　268
企業
　——会計　341

法律事項索引

――統治 322
――補助者 311
議決権 319, 323
　　――制限株式 319
　　――行使書面 323
　　――の不統一行使 324
危険
　　――負担 277
　　――負担の債権者主義 277
　　――負担の債務者主義 277
期限 268
議事進行 323
議事録 332
擬制商人 310
規則 238
既判力 406
基本的商行為 309
義務 245
記名式裏書 371
客体 252
休暇 390
休日労働 390
　　――命令 389
吸収分割 350
求償権 299
給付判決 406
共益権 318, 324
競業避止義務 328
競合取引 328
強行法規 240
強制執行 407
供託 289
協同組合 251
共同不法行為 302
共同不法行為者の責任 302
強迫 266
業務災害 397
業務執行権 354
業務執行取締役 331
虚偽表示 264
漁業権 260
極度額 294
拒否権付株式 319
銀行小切手 364

金庫株 321
　　――の解禁 321
金銭出資 316
禁治産者 247

く

クーリング・オフ 278
国または地方公共団体の賠償責任 302
区分所有者 255
クローズドショップ協定 394

け

計算規定 341
刑事 403
　　――責任 427
形式的確定力 406
形成判決 406
形成力 406, 407
継続勤務 391
競売 294
契約 262
　　――自由の原則 262
経理上の援助 395
現業 13, 14
欠缺 264
原告 403
検索の抗弁権 298, 299
検査役 315, 350
現実の引渡 272
原始定款 315
原状回復義務 267, 419
権原 411, 412
現物出資 315
顕名主義 269
権利 245
　　――移転の効力 371
　　――客体 252
　　――主体 245
　　――能力 246, 249
　　――能力なき社団 252
　　――の公共性 245
　　――の濫用 245
　　――金 284

法律事項索引　469

こ

コアタイム　389
故意　241, 299
行為能力　246
公益
　──財団法人　249, 250, 251
　──社団法人　249, 250, 251
　──通報者　379
　──法人　250
更改　288
公開会社　321, 330
考課査定　393
鉱業権　261
後見　247
抗告　405
工作物責任　301
合資会社　312, 313
公示催告　368, 375
公示の原則　272
公私総合法　240
公社　13
公証人　401
公序良俗　262
公信の原則　273
構成員課税　12
更生債権　354
公正査定義務　393
公正証書　401
公正取引委員会　378
控訴　405
拘束力　406
公団　14
合同会社　309, 312, 313
高等裁判所　404
口頭弁論　404
口頭弁論主義　404
後発医薬品　259
公布　238
公法　239
合法　427
公法人　249
合名会社　312, 313
コーポレート・ガバナンス　322

子会社　349
小切手　358, 362
　──行為　359
　──行為代理　361
　──行為独立の原則　361
　──行為の一般原則　360
　──上の権利の消滅　367
　──と原因関係　362
　──の偽造　361
　──の支払　364
　──の支払保証　363
　──の譲渡　363
　──の喪失　367
　──の振出　362
　──の不渡による遡求　366
　──の変造　362
国際　242
　──機構　242
　──取引　243
　──法　242
国内法　242
国立印刷局　238
個人保証　418
コモン・ロー　262
固有の商人　310
雇用　382
　──関係　395
混同　289
コンプライアンス　41, 423

さ

債権　254, 257
　──者代位権　291
　──者取消権　291
　──者平等の原則　292
　──譲渡　273
　──譲渡登記　274
　──譲渡登記制度　274
　──の対外的効力　291
　──の担保　292
　──の保全　291
再建　353
　──型手続　353
最高裁判所　404

催告　248
催告の抗弁権　298, 299
財産　253
財産管理処分権　354
財産権　253
財団　249
　——債権　357
　——法人　249
最低発行価額　319
裁判員制度　410
裁判員の参加する刑事裁判に関する法律　410
裁判所　404, 409
　——外紛争処理制度　402, 410
債務　257
　——不履行　289, 290
　——の履行　288
　——名義　407
採用内定　384
詐害行為　292
詐欺　266
先取特権　296, 357
先日付　363
作業所閉鎖　382
錯誤　265
指図
　——禁止手形　369
　——債権　275
　——による占有移転　273
三六協定　389
差別的取扱　392
サボタージュ　382
参加的効力　406
産業財産権　199, 258
産業再生機構　357
三審制　405
残余財産の分配　318

し

自益権　318
ジェネリック　259
時間外労働　389
敷金　284, 419
時季変更権　391
指揮命令　395

事業
　——譲渡　350
　——報告　341
　——用借地権　283
自己
　——宛小切手　364
　——株式　321, 343
　——株式の取得　321
　——資本　162
　——取引　327
　——破産　356
施行　238
時効　285
　——期間　418
辞職　384
私署証書　401
自然人　245
自然的計算方法　268
示談　402
質権　295, 357
失業　397
執行役　323, 337
執行力　406
失踪宣告　246
実体的確定力　406
実体法　241
実用新案権　259
私的
　——自治の原則　262
　——整理　357
　——独占　378
　——利害の調整　308
自動車運行者の責任　302
支配介入　395
支配人　311
支払
　——委託の取消　365
　——拒絶　366
　——保証　363
私法　239
私法人　249
資本　342
　——確定の原則　314
　——金　342

法律事項索引　471

──充実・維持の原則　314
──準備金　314
──に関する3原則　314
──不変の原則　314
──金・準備金の増加　343
指名委員会　333, 335
──等設置会社　328, 333, 334, 342
指名債権　274
社員　312
──総会　251
社会
──規範　237, 385
──福祉　399
──福祉法人　251
──保障制度　399
社外監査役　328
社外取締役　328
借地　281
──権の譲渡・目的物の転貸　283
借家　282
社債　346
社団法人　250
重過失　265
就業規則　385
宗教法人　251
集合動産　296
集合物　296
私有財産権　242
自由心証主義　404
収入印紙　261, 369
従物　253
縮小解釈　241
授権資本　314
主体　245
出願依頼書　413
出向　396
取得
──時効　285
──条項付株式　319
──請求権付株式　319
主物　253
種類株式制度　319
準禁治産者　247
準則主義　250, 316

準備金　342
償還請求　366
商業
──使用人　311
──手形　358
──登記　316
条件　268
商号　315
商行為　308, 309
上告　405
使用
──者　383
──者責任　301
──貸借　281
商事留置権　296, 357
少数株主権　318
上訴　405
承諾　262
譲渡
──制限　322, 330
──制限株式　319, 320
──担保　293, 296
商人　309
証人尋問　404
消費
──者の保護　304
──者保護の法律　305
──貸借　280
消費者基本法　305
消費者委員会　307
消費者庁　307
商標権　259
情報技術　243
消滅時効　286, 367, 374
条約　238
剰余金　314
──の処分　343
──の配当　343
条例　238
職務発明　413
職務分掌規定　383
除権判決　368, 375
書証　404
所定労働時間　388

初日不算入の原則　268
所有権　242, 256
　——の移転　271
　——留保　293, 297
所有と経営の分離　313
白地式裏書　371
白地手形　370
事理弁識能力　246
人格　246
新株
　——発行　345
　——予約権　328, 345
　——予約権原簿　346
　——予約権付社債　328, 347
人事考課　393
新設分割　350
人的抗弁　371
人的担保　293, 297
心裡留保　264

す

随伴的効力　406, 407
ストライキ　381

せ

制限行為能力者　247, 248
制限物権　257
清算　351
　——型手続　353
　——人　352
　——人会　352
　——人会設置会社　352
税制　250
製造物責任　300
成年被後見人　247
成文法　238
生理休暇　391
世界貿易機構　243
責任能力　301
責任無能力者　301
絶対的記載事項　315
絶対的商行為　309
設備商人　310
設立

　——登記　316
　——の登記　316
　——の無効　317
善意　257
　——取得　320
　——無過失　270
善管注意義務　327
選任・解任　327
先発医薬品　259
線引小切手　365
全部取得条項付種類株式　319
占有
　——改定　272
　——権　256
　——訴権　256

そ

総会荒らし　324
総会屋　324
総額引受主義　314
争議　381
　——権　380
　——行為　381
相殺　289
相続　246
　——税　20
相対的記載事項　315
双務契約　263
創立総会　316
相隣関係　255
遡求　366
促進　410
組織規定　383
組織変更計画書　348
組織変更　348
訴状　403
その他の使用人　311
損益計算書　341
損害賠償　303
存続期間　282

た

大会社　330, 331
怠業　382

法律事項索引　473

対抗　272
　――要件　272
　――力　282
胎児　246
貸借対照表　341
代替執行　408
代表
　――訴訟　329
　――取締役　251, 322, 333
　――執行役　337
　――取締役の権限　333
代物弁済　289
代理　269
　――権　269
　――商　310
　――人　269
諾成契約　263
脱法　427
建物買取請求権　284
短期
　――賃借権　282
　――賃貸借　281, 412
　――賃貸借の保護　282
団結権　380
単元株　319
単元株制度　319
団交拒否　395
団体交渉権　380
単独株主権　318
担保　292, 293
　――権　255
　――責任　275
　――的効力　372
　――物権　293
　――不動産収益執行手続き　294

ち

地役権　256, 257
遅延賠償　290
地上権　257
知的財産権　196, 253, 258, 260, 271, 378
知的財産高等裁判所　414
知的所有権　258, 378
地方裁判所　404

中間法人　250
仲裁　401, 402, 410
忠実義務　327
調停　401, 402, 410
直接強制　408
著作権　259
著作隣接権　260
賃金　387
賃借権　281
賃貸借　281

つ

追認　267
通勤災害　397
通常清算　351
通謀虚偽表示　264

て

定款　315
　――自治　313
　――の変更　316, 347
定期
　――借地権　283
　――借家権　284
　――建物賃貸借　284
呈示　364, 373, 375
停止条件　268
定時総会　323
定足数　325
抵当権　293, 294, 357
　――消滅請求　294
手形　358, 368, 376
　――行為一般原則　360
　――行為代理　361
　――行為独立の原則　361
　――交換所　359
　――の偽造　361
　――と原因関係　362
　――の変造　362
　――保証　374
　――割引　358
滌除　294
手付　271
手続法　241

474　　　　　　　　　法律事項索引

典型契約　264
典型担保　293
電子
　──公証制度　243
　──承諾通知　267
　──消費者契約　244, 265, 306
　──署名　243
　──認証制度　243
電磁
　──的記録　332
　──的方法　244, 265, 323, 324
天然果実　253
添付　287
塡補賠償　290

　　　　　　と

統一小切手用紙　359
統一手形用紙　359
登記　272, 339
登記所　272
当座勘定取引契約　359
倒産　353
　──処理　353
動産　252
　──所有権移転の対抗要件　272
　──の公信の原則　273
　──の善意取得　273
　──の即時取得　273
投資事業組合　437, 439
同時履行の抗弁権　276
到達主義　244, 267
動物占有者の責任　302
答弁書　403
同盟罷業　381
特殊
　──決議　326
　──な不法行為　301
　──法人　14
特定非営利活動法人　252
特定物　276
特別
　──決議　325, 343
　──抗告　405
　──条項付協定　390

　──清算　353, 355
　──背任罪　340
　──法　240
　──法優先主義　240
独立行政法人　14, 88, 238
特許
　──権　258
　──出願　413
取消　267
　──の遡及効　267
取締役　321, 326
　──会　321, 329
　──会制度　330
　──会設置会社　322, 329, 330
取立委任裏書　373
取引停止処分　359, 369
トレードマーク　259

　　　　　　な

内部統制　327, 331, 334
内容証明郵便　249

　　　　　　に

二重譲渡　274
任意
　──代理　269
　──的記載事項　315
　──法規　240

　　　　　　ね

ねずみ講　279
根抵当権　294, 411
年次有給休暇　390

　　　　　　の

納税猶予制度　20
能力者　247

　　　　　　は

パートタイム労働者　400
売買契約　271
破産　353, 355
　──管財人　356
　──債権　356

法律事項索引　475

――財団　356
――手続開始の申立　356
発信主義　244, 267
罰則規定　341
払込み　316
払込金保管証明書　317
判決　405, 406
　――の言渡　405, 406
　――の効力　405, 406
反射的効力　406, 407
反対解釈　242
判例法　239, 262

ひ

被裏書人　370, 371
引受　360, 376
　――呈示自由の原則　376
　――人　376
引渡　272
非公開　405
非公開会社　322
被告　403
非訟事件手続法　368
必要的記載事項　363, 368
非典型契約　264
非典型担保　293
一株一議決権の原則　324
否認権　356
被保佐人　248
被補助人　248
表見代表取締役　333
表見代理　270

ふ

ファシリテーション　410
ファシリテーター　410
不確定期限　268
不完全履行　290
付合契約　262
不公正な取引方法　378
付属的商行為　309
附属明細書　341
普通決議　324
普通取引約款　262

物権　254, 288
　――的請求権　288
　――法定主義　255, 293
物上請求権　288
物的担保　290
不当
　――利得　303
　――労働行為　394
不動産　252
　――所有権移転の対抗要件　272
不当な取引制限　378
不特定物　276
不文法　239
不法
　――原因給付　303
　――行為　299
　――占有者　411
　――利得　302
ブランド　259
不利益取扱い　394
振出　359, 362, 368
フレキシブルタイム　389
フレックスタイム　388
　――制　388
不渡　359, 369
　――処分　359
遡求　366, 374
文理解釈　241

へ

別除権　357
返還請求権　288
変形労働時間　388
弁済　288
変態設立事項　315
片務契約　263

ほ

法　237
　――の解釈　241
　――の適用　241
妨害排除請求権　288, 411
妨害予防請求権　288
法科大学院　208

報酬委員会 333, 336
法人 249
　——格 249
　——の機関 251
　——の不法行為責任 302
法制審議会 417
法曹三者 403
法定
　——果実 253
　——休暇 390
　——代理 269
　——代理人 247
　——担保物権 293
　——利率 280, 418
　——労働時間 388
　——有給休暇 390
法的責任 312
訪問購入 279
訪問販売 146, 278
法律行為 246
法律不遡及の原則 238
法令遵守 41, 423
保佐 248
募集株式 345
募集設立 315
補助 248
保証
　——債務 297, 298
　——債務の随伴性 298
　——債務の付従性 298
　——債務の補充性 298
　——人の求償権 299
保全処分 356
保全命令 409
保存登記 272
発起設立 315
発起人 315
本案 409
本来の商人 309

ま

埋蔵物発見 287
前借金相殺 384
マルチレベル・マーケティング・システム 279

み

未成年者 247
見せ金 317
民事 403
　——再生 353
　——責任 427
　——訴訟 403
　——法 241
　——保全 409

む

無益的記載事項 363
無過失責任主義 300
無記名債権 253
無限責任 313
　——社員 313
無権代理 270
無限連鎖講 279
無効 267
無主物先占 286
無償契約 263
無体財産権 258
無能力者 247

め

名義書換 320
命令 238
メディエーション 410
メディエーター 410
免除 289
免責 355

も

申込み 262
申立報復行為 395
持株会社 349
持分会社 313
物 252
文言証券 361

や

約因 262

法律事項索引　　477

役員選権付株式　319
約束手形　358, 368
　──上の権利の消滅　374
　──の裏書　370
　──の支払　369
　──の振出　368
　──の不渡による遡求　374
　──の喪失　375
約定担保物権　293
約定利率　280
約款　262, 419

ゆ

有益的記載事項　363, 368
有価証券　261
有限会社　309
有限責任　313
　──社員　313
　──事業会社　313
有償契約　263
優先
　──株式　319
　──的破産債権　357
　──弁済　294
融通手形　358
有利発行　345
ユニオンショップ協定　394

よ

用益物権　257
要式証券　361
要素の錯誤　265
要物契約　263
預手　364

り

リーガルマインド　41
リース　26, 281
利益
　──供与　328
　──相反取引　328
履行
　──不能　290
　──遅滞　289

理事　251
利得償還請求権　367, 374
流質契約　295
留置権　295
臨時総会　323

る

累進課税　6
類推解釈　242
累積投票　327
累積投票取締役　327

れ

礼金　285
暦法的計算方法　268
劣後株式　319
劣後的破産債権　357
連鎖販売取引　279
連帯
　──債務　297, 299
　──保証　299
　──保証債務　297
レンタル　26, 281

ろ

労働
　──慣行　384
　──基本権　380
　──協約　385
　──組合　381
　──契約　383
　──権　380
　──災害　397
　──三法　380
　──時間　387
　──法　380
　──者派遣　395, 396
　──者派遣契約　396
　──者派遣事業　396
ロックアウト　382
論理解釈　241

わ

和解　401
和議　353

法律名索引

あ

悪臭防止法 398
育児休業法 400
一般社団法人及び一般財団法人に関する法律 249
一般社団法人及び一般財団法人に関する法律及び公益社団法人及び公益財団法人の認定等に関する法律の施行に伴う関係法律の整備等に関する法律 250

か

会社更生法 353, 403
会社法 10, 12, 171, 353, 427, 428
貸金業規制法 281
割賦販売法 278, 305
家庭用品品質表示法 305
環境基本法 398
関税及び貿易に関する一般協定 243
企業会計改革法 379
金融商品取引法 171, 174, 423, 427, 428
勤労者財産形成促進法 399
勤労婦人福祉法 392
刑法 189
原子炉等規制法 379
建築基準法 255
憲法 238, 394
公益開示法 379
公益社団法人及び公益財団法人の認定等に関する法律 250
公益通報者保護法 379
公示催告手続ニ関スル法律 402
高齢者・障害者等の移動等の円滑化の促進に関する法律 28, 400
高齢者・身体障害者等が円滑に利用できる特定建造物の建築の促進に関する法律 28, 400
小切手法 242

国際商事仲裁模範法 402
個人情報保護法 379
雇用保険法 397

さ

サーベンス・オクスリー法 44, 379
債権譲渡特例法 274
最低賃金法 387
裁判員の参加する刑事裁判に関する法律 403
裁判員法 403
裁判所外紛争解決手続の利用の促進に関する法律 402
自然環境保全法 398
失業保険法 397
児童福祉法 399
社会福祉法 399
借地借家法 242, 262, 281
出資法 281
商業登記法 243
証券取引法 → 金融商品取引法 423
消費者基本法 305
消費者契約法 306, 307
消費者保護基本法 305
消費生活用製品安全法 305
商法 242
情報公開法 379
職業安定法 396
書面の交付等に関する情報通信の技術の利用のための関係法律 243
振動規制法 398
水質汚濁防止法 398
生活保護法 399
騒音規制法 398

た

大気汚染防止法 398
大規模小売店舗立地法 379
建物の区分所有等に関する法律 255

男女雇用機会均等法　380, 392
知的財産基本法　67, 258
知的財産高等裁判所設置法　414
中間法人法　250
仲裁法　402
著作権法　187
手形法　242
電子消費者契約及び電子承諾通知に関する民法の特例に関する法律　244, 267, 306
電子署名及び認証業務に関する法律　243
倒産処理法　353
道路交通法　237
独占禁止法　240, 378
特定商取引に関する法律（特定商取引法）　278, 279
特定電気通信役務提供者の損害賠償責任の制限及び発信者情報の開示に関する法律　244
特定非営利活動促進法　13, 252
独立行政法人通則法　14
都市計画法　255

な

内部告発者保護法　379
農商工等連携促進法　19

は

ハートビル法　28, 400

破産法　10, 353, 403
バリアフリー法　28, 400
非訟事件手続法　368
不当景品類及び不当表示防止法　306, 378
不動産登記法　272
訪問販売等に関する法律　278
法律　238

ま

マンション法　255
民事再生法　354, 403
民事執行法　403
民事訴訟法　403
民事保全法　403
民法　242
無限連鎖講の防止に関する法律　278

ら

利息制限法　262, 280
老人福祉法　399
労働関係調整法　380, 381
労働基準法　240, 262, 380, 397
労働組合法　380, 381
労働者災害補償保険法（労災保険法）　380, 397
労働者派遣事業法　396

人名・企業名索引

あ
あずさ監査法人　435
アメリカ電話電信会社　68
アンゾフ　H. Igor Ansoff　54, 64, 81

い
飯田新七　221
出井伸之　216
伊藤雅俊　223
イトーヨーカ堂　223
井深大　215

う
ウェーバー　Max Weber　70
ウォーターマン　Robert H. Waterman　87

え
江崎玲於奈　35
NEC　217
MACアセットマネジメント　423
エンロン　44, 439

お
大賀典雄　216
大島高任　213
大野耐一　119, 183
小倉康臣　227

か
カネボウ　423, 433

き
キム　W. Chan Kim　64
キャプラン　Robert S. Kaplan　84
キリンビール　209
キリンホールディングス　209

く
Google　186
クラーク　Colin Grant Clark　18

こ
ゴーン　Carlos Ghosn Bichara　220
コトラー　Philip Kotler　157

さ
サイモン　Herbert A. Simon　55, 80
さくら銀行　226

し
シェンデル　Dan Schendel　45
資生堂　212
渋沢栄一　9
シュハート　Walter Andrew Shewhart　76
シュンペーター　Joseph Alois Schumpeter　86
新生銀行　423, 431
新日本監査法人　435
新日鐵住金　213

す
スターン・スチュワート社　85, 430
スミス　A. Smith　118
住友銀行　226
住友吉左衛門　226

せ
整理回収機構　432
セブン－イレブン・ジャパン　224

そ
ソニー　215
ソフトバンク　233
孫正義　233

人名・企業名索引

た
大和銀行　38
ダウ・ジョーンズ社　430
高島屋　221
竹田志郎　203
田中長兵衛　214

ち
中央青山監査法人　435

て
テイラー　Frederick Winslow Taylor　97, 118
デミング　W. Edward Deming　76, 125
電通　231

と
東レ　210
トーマツ監査法人　435
独立行政法人国立印刷局　14
トヨタ自動車　120, 183
ドラッカー　Peter Ferdinand Drucker　86, 122

に
日産自動車　219
日本アルコール産業　14
日本アルコール販売　14
日本長期信用銀行　423, 431
日本適合性認定協会　90
日本マクドナルド　229

の
ノートン　David P. Norton　84

は
ハーズバーグ　Frederick Herzberg　99
バーナード　Chester I. Barnard　68, 80
バーナム　James Burnham　11
バーニー　J. B. Barney　63, 66
バーリ　Adolf Augustus Berle, Jr.　11
ハーリントン　Dr. J. Harrngton　134
橋本増次郎　219

ハンブリック　Donald C. Hambrick　45

ひ
ピーターズ　Tom Peters　87

ふ
ファイヨール　J. H. Fayol　76
フォード　Ford　119
福沢諭吉　9
福地源一郎　10
福原有信　212
フジテレビジョン　429
プライスウォーターハウスクーパース　PwC　435

へ
ヘイス　Robert H. Hayes　91
ペティ　Wiliam Petty　18
ベル　Daniel Bell　25

ほ
ポーター　Michael E. Porter　63, 66
ボーデン　Neil H. Borden　156
ホーファー　Chales W. Hofer　45

ま
前田多門　215
マクドナルド　McDonald's Corp.　229
マクドナルド兄弟　229
マグレガー　Douglas McGregor　72, 99
益田孝　220
マズロー　H. A. Masloe　99
マッカーシー　E. J. MaCarthy　156
松下グループ　39
松下幸之助　39
丸善　10
丸屋商社　10
丸　幸弘　77

み
ミーンズ　Gardiner Coit Means　11
みすず監査法人　435
三井財閥　10

三井住友銀行　226
三井物産　220
光永星郎　231
ミンツバーグ　Henry Mintzberg　54

め

メーヨー　George Elton Mayo　97

も

モボルニュ　Renee Mauborgne　64
盛田昭夫　215

や

山一證券　431, 439
ヤマト運輸　54, 228
ヤマトホールディングス　227
ヤング　James Webb Young　35

よ

吉川敏雄　223

吉田秀雄　41, 231

ら

ライブドア　423, 424, 435
ラウターボーン　Robert F. Lauterborn　157

り

林野庁　14

る

ルート　Franklin R. Root　199

れ

レスリスバーガー　Fritz Jules Roethlisberger　98

わ

ワールド・コム　44, 439

欧文索引

A

access 189
accountability 37, 40
activity based costing：ABC 132
activity based management：ABM 132
actual cost accounting 130
adhocracy 88
administrate 7
administration 7
alternative dispute resolution：ADR 402, 410
antenna shop 147
application program 178
arbitoration 410
arbitrator 410
ars 33
art, arts 33
artificial intelligence：AI 82
arts management 29, 93
arts production 93
assets liabilities management：ALM 40
association 15
Association of Southeast Asian Nations：ASEAN 196
asymmetric digital subscriber line：ADSL 192, 193
AT&T 68
attraction 104
automated teller machine：ATM 191
automation 133
automation with a human touch 119

B

balance 37
balance sheet：BS 171
balanced scorecard：BSC 84
bar code 192
barrier-free 28
BASIC 179
behavioral science approach 96
benchmarking 75
best practice 75
big data 27, 67
blue ocean strategy 64
board of directors 330
bottom-up 47
boutique 146
brainstorming 109, 112
branch office 201
brand 34, 141
brand business 157
brand equity 34, 158
brand identity：BI 34, 137
brand loyalty 158
brand management 92
break even 122
breakdown maintenance 127
breakthrough 125
BRICs 196
broadband 192
bureaucratic organization 70
business game 109
business judgement rule 38
business process reengineering：BPR 75

C

C 179
cable television：CATV 186, 193
capablility 64
career 106
career design 106
carerera 106
carriere 106
carrus 106
case method 82, 109

cash 163
cash flow 167
cash flow statement：CS 171
CB：community business 31
CD-ROM 186
central processing unit：CPU 178, 191
chain store 149
chaos 67
chief executive officer：CEO 69
chief operating officer：COO 69
client server system 185
closed shop 394
cloud migration 190
coaching 109
COBOL 179
collaborative planning, forecasting and replenishment：CPFR 120
combination 90
commenda 9
commerce at light speed：CALS 121
commodity differentiation 63
common good 21, 39, 422
common law 262
communication 82, 157
communicator 91
community business 31
compania 9
company 9
company system organization 71
competency 110
compiler 179
compliance 38, 41, 423
computer aided design：CAD 133, 135, 183
computer aided engineering：CAE 134
computer aided manufacturing：CAM 134, 135, 183
computer aided testing：CAT 134
computer crime 189
computer integrated manufacturing：CIM 121, 134, 135, 183
computer network 183
consolidated financial statements 173
contents 186
contingency theory 73

continuous process cost system 130
continuous replenishment process：CRP 120
contra 7
contract 262
control 7, 177
control of capacity available 124
convenience 157
convenience store 145
cooling-off 279
cooperative society：CO-OP 13, 15, 146
cooperative system 6, 68
core competence 63
core time 389
corporate culture 40
corporate governance 37
corporate identity：CI 34, 64, 137
corporate social responsibility：CSR 38
corporation 9
cost 117
cost accounting 129
cost control 129
cost down 19
cost leadership 63
cost management 117
cost to customer 157
counseling 111
crowdfunding 188
creation 49
critical mass 86
crowdfunding 188
customer satisfaction：CS 75
customer value 157
cyber business 187

D

data 175
data base 27
debit card 30, 191
debug 179
decision support system：DSS 182
delivery 117
demand chain 151
department store 144

欧文索引 485

design 32
design management 91, 137
designare 32
developer 150
differentiator 91
digital 30, 186
digital subscriber line 192
digital video disk：DVD 71, 186
direct communication 192
direct cost 131
direct cost method 131
direct mail：DM 155
director 29
discount store 145
diversity 208
division of labor 33
divisional system organization 70
do it yourself：DIY 145
documentation 180
domain 52
drugstore 145

E

eco-business 32
eco-mark 89
economic value added：EVA 85, 430
economy 3
electronic commerce：EC 30, 187
electronic data interchange：EDI 187
electronic data processing system：EDPS 181
electronic money 191
electronic ordering system：EOS 191
electronics 22
emergence 66
employability 107
empowerment 102
end-user computing 180
Enron Corp. 44
entertainment business 93
entrepreneur 86
equipment maintenance 127
equity finance 174
escape 390

European Union：EU 196
event 28, 144
expediting 124
expense 131
explicit knowledge 175
externalization 90

F

facilitation 410
facilitator 91, 100, 410
facility 94
facility management：FM 94
factory automation：FA 121, 133, 182
feasibility study 201
feedback 177
financial statements 159
fine art 33
five forces analysis 60
fiver to the home：FTTH 192
fixed cost 131
flexible manufacturing cell：FMC 133
flexible manufacturing system：FMS 121, 133, 135, 183
flexible time 389
flextime 388
focus 63
foundation 15
Ford system 119
FORTRAN 179
franchise 199
franchise chain 149
franchisee 149, 199
franchiser 149, 199
future cost 118

G

Gantt chart 123
General Agreement on Tariff and Trade：GATT 243
general merchandising store：GMS 145
generic 259
global standard 196
global strategic information system：GSIS 182

globalization 67, 195, 207
glocalization 195, 207
group dynamics 111

H

Hansestadt 9
hardware 178
hierarchy 70
home center 146
home meal replacement : HMR 31
horizontal organization 70
host computer 184
hostile takeover 67
human relations approach 96
human resources 95
human resources management : HRM 95

I

IC 191
ICA 12
identity 35
illegal 427
imitability 64
incentive 113
indirect cost 131
industrial engineering : IE 119
information 175
informed judgement 38
Information literacy 175
information system 177
information technology : IT 188, 243, 258
initial public offering : IPO 174
innovation 35, 49, 77
input 177
intellectual property : IP 196, 258
Intellectual property right : IPR 258
intelligence 175
intergrator 91
Internal Control Integerated Framework 43
internalization 90
International Organization for Standardization : ISO 89
internet 146, 185

internet banking 191
interpreter 179
intranet 186
invention 77
investors relations : IR 40
ISO14000 32, 89
ISO14001 90
ISO22000 90
ISO26000 90
ISO27001 90
ISO28000 90
ISO50001 90
ISO9000 89
ISO9001 90

J

JA 20
JAB : Japan Accreditation Board 90
Java 179
job 178
job design 123
job order cost system 130
just in time : JIT 119, 123, 183

K

key words 59
knowledge management 90

L

labor cost 131
lateral organization 71
law-evading 427
layoff 107
lead time 125
leadership 82
lean production 121
lease 26
LED 194, 414
legal 427
liaison office 201
life cycle assessment : LCA 89
life style 144
limited liability company : LLC 12, 313
limited liability partnership : LLP 12

line 74
Linux 178
local area network：LAN 184
localization 195, 207
logistics 192
lower management 69
loyalty 34

M

Macintosh 188
management 7
management cycle 46, 76, 424
management information system：MIS 181
maneggiare 7
man-hour 125
manus 7
margin 154
market segmentation 63
market share 63
market value added：MVA 85, 430
marketing 17, 152, 197
marketing mix 156
marketing research 152
material cost 131
material requirements planning system 135
matrix organization 71
mechatronics 22
mediation 410
mediator 410
mega-competition 195
member 77
merger and acquisition：M&A 65, 84, 200, 430
micro processor unit：MPU 188
microcomputer 176
middle management 69
mini-super 145
MIP：management of intellectual property 194
mission 39, 77
MIT 193
mobile computing 189
money laundering 438
moral hazard 38

morale 83, 98
MOT：management of technology 193
motivation 98
moving strike convertible bond：MSCB 429
MS-DOS 178
multi-brand strategy 158
multilevel marketing system 279
multimedia 186
multinational enterprise 200, 203
mutual aid union 15

N

net operating profit after tax：NOPAT 85
network 72
network organization 72
new public management：NPM 88
Newly Industrializing Economies：NIES 196
non government organization：NGO 13, 21
non profit organization：NPO 13, 21, 31, 251, 252
novelty 155
NPV 430
numerical control：NC 121

O

off the job training：OFFJT 108
office automation：OA 27
off-line 184
on the job training：OJT 108
one to one marketing 187
one-stop shopping 144
on-line 184
on-line batch 184
on-line real time 184
open innovation 194
operating system：OS 178, 188
operations research：OR 50, 81, 163
organization 64
Organization for Economic Co-operation and Development：OECD 205
output 177
outsourcing 104

overseas affiliated firm 201
oxymoron 35

P

package software 27
paradigm 47
partnership 9
part-timer 104
passion 77
pass through 12
PDCA cycle 76, 415
periodic reordering method 128
personal 77
personal communication media 29
personal computer : PC 188
place 156
platform 179
point of production : POP 135
point of purchase : POP 155
point of sales : POS 120, 191
politics 157
positioning theory 63
preventive maintenance 127
price 156
PricewaterhouseCoopers : PwC 435
private finance initiative : PFI 88, 89
process 48, 177
process cost system 130
process design 123
produce 87
producer 29
product 156
product identity : PI 34
product liability : PL 300, 301
product manager 71
product portfolio management : PPM 46
production arrangement 124
production control 117, 122
production planning 122
profit and loss statement : PL 171
project team 71
promotion 154, 156
pro-patent 67
Public Interest Disclosure Act : PIDA 379

public opinion 157
public relations : PR 40, 67
publicity 155

Q

QPMI 77, 415
quality 77, 117
quality control : QC 110, 118, 126
quality management 118
question 77

R

random access memory : RAM 188
rarity 64
read only memory : ROM 186
reform 32
register 30
renovation 32
rental 26
reordering point method 127
representative office 201
research and development : R&D 65, 190
restructuring 53, 75
retention 104
return on equity : ROE 85
risk 198, 424
roadside shop 146
roll 7
rotulare 7
rotulus 7
routing 123
royalty 199

S

safety stock 127
Sarbanes-Oxley Act 44, 379
SB : social business 31
scenario writing 60
schedule 123
scheduling 123
searcher 26
SECI 91, 121
security 185
self management 106

self reliance 106
self-organization 73
self-service 144
selling 152
semi-fixed cost 131
semi-variable cost 131
shopping center 150
simplification 119
simulation 177
small office home office：SOHO 187, 188
socially responsible investment：SRI 39, 431
software 178
solution 31
socialization 90
speciality store retailer of private label apparel：SPA 148
specialization 119
SRI：Stanford Research Institute 193
staff 74
stakeholder 37, 77, 423
standard cost accounting 130
standardization 119
statistical quality control 126
status quo 125
stock control 127
strategic alliance 65
strategic information system：SIS 182
strategic management 66, 194
strategy 45
sub branch 201
sub system 177
supermarket 144
superstore 145
supply chain management：SCM 151, 192
sustainability index 430
SWOT 60
synergy effect 65
system 177

T

tacit knowledge 175
take-over bid：TOB 67
task 178

task force 71
tax haven 438
TCP/IP 185
team merchandising 192
team-type organization 71
techné 33
technique 33
tenant 150
The Committee of Sponsoring Organizations of the Treadway Commision：COSO 43
think globally, act locally 207
Third Party Logistics：3PL 150
throughput 125
tie 72
top management 68
top-down 47
total productive maintenance：TPM 120
total quality management：TQM 120, 125
total system 178
town management 149
transaction 184
transfer machine 183
Trans-Pacific Partnership：TPP 20
transparency 37
trend 59
turn-key 199
two boss system 71

U

ubiquitous 189
ubiquitous network 189
union shop 394
unit price 154
unit pricing 154
universal design 92
UNIX 178
user 178
utility program 179

V

valuation 84
value 39, 64
value chain 151

value for money：VFM　89
variable cost　131
variety store　145
venture　86
virtual corporation：VC　72, 188
virtual enterprise：VE　188
vision　39
visionary companies　39
visual identity：VI　34, 137
visual merchandising：VM　155
VMD　→　VM　155
voluntary chain　149

W

web site　187

Weighted Average Cost of Capital：WACC　86
Whistleblower Protection Act　379
white collar　75
wide area network：WAN　184
window-dressing settlement　426
Windows　178, 188
Worldcom　44
World Trade Organization：WTO　243
world-wide web：WWW　185

Z

zero defects campaign：ZD　110

著者紹介

境 新一（さかい しんいち）

1960年	東京都に生れる
1984年	慶應義塾大学経済学部卒業
1992年	筑波大学大学院修士課程経営・政策科学研究科（経営システム科学専攻）修了，修士（経営学）
1994年	筑波大学大学院修士課程経営・政策科学研究科（企業法学専攻）修了，修士（法学）
1997年	横浜国立大学大学院国際開発研究科博士課程後期（国際開発経営専攻）修了，博士（学術）

この間

1984年～1997年　㈱日本長期信用銀行支店長代理・調査役，資金・渉外・システム開発／企画業務を担当

1997年～1999年　長銀ビジネスサービス・翻訳部嘱託・チーフスタッフ，経済・経営・法律等の英訳和訳チェック業務担当

1999年～2007年　東京家政学院大学人文学部ならびに大学院人間生活学研究科 助教授

2007年～現　在　成城大学経済学部ならびに大学院経済学研究科　教授（2010～）
　　　　　　　　筑波大学大学院，東北公益文科大学大学院，中央大学大学院，法政大学，桐朋学園大学，フェリス女学院大学，日本大学　各兼任講師（歴任を含む）

専門分野：経営学（経営組織論，経営管理論，国際経営論，芸術経営論），法学（会社法，民事訴訟法）

所属学会：組織学会（1992），国際ビジネス研究学会（1996），日本ベンチャー学会（1999）経営学史学会（2000），日本公益学会（2000），日本アートマネジメント学会（2001），経営哲学学会（2004），日本私法学会（2005），国際戦略経営研究学会（2008），社会経済システム学会（2012），文化経済学会（2013），現代公益学会（2014）

所属団体：音楽プロデューサー協会（2002）

著書・翻訳

『現代企業論－経営と法律の視点－』文眞堂，2000年／2003年／2007年／2010年（単著）

『企業紐帯と業績の研究－組織間関係の理論と実証－』文眞堂，2003年，2009年（2刷）（単著）

『法と経営学序説－企業のリスクマネジメント研究－』文眞堂，2005年（単著）

『今日からあなたもプロデューサー――アート・プロデュース＆マネジメント入門』レッスンの友社，2009年（単著）

『アート・プロデュースの現場』論創社，2010年（編著）

『アート・プロデュースの仕事』論創社，2012年（編著）

『アート・プロデュースの未来』論創社，2015年（編著）

『アグリ・ベンチャー　新たな農業をプロデュースする』中央経済社，2013年，2015年（2刷）

R・S・キャプラン＆A・A・アトキンソン著（浅田孝幸，小倉昇監訳）『キャプラン管理会計』（上）（下），中央経済社，1996年（共訳，第7章担当）

現代企業論
―経営と法律の視点―
〔第5版〕

		検印省略
2000年9月20日	第1版第1刷発行	
2003年4月20日	第2版第1刷発行	
2007年4月30日	第3版第1刷発行	
2010年12月20日	第4版第1刷発行	
2015年5月31日	第5版第1刷発行	

著　者　　境　　新　一

発行者　　前　野　　隆

東京都新宿区早稲田鶴巻町533

発行所　㈱ 文　眞　堂

電　話　03(3202)8480
FAX　03(3203)2638
http://www.bunshin-do.co.jp
郵便番号 (162-0041)　振替00120-2-96437

組版・シナノ印刷　印刷・シナノ書籍印刷　製本・イマヰ製本所
©2015
定価はカバー裏に表示してあります
ISBN978-4-8309-4866-4　C3034